La fin du classicisme et le retour à l'antique, dans la seconde moitié du 18e siècle et les premières années du 19e en France

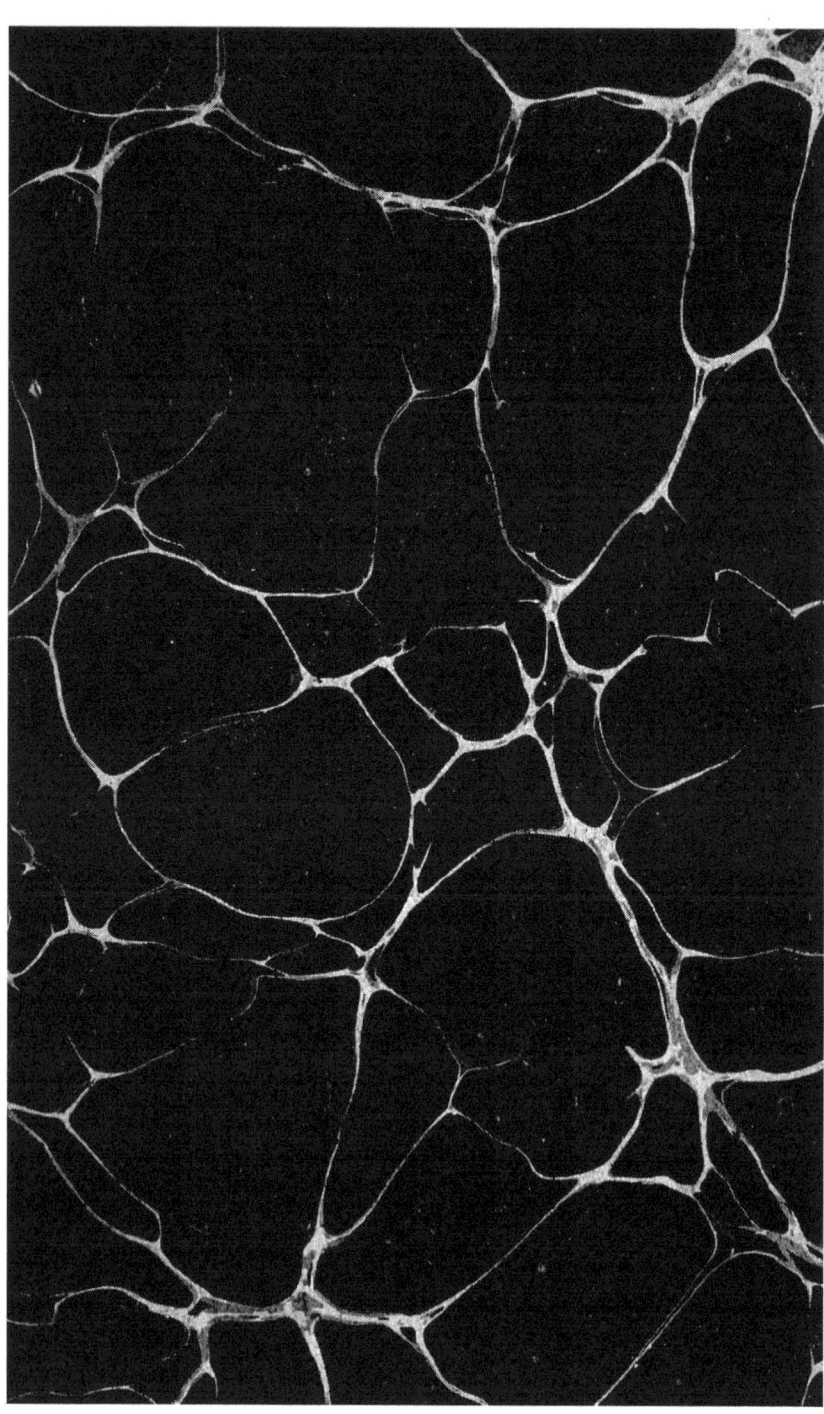

LA

FIN DU CLASSICISME

ET

LE RETOUR A L'ANTIQUE

COULOMMIERS

Imprimerie PAUL BROCARD.

LA

FIN DU CLASSICISME

ET

LE RETOUR A L'ANTIQUE

DANS LA SECONDE MOITIÉ DU XVIIIe SIÈCLE
ET LES PREMIÈRES ANNÉES DU XIXe, EN FRANCE

PAR

Louis BERTRAND

Professeur de rhétorique au lycée d'Alger

PARIS

LIBRAIRIE HACHETTE ET Cie

79, BOULEVARD SAINT-GERMAIN, 79

1897

A

MONSIEUR GEORGE PERROT

DIRECTEUR DE L'ECOLE NORMALE

MEMBRE DE L'INSTITUT

HOMMAGE RESPECTUEUX ET RECONNAISSANT

L. B.

INTRODUCTION

___

On se propose d'étudier ici ce mouvement de
retour à l'antique qui, à partir de la seconde moitié
du xviiie siècle, s'est propagé dans la littérature et
dans l'art jusqu'aux approches du romantisme, bien
loin de s'être limité à quelques petits groupes isolés
et à quelques œuvres particulières. Ce mouvement
est conforme à l'essence même du classicisme, dont
le principe fondamental est l'imitation. Il a été
favorisé chez nous par diverses circonstances historiques que nous étudierons, mais c'est surtout dans
le paganisme croissant des mœurs et dans la disparition ou l'affaiblissement de l'idée religieuse qu'il
faut en chercher le principe. Il a échoué pour
diverses raisons, mais spécialement parce que les
Français d'alors ne surent pas ou ne voulurent pas
se dégager de la discipline classique, telle qu'elle
s'était constituée au xviie siècle. Ils furent trop
personnels, trop exclusivement *français* ; ils n'arri-
vèrent pas à sortir de soi pour retrouver et recréer

en eux l'âme des civilisations antiques; et, d'autre
part, ils continuèrent à voir dans l'imitation tout
extérieure la loi suprême de l'art, ils l'exagérèrent
même comme aucun des vrais classiques ne l'avait
fait. Dans ces conditions, revenir à l'antique, c'était
revenir en arrière; c'était prétendre recommencer
toute une évolution historique. Mais comme tous
les mouvements rétrogrades, celui-ci ne devait pas
aboutir. Il n'accuse que l'impuissance et la stérilité:
et ainsi ce retour à l'antique, par son échec même,
n'a fait que manifester la ruine du classicisme.

Il faut envisager les choses de cette façon pour
s'expliquer les tentatives antiquisantes de David et
d'André Chénier. D'ordinaire, quand on arrive à
celui-ci, on est fort embarrassé. Par certains côtés
de son œuvre, il ne ressemble à aucun de ses contemporains. Aussi ne voit-on en lui qu'un cas curieux
d'atavisme; ce seraient ses ancêtres grecs de Galata
qui auraient légué à ce nouvel Hellène sa passion
d'antique poésie, avec le don de la Grâce et le sens
de la Beauté. Dans tous les cas, Chénier reste un
véritable accident dans l'histoire de notre littérature : en apparence il ne se rattache à personne et
ne conduit à rien. — D'un autre côté, la peinture de
David ne constitue pas un phénomène moins étrange,
bien qu'on essaie de l'expliquer par l'influence de
Raphaël Mengs et par le voisinage de la publication
du *Jeune Anacharsis*, ou encore et surtout par l'engouement qu'excitèrent les découvertes d'Herculanum et de Pompéi. Au fond, on n'y voit guère

qu'une fantaisie pédantesque et déraisonnable, qui
ne pouvait aboutir à rien de solide et de sérieux.
Il y aurait là un dilettantisme assez analogue à celui
de Gœthe et de Schiller pendant cette période de
leur carrière littéraire, que les Allemands appellent
la *période antiquisante* (*Die antikisirende Periode*)[1].

Mais si l'on y regarde de plus près, on s'aperçoit
que Chénier, comme David, n'a fait qu'exprimer
d'une manière plus singulière ou plus paradoxale un
état d'esprit et des aspirations qui sont ceux de
toute la seconde moitié du XVIIIe siècle. Le retour
à l'antique n'est pas une fantaisie éclose dans une
cervelle de dilettante ou d'érudit : c'est un besoin
qui a travaillé les esprits depuis les fameux Discours
de Jean-Jacques, dont la rhétorique toute latine
et les prosopopées fameuses glorifiant les grands
noms et les grands souvenirs de l'antiquité avaient
remué si fortement les imaginations. Si l'on se
tourne vers les littératures étrangères, c'est encore
sous l'influence du même besoin : on demande aux
Anglais et aux Allemands modernes la même chose
qu'aux anciens. Plus de simplicité, plus de naturel,
plus de force, plus de pathétique, voilà ce que l'on
voudrait acquérir et ce que l'on croit trouver dans
leurs livres. Mais c'est le courant antiquisant qui
est le plus fort, soit toute-puissance de la tradition,
soit affinité secrète entre le génie antique et le génie

1 Cf. H. Hettner, *Literaturgeschichte des 18en Jahrhunderts.*
III, III, § 263. — *Die Romantische Schule in ihrem inneren
Zusammenhange mit Gœthe und Schiller.* § 88

de notre race. Quand Delille traduit les *Géorgiques*,
quand Ducis écrit *Œdipe chez Admète* ou Barthélemy
son roman archéologique, ils obéissent d'une façon
plus ou moins consciente aux mêmes préoccupations qu'André Chénier, — régénérer par l'étude de
l'antique aussi bien les mœurs que la littérature
et l'art. — Pareillement pour l'École de David : elle
est le produit naturel de la réaction commencée par
la génération antérieure contre l'École de Boucher
et de Vanloo. Elle a été préparée par les discours
théoriques, les travaux d'antiquaire, les conseils de
Caylus aux artistes, voire par les improvisations et
les *Salons* de Diderot, sans parler du prestige exercé
par l'art pompéien mieux connu tous les jours. S'il
en est ainsi, il faut déplacer la perspective traditionnelle et voir dans l'œuvre de Chénier et de David
non pas le point de départ, mais l'aboutissement
d'une esthétique nouvelle. Ajoutons d'ailleurs que
l'un et l'autre, du moins dans leurs œuvres antiquisantes, sont trop en dehors de leur siècle, trop *particuliers*, pour être considérés comme les représentants d'un état général des esprits. Leurs théories
peuvent bien former un chapitre spécial dans cette
histoire de la renaissance de l'antique à la fin du
XVIIIe siècle. C'est, si l'on veut, l'exagération des idées
ambiantes poussée à leurs extrêmes conséquences;
mais on ne saurait sans injustice y voir l'expression
du mouvement antiquisant tout entier. On ne peut
pas non plus oublier pour leurs œuvres, quelle qu'en
soit la supériorité, une foule d'œuvres contempo-

raines qui expriment les mêmes tendances et qui
attestent plus ou moins le même idéal. Dans ces
conditions, étudier le retour à l'antique dans les
mœurs, dans la littérature et dans l'art du xviiie siècle,
c'est étudier le classicisme lui-même à sa dernière
période; c'est voir comment il a essayé de revivre
et pourquoi il est mort.

Il n'est pas inutile de rappeler d'abord de quoi il
avait vécu. Chez les modernes, comme chez les
anciens, il commence à peu près de la même façon :
dans l'Italie du xve siècle, il naît des découvertes
et des gloses des humanistes, comme auparavant à
Alexandrie et à Rome, des commentaires des grammairiens et des traités des rhéteurs. Son principe
est l'imitation, et ses premières œuvres, des traductions, des compilations et des pastiches. Il semblerait même qu'il ne dût jamais produire autre chose
étant donnée l'étroitesse de son principe; car l'imitation de la forme entraîne l'imitation du fond, et
voilà l'artiste condamné au décalque à l'infini :
Nicolas de Pise se met à copier des bas-reliefs
antiques comme Pétrarque à pasticher Virgile.

Mais, heureusement, les grands classiques de la
Renaissance surent dévier de cette discipline et tout
en maintenant l'honneur et le respect de la tradition, réserver les droits de leur originalité. Ils ont
interprété librement l'antique et, par delà les
canons et les règles, ils ont étudié et ils ont aimé la
Vie. C'est elle surtout qu'ils ont reconquise bien
plus que cette antiquité lointaine, si difficile à res-

saisir. Chez nous spécialement, comme on les sent délivrés de l'affreux cauchemar du xve siècle, des Danses des Morts, des Vierges exsangues et désespérées, de la Bêtise impassible, ensevelie dans son luxe morne et barbare!

Quand on entre un peu dans leur intimité, peintres ou sculpteurs, poètes ou novellistes, c'est par là qu'ils séduisent, par cette large et ardente sympathie qu'ils ont promenée sur les êtres et sur les choses : les uns, comme les Italiens, ont aimé davantage la volupté, les décors fabuleux et splendides et les nobles horizons tout ce qui charme et tout ce qui glorifie l'existence. Ils ont fait onduler et se courber les lignes sous un souffle de Grâce et de Printemps. Ils ont rafraîchi et presque inventé les couleurs, rien qu'en y posant leurs yeux. Ils ont élargi les ciels et ils les ont fait trembler d'une ineffable émotion. Les autres, comme les Flamands et les Espagnols, sont allés de préférence vers les réalités terribles et les visions radieuses de la foi, ou bien vers les vulgarités et les misères de l'humanité la plus humble, et là encore, ils ont su retrouver le foyer divin de la Vie, ce rayonnement qui, chez eux, transfigure et soulève en quelque sorte les chairs : c'est Brueghel faisant ruisseler sur sa toile toute la gloire des potagers et des jardins regorgeants du Nord; c'est Cervantès, dans *Rinconete et Cortadillo*, éclairant de poésie la vie d'un muletier et d'un pêcheur de madragues, ou ailleurs racontant les aventures des ruffians et des gueux.

Ces hommes, ils n'ont rien dédaigné du monde, ils ont accepté la réalité tout entière sans scepticisme, sans découragement et sans dégoût. C'est ainsi qu'ils ont aimé l'antiquité elle-même avec tout le reste. Ils l'ont *vue* comme une réalité contemporaine, avec leurs yeux naïfs et leur bonté facile de grands enfants, avec leur sympathie généreuse et leur imagination d'artistes; et la vie s'est montrée pour eux reconnaissante et prodigue : à aucune époque le spectacle des choses n'a enivré pareillement les cerveaux humains et n'en a fait jaillir des visions plus exubérantes, plus vivantes et plus belles. Tout se presse et se mélange dans leur fantaisie, sans se heurter ni se contredire, sans règles fixes, sans parti pris, sans exclusions inintelligentes et pédantesques. Le paganisme antique reste bien le grand modèle, la source la plus haute et la plus vénérée. Mais ce paganisme, comme on en porte légèrement le joug et comme la discipline en est douce!

Pour ma part, je ne vois pas de plus signifiant symbole de cet art que cette mystérieuse [1] toile de Velasquez, qui est au musée du Prado et que l'auteur a intitulée : *La Fragua de Vulcano, la Forge de Vulcain.* C'est une scène copiée dans un de ces ateliers de charron (*taller de carretero*) comme on en ren-

---

1. Il est vrai qu'on n'y voit qu'un épisode assez vulgaire de la fable : Apollon apprenant a Vulcain l'adultère de Venus. (Cf. *Catalogo de los cuadros del Museo del Prado de Madrid,* p. 184.) Mais on sait que, pour Velasquez, le sujet ne compte pas. Ce n'est qu'un pretexte à traduire une grande idée plastique.

contre encore aujourd'hui dans les faubourgs de
Madrid. Le patron, à demi nu, tient la lame incan-
descente sur l'enclume; un autre s'apprête à la
battre avec le lourd marteau de frappe, lorsqu'un
personnage s'approche, qui leur ressemblerait n'était
la noblesse de sa draperie et le laurier qui le couronne. La lueur qui émane de sa tête se fond dans la
douceur chaude d'un crépuscule mourant qu'on
aperçoit par la baie de la fenêtre et elle expire dans
les reflets sombres de la forge : c'est Apollon... Que
vient-il faire, au milieu de ces rudes ouvriers? Le
visage de l'apprenti en est béant de stupeur. Les
yeux de Vulcain se fixent sur l'hôte avec une sorte
de colère et d'hostilité. L'ouvrier qui tient le marteau
regarde tranquillement avec cette indifférence insultante de l'homme du peuple qui s'attend à tout et
que rien ne saurait émouvoir.. Quel sens peut
avoir cette scène étrange? Ce qu'il y a de sûr, c'est
que le symbole en est grand, et que, voulu ou non,
il s'impose à l'esprit comme une tragique interro-
gation. Ces êtres rudes dans les visages de qui monte
comme une aube de pensée à l'aspect du Visiteur
divin, n'est-ce point la réalité telle que l'art classique l'a conçue, la nature visitée et éclairée par un
dieu, qui est l'âme ardente du poète? Son seul
regard excite jusque dans les dernières profondeurs
de l'animalité l'étincelle de la créature. Il suffit
qu'il paraisse pour qu'une splendeur revête les
corps et que des paroles semblent expirer sur les
lèvres.

Cette communion intime avec la nature et cette divination de sa Beauté, c'est par elle seulement que le classicisme avait pu vivre et triompher. Sans doute, il se réclame de la tradition, il rend hommage aux anciens dieux, il les mêle comme autrefois à la foule humaine. Mais au fond ses seuls modèles, ce sont les réalités éternelles retrouvées sous les apparences, c'est la Vie intarissable et libre...

Au XVIIIe siècle, il semble que ce grand culte de la nature soit près de renaître. L'Idée païenne reparaît, on éprouve le besoin d'élargir ses horizons, de faire entrer dans l'art la réalité totale. Mais par malheur les esprits sont sollicités en même temps par des questions d'ordre pratique et cette sollicitation est la plus forte. Il faut combattre et détruire. De là vient que la littérature vraiment vivante de ce temps n'a pas grand'chose à voir avec l'art. Et cependant on a un grand art national à soutenir, on a chez soi d'imposants modèles. De quoi s'avise-t-on alors? De faire ce qu'avaient fait les maîtres du siècle précédent, de revenir aux anciens, et de rajeunir par une imitation plus savante de leurs œuvres le classicisme épuisé. On reprend la forme sévère du XVIIe siècle en essayant de lui donner un caractère plus antique. C'était tout autre chose. qu'il fallait faire : ce n'était pas une forme littéraire morte depuis longtemps qu'il s'agissait de ressusciter, c'était une forme nouvelle de pensée qui était à créer. Il fallait concevoir autrement les choses, ou plutôt il fallait redevenir capables de les concevoir

en artistes et en poètes, il fallait retrouver l'éternelle
jeunesse du monde. C'est pourquoi on a eu beau
s'efforcer dans tous les sens, emprunter aux anciens
et aux modernes les nouveautés les plus auda-
cieuses, — comme la forme ne changeait pas, on
n'aboutissait qu'à de perpétuelles redites et l'abondance de la matière faisait illusion sur sa stérilité.
Dans ces conditions, — puisque, en somme, on n'avait
rien de nouveau à dire, — n'était-il pas plus simple de
faire comme les humanistes d'autrefois, de redevenir
de parfaits virtuoses de la forme, ou de se borner
tout uniment à traduire ou à paraphraser? Ainsi
s'explique l'effrayante prolixité de la littérature
descriptive ou didactique de cette époque. Par là, le
xviiie siècle rejoint le xve et le xvie, voire la décadence
latine. Comme Stace, on chante des chiens et des
perroquets, on décrit en vers les arts mécaniques.
La poésie elle-même est une mécanique particulière
avec ses axiomes et ses formules. Mais surtout on
traduit, parce qu'alors l'imitation est plus fidèle,
l'habileté technique plus apparente et que tout
effort d'invention devient inutile. Et ainsi le classicisme finissant est retourné à ses origines. Né du
pastiche et de la traduction, c'est par le pastiche et
la traduction qu'il est mort.

Madrid, 13 août 1896.

LA FIN DU CLASSICISME

ET

LE RETOUR A L'ANTIQUE

CHAPITRE I

LA RENAISSANCE DE L'IDÉE PAÏENNE

I. Le paganisme mondain : la mythologie dans la peinture décorative et dans la petite littérature. — Le paganisme philosophique : les érudits et les savants. — Renaissance de l'Idée païenne. — Influence de Rousseau; il revient à la morale antique. — Réhabilitation de la nature, les exercices physiques et les soins du corps. — Réhabilitation des instincts et de la chair. Le sentiment, l'enthousiasme et la passion. — Affectation de la force et de la grandeur. — Les sentiments tendres. — Le xviii° siècle retrouve l'homme naturel et restaure la notion de l'individu. — La culture intellectuelle et la manie encyclopédique, la variété des aptitudes et des connaissances. — Diderot : la *Culture comme Idéal*. — Que cette conception nouvelle de la vie acheminait vers les littératures antiques. — Influence rivale des littératures anglaise et allemande. — Les traductions, dans quel esprit elles étaient faites. — En somme c'est toujours la forme classique qui domine le goût. — On demande aux étrangers modernes la même chose qu'aux anciens.

II. Comment on revient aux anciens. — Les philosophes les jugent avec une extrême liberté. — Ce qu'on veut d'abord faire revivre, c'est l'esprit de la culture et de la philosophie païennes. — Réhabilitation de Lucrèce, traductions encyclopédiques. — Le culte des sages, Julien l'Apostat, Socrate. — Les moralistes de l'antiquité : Sénèque, Plutarque, Marc-

Aurèle. — La morale du siècle se coule dans la morale
antique. — Le civisme renaît, différentes formes du patriotisme. — Le culte des grands hommes, couronnement du
buste de Voltaire chez M᠎ Clairon. — Les récompenses et
les couronnes civiques — Conception nouvelle de l'art
But moral et utilitaire, lettre de Greuze aux curés de campagne. — Recherche du naturel et de la simplicité. — Les
anciens restent les grands modèles : la mythologie. — On
essaie de rajeunir la forme classique par la traduction et
l'étude des styles antiques. — Généralité de cette tendance.

III Pourquoi le mouvement antiquisant ne pouvait aboutir
prédominance et maintien de la forme et de la discipline
classiques; elle est liée à tout un état social. — Cependant
harmonie éphémère entre la forme classique et les aspirations nouvelles sous Louis XVI, l'homme et la littérature
Louis XVI. — Ce qu'il en subsistera

I

Quand on parcourt le palais et les jardins de Versailles et qu'en même temps on évoque les souvenirs
de littérature et d'art des deux siècles qui y ont vécu,
on peut avoir un moment l'illusion d'assister d'un
bout à l'autre à la même résurrection triomphante du
paganisme antique, de l'apothéose mythologique et
du Plaisir divinisé Mais pour peu que l'on compare
ses impressions et si, par exemple, on passe de la
Galerie des glaces au Trianon de Marie-Antoinette, on
voit tout de suite que ce merveilleux décor n'est pas
le symbole d'une même idée suivant son développement logique et qu'il faut distinguer les époques qui
y ont l'une après l'autre travaillé quelle distance des
fresques de Lebrun aux dessus de porte de Natoire ou
de Pater! Autant l'allégorie du grand siècle est froide
et pour ainsi dire officielle, autant l autre est vivante
et familière. Les déesses et les nymphes s'animent
d'une petite vie mondaine et gracieuse, les yeux bril-

lent d'intelligence et de malice, de purs profils pari-
siens s'affirment, les cheveux révèlent la main experte
d'un coiffeur et les attitudes, les leçons d'un maître à
danser. Toutes ces jolies personnes sont plus ou
moins du monde, et si elles sont nues, on comprend
qu'elles n'auraient qu'à sonner leur femme de chambre
pour reparaître tout à l'heure en grand' habit de cour
avec les paniers et les plumes. Qu'on se rappelle après
cela les titres des opéras et des romans, les petits vers
badins ou érotiques, et l'on sentira que le paganisme
est partout, — un paganisme très coquet et très
maniéré, mais qui n'en est que plus piquant et d'ailleurs si vif, si séduisant et si joli! Ce n'est plus comme
au siècle d'avant une leçon que l'on récite, un rôle que
l'on joue puisqu'on n'a plus d'autre but que de
s'amuser ou de donner à son ennui un cadre amusant
comme on ne croit plus à grand'chose, on retrouve
tout naturellement les façons et les goûts des épicu-
riens de l'ancien monde, et pour ces voluptueux, la
mythologie de la volupté est la dernière religion

Pour sentir comme elle a conquis l'art d'alors il
suffit de songer à tous ces peintres-décorateurs de la
première moitié du siècle, les Lemoyne les Natoire,
les Boucher dont les mythologies riantes et fleuries
s'épanouissent non seulement aux murs des palais et
des vieux hôtels mais viennent égayer aussi les maisons modernes des gens de finance [1] cette maison
moderne elle est comme le symbole de l'époque, avec
ses escaliers ses alcôves et ses dégagements combinés
au mieux du confort et du plaisir, avec ses cheminées
encombrées de bibelots de la Chine et de statuettes
de Saxe — La littérature se met à l'unisson: et de

1 Sur tout cela cf. Paul Mantz, *François Boucher, Lemoyne
et Natoire*. Paris. Quantin 1880.

toutes les divinités voluptueuses du paganisme, c'est Vénus surtout à qui elle adresse son culte La déesse renaît véritablement « Comme autrefois de l'écume des mers, elle jaillit de la légèreté des cœurs »[1]. On n'en finirait pas de citer toutes les œuvres fragiles qu'elle a inspirées. De même que ses peintres, elle a ses poètes attitrés, les Dorat, les Bertin, les Léonard. On recommence indéfiniment le voyage à Cythère :

Amour le veut, retournons à Cythère[2].

On y fait des neuvaines[3], et on y dit des heures[4]. C'est a elle que sont dédiées toutes ces nudités libertines qui foisonnent dans les vers, ou dans le roman : les Zélis au bain[5], les Bains de Diane[6], les Dortoirs de Lacédémone[7] On ne se lasse pas de rimer le Temple de Gnide. On remonte même jusqu'aux anciens pour y chercher des raffinements inconnus, comme si l'on n'était pas assez riche de son propre fonds Léonard et d'autres traduisent ou paraphrasent le Pervigilium Veneris. On traduit en vers les Remèdes d'amour et l'Art d'aimer d'Ovide. On revient même aux latineries modernes : Dorat donne une traduction des Baisers de Jean Second, dont les gravures d'Eisen font un véritable bijou La grave Académie des Inscriptions elle-même semble se laisser entraîner au mouvement · en 1776 elle met au

1. E. et J. de Goncourt, L'Art au XVIII° siecle, 3° serie, p. 267.
2. Bertin, Élegies, liv. III, 1.
3. La Neuvaine de Cythère, par Marmontel (1765), cf Corresp litt, edit. Tourneux, VI. 274
4. Les Heures de Cythere, par la comtesse Turpin, en collaboration avec Voisenon, Favart et Guillard (1776), cf. Corresp. litt, XI. p. 226.
5. Zélis au bain, poeme par Masson du Pezoy (1763).
6. Les Bains de Diane, par des Fontaines (1770)
7. Roman de Meusnier de Querlon (1747?)

concours une dissertation sur les attributs de Vénus [1].

C'est qu'en effet le paganisme du xviii° siècle n'est pas seulement décoratif ou littéraire il est dans les mœurs Que l'on consulte le roman d'alors qui nous révèle l'intimité de l'existence on retrouvera partout ce qui est le fond du paganisme, en ce qu'il s'oppose à l'idée chrétienne — le culte de la volupté avec le dilettantisme ou le scepticisme qui en est la conséquence Mais ce paganisme-là, c'est un paganisme de décadence, assez voisin de celui des alexandrins. Son idéal n'est plus la volupté héroïque et un peu brutale de la Renaissance. On ne glorifie plus toutes les énergies naturelles et le type humain, ce n'est plus le condottiere ou l'artiste, c'est l'homme du monde tel que l'a fait la France du xviii° siècle, c'est-à-dire le type de la sociabilité parfaite, avec son goût pour le plaisir facile, les grâces de salon, les conversations et les fêtes

Vers la seconde moitié du siècle, ce paganisme mondain et à demi inconscient a produit à peu près tout ce qu'il pouvait donner Notre réputation de frivolité est faite à l'étranger il est entendu que nous ne sommes que les chansonniers et les amuseurs de l'Europe

Pourtant en 1764, l'abbé Barthélemy pouvait écrire au P Paciaudi · « Ne remarquez-vous pas, mon cher ami, qu'on dit sans cesse que notre nation ne s'occupe que d'objets frivoles et que notre littérature est aussi légère que notre caractère? Je doute cependant que chez aucun peuple on fasse à présent d'aussi grandes

1. L'accessit fut remporté par l'abbé de La Chau, dont la dissertation imprimée était une véritable merveille typographique, avec un grand nombre de vignettes et de culs-delampe et surtout une estampe d'Auguste de Saint-Aubin, d'après la *Vénus Anadyomène* du Titien.

entreprises que chez nous. Nous avons à peu près
trente bénédictins occupés de gros ouvrages, tels que
la collection des historiens de la France, la *Gallia chris-
tiana*, la diplomatique, les histoires des provinces, les
éditions des Pères, etc. Outre le travail continu des
Académies, combien de particuliers se livrent à de
longs et pénibles travaux ! Combien de découvertes
dans la géométrie, l'histoire naturelle, les langues
orientales ! ¹... » — Barthélemy avait raison : à côté de
tous ces bavards de salon et de tous ces coureurs de
soupers, il y avait d'infatigables travailleurs, dont
l'œuvre, pour être moins apparente et surtout moins
tapageuse que celle des gens de lettres, n'en a été
aussi que plus solide. La science moderne, du moins
dans ses grandes lignes, se constitue alors ² : mécanique, physique, chimie, géologie, physiologie, psychologie expérimentale, sociologie, — toutes les branches du savoir humain sont cultivées. Les gens de
lettres à leur tour se laissent entraîner par le mouvement. Ils songent à une encyclopédie de toutes les
connaissances, à une sorte de bilan scientifique du
siècle. Comme aussi l'amour du plaisir a engendré
chez eux un esprit d'indépendance toujours plus susceptible, ils commencent à sentir les entraves de la
société et des institutions modernes. Ils regardent
autour d'eux et constatent que bien des choses n'y sont
point selon leur désir, ni selon la raison. Comme
enfin l'excès de leur civilisation et de ses raffinements
a fini par les lasser, la corruption des mœurs et la
platitude des caractères par leur soulever le cœur de

1. Cf. *Correspondance inédite du comte de Caylus avec le
P Paciaudi theatin, suivie de celle de l'abbé Barthélemy et de
P. Mariette avec le même*, I, xxx
2 Voir le chapitre de Taine : *L'Esprit et la Doctrine*, dans
les *Origines de la France contemporaine (l'Ancien régime)*.

dégoût, — les voilà qui se remettent, les uns par dilettantisme, les autres avec une sincérité entière, à rêver de frugalité, de simplicité et de vertu. Il leur faut un monde nouveau en harmonie avec leurs aspirations, non plus une Salente chimérique inventée à plaisir, mais une France réelle reconstruite sur le modèle de la cité antique, et dès lors c'est l'Idée païenne qui renaît avec la même ardeur, sinon avec la même poésie qu'à l'époque de la Renaissance, et en même temps que l'Idée païenne, c'est une conception nouvelle de la vie qui se fait jour.

En 1749, le coup décisif est frappé par Rousseau, d'abord enregimenté comme les autres et plié aux exigences de la vie de salon. Mais un beau jour la nature fut la plus forte et comme l'outrance était le fond de son caractère, il lui fallut une rupture éclatante. Qu'on ajoute à cela l'influence de la première éducation de Rousseau, son long séjour à la campagne, ses lectures de Plutarque, sa traduction de Tacite, et plus tard (sans doute quand il eut fait la connaissance de Diderot) toutes les idées qu'il emprunta à Sénèque [1]. Son premier fond, ce sont les lieux communs de la morale antique, — les invectives contre le luxe et la richesse, l'éloge de la vie frugale et pauvre des Spartiates, la science déclarée inutile et vaine, les arts corrupteurs, l'exaltation du sage qui trouve dans la vertu le bien suprême et la quiétude de l'âme, — toute la substance des *Vies parallèles*, du *De moribus Germanorum*, et des *Lettres à Lucilius*. Qu'on se rappelle

1. On sait que Rousseau traduisit un livre de Tacite en 1734 (cf. *Confess.*, liv. VIII) Quant a Sénèque, c'est sans doute Diderot qui lui en donna le goût Il le cite dès 1747 dans sa correspondance (cf. Lettre XLI, février 1747); il traduit l'*Apolokyntosis*, on ne sait à quelle date. Mais il n'est que de parcourir le *Discours sur les sciences et les arts* pour voir tout ce que Rousseau a dû a Sénèque, a Tacite et à Plutarque.

enfin que les humanistes du xv° siècle avaient commencé, eux aussi, par remettre en honneur les préceptes de la sagesse antique [1] — Sans doute le Discours couronné par l'Académie de Dijon ne fut pas
l'expression complète de l'Idéal nouveau, mais il fut la
déclaration de guerre la plus énergique contre l'état de
choses actuel. Les idées des philosophes vont s'ajouter
à celles de Rousseau et les corriger. Il s'agit, comme
au temps de la Renaissance, de renouer la tradition
païenne dans son sens le plus large, en faisant la part
de toutes les aspirations modernes; mais il s'agit
avant tout de retrouver l'homme naturel et de le rétablir dans ses droits

D'abord le monde, comme la religion, avait frappé
l'homme dans son corps Si l'une le représentait
comme vicié dès l'origine par une souillure mystérieuse, l'autre en surveillant et en condamnait les
démarches et les mouvements les plus naturels, comme
autant de dérogations aux convenances Il en arrêtait
l'expansion, il en gênait le développement par les mille
entraves du savoir-vivre, de la toilette et de la mode
Il faut en finir avec ces erreurs, et, remontant jusqu'au
principe, Rousseau ouvre son *Émile* par cette déclaration tranchante : « Tout est bien sortant de la main de
l'auteur des choses, tout dégénère entre les mains de
l'homme ». Voici que Diderot lui fait écho : « La nature
humaine est donc bonne? — Oui, mon ami, et très
bonne... Ce sont les misérables conventions qui per-
vertissent l'homme et non la nature humaine qu'il faut
accuser [2]. » — On doit donc cultiver son corps, aider
au développement de ses fonctions et de ses instincts,
et tout d'abord chez la femme, puisque c'est d'elle que

1 Bornons-nous a rappeler la vogue du livre des *Adages*
d'Erasme, tout au début de la Renaissance.
2 Diderot. *De la poésie dramatique*

l'homme naît: Qu'elle ne rougisse pas d'être mère,
d'allaiter ses enfants, de les élever, qu'elle renonce à
ces « corps de jupe » qui gênent la respiration et qui
rétrécissent les flancs. Pour un peu Rousseau lui
recommanderait les exercices virils des jeunes filles de
Sparte. En tout cas il faudra qu'elle puisse aider son
frère et son mari : « Jeune homme, imprime à tes travaux la main de l'homme. Apprends à manier d'un bras
vigoureux la hache, à équarrir une poutre, à monter
sur un comble, à poser le faîte, à l'affermir avec des
jambes de force et d'entrait; puis crie à ta sœur de
venir t'aider à ton ouvrage, comme elle te disait de travailler à son point-croisé [1]. » — Ce qu'il importe surtout de remarquer, c'est que Rousseau n'a point créé
ce mouvement en faveur des exercices physiques, non
plus que le mouvement pédagogique, dont l'*Émile* n'a
été en somme que la plus brillante expression. Déjà
les médecins avaient réclamé les droits du corps, et,
au lendemain de l'expulsion des Jésuites, on avait vu
paraître une multitude de brochures et d'ouvrages sur
l'éducation. Le Parlement avait consulté l'Université
sur une nouvelle méthode : La Chalotais présentait un
Essai d'éducation nationale, Diderot lui-même collaborait
avec le professeur Crevier [2] pour un ouvrage du même
genre.

Mais en même temps que les soins du corps, on en
réhabilitait aussi les instincts, qui sont bons en eux-
mêmes et ne se dépravent que par l'abus. Sans aller
aussi loin que La Mettrie dans son *Art de jouir* ou dans
sa *Vénus métaphysique*, on estimait pourtant que les sens

1. Rousseau, *Émile*, chap. v.
2. Pour la collaboration probable de Diderot avec Crevier,
cf. *Corresp. litt.*, V, 259. — Parmi les médecins, Tronchin, de
Genève avait publié une brochure, *L'Ami des femmes* (1758),
où il développe déjà toutes les idées de Rousseau.

sont la source de nos premiers plaisirs, comme de nos
premières connaissances. Pourquoi donc en flétrir ou
en dissimuler les besoins? Il n'est pas honteux d'avoir
soif ou d'avoir faim Il est doux de boire ou de manger.
On se complaît d'autant plus à ces aveux que la gour-
mandise a été un des grands vices du siècle Rousseau
non seulement condamne toute privation de nourriture
comme punition et veut qu'on donne à boire à Émile
chaque fois qu'il aura soif, mais il célèbre les déjeu-
ners sur l'herbe. et si simples que soient ses menus, il
les détaille avec un plaisir évident : « Des fruits, du
laitage, *quelque piece de four* plus délicate que le pain
ordinaire. surtout l'art de dispenser sobrement tout
cela. voilà de quoi mener des armées d'enfants au bout
du monde [1] ». Dans ses *Confessions*, il se rappellera
encore certaines cerises mangées sur l'arbre avec mes-
demoiselles de Graffenried et Gally, ou certaine ome-
lette qu'on lui servit dans une auberge des environs
de Lyon — On n'est pas moins complaisant pour le
plaisir sexuel — je ne dis pas même l'amour . en cela
encore, Rousseau est le complice de tout son siècle,
qui, dans le roman surtout, n'a cessé de glorifier la
chair [2]. « Jamais une jeune et belle personne ne mépri-
sera son corps. jamais elle ne s'affligera de bonne foi
des grands péchés que sa beauté fait commettre, jamais
elle ne pleurera sincèrement et devant Dieu d'être *un
objet de convoitise* [3]. » Diderot est encore plus explicite, et
dans son *Supplement au voyage de Bougainville* c'est
presque sur le mode lyrique qu'il parle de l'union des
sexes : « Je ne sais ce que c'est que ta religion. dit le
sauvage à l'aumônier, — mais je ne puis qu'en penser

---

1. *Emile*, liv. II
2. Voir en particulier *Psaphion ou la courtisane de Smyrne*,
par Meusnier de Querlon.
3 *Emile*. liv. V.

mal, puisqu'elle l'empêche de goûter un plaisir innocent, auquel la nature souveraine maîtresse nous invite
tous ! ». — Et plus loin « Comment est-il arrivé qu'un
acte dont le but est si solennel... que le plus grand le
plus doux, le plus innocent des plaisirs soit devenu la
source la plus féconde de nos dépravations et de nos
maux? » Si l'on rapproche ce passage de certains épisodes de Saint-Lambert, ou de Roucher [2], on sentira
tout le chemin parcouru depuis les plates obscénités
de la *Pucelle* et les petits jeux polissons du roman ; ces
hommes, à force de célébrer la nature, ont entrevu
quelque chose de l'antique beauté de l'amour tel que
Lucrèce et Virgile l'ont chanté en glorifiant les fureurs
du rut et l'ivresse de la vie printanière

Après les sens, il n'y avait plus qu'à absoudre et à
exalter les passions. La tragédie de Voltaire y acheminait en recherchant surtout les effets touchants, —
par exemple cette *Zaïre*, la plus applaudie de toutes
ses pièces, où, comme il le disait, il s'était abandonné
« à toute la sensibilité de son cœur » [3] Et voilà déjà
une première dérogation à l'esprit de l'art classique,
dont un des préceptes les plus essentiels est de sur-
veiller constamment la sensibilité comme l'imagination
et de « purger » les passions de ce qu'elles ont
d'excessif et d'énervant Diderot, avec l'exagération
habituelle de son tempérament, va beaucoup plus
loin « On déclame sans fin contre les passions, on
leur impute toutes les peines de l'homme, et l'on oublie

1 *Supplément au voyage de Bougainville*, OEuvres de
Diderot (edit Assezat, II, 220)
2 Dans les *Saisons* de Saint-Lambert, description du printemps 1ᵉʳ chant, — dans les *Mois* de Roucher, les amours du
cheval et du taureau, — l'éveil de l'amour chez l'adolescent.
3 *Lettre à M. de la Roque* (1732). — Voltaire disait ailleurs
« Il faut se rendre maître du cœur par degrés, l'émouvoir, le
déchirer ». *Dictionnaire philosophique*, II, p 202.)

qu'elles sont aussi la source de tous les plaisirs ».
Mais cela ne lui suffit pas Il faut qu'il ajoute : « Les
passions amorties dégradent les hommes extraordinaires La contrainte anéantit la grandeur et l'énergie
de la nature[1]. » De là à voir dans la passion sauvage
et dans la barbarie la source de toute poésie, il n'y
avait qu'un pas ; quand est-ce, dit-il, que la nature
offre de grands modèles à l'art? C'est au temps « où
les dieux altérés de sang humain ne sont apaisés que
par son effusion, où les bacchantes armées de thyrses
s'égarent dans les forêts et inspirent l'effroi au profane qui se rencontre sur leur passage, où d'autres
femmes se dépouillent sans pudeur, ouvrent leurs bras
au premier qui se présente et se prostituent[2] ». Maintenant ce n'est plus seulement la discipline classique
qui se relâche comme chez Voltaire, c'est le romantisme avec toutes ses outrances, qui tente de faire
irruption dans la littérature et dans les mœurs.

A ce moment du siècle, il y a comme un besoin
général de secouer la contrainte des convenances ou
des traditions littéraires — une véritable explosion de
passion et de sentiment. De là le succès de la *Nouvelle
Héloïse* avec tout ce qu'elle avait de passionné et, par
endroits, de déclamatoire A mesure qu'on avance vers
la révolution, c'est un crescendo d'enthousiasme et
d'exaltation : « Il s'est établi parmi les littérateurs
une prétention à la *force*, à la *grandeur* et à la *chaleur*,
qui est aussi fatigante pour les lecteurs que pour ceux
qui composent, chaque écrivain veut *brûler le papier*....
Car dans les idées reçues maintenant, point de génie
sans une force prodigieuse et sans un feu dévorant,
enfin *un athlète en fureur, voilà l'homme de génie*[3] » —

1. *Pensées philosophiques*, I, III
2 *De la poésie dramatique* VII. 371.
3. Mme de Genlis. *Souvenirs de Félicie*. — Voir dans les

De semblables déclarations nous surprennent parce
que nous sommes habitués à considérer le XVIII⁰ siècle
comme l'époque des bergeries et des drames bourgeois, des petits vers et des petits romans : c'est
pourtant aussi le temps de la *shakespearomanie*, celui
où l'on traduit Ossian et Young, où Thomas déclame,
où Lebrun s'évertue à simuler le délire pindarique et
entasse les hyperboles gigantesques et les alliances
de mots barbares, où Mercier traite la tragédie classique de « cadavre gréco-romain[1] », où Roucher
s'écrie :

> Et parcourant les mers et la terre et les cieux,
> Mes chants reproduiront tout l'ouvrage des dieux[2]

Et nous ne parlons pas de tout ce qu'il y avait de violent, de tumultueux et d'exaspéré dans la prose d'un
Diderot ou d'un Rousseau.

On cultive encore plus les sentiments tendres. Faut-
il rappeler les excès ridicules de cette *sensiblerie*, qui
s'épanouit pendant toute cette fin de siècle comme
une dérision du sentiment et de la passion véritable
— l'étalage de l'amour paternel[3] conjugal ou filial,
les petites amitiés mystérieuses surtout entre femmes,
les temples à l'amitié dans les jardins, les urnes funé-
raires en souvenir d'un mort chéri, les « poufs au sentiment[4] », les bagues et les boucles de cheveux échan-

---

Mélanges littéraires de Suard, un curieux article de Devaine
sur l'*Exagération* : « Ne dites pas d'une pièce qu'elle est bonne
ou mauvaise, mais prononcez qu'elle est effroyable ou déli-
cieuse, etc. » (III, p. 64.)

1 Mercier, *Tableau de Paris*, p. 248 (édit. G. Desnoiresterres).

2 *Les Mois*, prologue.

3 L'Académie mit au concours une « Épître d'un père à son
fils sur la naissance d'un petit fils ». Ce fut Chamfort qui rem-
porta le prix. Cf. *Corresp. litt.* VI, p. 72.

4 Voir sur cette manie E. et J. de Goncourt, *La Femme au
XVIII⁰ siècle* — Taine, *L'ancien régime*, liv. II, chap. III.

gées? Les gens sérieux eux-mêmes n'échappent point
à la contagion. Diderot et Grimm s'appellent « mon
ami » avec une affectation risible et fatigante : ils se
feront même représenter par Carmontelle en tête à
tête, une main sur l'épaule et les yeux dans les yeux [1].
Mais de tous ces travers se dégage un besoin nouveau, celui que Rousseau avait si fortement affirmé
dans son fameux Discours, — se soustraire à la
tyrannie du monde, se donner d'abord à sa femme, à
ses enfants, à ses amis, s'appartenir à soi-même. De là
une anglomanie croissante dans les mœurs, aussi bien
que dans la littérature une véritable intrusion de
l'égoïsme britannique On s'affranchit de plus en plus
de toutes les obligations mondaines « Il est rare de
rencontrer aujourd'hui dans le monde des personnes
qui soient ce qu'on appelle habillées. Les femmes sont
en chemise et en chapeau, les hommes, en frac et en
gilet On dîne à l'anglaise à quatre ou cinq heures
du soir. » De sorte qu'on a juste le temps d'aller à la
comédie en quittant la table . « On sort des maisons
où l'on a dîné comme d'une taverne, *le temps a donner
a la conversation échappe après le dîner comme avant le
souper* [2]. » — Il faudrait tenir compte aussi de
l'influence allemande représentée à la cour par Marie-
Antoinette. avec son goût de l'intimité de la vie de
famille, du jardinage et des paysanneries à la Gessner.
C'était donc un renversement complet de l'idéal de
sociabilité classique en essayant de retrouver
l'homme naturel, on en était arrivé petit à petit à restaurer la notion même de l'*individu*, affaiblie ou
détruite par le monde Ce changement est un fait des
plus considérables : c'est par là aussi que la Renais-

1. Aquarelle reproduite en tête du XVIe vol. de la *Corresp.
litt* (édit Tourneux).
2 *Corresp litt*, XIV 360-361 (1786).

sance italienne avait commencé [1]. L'affranchissement
de l'individu, telle est en effet la condition première de
tous les grands mouvements d'art et de toutes les
fortes civilisations.

Mais il ne suffisait pas de débrider les instincts et
d'exciter le sentiment individuel, il fallait encore que
l'homme rendu à sa vraie nature apprît à se connaître
et, avec lui, les choses qui l'entourent. Si nous tendons
au bonheur de toutes nos forces, nous devons commencer par supprimer l'erreur qui est la source de
tous nos maux, puis tâcher à la plus grande somme de
vérité, afin de multiplier nos prises sur la nature et
sur nous-mêmes et d'être autant que nous le pouvons,
les maîtres de notre fortune Même les sceptiques
comme d'Alembert et Voltaire [2], ceux qui désespèrent
au fond de la vie et de l'homme, proclament encore
l'excellence de l'étude ou tout au moins l'efficacité du
travail pour calmer la douleur ou l'ennui d'exister.
Mais ce ne sont là que des cas isolés : le mouvement
qui emporte le siècle est un mouvement de conquête
soutenu par toutes les illusions de la victoire prochaine : depuis les premiers encyclopédistes jusqu'aux
derniers idéologues. ç'a été la même foi énergiquement affirmée que la science allait enfin donner le
bonheur à l'humanité, en diminuant ou même en sup-
primant le mal physique par ses découvertes, en lui
expliquant sa nature et ses origines, en détruisant le
conflit des instincts naturels et des idées religieuses
ou morales par la réduction de l'éthique à la science
positive [3]. Ce fut l'avènement d'une forme d'esprit très

1. Cf. J. Burckhardt, *La civilisation en Italie au temps de la
Renaissance*, I, 163
2. Voltaire (conclusion de *Candide*). — D'Alembert, *Apologie
de l'étude*, discours lu à l'Académie française, 16 avril 1761.
3. Voir en particulier la préface du *Système de la nature* de
d'Holbach : « L'homme n'est malheureux que parce qu'il

spéciale, la *philosophie*, — un terme que l'on trouve
vague parce qu'il est extrêmement compréhensif : à la
fois polémique et dogmatique, véritable complot contre
l'erreur, ou ce qu'on appelait alors la superstition et,
en même temps, enquête universelle de la vérité. On
ne saurait trop y insister : c'a été l'effort le plus énergique de l'esprit humain depuis le XVI⁰ siècle On peut
même dire que le XVIII⁰ en rompant les dernières
attaches avec le mystère et la tradition, en a continué
et couronné la tâche.

En tout cas, on a le même appétit de science on
veut tout savoir, ou au moins pouvoir parler de tout.
Les talents encyclopédiques reviennent à la mode, — et
justement il n'y a pas de plus clair symbole des ambitions intellectuelles du siècle que ce présomptueux
frontispice du premier volume de l'*Encyclopedie* complaisamment analysé en note par les éditeurs. Il
représente la Vérité éclairant la Théologie et dominant
tout un groupe de figures allégoriques l'Histoire la
Géométrie l'Astronomie, la Physique, l'Optique, la
Botanique, la Chimie, l'Agriculture, puis les principaux genres de la Poésie, la Musique, la Peinture, la
Sculpture, tous les arts d'imagination. — Tel était bien
en effet, dans ses grandes lignes le programme que
chacun se proposait est-il besoin de rappeler l'activité
universelle de Voltaire, — ses travaux littéraires, historiques scientifiques, exégétiques — si l'on peut
donner ce nom à ses pasquinades sur l'Ecriture, — et,
en dehors de la littérature la variété des aptitudes et
des connaissances des littérateurs depuis Montesquieu,
qui était un grand travailleur, jusqu'à Rousseau, qui se
piquait d'ignorance? Le plus surprenant de tous est

méconnait la nature, etc. ». — Sur l'éthique des encyclopédistes et des idéologues, cf. Hettner. *Literaturgeschichte des
18ten Jahrhunderts* II. — Picavet. *Les Idéologues*

encore Diderot, non pas que sa science soit bien
solide, mais personne ne se familiarisait plus facilement et plus vite avec les idées, les méthodes ou les
techniques les plus diverses, personne ne paraissait
plus à l'aise en en parlant. Ses fonctions d'éditeur et
de rédacteur de l'*Encyclopédie* l'avaient d'ailleurs
obligé à toucher à tout : mathématiques, philosophie,
histoire, littérature, politique, morale, industrie, critique d'art, il peut écrire sur tout cela, ou parler de
tout cela. Il fait exécuter des modèles de métiers
« pour les étudier plus à son aise [1] ». Il imagine des
sujets de tapisseries pour les Gobelins, ou des dessus
de tabatière en émail; Cochin lui demande un projet
pour le tombeau du Dauphin dans l'église de Sens [2] et
Catherine II un règlement et un programme d'études
pour une université : on le juge au fait de toutes les
idées, propre à toutes les tâches, ou lui-même se le
persuade. Au-dessus ou à côté de lui, cette manie
encyclopédique gagne toutes les classes et tous les
rangs de la société · c'est Mme de Pompadour qui
grave et qui imprime [3]; ce sont les fermiers généraux
qui écrivent des vers, font des collections, bâtissent
des systèmes Les femmes et les gens du monde sont
entraînés par le mouvement : la grande mode mainte-

1. D'Alembert dans sa préface rendait cet hommage a
Diderot : « Il est l'auteur de la partie de cette encyclopédie la
plus étendue, la plus importante, la plus désirée du public et,
j'ose le dire, la plus difficile à remplir; c'est la description
des arts M. Diderot l'a faite sur des metiers qui lui ont été
fournis par des ouvriers ou des amateurs, dont on lira bientôt
les noms, ou sur les connaissances qu'il a été puiser lui-
même chez les ouvriers, ou enfin sur des metiers qu'il s'est
donne la peine de voir et dont quelquefois il a fait construire
des modeles, pour les étudier plus à son aise... »
2. Cf. *Corresp. littér.*, II, 485; III, 95; VII, 21.
3. Cf. Jules de Goncourt, *Madame de Pompadour*. Voir aussi
La Femme au XVIII° siècle, p. 434 et suiv., pour la manie encyclopédique des femmes.

nant est de suivre des cours; le Lycée va s'ouvrir —
véritable université mondaine, où Condorcet professe
les mathématiques, Fourcroy la chimie, Marmontel et
Garat, l'histoire, La Harpe la littérature.

On peut se moquer de ces grands seigneurs et de
ces gens de lettres, qui veulent savoir avec tout le
reste comment on fait le pain ou comment se tisse
une pièce de drap Il se mêle sans doute à tout cela
beaucoup de frivolité et, chez le plus grand nombre,
ces préoccupations n'étaient point sérieuses. Mais
n'essaient-ils pas en somme de se donner par principes
et, il faut bien l'avouer, parfois d'une façon assez
pédantesque, l'éducation que se donnaient instinctive-
ment les Italiens du xve siècle? Armer son corps et
son intelligence, afin d'être plus forts ou plus résis-
tants, tirer de l'homme tout ce qu'il peut donner,
développer ainsi toutes ses facultés et voir dans la
perfection du type humain le but suprème de toute
activité et comme le terme du progrès, voilà le fond
de leurs doctrines. C'était en somme un retour à
l'idéal héroïque de la Renaissance, tel que Rabelais
l'avait formulé [1], mais, avec beaucoup moins de poésie
— on ne saurait trop le redire, — avec moins de grandeur, moins de force et de jeunesse surtout. Quoi qu'il
en soit, — et si diversement qu'on puisse juger l'œuvre
du xviiie siècle en France, il n'en reste pas moins vrai
que nos philosophes ont pris conscience de ce qui,
chez les hommes du xvie siècle, n'était qu'un rève
puissant, mais confus, et que ce sont eux qui, les premiers, ont posé la *Culture comme Idéal*.

Le prestige de ces idées est tel qu'elles se répandent

---

1 Voir en particulier la description de l'abbaye de Thélème
et la regle des thélémites. Il me semble qu'on n'a pas suffisamment insisté sur tout ce qu'il y a de hardi et, pour nous
autres, d'actuel dans ces derniers chapitres du *Gargantua*.

partout à l'étranger les principes en ont bien pu
naître en Angleterre, voici qu'elles y pénètrent sous une
forme française [1]. Toutes les conclusions de la philosophie d'un Hobbes, d'un Boyle ou d'un Newton ont
été tirées par les La Mettrie, les Diderot, les Helvé-
tius, les d Holbach. et « c'est en France que le matérialisme moderne s'organise pour la première fois en
système [2] » En Allemagne. Gœthe et Schiller ne feront
que réduire en théorie cette conception nouvelle de la
vie qui est comme latente et en tout cas diffuse dans
les écrits de nos philosophes Ils se borneront à
l'élargir et à lui conférer un caractère surtout esthétique. Les conditions d'ailleurs étaient les mêmes en
Allemagne qu'en France la guerre de Sept Ans
venait de donner dans les deux pays un nouvel essor
à l'individualisme [3]. Les échanges d idées et les voyages
tendaient de plus en plus à établir une sorte d'identité
intellectuelle entre les principales nations de l'Europe
Aussi la littérature allemande va-t-elle suivre une
marche analogue à celle de la nôtre et ses deux principaux représentants s'acheminer vers l'antiquité. de
même que nos écrivains vont y revenir par une conséquence naturelle de leur philosophie

Ce retour à l'antique est tellement conforme à l'esprit
du siècle. que l influence rivale des littératures anglaise
et allemande a bien pu le contrarier mais non pas
l'enrayer Les journalistes et les traducteurs multiplient les communications avec les pays germaniques
Non seulement on commence à connaître leurs littératures et leurs institutions, mais il n'y a presque pas
de nouveauté anglaise ou allemande qui n'ait été

1. Cf. Hettner, op. cit , VI, § 544.
2. Cf Lange, Histoire du matérialisme, I p. 294 (trad. B. Pom-
merol).
3. Hettner, op. cit. I, II, § 33.

immédiatement connue chez nous [1]. Il ne faudrait
cependant pas exagérer   en réalité on n'a qu'une
connaissance fort superficielle et fort incomplète des
littératures étrangères et Lessing le relève assez amè-
rement dans sa *Dramaturgie de Hambourg* Rien ne le
prouve mieux que ces traductions improvisées ou ces
analyses insérées dans les revues pour répondre aux
exigences de la mode bien plus que pour instruire un
public sérieux. Quoi qu'il en soit, l'anglomanie littéraire devient une mode dès les premières années du
XVIIIe siècle. Vers 1760. après la guerre de Sept Ans,
ce sera le tour de la littérature allemande . on lit Pope,
Addison, Milton, Shakespeare, Richardson, Young,
Ossian. On traduit Haller. Lessing, Gessner, Klopstock. Gœthe [2]. Entre autres pièces allemandes représentées en France. *Miss Sara Sampson* de Lessing fut
jouée à Saint-Germain sur le théâtre particulier du
duc d'Ayen, — d'après la traduction de Trudaine de
Montigny; et Diderot en rendit compte d'une façon
très élogieuse dans le *Journal étranger* [3]

Mais il ne suffit pas de voir du pays, tout dépend des
yeux avec lesquels on le voit On pourrait dresser des
tables entières de traductions ou d'adaptations
anglaises ou allemandes, il n'en resterait pas moins
vrai que c'est toujours la forme classique qui, en
France. domine le goût, et tout est là Bien plus, par
delà la forme classique, le tempérament même des
races latines, leur conception tout objective de l'art,
la prédominance chez elles du côté esthétique sur le
côté moral, étaient autant d'obstacles insurmontables

1. Même d'après la *Correspondance littéraire de Grimm*, on
peut se faire une idée de l'abondance de ces traductions.
2. En 1778, parurent *Les Passions du jeune Werther*, ouvrage
traduit de l'allemand de M Gœthe, par M. Aubry. Mannheim
3. Cf *Corresp. litter.*, VI, p. 141. — J. Texte, *Jean-Jacques
Rousseau et les origines du cosmopolitisme littéraire*. p 136.

au triomphe de l'esprit et de la culture germaniques.
Les deux formes sous lesquelles cet esprit se mani-
festa d'ordinaire, la platitude bourgeoise et utilitaire
et d'autre part le rève subjectif et indéterminé, répugnaient à tout ce qu'il y a d'aristocratique, de positif
et de précis dans l'esprit français.

C'était d'abord dans des traductions qu'on lisait les
œuvres étrangères et quelles traductions! Souvent
elles étaient illisibles, soient qu'elles fussent bâclées,
ou que le traducteur ne connût que très imparfaite-
ment le français [1], ce qui en dégoûtait bien des gens.
Ensuite on traite ces nouveaux venus comme autrefois
les anciens . on élague, on résume, ou on remanie. On
commence par faire la toilette de son auteur avant de
le produire devant un public aussi délicat [2]. Quand il
s'agit d un poète, on aime à le traduire en vers et,
suivant la méthode de la traduction classique, on
l'embellit, on « rivalise » avec l'original et on essaie
de le « surpasser ». C'est une « matière » et en même
temps un prétexte à étaler son talent de versificateur.
Que l'on compte plutôt toutes les traductions ou les
imitations en vers qui ont été laites de Milton ou de
Pope au xviiie siècle [3]. Sauf les anglomanes de parti

1. Grimm s'en plaint fréquemment : ce fut en particulier
le cas pour la traduction des OEuvres de Mengs par Jansen.
Cf. *Corresp. litter.*, XII, p. 505.
2. Voici un passage bien curieux de Diderot, qui donnera
une idée de la façon dont on entendait alors les traductions :
« Il ne me reste qu'un mot a dire sur la façon dont j'ai traité
M. Shaftesbury; je l'ai lu et relu · je me suis rempli de son
esprit et j'ai pour ainsi dire fermé son livre lorsque j'ai pris
la plume. On n'a jamais usé du bien d'autrui avec tant de
liberté. » *Essai sur le mérite et la vertu*, discours préliminaire.
3. Fait significatif, le goût français n'a guère admis alors que
les philosophes ou les purs classiques anglais   qui admire-t-on
le plus? — C'est Pope, c'est Addison, c'est Richardson. Les
vrais Anglais comme Young ou Shakespeare inspirent une
répugnance mal combattue par l'engouement de la mode. Parmi

pris, on est persuadé que c'est faire un grand honneur
à un étranger que de le traduire en français. Voltaire
n'écrivait-il pas à Saint-Lambert, à propos de ses imitations de Thomson dans les *Saisons* « Pourquoi
louez-vous Thomson? C'est le Titien qui loue un peintre
flamand. »

Dans ces conditions, on se demande ce qu'une traduction pouvait apprendre de nouveau, en quoi elle
élargissait le goût, ou redressait les préjugés. —
Mᵐᵉ de Genlis allant voir à Zurich Gessner qu'elle
admire, arrive avec toutes les idées préconçues d'une
Française romanesque et d'une grande dame · « Je
m'imaginais, dit-elle, que l'habitation de Gessner devait être une élégante chaumière entourée de bocages et
de fleurs, que l'on n'y buvait que du lait et que, suivant
l'expression allemande, *on y marchait sur des roses.* J'arrive chez lui, je traverse un petit jardin uniquement
rempli de carottes et de choux ce qui commence à
déranger un peu mes idées d'églogues et d'idylles, qui
furent tout à fait bouleversées en entrant dans le salon
par une fumée de tabac qui formait un véritable
nuage, au travers duquel j'aperçois Gessner fumant sa
pipe et buvant de la bière, à côté d'une bonne femme
en casaquin, avec un grand bonnet à carcasse et tri-
cotant . c'était Mᵐᵉ Gessner [1]. » La déconvenue de
Mᵐᵉ de Genlis s'explique en grande partie par la
façon dont Gessner avait été présenté au public français [2] . tout ce qu'il y a de sentimentalité bourgeoise

---

les Allemands, les seuls qui aient eu un véritable succès,
c'est Lessing. le plus classique et le plus français de tous, et
Gessner avec ses *Idylles et poèmes antiques* ce dont Grimm
le loue avant tout, c'est d'avoir rendu Théocrite. *Corresp*
littér., V, 12

1 *Souvenirs de Félicie*, p. 91

2 Le traducteur Huber disait dans sa préface : « La langue
allemande a des hardiesses, que non seulement je ne pouvais

et même un peu grossière ou un peu niaise dans les *Idylles*, c'est-à-dire ce qu'il y a de vraiment allemand avait été très atténué par le traducteur. En somme, l'esprit classique impose sa forme aux traductions étrangères, comme elle l'imposait encore aux traductions de l'antiquité gréco-latine.

Précisément à cause de cette persistance de l'esprit classique, on ne prenait des Anglais et des Allemands que ce qui répondait déjà au goût du jour ou ce qui pouvait se concilier sans trop de peine avec le goût national : Grimm, qui n'était pourtant pas Français, se déclarait rebuté par les longueurs de *Clarisse Harlowe* et avouait avoir « éprouvé dans la lecture de ce livre une chose qui n'est pas ordinaire, le plaisir le plus vif et l'ennui le plus assommant[1] ». Il serait injuste d'autre part de ne point reconnaître que ces œuvres anglaises ou allemandes réagissaient à leur tour sur l'esprit public et en précisaient les tendances. Mais ce qu'il importe de bien voir, c'est la nature et la part de l'influence qu'elles ont eue. Il ne s'agit nullement d'une pénétration de l'esprit latin par l'esprit germanique. Ce qu'on demandait aux littératures du nord, c'était une sorte d'encouragement dans la voie nouvelle où l'on voulait s'engager par le sentiment profond qu'on était à la fin d'une discipline intellectuelle et d'une forme d'art. On devait donc repousser tout ce qui était strictement anglais ou allemand, « les boucheries de Shakespeare », comme « le genre sombre » de Young : les critiques et les littérateurs du temps sont unanimes sur ce point, sauf des énergumènes comme Mercier. La

pas, mais que je ne devais pas même rendre en français. Il m'a donc fallu en quelques endroits affaiblir les images, en choisissant a dessein des expressions moins énergiques. » *Idylles et poèmes antiques*, édit. de 1796.
1. *Corresp. litter.*, II, p. 15.

Harpe, qui représente assez bien l'opinion moyenne, condamne tout autant que Voltaire les outrances shakespeariennes et Diderot, qui les admire, reconnaît qu'elles sont contraires au goût national et conseille aux Français de s'en abstenir [1].

Dès lors, on ne voit pas en quoi le cosmopolitisme de notre XVIII⁰ siècle aurait pu contredire le mouvement antiquisant qui le termine Les contemporains eux-mêmes ont bien pu s'y tromper, d'où des divergences apparentes et un éparpillement des efforts : la simplicité que l'on goûte dans le roman anglais, c'est la simplicité de Nausicaa lavant le linge de la famille, ou celle d'Auguste apprenant à nager à ses petits-fils. Même le pathétique de Shakespeare était-il si éloigné de celui du théâtre grec? La folie du roi Lear ou la tache de sang de lady Macbeth étaient-elles plus difficiles à admettre que la plaie de Philoctète ou l'épilepsie d'Oreste²? Comme il y avait d'ailleurs plus d'affinité entre le génie ancien et le nôtre, comme nous sommes en particulier des Latins de race, de tempérament et d'éducation, il n'est pas étonnant que ce soient les anciens qui l'aient finalement emporté et que le mouvement antiquisant ait fait échec au cosmopolitisme à ses débuts

II

A mesure que l'esprit nouveau s'affirme avec son idéal de culture et d'humanité, le mouvement antiquisant s'accélère et se généralise, au point qu'à la fin du

1. Voir notre chapitre III, p 100.
2. C'est ainsi, par exemple que Ducis passe tout naturellement d'une adaptation d'*OEdipe à Colone* à une adaptation de *Roméo et Juliette*.

siècle, pendant la période révolutionnaire, ce ne seront
plus seulement les idées qui seront antiques, mais
jusqu'aux modes, au costume et au langage.

Évidemment il ne s'agit plus de retourner à l'école
des anciens : les conditions ne sont plus les mêmes
qu'à l'époque de la Renaissance, avec la science positive, l'esprit critique s'est développé on a une littérature, un art, une civilisation dont on est fier et que
l'on compare orgueilleusement aux civilisations de
l'antiquité Ce que l'on voulait, c'était continuer l'esprit
de la culture et de la philosophie païennes violem-
ment interrompues par le christianisme Mais comme
les mêmes idées appellent les mêmes formes, recommencer à penser et à sentir comme les anciens, c'était
s'acheminer vers leurs mœurs, leurs institutions et
leur esthétique De là vient qu'on se remet peu à peu
à les imiter sans plan préconçu sans doute et d'une
façon plus avisée et plus éclectique qu'au temps de la
Renaissance, mais enfin on les imite, quelles qu'aient
été les hésitations, les incertitudes et même les contradictions

S'il en est ainsi on s'explique que les philosophes
aient été très libres vis-à-vis des anciens Sur certains
points, ils les jugent fort sévèrement et quand Voltaire
est en belle humeur, il ne se prive pas de répéter
toutes les plaisanteries de Perrault comme par
exemple dans *La toilette de M*ⁿᵉ *de Pompadour*, où il se
moque des dames romaines, qui ne portaient point de
bas et qui ne connaissaient ni le café ni le chocolat [1].
Il est généralement admis que notre civilisation et
notre littérature dans presque tous les genres sont
supérieures à celles de l'antiquité. C'est l'opinion qu'on

---

1. *Les Anciens et les Modernes ou la toilette de M*ᵐᵉ *de Pompadour* (1761).

retrouve partout depuis la *Lettre sur Sophocle* [1] de Voltaire jusqu'au *Lycée* de La Harpe. Mais cela n'empèche pas qu'on se réclame des anciens pour les principes essentiels de la culture et qu'on trouve encore à apprendre et à imiter dans leurs œuvres.

D'abord on se sent de la sympathie pour eux ne fût-ce qu'en haine du christianisme, qui était en contradiction avec toutes les aspirations et toutes les idées de l'époque. L'*Essai sur les mœurs* de Voltaire est-il autre chose au fond qu'un long plaidoyer en faveur de la morale antique et un acte d'accusation contre le christianisme rendu responsable de la barbarie et de l'obscurantisme du moyen âge? Une phrase souvent citée de Chamfort nous explique à merveille l'attitude prise par les philosophes vis-à-vis de l'antiquité : « M. de . . qui voyait la source de la dégradation de l'espèce humaine dans l'établissement de la secte nazaréenne et dans la féodalité, disait que pour valoir quelque chose, il fallait se *defranciser* et se *débaptiser* et redevenir grec et romain par l'âme » Ainsi donc si l'on déteste le christianisme ce n'est pas seulement parce qu'il est un tissu d'erreurs c'est surtout parce qu'il a opprimé la nature. tandis que le paganisme apparait comme le milieu le plus favorable au développement de l'humanité telle qu'on recommence à la rêver.

Ensuite on n'oublie pas que les anciens ont été deux fois les éducateurs du genre humain, avant le christianisme et au temps de la Renaissance On se plait à mettre en regard des services rendus par le paganisme à la philosophie les persécutions que le christianisme lui a fait subir On embellit le tableau à dessein. On ne veut voir de l'antiquité que ses héros, ses penseurs

1. Voltaire, *Critique de l'OEdipe de Sophocle* (Lettres a M. de Genonville), 1719.

et ses poètes [1] et du moyen âge, que les bûchers ou les sottises de la scolastique : d'un côté des fondations d'empires, des civilisations qui se développent, de grandes œuvres qui civilisent à leur tour; de l'autre, la barbarie et les ruines, ou des disputes de moines aussi ridicules que stériles Voltaire qui a dit tant de mal des anciens, leur rend au moins cette louange que, par leur culture, ils sont infiniment supérieurs aux chrétiens : « Le public éclairé préférera toujours les Sophocle, les Euripide, les Térence, aux Baius, Jansénius, Duvergier de Hauranne, Quesnel, Petitpied *et à tous les gens de cette espèce* [2] ».

Mais on ne s'en tient pas là : comme la philosophie du XVIIIe siècle n'était en somme qu'un retour au matérialisme, il était naturel qu'elle se réclamât des premiers matérialistes de l'antiquité. Déjà Gassendi, « le père du matérialisme français », avait commencé par réhabiliter Épicure, dont il parle avec tout l'enthousiasme d'un disciple [3]. Au XVIIIe siècle, Lucrèce le dispute à Virgile dans l'admiration des encyclopédistes : Grimm raconte d'une façon assez amusante la joie de Diderot le jour où il crut reconnaître dans le « Felix qui potuit rerum cognoscere causas » une allusion à Lucrèce généralement passé sous silence ou maltraité par les anciens eux-mêmes [4]. Diderot le commente souvent avec admiration. Il y a même de lui une très

---

1. Voir dans l'*Essai sur les mœurs* toute la sophistique que déploie Voltaire contre Tacite, pour disculper Néron du meurtre d'Agrippine. De même Diderot ne veut pas que la *Consolation à Polybe* soit de Sénèque.
2. *Remarques sur la vie de P. Corneille* (Commentaire sur Corneille, I, 224, édit Thiesse).
3 *De vita et moribus Epicuri* (fin de la préface).
4. « Un des grands chagrins dont il était navré, c'était de ne trouver nulle part dans les ouvrages de Virgile l'éloge de Lucrèce; il m'en parlait souvent d'un air pénétré. » *Corresp. litt.*, VIII, p. 153.

belle page sur l'*Invocation à Venus* [1]. Comme il fallait
s'y attendre, Lucrèce est traduit et luxueusement édité :
c'est d'abord la traduction italienne de Marchetti qui
paraît en France (1754) avec des illustrations de
Cochin et d'Eisen. La même année (1768), Panckoucke
publie une paraphrase du *De natura rerum*, et Lagrange,
précepteur chez le baron d'Holbach, une traduction
avec le texte en regard : c'était encore une coûteuse
édition de fermiers généraux avec un frontispice et six
figures de Gravelot. Elle fit grand bruit et fut très
attaquée par les dévots [2], ce qui était assez naturel,
puisqu'elle sortait de chez le baron d'Holbach, que
Diderot y avait mis la main et qu'elle prenait ainsi les
proportions d'un manifeste philosophique.

En même temps que Lucrèce, on ressuscite Julien
l'Apostat et un peu pour les mêmes raisons · Voltaire,
Grimm, Diderot en parlent avec égards Peut-être que
l'*Histoire de l'empereur Julien* par l'abbé de la Bletterie,
qui avait eu un certain succès vers 1748 y était pour
quelque chose L'ouvrage avait paru « très hardi
parce qu'un janséniste avait osé imprimer que Julien,
apostat exécrable aux yeux d'un bon chrétien, n'était
pourtant pas un homme sans quelques bonnes qualités, à en juger mondainement [3] ». Au vrai, il entrait
dans le plan des philosophes de réhabiliter tout ce que
le christianisme avait condamné à ce titre, Julien
devait être en bonne place parmi leurs grands hommes.
Mais celui qu'ils ont le plus célébré, le véritable patron
de l'église philosophique, c'est Socrate Sa condam-
nation et sa mort deviennent un véritable lieu commun
pour les poètes comme pour les peintres le fameux

1. *Salon* de 1767, t XI, p 78 (édit. Assezat).
2. *Corresp. litt.*, VIII, 152
3 *Op. cit*, VIII, p 172.

tableau de David, *Socrate buvant la ciguë*, est un des derniers monuments de ce culte.

On revient aux moralistes de l'antiquité : Diderot écrit une *Vie de Sénèque* (1779), qui n'est qu'une longue apologie. Naigeon en publie une traduction, œuvre posthume de Lagrange (1778), à laquelle il joint des notes et des avertissements qui en font un véritable livre de propagande encyclopédique [1]. Thomas lit en séance publique de l'Académie un éloge de Marc-Aurèle. Rousseau parle avec enthousiasme de Plutarque. Insensiblement la morale du siècle se coule dans la morale antique. Le mot *vertu* prend un sens nouveau et peut-être qu'on ne le remarque pas assez quand on raille les hommes du xviii° siècle de leurs prétentions vertueuses. La vertu n'est plus, suivant la formule chrétienne, la mortification, mais la perfection de la nature [2]. La règle est plus ou moins étroite suivant qu'on se réclame de Sénèque ou de Marc-Aurèle. Les austères trouvaient des modèles dans les héros du stoïcisme et les voluptueux se sentaient de l'inclination pour cet indulgent directeur de conscience que fut Sénèque, cet habile homme qui sut jouir en somme de toutes les belles et bonnes choses de la vie, tout en faisant profession de la plus rigide sagesse [3] : « O

---

1. *Les œuvres de Sénèque le philosophe traduites en français par feu M. de Lagrange, avec des notes de critique, d'histoire et de littérature*, 6 vol. in-8. L'épigraphe était significative : « Nil non longa demolitur vetustas et movet ocius; at iis quos consecravit sapientia noceri non potest. Nulla delebit ætas, nulla deminuet; *sequens ac deinde super ulterior aliquid ad venerationem conferet*. »

2. Cf. Lange, *op. cit.*, I, p. 384.

3. Il faut noter aussi l'admiration pour Tacite, qui deviendra une sorte de religion encyclopédique et idéologique et qui excitera les colères de Napoléon : au xviii° siècle, on en compte un assez grand nombre de traductions : celles de l'abbé de la Bletterie, celles de Brottier, celle du P. Dotteville, jésuite, de Dureau de la Malle, etc.

Sénèque — disait Diderot, — c'est toi dont le souffle dissipe les fantômes de la vie, c'est toi qui sais inspirer à l'homme de la dignité, de la fermeté, de l'indulgence pour son ami, pour son ennemi, le mépris de la fortune, de la médisance, de la calomnie, des dignités, de la gloire, de la vie, de la mort, *c'est toi qui sais parler de la vertu et en allumer l'enthousiasme* [1]. »

Des livres ou des conversations, ces tendances passent dans les mœurs : le civisme renaît sous sa forme antique et, comme le mot de vertu, le mot de *patrie* prend une signification nouvelle. Jusque-là le patriotisme avait été ce qu'il pouvait et devait être dans un pays monarchique où le préjugé national contre l'étranger était extrêmement fort — la conscience de l'âme française avec son génie propre et l'admiration exclusive de son œuvre civilisatrice. Ce patriotisme-là n'a jamais été plus vif que sous l'ancien régime et Voltaire peut en être considéré comme le plus jaloux représentant. — Mais au lendemain du traité de Paris, le patriotisme sous sa forme la plus ordinaire — la haine de l'étranger — se réveille avec une intensité singulière le modèle que l'on se propose, c'est le patriotisme britannique avec tout ce qu'il a de brutal et d'odieusement égoïste. *Le Siège de Calais* de de Belloy (1765) excite une véritable folie de chauvinisme [2], et les poèmes ou les écrits patriotiques se multiplient [3].

---

1 *Essai sur les règnes de Claude et de Néron*, III, 371

2. Le duc de Brissac aurait dit à l'auteur . « Monsieur, vous m'avez fait sentir le plaisir d'être Français » Cf. *Corresp. litt.*, VI, 244

3. Le comte de Bissy avait déjà traduit de lord Bolingbroke des *Lettres sur l'esprit de patriotisme, sur l'idée d'un roi patriote*, etc. (1750). Cf *Corresp. litt.*, I, 409 On vit ensuite : *La différence du patriotisme national chez les Français et chez les Anglais*, par Basset de la Marelle (1760) — *Le patriotisme*, poème, par l'abbé Desjardins (1759) — *Le patriotisme*, poème par Colardeau (1762), etc

Cependant plus on avance vers la Révolution, plus ce sentiment tend à se restreindre à la conscience des droits du citoyen, comme dans les républiques anciennes. Lorsqu'en 1754 l'abbé Coyer, dans ses *Bagatelles morales*, se plaignait de l'abandon du « vieux mot de patrie », Grimm lui répondait : « Nous n'employons pas le mot de patrie, parce qu'il n'y en a plus pour parler avec justesse. Il faut donc continuer à dire que nous servons le roi et l'État. [1] » Avec le réveil de l'individualisme, le sentiment des droits du citoyen va s'exaspérer. Chacun se croit autorisé à parler, à donner son avis sur les choses du gouvernement, à se mêler des affaires de l'État, qui deviennent les affaires de tous. C'est La Tour, le pastelliste, qui, faisant le portrait de Louis XV, se permettra de dire au roi : « Avec tout cela, Sire, nous n'avons point de marine [2] ». C'est Lebrun-Pindare qui écrit son *Ode aux Français après les désastres de la guerre de Sept Ans* et qui s'essaie à jouer au Tyrtée : l'incapacité du pouvoir prouvée par toutes les défaites de cette guerre donne une nouvelle audace aux revendications du civisme. Des brochures républicaines s'impriment, avec des titres séditieux ou menaçants : *Le patriote, — La patrie vengée, — La richesse de l'État, — Idées d'un citoyen sur l'administration des finances du Roi*. Sous la Révolution ce patriotisme renouvelé de l'antique, qui n'a plus rien de français, qui ne signifie plus l'attachement instinctif au sol natal, ni le sentiment de toutes les grandeurs et de toutes les gloires du pays, va se rétrécir encore : son patron sera Brutus le Tyrannicide et le mot de *patriote* ne sera plus que l'étiquette d'un parti politique.

Comme couronnement de cette morale, une religion

1. *Corresp. litt.*, II, p. 445.
2. E. et J. de Goncourt, *L'Art au XVIIIe siècle*, 1re série, p. 344 (note).

nouvelle apparaît, la religion des grands hommes,
véritable résurrection de l'apothéose antique et du
culte des héros. La philosophie et la littérature ont
leurs saints qu'on n'honore pas seulement d'un culte
métaphorique, mais à qui l'on voue des cérémonies et
des rites véritables. C'est une mode que d'avoir dans
son jardin un autel dédié à un grand homme. Bien
avant le fameux triomphe d'*Irène*, le buste de Voltaire
avait été couronné chez Mlle Clairon. Elle avait choisi
un de ses soupers du mardi pour cette solennité qui
devait être une surprise Quand tout le monde fut
arrivé, « soudain deux rideaux s'ouvrent et l'on voit le
buste de Voltaire placé sur un autel, et au pied de
l'autel Mlle Clairon habillée en prêtresse antique et
plaçant sur la tête du dieu de Ferney une couronne de
laurier [1] ». tandis qu'elle récite une pièce de Marmontel
composée pour la circonstance Mme de Saint-Huberty
reçoit à Marseille les mêmes honneurs que Voltaire à
Paris, on tire le canon en son honneur. La fête qu'on lui
donne sur mer « était digne d'une souveraine » Elle
arrive sur une gondole dont les rameurs sont habillés
à la grecque. Le peuple danse autour d'elle au son des
tambourins et des galoubets Elle-même, vêtue également à la grecque et couchée sur un divan à la mode
orientale, reçoit en souveraine les hommages des
spectateurs. Enfin, dans une pièce allégorique, elle est
couronnée sur la scène par Apollon lui-même [2] Il y a
là comme une première ébauche des fêtes gréco-
romaines machinées par David pendant la Révolution.
Ici, l'exagération est telle, le travestissement à l'antique déjà si choquant, que le ridicule commence à
percer

1. Edmond de Goncourt. *Mademoiselle Clairon* — *Corresp*
litt., X, p. 73
2. *Corresp. litt*, XIV, p. 206.

Avec les grands hommes, on prétend honorer tous
ceux qui, d'une façon ou de l'autre, ont travaillé à la
gloire de la patrie ou au bonheur de leurs concitoyens.
On descend même jusqu'aux dévouements les plus
humbles. Les récompenses civiques redeviennent à la
mode[1]. On est si ravi d'être « sensible » à la vertu,
qu'on irait au besoin jusqu'à inventer de beaux
exemples de sacrifice, afin d'avoir la joie de les couronner et une occasion de s'attendrir. Ce fut une véritable folie on s'enfonça dans le ridicule de gaieté de
cœur. Une certaine Catherine Vassent de Noyon ayant
sauvé « trois citoyens » tombés dans une fosse d'aisance « sa patrie » lui décerna une médaille et *une couronne civique* l'Académie lui attribua le prix Monthyon
et M. Gaillard, directeur prononça dans son discours
cette phrase « Tous ses compatriotes sentent combien
ils s'honorent en l'honorant[2] » Ces idées de civisme
antique avaient si bien faussé le caractère national
que l'ironie de la race s'en était perdue.

Dans un milieu comme celui-là on comprend que la
conception de l'art se soit sensiblement transformée
On lui attribue non seulement une valeur esthétique,
mais une valeur intellectuelle et surtout morale Il
doit instruire, édifier les foules C'est un des points
les plus fixes du credo du xviiie siècle « La véritable tragédie est l'école de la vertu, et la seule différence qui soit entre le théâtre épuré et les livres de
morale, c'est que l'instruction se trouve dans la tragédie toute en action[3] » — C'est Voltaire qui parle

1. La ville de Calais conféra le titre de citoyen à de Belloy,
avec une boîte d'or portant cette inscription : *lauream tulit,
civicam recepit*. *Corr lit*. VI. p 247
2. L'histoire est racontée tout au long et très sérieusement
dans la *Correspondance littéraire*
3. *Dissertations sur la tragédie ancienne et moderne*. IV,
p 197.

ainsi et l'on peut s'assurer si dès son *Œdipe* il s'est mis
à prêcher et à moraliser « Le but de la tragédie, dit
Marmontel, est, selon nous, de corriger les mœurs, en
les imitant, par une action qui serve d'exemple [1] »
Diderot pousse l'idée à l'extrême . « Rendre la vertu
aimable, le vice odieux, le ridicule saillant, voilà le
projet de tout honnête homme qui prend la plume, le
pinceau, ou le ciseau [2] » Il distingue même parmi les
genres dramatiques une comédie sérieuse, qui a pour
objet « la vertu et les devoirs de l'homme [3] ». — Les
peintres et les sculpteurs sont du même avis, Falconet
pense comme Diderot . « La sculpture, après l'histoire,
est le dépôt le plus durable des vertus des hommes et
de leurs faiblesses. Si nous avons dans la statue de
Vénus l'objet d'un culte imbécile, nous avons dans
celle de Marc-Aurèle un monument célèbre des hom
mages rendus à un bienfaiteur de l'humanité [4]. »
Greuze adresse à tous les curés de village une lettre-
prospectus où il les engage à propager sa peinture et
où la réclame se déguise sous le prétexte de former
aux bonnes mœurs. Le morceau est exquis et vaut la
peine d'être lu [5].

L'art doit donc être sérieux. Il ne sera plus seulement un jeu de l'esprit ou de la fantaisie, mais il
exprimera la vérité humaine dans sa simplicité et dans
sa force. Quels que soient les modèles qu'offrent les
littératures étrangères, c'est encore aux anciens qu'on
en redemande le secret. Diderot lui-même, si prévenu
en faveur des Anglais, va chercher ses exemples dans
Homère, dans Eschyle, dans Sophocle et jusque dans

1. *Cours de littérature* (art. tragédie).
2 *Essai sur la peinture*, X, p. 512.
3. *De la poesie dramatique*
4. *Reflexions sur la sculpture*, lues dans l'Academie de peinture et de sculpture. 1776. in-8.
5. Cf E. et J. de Goncourt, *op. cit*, II⁰ serie, p. 21.

Térence[1] « Je ne me lasserai point de crier à nos Français . La vérité la nature. les anciens[1] Sophocle, Philoctète[1] Le poète l a montré sur la scène couché à l'entrée de sa caverne et couvert de lambeaux déchirés. Il s y roule, il y éprouve une attaque de douleur. La décoration était sauvage, la pièce marchait sans appareil Des habits vrais des discours vrais, une intrigue simple et naturelle[2] » Le même Diderot ne tarit pas sur la beauté et la poésie des mœurs homériques, sur la vérité et la profondeur avec lesquelles le poète a su les rendre Homère redevient le poète par excellence On le traduit on prononce son panégyrique en pleine Académie les critiques semblent avoir pris à tâche de le venger des outrages des Perrault et des abbés Terrasson

Évidemment à ces idées nouvelles se mêlent bien des idées de provenance étrangère Les Anglais surtout ont beaucoup fourni. Mais tous ces emprunts n'arrivent jusqu'a la pensée française qu'à travers un voile de réminiscences antiques ou classiques Diderot ne manque pas une occasion de comparer Eschyle à Shakespeare Il compare même — rapprochement inattendu — Lillo à Sophocle[3]. Au théâtre, toutes ces prétendues innovations dramatiques qui font tant de bruit, ces tragédies nationales ou patriotiques — les *Siege de Calais*, les *Gabrielle de Vergy* ou les *Adèle de Ponthieu* — sont consciencieusement rimées suivant la formule traditionnelle Bien longtemps plus tard, Lamartine s'imaginera encore que la grande originalité, pour la tragédie, ce serait de couler du Shakespeare dans le moule de Racine[4].

1. *Essai sur la poesie dramatique*, VII, 369
2 *Entretiens sur le Fils Naturel*, VII, 121.
3 Cf J. Texte, op. cit, p 136
4. Cf. *Correspondance* de Lamartine, I, p. 319

Les anciens restent ainsi les grands modèles ·
d'abord on garde leur mythologie, puisqu'il est entendu que le christianisme n'est qu'une « triste et
plate métaphysique[1] », à laquelle ni peintre ni poètes,
ni sculpteurs n'ont rien à demander. Voltaire, à l'impiété près, défend la mythologie comme Boileau :

> Mettez la Fleur des Saints à côte d'un Homère :
> Il ment, mais en grand homme; il ment, mais il sait plaire;
>   Sottement, vous avez menti;
>   Par lui, l'esprit humain s'eclaire;
> Et si l'on vous croyait, il serait abruti
> On chérira toujours les erreurs de la Grèce,
>   Toujours Ovide charmera.
> Si nos peuples nouveaux sont chretiens a la messe,
>   Ils sont païens à l'Opéra[2]

Il aura beau vanter ailleurs les allégories à la
Lucain[3], comme plus philosophiques et plus dignes
d'un peuple éclairé, ce paganisme littéraire se main-
tiendra jusqu'à la fin de l'ancien régime et au delà.
Le langage de la Fable, c'est comme la langue maternelle de quiconque est passé par le collège Et même,
plus on avancera vers le romantisme, plus l'abus en
sera choquant, au point que Lamartine considérera
comme un de ses titres à l'originalité[4], d'avoir décidément rompu avec l'olympe classique. Mais cette
façon de considérer la mythologie antique comme un
mensonge aimable est encore quelque chose de bien
superficiel. Beaucoup déjà y voient tout autre chose
et peut-être que les travaux de quelques membres de
l'Académie des Inscriptions avaient contribué dans
une certaine mesure à en élargir le sens[5]. Il est évi-

---

1. Diderot, *Essai sur la peinture*, X, 492
2 *Apologie de la fable*
3 Voir *Discours sur le poeme epique*
4. Preface des *Méditations*, p. 9 (edit Lemerre)
5. Voir notre chap. II, p. 51.

dent que Roucher et Chénier en ont une idée autrement sérieuse que Voltaire et surtout qu'un Dorat ou
un Gentil-Bernard. Diderot, tout le premier — si
intelligent et si moderne, — avait déjà entrevu dans
les mythes grecs la glorification des forces naturelles
et de la beauté plastique. Il en a parlé en artiste et en
poète, avec une divination qui dépassait singulièrement son siècle et le goût français en général [1].

Mais on demande davantage aux anciens . on sent
que depuis longtemps — avec l'avènement des petits
genres et de la littérature facile — la forme s'est abâ-
tardie et qu'en somme on a perdu le grand style avec
les grands sujets On va donc procéder comme au
temps de la Renaissance, rapprendre son métier
d'écrivain par le rudiment — par la traduction et
l'étude minutieuse du style antique : « Notre langue, accusée d'un peu de recherche et d'afféterie —
disait l'abbé Delille, — avait besoin d'être retrempée
dans la mâle simplicité des poètes anciens. La traduction des grands modèles de l'antiquité est pour la poésie, permettez-moi cette comparaison, ce que sont ces
cuves fameuses d'Allemagne où le vin nouveau versé
tous les ans sur les vendanges précédentes emprunte
d'elles sa force et sa maturité [2]. » Ceci n'a l'air de rien,
mais il suffit de songer à l'importance des questions
de forme en art, pour comprendre toute la portée de
ce passage   n'a-t-on pas défini le romantisme, une
révolution du vocabulaire ? La chose est surtout frappante dans les arts plastiques; toute l'originalité de
Vien consistera à dessiner correctement d'après l'antique, en d'autres termes à rapprendre la grammaire
du dessin, au lieu de continuer à « casser des jambes

1. En particulier dans l'*Essai sur la peinture*, X, p. 490 et
suiv.
2. Préface de l'*Imagination*.

avec élégance », suivant le procédé de Boucher et de son école.

C'est ainsi que nous allons voir dans toutes les branches de la littérature et de l'art, au théâtre comme dans la poésie, chez de simples ornemanistes comme chez nos peintres d'histoire et nos sculpteurs, s'affirmer cette idée d'un retour à l'imitation de l'antique, comme unique moyen d'arrêter la décadence.

III

Malgré tout, ce mouvement antiquisant ne pouvait ni ne devait aboutir   ç'a été le suprème effort du classicisme pour se rajeunir: mais la persistance de la forme et de la discipline classiques allait le stériliser

C'est une chose étrange et à peu près inexplicable que cette forme se soit maintenue pendant tout le xviiie siècle et au delà. Si l'on examine en effet les idées et les sentiments dont s'est nourri l'art de cette époque, on verra qu'il n'en reste de classique que l'enveloppe et même qu'il y a contradiction entre la forme et la matière On veut maintenant que l'art soit utile, qu'il agisse sur les mœurs et les institutions, et l'art du xviie siècle se contentait d'être un noble jeu de la pensée Un de ses principes essentiels, c'était la sévère distinction des genres, — et voici que maintenant, sous prétexte de vérité plus grande, on tend à les confondre dans le drame ou la comédie larmoyante Autrefois on ne voulait donner de la passion qu'une image idéale, — et les théoriciens du xviiie siècle réclament la passion dans toute sa violence et dans toute sa crudité. Par un sentiment très délicat et très juste de la haute valeur intellectuelle de l'art pour le préserver d'un contact trop immédiat et toujours un peu

avilissant avec la plate réalité, les classiques lui avaient
assigné pour domaine une antiquité lointaine et fabu-
leuse, — aujourd'hui on veut y faire entrer l'histoire
nationale et les mœurs contemporaines. Il y a même
certains sentiments, comme cette mélancolie mise à la
mode par Young et par Jean-Jacques, qui répugnent
absolument aussi bien à l'esprit tout optimiste qu'à
la forme de l'art classique La conclusion, c'est qu'il
faut se débarrasser de cette forme très pure d'ailleurs,
mais devenue trop étroite et conventionnelle. Mais on
n'osera ou même on ne pourra pas le faire Elle est
liée à tout un état social et ne disparaîtra qu'avec lui
Tant qu'il y aura une cour, des salons, une sociabilité
française, la forme classique subsistera comme la
mieux appropriée aux mœurs et quand les mœurs
évolueront elles-mêmes à la fin du siècle, une sorte
de vanité nationale ou de timidité de goût empêchera
d'y porter la main

En ce qui concerne l'antique il est trop évident que
l'idéalisme de l'art français classique, avec son
mélange de rationalisme chrétien et d'habitudes cour-
toises ou mondaines, y répugnait naturellement Mais
ce qu'il y avait de plus rebelle en lui, ce qui devait
étouffer toute renaissance de l'idée paienne, c'est la
discipline à laquelle il avait plié les esprits En les
habituant à considérer l'imitation comme le grand
moyen de l'art il les avait amenés à n'envisager les
œuvres antiques que par l'extérieur, à ne tenir compte
que des règles des genres, ou de la rhétorique des
styles[1]. Dans ces conditions, on arrivera bien à faire

1 Noter que Chénier lui-même n'a eu qu'un sentiment très
restreint de l'âme antique. Il n'imite et ne comprend guère
que les petits poetes, ceux qui, comme les alexandrins,
avaient déjà bien des affinités avec notre xviii° siècle Dans
Homère, il ne voit que l'*idylle* ou la *mythologie* et encore, à
travers Ovide et les alexandrins.

des pastiches, mais l'essence de l'art antique échappera. Le grand culte de la Beauté et de la Divinité des choses ne sera point restauré.

De là l'échec final du mouvement antiquisant et l'impression d'impuissance et de médiocrité qu'il laisse. Pourtant il y a eu un moment où, grâce à des concessions réciproques, une sorte d'harmonie éphémère semble s'être établie entre la vieille forme classique et l'idéal nouveau. Mais ce ne fut qu'un instant : ç'a été les premières années du règne de Louis XVI. De même qu'il y a eu un style, il y a eu aussi un homme « Louis XVI », — le jeune homme de cette génération qui, formée par les encyclopédistes et partageant toutes leurs idées, a pu avoir un moment l'illusion d'une espèce de renaissance, ou même de la vérité toute prochaine de l'âge d'or célébré par ses philosophes. Il est philosophe lui aussi, il est savant. Il s'occupe de chimie avec Lavoisier, d'astronomie avec Bailly, d'histoire naturelle avec Buffon. Il a la haine du fanatisme, le culte des grands hommes et des sages. Il est patriote, bon citoyen, bon père de famille. Il veut être utile [1], renoncer à l'existence frivole du courtisan parasite, il encourage l'agriculture, se passionne pour une charrue ou la question des grains. Avec cela, il est *sensible* autant qu'on peut l'être; il aime la nature, la campagne, la solitude; il a le goût des arts et les célèbre volontiers : c'est pour lui que Delille écrit ses *Jardins*, son *Homme des champs* et son *Imagination*. Malheureusement la politique et les clubs vont bientôt le gâter. Bien avant 89, l'emphase

---

1. Au concours pour les prix de poésie en 1768, l'Académie française couronna une épitre de l'abbé de Langeac : « Lettre d'un fils parvenu à son père laboureur ». — Un accessit fut attribué à un M. Le Prieur pour un poème sur *la nécessité d'être utile*. Cf. *Corresp. litt.*, VIII, p. 168.

et le mauvais goût révolutionnaires semblent conjurés
pour donner un air de parodie et de mascarade à ces
réminiscences et à ces imitations de l'antique De
sorte qu'il ne restera guère de ces quelques années
qu'un aimable souvenir et quelques œuvres très
légères des pastorales comme l'*Estelle et Nemorin* ou le
Numa Pompilius de Florian, une idylle comme *Paul et
Virginie*, les poésies d'André Chénier, quelques figurines de Clodion, des panneaux, des vases, des consoles et tout un style d'ameublement.

CHAPITRE II

LES TRAVAUX DE L'ÉRUDITION

I. L'érudition française bénéficie de ce retour à l'antique. — Pourquoi son influence sur la littérature et l'art a été presque nulle. — L'esprit classique tue l'érudition. — Les Bénédictins, l'Académie des Inscriptions et médailles : esprit de son institution. — Veine de mondanité persistante : les vers latins. — Les premiers mémoires. — Les traductions. — Relèvement dans la seconde moitié du XVIII siècle. — Travaux et découvertes de Villoison. — Catalogue des manuscrits de la Bibliothèque du Roi. — L'histoire grecque et l'histoire romaine. — La mythologie. — Développement et progrès de l'archéologie. — La numismatique, l'abbé Barthélemy et ses émules. — Influence des fouilles d'Herculanum et de Pompei. — Caylus, Le Roy, Choiseul-Gouffier. — Le *Voyage du jeune Anacharsis en Grèce* bilan de l'érudition classique.

II. Rapports de l'Académie des Inscriptions avec le grand public. — Travaux sur Homère, Pindare, Théocrite. — Hardion et l'abbé Massieu. — Traduction de Pindare par Chabanon. — *Essai sur Pindare* de Vauvilliers. — La question homérique : Homère excite un véritable enthousiasme. — Mémoires de Rochefort. — Traduction de Bitaubé, son succès. — Traductions en vers de l'*Iliade* mises au concours par l'Académie française. — Discours de l'abbé Arnauld, séance du 24 août 1776. — Traductions du théâtre des Grecs. — Caylus et la peinture à l'encaustique, le *Recueil d'antiquités*. — Publications relatives aux fouilles d'Herculanum et de Pompei. — Succès mondain du *Voyage du jeune Anacharsis*. Son influence sur l'art.

III. Tous ces travaux ont été à peu près perdus pour le public. — Mépris des gens de lettres pour les érudits. — Les ridi-

cules de l'érudition. — Influence funeste de l'esprit classique. — L'abus de la petite érudition. — Rôle de l'Académie
des Inscriptions au xviiiᵉ siècle.

I

Ce n'était pas assez de la philosophie et des mœurs
pour soutenir ce mouvement de retour à l'antique. Il
y aurait fallu comme au xviᵉ siècle l'apport et la collaboration de l'érudition contemporaine. Il n'en fut pas
ainsi : l'influence des érudits fut insignifiante et leurs
travaux, à peu près inaperçus. Ce sont presque tous
de modestes travailleurs n'ayant plus rien de la jac-
tance et de l'ardeur belliqueuse de leurs émules de la
Renaissance. Ainsi ils ont fait peu de bruit dans le
monde, qui d'ailleurs était préoccupé à ce moment-
là de problèmes autrement graves que ceux de la
philologie, de l'esthétique ou de l'histoire.

Au fond, la grande raison de l'espèce de défaveur
qui les a frappés, c'est le triomphe de l'idéal rationaliste du xviiᵉ siècle avec ses tendances modernisantes[1], c'est peut-être le caractère de la plupart de
ses représentants qui se recrutaient en général dans
le clergé et qui, pour cette raison, excitaient le mépris
des encyclopédistes. Mais, quoi qu'il en soit, il ne faut
pas oublier qu'ils ont beaucoup travaillé; qu'ils ont
bénéficié comme les autres de ce retour à l'antique et
que l'influence en est très sensible dans l'orientation
nouvelle de leurs travaux.

1. Voir la façon dont, au début même de l'âge classique,
Descartes s'exprime sur les langues anciennes : « Il n'est pas
plus du devoir d'un honnête homme de savoir le latin et le
grec, que le suisse et bas-breton et l'histoire de l'Empire
germain ou romanique, que celle du plus petit état qui se
trouve en Europe. » Édit. Cousin, XI, 341.

CHAPITRE II

I. L'erudition française beneficie de ce retour a l'antique — Pourquoi son influence sur la litterature et l'art a ete presque nulle. — L'esprit classique tue l'erudition. — Les Benedictins, l'Academie des Inscriptions et medailles : esprit de son institution — Veine de mondanite persistante : les vers latins — Les premiers memoires — Les traductions — Relevement dans la seconde moitié du XVIII° siecle. — Travaux et decouvertes de Villoison. — Catalogue des manuscrits de la Bibliotheque du Roi — L'histoire grecque et l'histoire romaine. — La mythologie — Developpement et progres de l'archéologie. — La numismatique, l'abbe Barthelemy et ses emules. — Influence des fouilles d'Herculanum et de Pompei. — Caylus, Le Roy, Choiseul-Gouffier — Le *Voyage du jeune Anacharsis en Grece* bilan de l'érudition classique.

II. Rapports de l'Academie des Inscriptions avec le grand public — Travaux sur Homere, Pindare, Theocrite. — Hardion et l'abbe Massieu — Traduction de Pindare par Chabanon. — *Essai sur Pindare* de Vauvilliers. — La question homerique : Homere excite un véritable enthousiasme. — Memoires de Rochefort — Traduction de Bitaubé, son succes — Traductions en vers de l'*Iliade* mises au concours par l'Academie française. — Discours de l'abbe Arnauld, seance du 24 août 1776 — Traductions du theatre des Grecs. — Caylus et la peinture a l'encaustique, le *Recueil d'antiquités* — Publications relatives aux fouilles d'Herculanum et de Pompei. — Succes mondain du *Voyage du jeune Anacharsis* Son influence sur l'art.

III Tous ces travaux ont ete a peu près perdus pour le public. — Mépris des gens de lettres pour les erudits — Les ridi-

cules de l'érudition. — Influence funeste de l'esprit classique. — L'abus de la petite érudition. — Rôle de l'Académie
des Inscriptions au xviiie siècle.

I

Ce n'était pas assez de la philosophie et des mœurs
pour soutenir ce mouvement de retour à l'antique. Il
y aurait fallu comme au xvie siècle l'apport et la collaboration de l'érudition contemporaine. Il n'en fut pas
ainsi : l'influence des érudits fut insignifiante et leurs
travaux, à peu près inaperçus. Ce sont presque tous
de modestes travailleurs n'ayant plus rien de la jac-
tance et de l'ardeur belliqueuse de leurs émules de la
Renaissance. Ainsi ils ont fait peu de bruit dans le
monde, qui d'ailleurs était préoccupé à ce moment-
là de problèmes autrement graves que ceux de la
philologie, de l'esthétique ou de l'histoire.

Au fond, la grande raison de l'espèce de défaveur
qui les a frappés, c'est le triomphe de l'idéal rationa-
liste du xviie siècle avec ses tendances modernisantes [1], c'est peut-être le caractère de la plupart de
ses représentants qui se recrutaient en général dans
le clergé et qui, pour cette raison, excitaient le mépris
des encyclopédistes. Mais, quoi qu'il en soit, il ne faut
pas oublier qu'ils ont beaucoup travaillé; qu'ils ont
bénéficié comme les autres de ce retour à l'antique et
que l'influence en est très sensible dans l'orientation
nouvelle de leurs travaux.

1. Voir la façon dont, au début même de l'âge classique,
Descartes s'exprime sur les langues anciennes : « Il n'est pas
plus du devoir d'un honnête homme de savoir le latin et le
grec, que le suisse et bas-breton et l'histoire de l'Empire
germain ou romanique, que celle du plus petit état qui se
trouve en Europe. » Édit. Cousin, XI, 341.

Il convient d'ailleurs d'ajouter que l'érudition est en baisse, chez nous, depuis la seconde moitié du XVII° siècle Les attaques de Malherbe contre la Pléiade avaient atteint la philologie et l'antiquité elle-même. Molière et Boileau en attaquant les pédants et les savants en *us*. Port-Royal même, en partant de ce principe que l'éducation n'a pour but que de former des honnêtes gens [1] vont achever de discréditer l'érudition. La querelle des Anciens et des Modernes, la pratique et l'abus de la traduction considérée comme un genre littéraire [2], le triomphe de l'humanisme superficiel des Jésuites tout cela n'explique que trop la décadence de la philologie française [3].

Pendant cette période d'éclipse et pendant tout le XVIII° siècle deux corps ont contribué à maintenir l'érudition c'est la Congrégation des Bénédictins et l'Académie des Inscriptions et Belles-Lettres. On travaillait beaucoup aussi en province, dans les Académies locales où il s'est dépensé une ardeur vraiment surprenante et nous ne parlons pas seulement des grandes villes, comme Bordeaux Nimes, Dijon, Nancy ou Strasbourg [4], mais de villes de second ou de troisième ordre comme La Rochelle ou Montauban

---

1. Cf. Sainte-Beuve, *Port-Royal* t. III, liv. IV (le chapitre des *Petites Ecoles*)

2. A propos de l'élection a l'Académie des Inscriptions de Dacier, traducteur des *Histoires diverses* d'Elien, Grimm écrivait « A mesure que le goût des bonnes études et la connaissance de la littérature ancienne diminuent en France, *les traductions des monuments de l'antiquité se multiplient et annoncent la chute prochaine et totale des langues grecque et latine* » *Corresp. litt.*, IX, p. 462.

3. Voir sur cette décadence le *Rapport* adressé a S. M. l'Empereur et Roi par la troisième classe de l'Institut, 1810. L'auteur est le baron Dacier, celui-là même dont parle Grimm. Sylvestre de Sacy en a donné une réédition sous le titre de : *Tableau historique de l'érudition française*, 1862, in-8°.

4. Strasbourg est un véritable centre d'érudits : qu'il nous

Les Bénédictins, conformément à la règle de leur institut, se sont surtout occupés d'histoire et de littérature sacrée. Mais il serait tout à fait injuste d'oublier qu'au moment même où les modernes triomphaient, dom Mabillon publiait son *De re diplomatica* (1686) qui aujourd'hui encore est considéré comme un chef-d'œuvre; que dom Bernard de Montfaucon, dont l'érudition et le labeur ont été prodigieux, donnait sa *Palæographia græca* (1708), son *Diarium Italicum*[1], qui contient des notices sur les bibliothèques et les Musées d'Italie, enfin et surtout son grand ouvrage en quinze volumes in-folio, dont tous les antiquaires du XVIIIe siècle ont profité : *L'antiquité expliquée et représentée en figures* (1719-1724). Il ne faut pas oublier non plus qu'ils ont réédité et publié le fameux glossaire de Du Cange[2], qu'ils ont véritablement fondé notre histoire nationale, sans parler de leurs travaux sur notre histoire littéraire. Ils formaient « comme une autre Académie des Inscriptions plus modeste et non moins savante[3] ». Mabillon et Montfaucon furent au nombre des premiers académiciens et c'étaient certainement les deux membres les plus actifs et les plus érudits de la compagnie à ses débuts.

suffise de citer Schœpflin, l'auteur de l'*Alsatia illustrata* (1751) et de l'*Alsatia diplomatica* (1767), l'helléniste Brunck, Jean Schweighäuser et son fils Gottfried. — L'Université de Strasbourg est très supérieure par son enseignement aux autres universités de France et cette supériorité se maintient jusqu'à la veille de la révolution. (Cf. Liard, *L'Enseignement supérieur en France*, I, p. 63.)

1. *Diarium italicum, sive monumentorum veterum, bibliothecarum, museorum, etc. notitiae singulares, in itinerario italico collectae, additis schematibus ac figuris a R. P. D. Bernardo de Montfaucon, monacho benedictino, congregationis Sancti Mauri, Parisiis apud Joannem Ruisson, typographiae regiae praefectum*, 1702, in-4.

2. *Glossarium mediae et infimae latinitatis*, Paris, 1678, in-fol. Édit. des bénédictins.

3. A. Maury, *L'ancienne Académie des Inscriptions*, p. 165.

Parmi les laïques, il faut placer à côté de Du Cange
le janséniste Le Nain de Tillemont avec son *Histoire des
Empereurs* et ses *Mémoires pour servir à l'histoire ecclésiastique des six premiers siècles de l'Église* [1]. Mais les laïques
sont en minorité parmi les érudits. Au xviii° siècle,
presque tous les académiciens des Inscriptions seront
des gens d'Église et d'Université, c'est ce qui explique
en partie que l'érudition se soit maintenue : les gens
de collège avaient généralement peu de contact avec le
monde et, par métier comme par tradition, ils étaient
intéressés à étudier et à défendre les deux antiquités.
L'abbé Massieu et Vauvilliers, qui s'occupèrent de Pindare, étaient professeurs de grec au Collège Royal.
Larcher, le traducteur d'Hérodote, était répétiteur au
collège Mazarin, Fourmont l'épigraphiste, Barthélemy
le numismate étaient d'Église.

Peut-être, pour bien comprendre la direction qu'a
suivie l'Académie des Inscriptions au xviii° siècle, faut-
il insister sur l'esprit de son institution une chose
qui frappe surtout dans le règlement de 1706, c'est la
part considérable qui y est faite aux études archéologiques [2]. De là, peut-être, en tenant compte de la faiblesse de la philologie proprement dite, la prépondé-

1. *Histoire des empereurs et des autres princes qui ont régné
pendant les six premiers siècles de l'Église*, Paris, 1690-1704,
6 vol in-4. — *Mémoires pour servir à l'histoire ecclésiastique
des six premiers siècles de l'Église*, Paris, 1663-1712, 16 vol. in-4
2. Le règlement disait : « Elle (l'académie) travaillera encore
sans délay à l'explication de toutes les médailles, médaillons,
pierres et autres raretez antiques et modernes du cabinet de
Sa Majesté, comme aussi à la description de toutes les anti-
quitez et monuments de France ». Et le règlement ajoutait :
« Comme la connaissance de l'antiquité grecque et latine et
des auteurs de ces deux langues est ce qui dispose le mieux
à réussir dans ce genre de travaux, les académiciens se pro-
poseront tout ce que renferme cette espèce d'érudition,
comme un des objets les plus dignes de leur application ».
Histoire de l'Académie des Inscriptions, t. I (Introduction).

rance, dans les mémoires et les comptes rendus, de
l'archéologie et de l'histoire sous toutes leurs formes
et en même temps la décadence croissante de la philologie classique. Il ne faut pas oublier non plus que
l'Académie, à l'origine, n'a été qu'un dédoublement de
l'Académie française : de là encore un souci du bien
dire, une préoccupation du monde, un désir de briller,
qui ne s'accordaient pas toujours avec les méthodes
sévères d'une bonne érudition. Les premiers éditeurs
de l'Histoire de l'Académie nous avertissent qu'ils ont
été obligés d'exclure de leur recueil « quantité de poésies latines et françaises », qui avaient « agréablement
rempli quelques séances [1] ». Cette veine de frivolité
subsistera jusqu'à la fin de l'ancien régime et c'est
peut-être ce qui nuira le plus à l'Académie, même aux
yeux des gens du monde et des littérateurs. Elle se
montrera aussi trop empressée à accueillir de simples
gens de lettres comme Fontenelle ou Duclos, ou bien
des savants un peu minces comme Chabanon ou Dacier
qui n'avaient d'autre recommandation qu'un petit talen,
littéraire et leurs relations mondaines.

Cependant on croirait plutôt le contraire, au moins
dans les premiers temps, quand on parcourt les comptes
rendus de ses séances : le pédantisme s'y étale, grâce
aux recrues abondantes que fournissait l'Université. Il
y a trop de dissertations qui sentent la classe et qui
n'en dépassent guère le niveau : *Querelle entre les partisans
d'Homère et ceux de Virgile*, par Boivin le cadet, — *Parallèle d'Homère et de Platon*, par l'abbé Massieu, — *Dissertation sur l'essence de la poésie*, par Racine le fils, — *Dissertation où l'on examine s'il est nécessaire qu'une tragédie
soit en cinq actes*, par l'abbé Vatry [2]. — A côté de cela,

1. *Histoire de l'Académie des Inscriptions*, t. I, Introduction.
2. *Op. cit.*, I, p. 176. — II, p. 136. — VI, p. 245. — VIII, p. 188.

des travaux solides que gâte un pédantisme naif, comme
dans cette phrase de Boivin le cadet, début d'une dissertation sur deux vers d'Horace . « Il s'agit de savoir
si celui qui beuvoit *ternos ter cyathos* beuvoit neuf coups,
ou s'il n'en beuvoit qu'un ». Ou bien des titres comme
celui-ci, annonçant une érudition vétilleuse ou ridicule :
« Pourquoi les cygnes qui chantaient autrefois si bien
chantent aujourd'hui si mal [1] ». — Ou encore · « Pourquoi on fait ses souhaits en faveur de ceux qui éter-
nuent [2] ».

Il va sans dire qu'en général cette lourdeur dans la
forme n'enlevait rien au sérieux du fond. D'ailleurs on
travaillait beaucoup à l'Académie des Inscriptions.
Boivin l'aîné, un des plus robustes et un des plus infatigables s'emportait contre les vacances [3] et déclarait
qu'il les choisirait pour mourir parce qu'alors il n'avait
plus rien à faire Cependant on ne voit pas qu'au
début ce labeur ait été bien fécond En ce qui concerne
l'antiquité classique, la critique des textes n'existe pour
ainsi dire plus. A peine, de loin en loin, une restitution
ou une correction d'après les manuscrits de la Bibliothèque du Roi. Mais en revanche beaucoup de traductions . Hardion traduit la quatrième idylle de Théocrite
et la fait suivre d'un discours sur les différentes classes
de bergers siciliens [4]. L'abbé Massieu traduit plusieurs
odes triomphales de Pindare [5]. Plus tard encore Dupuy
donnera quelques fragments traduits de Sophocle et
d'Euripide avec des remarques critiques [6]. Mais ce
serait tout un travail que d'énumérer les traductions
dues aux académiciens, depuis celle de l'abbé Gédoyn

1 *Hist de l'Acad des Inscr.*, IV, p. 207.
2. *Op. cit.*, III, p 315.
3. A. Maury, *op. cit* , p. 297.
4. *Mem. de l'Acad. des Inscr.*, IV, 520-534.
5 *Op. cit.*, VI, p. 297.
6 *Op. cit.*, XXXI, p 156.

jusqu'à l'*Homère* de Bitaubé et l *Hérodote* de Larcher. En
dehors de l'Académie, les traductions mondaines pullulent, principalement dans la seconde moitié du siècle :
Lucain par Masson (1765), puis par Marmontel (1766),
Lucrèce par Lagrange (1768) *Catulle, Tibulle et Gallus* par
Pezay (1771) *Suétone* par La Harpe (1771), *Térence* par
l'abbé Lemonnier (1771), *Sénèque le Philosophe* par Lagrange et Naigeon (1778), *Quinte-Curce* par l abbé Mignot
(1781), etc — Malheureusement toutes ces œuvres se
ressemblent par leurs fausses élégances et leur inintelligence de la vie antique. Les traductions d amateurs,
surtout celles des encyclopédistes, n'ont généralement
rien à voir avec l'érudition : ce sont des livres destinés
à alimenter la polémique anti-religieuse quelquefois
même ce n est qu un moyen de réclame pour une élection académique comme le *Suétone* de La Harpe [1]

Mais vers la fin du siècle, il y a un véritable relèvement pour ne pas dire un commencement de renaissance Matthæi vient de découvrir à Moscou l hymne
homérique à Déméter [2]. Brunck publie ses *Analecta* [3] et
Heyne sa grande édition de Virgile [4] Il semble qu'une
véritable émulation s'empare de l'Académie des Inscriptions Elle a d ailleurs dans la personne de d'Ansse
de Villoison un véritable philologue à opposer à ceux
de l'étranger Il avait d'abord commencé par se mettre
à l'école des Hollandais et des Allemands puis il avait
donné une édition du Lexique inédit d'Apollonius le
Sophiste, qui l'avait particulièrement désigné aux suffrages de la compagnie. D autres publications savantes

---

1 Cf *Corresp litt*, IX. 243.
2 Cf Bursian, *Geschichte der classischen Philologie in
Deutschland*, ' 64.
3. *Analecta veterum poetarum græcorum*. 3 vol Strasbourg,
1772-1776
4 P *Virgili Maronis opera varietate lectionis et perpetua
adnotatione illustrata* Leipzig, 1767-1775 4 vol

en avaient fait l'helléniste le plus en vue [1]. C'est ainsi
qu'il fut désigné par le gouvernement pour une mission
en Orient, où il devait rechercher et acheter des manuscrits grecs. Il passa par l'Italie, se proposant de rejoin-
dre Choiseul-Gouffier à Constantinople. A Venise, il
eut la chance de découvrir le plus ancien manuscrit
d'Homère, avec des scolies donnant la clef des signes
critiques des alexandrins (1781), une édition nouvelle
corrigeant sur une foule de points la vulgate adoptée
jusqu'alors s'imposait. L'*Iliade* de Villoison qui parut
avec ses Prolégomènes en 1788 [2] fut attendue comme
un véritable événement littéraire. Bien que tout d'abord
elle l'ait un peu désillusionné, elle servit beaucoup à
Wolf pour son hypothèse sur la composition des
poèmes homériques [3]. En tout cas, si ce n'était point
une œuvre définitive ni même bien digérée [4] elle
annonçait un véritable réveil de l'érudition française et
elle était un signe de la ferveur croissante avec laquelle
on revenait alors à l'antiquité. Malheureusement la
Révolution enraya ce mouvement de renaissance. Toujours est-il que l'Académie entreprit en 1784 un catalogue général de la Bibliothèque du Roi. Le catalogue
des manuscrits grecs et latins fut confié à Brottier et à
Larcher [5] (D'Ansse de Villoison était alors absent.) Plus
tard Larcher ayant résigné ses fonctions fut remplacé
par Vauvilliers qui dans un premier volume donna
une notice des manuscrits d'Eschyle   il méditait

---

1 Il avait donné entre autres une édition de Longus (1778)
En 1777, il avait communiqué à ses confrères une très inte-
ressante dissertation sur *la Théologie des mystères des païens*.
  2 *Homeri Ilias ad veteris codicis veneti fidem recensita*, 1788,
Venetiis
  3 Bursian, *op. cit.*, p. 526
  4 Cf. A. Pierron introduction à l'*Iliade* Paris, Hachette, 1869
(p. LXXX)
  5 Cf. A. Maury, *op cit*, p. 246.

même une édition complète de Pindare [1] Si l'on ne peut affirmer d'après cela qu'un rajeunissement de la philologie classique en France était proche, il est probable que la publication complète de ce catalogue eût été le point de départ de travaux importants L'essentiel après tout pour l'Académie est d'avoir compris l'importance d'une telle tâche et d'en avoir pris l'initiative.

Mais la critique des textes, malgré l'ardeur des dernières années, est en somme le point faible des travaux de l'Académie des Inscriptions. En revanche elle contribua singulièrement à l'avancement des sciences historiques Pour ne rien dire de l'histoire nationale et de l'histoire littéraire de notre pays, si sérieusement étudiées par les bénédictins, ou par des académiciens comme Foncemagne et Lacurne de Sainte-Palaye il y aurait à signaler dans les mémoires de la Compagnie d'abondantes contributions à l'histoire grecque et à l'histoire romaine soit pour la chronologie, soit pour les mœurs et les institutions. Bornons-nous à rappeler les originales dissertations de Lévesque de Pouilly sur la *Certitude de l'histoire des quatre premiers siècles de Rome* (1724), où il y avait comme une ébauche des théories de Beaufort et de Niebuhr et l'*Histoire romaine* du président de Brosses.

La mythologie aussi fut étudiée avec une véritable prédilection, peut-être parce que c'était un moyen détourné de toucher aux questions religieuses, qui alors passionnaient les esprits Fréret et Sainte-Croix se distinguèrent par des aperçus très pénétrants sur les origines naturalistes des cultes ou sur la philosophie des mystères du paganisme L'*Histoire des vieux fétiches* (1760) du président de Brosses est peut-être la

1. A. Maury, op. cit, p 248.

synthèse la plus curieuse que le xviii⁰ siècle ait tentée sur cette question. Il faut tenir compte aussi des sujets mis au concours par l'Académie sur divers points de la mythologie grecque et latine [1].

Enfin, pour ne point parler des travaux sur la physique, la philosophie, l'astronomie ou la cosmographie des anciens, — d'Anville entreprit d'importants travaux sur la géographie antique, qui touche de si près à l'histoire : la *Notice de l'ancienne Gaule* (1761) et son *Graeciae antiquae specimen geographicum* (1782) sont des œuvres maîtresses qu'aucun géographe n'a dépassées au xviii⁰ siècle.

Plus encore que les sciences historiques, l'archéologie se développe par un progrès continu. D'abord la numismatique qui avait toujours été en honneur chez nous : sans remonter jusqu'au père de l'archéologie française, celui que Montfaucon appelait « l'incomparable M. de Peiresc [2] », on trouverait déjà de nombreux amateurs au xvii⁰ siècle. « Dans ce temps-là, dit Huet, non seulement les érudits mais les grands seigneurs étaient dévorés de la passion des médailles dont ils faisaient des collections, et l'illustre M. Colbert, dans le but d'enrichir le cabinet du roi et aussi de garnir son propre médaillier, envoyait de toutes parts des gens à la recherche de ces précieuses

1. En 1767, 68 et 69, en 1771, *Des attributs de Junon chez les différents peuples de la Grèce et de l'Italie*; en 1772, *Des noms et des attributs de Jupiter, de ceux d'Apollon et de Diane en Grèce et en Italie*, etc.

2. Voici le passage de Montfaucon sur Peiresc : « . . . l'incomparable M. de Peiresc, qui a plus ramassé de monuments sur presque toute l'antiquité, soit en dessins, soit en nature, que nul autre que nous connaissions, qui ajoutait ordinairement à ces monuments des explications courtes, que nous voyons encore aujourd'hui dans ses manuscrits, et qui fournissait des matériaux à la plupart des savants de l'Europe ». (*Préface de l'Antiquité expliquée*.)

reliques, qu'ils achetaient quelquefois un prix fou [1], »
A côté des collections royales, il y avait d'importants
cabinets d'amateurs, comme ceux du cardinal de
Polignac, ambassadeur à Rome, du ministre Pontchar-
train, du duc de Sully. On peut dire que c'est l'Académie surtout qui a contribué à mettre ces richesses
en valeur; fidèle, en cela, à l'esprit de son règlement
elle s'est constamment occupée de numismatique. Mais
le plus illustre et le plus savant de nos numismates au
xviiiᵉ siècle, ce fut l'abbé Barthélemy, nommé directeur
du cabinet des médailles en 1753 [2], après la mort de
de Bozes. Jamais directeur ne fut plus entièrement
dévoué à ses fonctions : pendant son voyage en
Italie, où tant d'objets sollicitaient sa curiosité de
savant et de lettré, sa grande préoccupation est
d'augmenter la collection royale [3]. Il décline même
l'offre si séduisante pour lui d'accompagner Choiseul
en Grèce, afin de ne pas laisser si longtemps fermé le
cabinet des médailles [4]. Mais il ne s'en tient pas là. Il
se préoccupe de rendre le cabinet plus accessible,
donne tous les éclaircissements qu'on lui demande
soit de la province, soit de l'étranger; — et lui-même
nous avertit que ces réponses exigeaient parfois de
longues discussions. Enfin vers le même temps où

1. *Mémoires* de Huet, trad. Charles Nisard (cit. par P. Clément, *Colbert*, II, p. 266).
2. Il avait été attaché au Cabinet par de Bozes en 1745.
(Cf. *Mémoires sur la vie et quelques-uns des ouvrages de
J.-J. Barthélemy écrits par lui-même*).
3. Cf. *op. cit.* (Second mémoire.)
4. Lors de son passage à Marseille, il avait acheté la
collection Cary, qui combla bien des lacunes dans toutes les
suites du cabinet. Il fit des échanges en Italie, choisit dans la
collection de Clèves, puis dans celle de d'Ennery; il fit enfin
l'acquisition de la collection de Pellerin, premier commis de
la marine, « qui avait formé le plus riche cabinet qu'eût
jamais possédé un amateur ». (Cf. Barthélemy, *Mémoires*.)

l'Académie des Inscriptions entreprenait le catalogue des manuscrits de la Bibliothèque du Roi, il proposait au baron de Breteuil la gravure et la publication du cabinet tout entier [1] Ici encore la Révolution fut l'obstacle mais Barthélemy avait été jusqu'au bout de sa tâche et il aurait entrepris une œuvre aussi considérable et probablement plus féconde que son *Jeune Anacharsis*. En tout cas, tous ces travaux commencés ou projetés à peu près vers la même date par nos érudits sont extrèmement significatifs · le mouvement antiquisant est alors dans toute sa ferveur et il y a là certainement autre chose qu'une simple coïncidence [2].

Si l'épigraphie n'a donné presque aucun résultat [3], en revanche l'étude des monuments figurés a largement compensé cette faiblesse. Ici, comme partout, l'universel Montfaucon a été l'ouvrier de la première heure et, à côté de ses travaux sur l'histoire nationale, la paléographie et l'archéologie ancienne, il a laissé des mémoires sur les antiquités de Paris. De leur côté, les provinciaux apportent leur contribution : Séguier et Ménard à Nimes, Calvet à Avignon, Bimard de la Bastie à Carpentras s'occupent des antiquités gallo-romaines si abondantes dans leur région. Auparavant l'abbé Lebœuf avait entrepris de véritables voyages d'exploration à travers la France et s'était particulière-

---

1 Barthelemy, *op cit.*
2 Quels qu'aient ete le zele et la science de l abbé Barthélemy, il serait injuste de ne point nommer a côté de lui tous ces amateurs dont les collections avaient enrichi le cabinet, les Cary, les de Cleves, les d Ennery, mais entre tous, ce Pellerin, dont Barthelemy acheta la collection et qui, dans son grand ouvrage en 9 volumes in-4 sur les medailles, eut le merite de preparer les voies au *Doctrina nummorum veterum* de Eckhel, le fondateur de la numismatique moderne. (Cf Bursian, *op. cit.*, p. 497)
3. Il n'y a guere a citer que l'explication de la mosaïque de Palestine par l'abbe Barthelemy. (Cf. *Mém. de l'Acad. des Inscr*, XXX, p 503)

ment attaché à la description des monuments du Midi.
Mais pour être complet sur cette question, il faudrait
énumérer toutes nos provinces et indiquer tous les
académiciens ou tous les parlementaires qui se sont
occupés — quelques-uns avec une véritable passion
— des antiquités de leur pays.

C'est surtout en ce qui concerne l'art et les monuments de l'Italie ancienne, que le progrès a été considérable. Une des raisons de la médiocrité de la critique des textes à l'Académie des Inscriptions, pendant
toute la première période de son existence, ç'a été
l'ignorance des monuments figurés [1] : Barthélemy,
pendant son voyage en Italie, est un des premiers qui
s'en soient rendu compte. Mais depuis quelque temps
déjà Caylus était à l'œuvre et c'est grâce à son
influence et à l'entraînement de son exemple, qu'une
orientation nouvelle fut donnée aux travaux de l'Académie sur l'antiquité [2].

Un grand fait domine toute cette période, — c'est
non pas précisément la découverte d'Herculanum et de
Pompéi — mais la reprise et la conduite régulière,
sinon méthodique, des fouilles commencées sur leur
emplacement [3].

Dès 1748 paraît un *Mémoire historique et critique sur la
ville souterraine découverte au pied du mont Vésuve* [4].

1. Cf. Dacier, *Tableau historique de l'érudition française*, p. 41.
2. Cf. S. Rocheblave, *Essai sur le comte de Caylus*, p. 260 et
suiv.
3. Déjà au xvi⁰ et au xvii⁰ siècle, une foule d'indices avaient
révélé l'existence de ruines importantes sur l'emplacement de
ces villes. Mais les fouilles ne commencèrent véritablement
qu'en 1738 pour Herculanum et en 1748 pour Pompéi. Voir sur
cette question : Overbeck, *Pompeji in seinem Gebäuden, Alter-
thümern und Kunstwerken dargestellt*; — Furchheim, *Biblio-
grafia di Pompei, Ercolano e Stabia*, Napoli, 1891.
4. C'est un des premiers écrits sur la découverte de Pompéi,
dû au marquis de l'Hôpital, alors envoyé extraordinaire de
France, et rédigé par Darthenay. Cf. Furchheim, *op. cit.* —

L'intérêt des fouilles n'échappa point même au grand
public « Les curieux, disait Raynal dans ses *Nouvelles littéraires*, se promettent de grands avantages de
cette découverte. On a déjà trouvé un théâtre, un
temple, des maisons et des rues, des peintures, des
mosaïques, des statues, des médailles, des instruments
destinés aux sacrifices, des lampes et des ustensiles. »
A partir de cette époque, les publications se succèdent
sans interruption [1]. Le président de Brosses écrit des
*Lettres sur l'état actuel de la ville souterraine d Herculée et
sur les causes de son ensevelissement* (1750). Caylus publie
une *Lettre sur les peintures d'Herculanum* (1751); Cochin et
Bellicard des *Observations sur les antiquités d'Herculanum*,...
*avec quelques reflexions sur la peinture et la sculpture des
anciens* (1757), l'abbé Richard une *Description historique
et critique de Pompéi* (1770), — sans parler de tout ce
que les voyageurs d'alors ont écrit sur la question.

Avec sa passion tenace de collectionneur, Caylus se
tient au courant de toutes les trouvailles. Il achète et
brocante en Italie par l'intermédiaire de l'abbé Barthélemy et du théatin Paciaudi, qui met à son service
un véritable dévouement. Mais il ne suffit pas de
parler de son zèle et de son activité . il apporte une
méthode vraiment originale [2] A l'étude forcément
incomplète des textes, il substitue l'étude directe des
monuments. Surtout il se préoccupe de la technique,
qu il fait passer même avant l'appréciation de la valeur
esthétique des œuvres. Rien de plus précis et de plus
positif que sa façon de procéder. Au lieu des vagues
dissertations d'autrefois [3], il fait porter la discussion

M. Maurice Tourneux l'attribue a l'abbé Moussinot: cf. *Corresp
litt.*, 1, 146 (note).

1 *Corresp. litt.*, I. p 146
2 Cf. S. Rocheblave, *op cit.*, chap iv (la Theorie, Caylus et
Winckelmann).
3 Voir par exemple le Discours de Boindin sur la forme

sur des points très déterminés : *Mémoire sur la peinture
à l'encaustique, Sur un moyen d'incorporer la couleur dans
le marbre et de fixer le trait. Dissertation sur le papyrus, sur
la porcelaine de l'ancienne Égypte*, etc. Ce sont de véritables leçons de choses qu'il donne à ses confrères. Ses
investigations se portent sur tous les points, toutes
les époques de l'art l'intéressent. Il songeait peut-être
à un grand ouvrage d'ensemble embrassant toutes les
manifestations de l'art dans l'antiquité. Malheureusement ce projet est resté à l'état fragmentaire et ce
n'est que les matériaux de l'œuvre que nous trouvons
accumulés dans son *Recueil d'antiquités égyptiennes,
étrusques, grecques romaines et gauloises*

Pour ne pas sortir de l'Académie des Inscriptions
— car ils sont légion ceux qui se sont passionnés
alors pour les fouilles d'Herculanum et de Pompéi, —
mentionnons, à côté de Caylus, l'ex-jésuite Leroy, qui,
en 1754, fit un voyage à Athènes en compagnie de
deux Anglais. J. Stuart et l'architecte Revett. Il donna
en 1758 une première édition de son livre sur les
Ruines des plus beaux monuments de la Grèce [1], qui fut
édité très luxueusement à la façon des publications de
la Société des dilettantes anglais et dont le succès fut
considérable [2]. Nous verrons plus tard quelle influence
il eut sur les transformations ultérieures de l'architecture française. D'autre part, Choiseul-Gouffier commu-
niquait à l'Académie un mémoire sur l'*Hippodrome
d'Olympie* qui permet d'apprécier tout le chemin parcouru par l'archéologie depuis le commencement du
siècle, en montrant tout ce que l'étude immédiate des

---

et la construction des théâtres des anciens. *Mém de l'Acad. des
Inscr*, I, p. 136.

1. La 2ᵉ édition est de 1770. Stuart et Revett firent paraître
leur ouvrage sur les antiquités d'Athènes en 1762.

2. *Corresp. litt*, IV. p 27

monuments et des lieux ajoute à la connaissance des
textes. Enfin, comme une sorte de couronnement de
tout ce grand labeur de la Compagnie depuis sa fondation, l'abbé Barthélemy publiait en 1789 son *Voyage du
jeune Anacharsis en Grèce* Critique littéraire, histoire
des mœurs et des institutions, épigraphie, numismatique, reproduction des monuments, tout s'y trouvait
résumé et fondu Barthélemy nous dit lui-même qu'il
n'a pas cessé d'y travailler depuis 1757. Mais ce n'était
pas seulement le fruit de toute une longue vie de
recherches et d'études, c'était en réalité le bilan de
l'érudition française au XVIII⁰ siècle

II

Malheureusement tout cet échange d'idées et d'aperçus nouveaux se passait entre gens du métier. En
dehors de l'Académie des Inscriptions on ne s'en dou-
tait guère ou on ne s'y intéressait pas. Il nous faut
cependant essayer de démêler ce qui, de proche en
proche, et d'une façon plus ou moins directe en est
parvenu jusqu'au grand public.

Cette fameuse querelle des anciens et des modernes,
qui avait tant préoccupé le siècle précédent, n'avait
pas été tranchée d'une façon définitive; elle était
plutôt assoupie que terminée . Voltaire, Diderot, Marmontel, La Harpe y reviennent encore en faisant des
concessions toujours plus larges, mais sans se séparer
néanmoins, pour le fond, des *modernes* du XVII⁰ siècle.
Le débat peut se circonscrire à trois grands noms,
Homère, Pindare et Théocrite; Homère et Pindare
n'avaient pas été complètement justifiés des attaques
de Perrault, ni Théocrite, des attaques de Fontenelle

Il y avait encore la question de la tragédie grecque et de la comédie ancienne dans son principal représentant Aristophane. L'Académie sentait qu'il fallait en finir avec toutes ces erreurs et ces jugements superficiels. Elle sentait même qu'il était de son devoir d'intervenir et l'on voit que tout ce qu'elle comptait d'hellénistes s'est efforcé consciencieusement de redresser sur tous ces points l'opinion faussée par les *modernes*. Qu'elle y ait réussi, c'est ce qu'il est difficile de soutenir. Toujours est-il que par son obstination à défendre les victimes des Perrault et des Fontenelle, elle a fait comprendre qu'une injustice avait été commise et qu'il y avait là un procès littéraire à reviser.

Nous ne parlerons pas des traductions de Théocrite et de Pindare par Hardion et l'abbé Massieu, bien qu'elles prétendent donner une idée plus juste de l'original. Mais les commentaires dont ils ont accompagné leurs traductions renferment çà et là des aperçus nouveaux dont la critique littéraire pouvait faire son profit. C'est ainsi que Hardion distinguant en quatre classes les bergers siciliens [1], et mettant les chevriers au dernier rang explique par cette condition inférieure, la grossièreté et la rudesse plus grande de leurs propos. Il insiste aussi sur ce fait que tous ces bergers sont des êtres réels et non des personnages allégoriques comme chez Virgile, et, réfutant les critiques de Fontenelle, qui ne demandait à l'églogue qu'une demi-vérité, il loue précisément Théocrite du réalisme de sa poésie. De même l'abbé Massieu, dans ses commentaires sur Pindare, est le premier qui ait entrevu l'importance d'une victoire olympique aux yeux des Grecs. Il remarque que le poète en célébrant la famille et la

1. *Mém. de l'Acad. des Inscr.*, Discours sur les bergers de Théocrite, IV, p. 534.

patrie du vainqueur ne faisait guère que développer la
formule dont le héraut s'était servi pour proclamer sa
victoire [1] Chabanon va plus loin : il voit dans l'association de la musique à la poésie la raison des prétendues incohérences de Pindare « La poésie de chant a
dû être une poésie d'harmonie, de trouble et d'enthousiasme [2] ». Le poète lyrique obéit à des lois particulières « S'il doit énoncer quelques idées, ce ne seront
point des raisonnements ». Cela restait sans doute
encore bien superficiel, mais à coup sûr était plus
pénétrant que « le beau désordre » vanté par Boileau.
En tout cas, lorsque sa traduction des *Olympiques*
parut en 1772, elle eut le mérite de suggérer à Diderot
des vues ingénieuses sur la composition de l'ode pindarique. En quelques lignes, il esquisse presque la
théorie de Dissen sur l'implication des parties [3]. Ce qui
prouve que les gens de lettres, avec un peu plus d'esprit de suite et de sérieux, auraient pu arriver à des
idées plus justes sur le lyrisme grec et s'épargner de
ridicules et maladroites imitations. La même année,
Vauvilliers publia son *Essai sur Pindare*, qui est comme
le résumé de toutes ces idées flottantes auxquelles il
ajouta une opinion personnelle et reprise depuis par
la critique sur l'importance des mythes dans l'Ode
triomphale Si l'on songe en même temps aux tentatives pindariques de Lebrun et d'André Chénier, on
verra que Pindare, dans ces dernières années du
siècle, a reconquis une sorte de faveur et d'actualité [4].

1 *Mém. de l'Acad. des Inscr*, V, p 95. — A. Croiset, *La
poésie de Pindare et les lois du lyrisme grec*, p. 114
2 *Mem. de l'Acad. des Inscr.*, XXXII. 453
3. Cf Dissen, *Pindari Carmina* (De ratione poetica carminum
pindaricorum.... XLVII) — *Corresp litt*, IX. 463.
4 Voir dans les *Mélanges littéraires* de Suard une lettre
anonyme adressée aux auteurs de la *Gazette littéraire*, a
propos d'un jugement de Marmontel sur la 1re Pythique. IV,
p. 272

Il ne faut pas oublier non plus qu'alors la pastorale redevient à la mode et ainsi la traduction des *Idylles* de Théocrite par Chabanon de Maugris (1775) en paraîtra plus significative, c'est d'ailleurs le moment où Gessner est le plus en vogue.

Mais, comme à l'âge précédent, le grand débat a porté sur Homère ici, la victoire a été complète et, à la fin de la littérature classique, c'est Homère qui a triomphé. L'érudition sans doute n'en a pas eu tout le mérite, mais il faut reconnaître à son éloge qu'elle a fait tout ce qu'elle a pu pour y contribuer

Dans cette première période de l'histoire de l'Académie qu'on pourrait appeler son âge ingrat, il y aurait bien des dissertations à mentionner sur la question homérique Comme elles n'ajoutent rien à l'intelligence des mœurs ni du génie du poète il ne vaut guère la peine de s'y arrêter Pourtant elles attestent que l'érudition française n'a jamais déserté la cause d'Homère, même au plus fort de l'indifférence du public Dans la seconde moitié du siècle, il y a un véritable retour d'enthousiasme à l'Académie, Rochefort lit d'interminables mémoires sur « les mœurs des siècles héroïques » où il y a plus de bonnes intentions que de réelle intelligence[1] Pour joindre en quelque sorte l'exemple à la leçon, il donne une traduction en vers de l'*Iliade*[2] En 1761 au concours annuel pour le prix de poésie l'Académie française entend la lecture de *Priam au camp d'Achille* tragédie en un acte de Cha-

1 Il disait par exemple : « On vit Priam, *dépouillant la majesté du trône*, se rouler sur la poussière *au milieu de ses courtisans* et ne connaître plus ni reserve, ni décence dans l'excès d'un désespoir qu'on condamne d'autant plus facilement que notre âme est moins capable de le sentir. » *Mem de l'Acad des Insc*. XXXVI p 430

2 Il avait traduit le IX, le XVIII et le XXII chant de l'*Iliade*. La traduction était précédée d'un *Discours sur Homère*.

banon[1]. La même année, Bitaubé donne sa traduction,
qui détrône définitivement l'*Homère* de Mme Dacier. Si
médiocre qu'elle soit encore, les contemporains y trouvaient une plus grande simplicité et comme un air de
candeur, qu'ils expliquaient par les fonctions et le
séjour en Allemagne de l'auteur, auparavant ministre
du saint Evangile à Berlin. La traduction fut très lue :
elle eut quatre éditions de son vivant et fut plusieurs
fois réimprimée après sa mort — Comme pour ne pas
rester en arrière de l'Académie des Inscriptions, et
suivre elle aussi le mouvement de l'opinion, l'Académie française, à deux années d'intervalle, en 1776 et
en 1778, mettait au concours pour le prix de poésie la
traduction d'un morceau d'Homère. Le premier concours surtout resta mémorable : non pas que les lau-
réats aient été bien brillants, mais parce que l'abbé
Arnault après la proclamation des prix, prononça un
véritable dithyrambe, comme pour consoler Homère,
nous dit Grimm. « de l'outrage de ses traducteurs » .
« Jamais discours académique ne fut écouté avec plus
d'attention, ne fut applaudi. avec des transports plus
vifs et plus universels Assis sur le trépied plein du
dieu dont sa bouche célébrait les louanges l'orateur
semblait enchaîner toutes les âmes à la sienne[2] ». Si
l'on se rappelle qu'en cette même séance du 25 août
1776, Voltaire faisait lire sa lettre sur Shakespeare, si
l'on songe surtout que l'auditoire était en grande
partie mondain, il faut avouer que ce fut une belle
revanche du pur goût classique, mais surtout pour
Homère une réparation solennelle des critiques de

---

1 A la même séance on entendit aussi un poème de Chabanon sur le *Sort de la poésie en ce siècle philosophe*, que
l'auteur publia dans la suite avec une *Dissertation sur Homère*
Cf. *Corresp litt*, VI, p 72
2 *Corresp. litt..* XI, 317 et suiv.

Perrault. Bien plus que Voltaire, dont la lettre n'eut pas grand succès. il fut le vrai triomphateur de la journée [1].

Pour ce qui est de la littérature dramatique, on ne voit pas que les hellénistes d'alors aient fait parvenir jusqu'au public des idées bien neuves ni même bien intéressantes . la traduction de Sophocle par Dupuy fut très froidement accueillie. Cependant on entreprit un remaniement du *Théâtre des Grecs* de Brumoy, qui parut de 1785 à 1789 [2] et dont la signification littéraire n'est pas indifférente, vu les tentatives d'imitation qui se produisaient alors si fréquemment sur la scène et surtout le voisinage des opéras de Gluck et de ses émules [3]. — Enfin il faut peut-être voir comme une velléité de répondre à une des préoccupations de la critique littéraire dans le sujet que l'Academie des Inscriptions mit au concours en 1786 « Quels furent l'origine, les progrès et les effets de la pantomime chez les anciens' »

L'influence des travaux archéologiques fut certainement beaucoup plus profonde : Caylus, en première ligne, par son ardeur communicative, par ses publications, par l'originalité de son caractère et de ses allures, était de ceux qui devaient frapper vivement et préoccuper l'opinion Son projet de ressusciter la peinture à l'encaustique des anciens défraya les conversations de tout Paris, surtout lorsque Diderot fut intervenu

---

1. Il faut noter aussi comme un indice de ce retour à la poésie homérique la traduction par Demeunier de l'*Essai sur le genre original d'Homère et ses écrits*, par R. Wood (1775).

2. *Théâtre des Grecs*. edition augmentée (par Ant.-Charles Brottier pour la redaction de l'ouvrage entier et la traduction d'Aristophane, — Fr.-J.-G de la Porte du Theil pour Eschyle, — Guill. Rochefort pour Sophocle, — et Prévost pour Euripide), Paris, Cussac, 1785-1789, 13 vol. — De la Porte du Theil avait donne en 1770 une traduction des *Coephores*.

3. Cf. notre chapitre iv.

dans la question. En tout cas, tout le monde voulut voir
la *Minerve*, qu'il avait fait peindre par Vien d'après le
procédé antique, comme une sorte de démonstration à
l'appui. La restitution du théâtre de Curion dont il rendit
compte en séance solennelle fut également très remar-
quée. Mais tout cela n'était rien auprès de son *Recueil
d'antiquités*, qui commence à paraître à partir de 1750[1].

Quelques années après, Le Roy publiait ses *Ruines
des plus beaux monuments de la Grèce* (1757) avec de
luxueuses illustrations. Les ouvrages de Winckelmann
étaient traduits. *Lettres sur les découvertes d'Herculanum
au comte de Bruhl* (1762), — *Les nouvelles découvertes d'Herculanum à M. Fuessly à Zurich* (1764) enfin et surtout
l'*Histoire de l'art chez les anciens*, dont il parut une première traduction en 1766[2]. Les Français à leur tour
vont en Italie étudier directement toute cette antiquité
ressuscitée. Avec les relations de voyages. les livres
de vulgarisation achèvent de faire pénétrer jusqu'au
grand public des notions précises sur cet ancien
monde romain. Sylvain Maréchal donne en collaboration avec F.-A. David des *Antiquités d'Herculanum*, en
neuf gros volumes, où l'on pouvait retrouver par le
menu toute cette jolie civilisation à demi alexandrine,
depuis les plus humbles ustensiles jusqu'à des copies
d'œuvres d'art fameuses: lampes en terre, candélabres,
trépieds, fresques, peintures murales, statues, dont
quelques-unes de premier ordre[3]. D'Hancarville édite

1 Ce sont surtout les artistes qui durent profiter du *Recueil
d'antiquités* : ils y trouvaient d'abondantes données pour la
couleur locale antique. Autrement l'ouvrage, par sa confusion,
ne pouvait que rebuter les gens de lettres et le grand public:
cf S. Rocheblave, *op cit*, p 291.

2 *Histoire de l'Art chez les anciens*, traduit de l'allemand
par Sellius (rédigé par Robinet). Amsterdam (Paris). Saillant, 1766

3 *Il convient d'ailleurs d'ajouter que les reproductions des
œuvres d'art sont en général fort mauvaises.*

la collection de céramique d'Hamilton, et son livre va devenir presque classique dans l'atelier de David. Choiseul-Gouffier donne son *Voyage pittoresque de la Grèce*, « de l'exécution typographique la plus riche, orné d'un grand nombre de planches gravées avec beaucoup d'exactitude et de soin »[1], comme dit Grimm, on se persuadait « pour la première fois que les tableaux délicieux que nous offrent les auteurs grecs étaient moins l'ouvrage de leur imagination qu'une simple imitation de la nature[2] » Enfin, comme un vivant commentaire de toutes ces publications savantes ou artistiques, on voyait en 1787 une galère antique construite sur les plans de Le Roy remonter triomphalement la Seine et jeter l'ancre au Louvre, entre le Pont-Neuf et le Pont-Royal[3].

Mais par-dessus tout le *Voyage du jeune Anacharsis* obtenait une vogue inattendue pour un ouvrage qui, en somme, était d'abord un livre d'érudition : c'était toute la vie grecque qui était représentée dans un tableau d'ensemble On voit que l'auteur s'est efforcé surtout de donner la sensation de la « chose vue », de rendre pour ainsi dire palpable ce monde lointain, en entrant dans les moindre détails de l'économie domestique. Ces Athéniens dont on avait les oreilles rebattues depuis le collège, qu'on s'était habitué à considérer comme des espèces d'entités littéraires, on les voyait revivre avec la plupart des préoccupations, des goûts, et même des ridicules modernes. On passait de la toilette d'une élégante à une séance de l'Académie, ou à la procession de Panathénées. On retrouvait Platon au milieu de ses disciples, ou Xénophon dans sa retraite de Scillonte, s'occupant de ses chevaux et de

1. *Corresp. litt.*, XII, p 182.
2. *Corresp. litt.*, loc. cit.
3. A. Maury, *L'ancienne Académie des Inscriptions*, p. 132.

ses plantations. En même temps on apprenait ce que
valait le médimne d'orge au iv° siècle avant Jésus-
Christ [1], on était renseigné sur le rendement des
terres en Attique, sur le commerce des Athéniens, sur
les impôts et les finances [2]. Et même les allusions aux
choses modernes ne manquaient pas, comme pour sti-
muler l'attention : le catalogue des livres de cuisine
grecs s'adressait aux commensaux de Grimod de la
Reynière, de même que les entretiens sur la musique
étaient comme un écho des querelles entre gluckistes
et picinistes. Aussi on comprend l'engouement du
public dès l'apparition de l'ouvrage. Aujourd'hui
encore la lecture en est très attachante, et même les
grâces un peu vieillotes de certains morceaux à effet
sont presque un attrait de plus. L'abbé entrait à l'Académie française, comme couronnement de son succès,
et le chevalier de Boufflers, qui le recevait, le couvrait
de fleurs [3]. C'était un concert d'éloges dans toute la
presse. Fontanes le complimentait en vers et Mme Vigée
improvisait un souper grec en s'aidant de ses descriptions : aussi bien le mouvement antiquisant était alors
à son apogée, l'imitation de l'antique, encouragée par
l'école de David, va bientôt s'étendre de la constitution
à la toilette des femmes et jusqu'aux derniers détails
de l'ameublement.

III

On voit donc que l'érudition au xviii° siècle ne s'est
pas autant isolée du monde qu'on pourrait le croire

---

1. Cf *Voyage du jeune Anacharsis en Grèce*, Paris, Leroux
(1830), 6 vol , III. p. 396
2. *Op. cit*, IV, p. 1.
3. Barthelemy, *op. cit.* (Introduction)

au premier abord. En ce qui concerne l'Académie des Inscriptions, ce qui ressort de cet exposé succinct de ses travaux, c'est qu'elle a eu constamment conscience de sa mission, qui était de maintenir en face de la culture moderne triomphante l'intérêt des études philologiques et historiques appliquées à l'antiquité. Une fois même, elle se crut obligée de défendre son institution, et l'un de ses membres, l'abbé du Resnel, lut une dissertation sur l'*Utilité des belles-lettres et sur l'inconvénient du goût exclusif qui parait s'établir en faveur des mathématiques et de la physique* [1]. C'était l'éternelle question des anciens et des modernes, qui enveloppe une question plus haute, celle de l'existence même de a littérature et des sciences morales. Mais elle ne se borna pas à se défendre : elle prêcha d'exemple. Par l'intérêt qu'elle continuait à attacher à des études passées de mode, elle inquiétait les *modernes* dans leur victoire. Elle s'obstinait à trouver qu'un Homère ou un Pindare étaient de très dignes sujets d'application pour un honnête homme.

Certainement son influence eût été plus considérable, si, par peur du pédantisme, on s'était moins défié d'elle. Depuis Boileau et Molière — les grands coupables en cela, — depuis leurs plaisanteries sur les Saumaise, les Chapelain et les Ménage, on tient absolument à se distinguer des gens d'école et d'érudition. D'ailleurs, avec la victoire, l'audace et la fatuité sont venues aux *modernes*, littérateurs ou gens du monde. Les Voltaire, les Marmontel, les Diderot sont convaincus qu'ils savent beaucoup mieux le latin que les grimauds de l'Université : Grimm écrit couramment qu'on ne le sait même plus à l'Académie des Inscriptions et qu'un simple abbé de cour comme l'abbé Galiani

---

1. *Mém. de l'Acad. des Inscr.*, XVI, p. 11.

en remontrerait en style lapidaire à tous les académiciens réunis.

Ajoutons que les érudits eux-mêmes ne faisaient pas
grand'chose pour détromper l'opinion Chez beaucoup
d'entre eux — nous l'avons vu, — le pédantisme était
réel et la scolastique rapetissait les questions. Rochefort et l'abbé Batteux entamaient un long débat sur
la nature et les fins de la tragédie d'après Aristote [1].
On n'allait sûrement pas chercher des leçons de style
et de goût dans leurs mémoires. Mais cette persistance à éterniser une vieille querelle parfaitement
stérile était d'un mauvais exemple pour le grand
public. — Avec cela, si certains sont pédants, d'autres
affectent d'être le contraire, ce qui les couvre de ridicule aux yeux des gens du monde en séance publique,
Pastoret, qui lit un mémoire sur la législation des
Assyriens, croit être très spirituel en faisant une allusion à la *Rosière de Salency* [2] à propos des filles de
Babylone qui se livraient à la prostitution sacrée.
Mais Pastoret n'était pas le seul coupable Il est certain
qu'à l'Académie des Inscriptions tout le monde est
jaloux des séances si brillantes de l'Académie française On veut plaire aussi, retenir son public Quelques-uns même vont jusqu'à exiger des candidats,
comme condition expresse de leur vote, qu'ils ne se
présentent point à l'Académie rivale. C'est ainsi
qu'Anquetil-Duperron avait donné sa voix à Choiseul-
Gouffier : quelque temps après Choiseul entrait à
l'Académie française, mais Anquetil ne se tenait pas
pour battu et évoquait l'affaire devant le tribunal des
maréchaux, pour forfaiture à une parole d'honneur.

1. *Mem. de l'Acad. des Inscr.*, XXXIX.
2. Cf *Corresp litt.*, XIV, 367 *La l'osière de Salency* était un
opéra-comique de Favart, musique de Monsigny (1769), qui
avait encore conservé sa réputation.

Le tribunal se déclara incompétent et tout Paris
s'amusa aux dépens d'Anquetil et de l'Académie des
Inscriptions [1].

Mais ce ne sont là que des petits ridicules. Le grand
mal de l'érudition, c'est celui de l'esprit classique du
XVIII⁰ siècle dans toutes ses manifestations. De même
que nos littérateurs ne savent plus composer un livre
et n'en font qu'un pénible assemblage de morceaux
ajustés, nos érudits sont incapable d'embrasser un
ensemble ou même d'aborder les grandes questions.
Ils s'éparpillent sur une foule de points de détail, ils
n'épuisent aucun sujet, ou ils traitent les sujets importants avec une extrême banalité. On a enfin un goût
fâcheux pour les questions minuscules et pour les
noms les plus obscurs. On est trop porté à disserter
sur la vie et les ouvrages de Thrasylle ou de Charon
de Lampsaque [2] et pas assez sur Homère, et les tragiques grecs. N'y-a-t-il pas là une analogie frappante
avec les petits sujets de la poésie descriptive du
temps?

Ce qui manque surtout, comme chez nos poètes et
nos artistes, c'est l'esprit intérieur, qui vivifie l'étude
des textes, l'intuition à demi poétique d'une époque,
d'une langue ou d'une religion. La science, comme
l'art d'alors, est un corps sans âme. On le vit bien dans
le *Voyage du jeune Anacharsis*, qui est cependant la synthèse la plus hardie qu'ait tentée l'érudition du
XVIII⁰ siècle. Mais on aurait mauvaise grâce d'insister.
Il faudrait s'en prendre au siècle tout entier : les Allemands, plus travailleurs, ne sont guère, en cela, plus
avancés que nous. Ce ne sont pas les savants qui créc-

---

1. *Corresp. litt.*, XIII, p. 402.
2. Voir *Mém. de l'Acad. des Inscr.*, dissertation de Sevin sur
Thrasylle, t. X; — du même Sevin, dissertation sur Charon
de Lampsaque, t. XIV.

ront véritablement chez eux l'intelligence du passé,
ce sont des littérateurs et des poètes, — les Lessing,
les Herder, ou les Gœthe — ce Gœthe à qui Heyne dédiait
son *Virgile* et Wolf son *Muséum*, comme « à celui qui
avait le mieux connu et représenté le génie grec [1] ».

Ce qui ressort de tout cela, c'est que le classicisme,
à cette dernière période, n'avait pas grand'chose à
attendre de l'érudition . on n'était plus au xvie siècle,
où toutes les branches du savoir et de l'activité intellectuelle étant confondues, l'enthousiasme poétique
pouvait s'allier à la philologie la plus minutieuse.
Aujourd'hui le divorce est consommé, et c'est assurément un bien. Les méthodes positives de l'érudition
moderne sont tout ce qu'il y a de plus contraire à
l'esprit poétique. C'est au poète à être philologue,
comme au peintre à être archéologue à sa façon, qui
n'est pas celle du savant, et peut-être que celui-ci
l'oublie trop quand il reproche aux deux autres leurs
inexactitudes ou leurs fantaisies Les données de la
science arrivent jusqu'au poète comme une rumeur
populaire, comme une sorte de « oui-dire », suivant
l'expression de Carlyle, et ce « oui-dire », il a pour mission de le transformer en certitude et en beauté conformément à la loi de son génie. Au xviiie siècle, il y a
au contraire une tendance fâcheuse à confondre le
poète et le savant . nous verrons les résultats lamen-
tables de cette confusion. En ce qui concerne le mouvement antiquisant, s'il est vrai, comme nous l'avons
dit, qu'il était condamné d'avance, ce n'était pas l'érudition qui pouvait le sauver.

---

1 « Den Kenner und Darsteller des griechischen Geistes. »

CHAPITRE III

LA CRITIQUE ET L'ANTIQUITÉ

I. Incertitudes et contradictions de la critique ; il faut remonter
jusqu'à André Chénier pour trouver une véritable théorie
de l'imitation de l'antique. — Voltaire et l'antiquité : les
mœurs, les descriptions homériques. — Ses idées sur
la tragédie grecque : la pompe scénique, les épisodes
amoureux. —· Le *Cours de littérature* de La Harpe. — Éloge
d'Aristote et de Longin. — Définition aristotélicienne de la
tragédie. — Sa conception du style. — Ses jugements sur
les auteurs anciens. — L'abbé Barthélemy et le *Voyage du
jeune Anacharsis* : critique beaucoup plus pénétrante. —
Jugements sur Homère, Pindare, Aristophane, Eschyle. —
Résumé des idées de la critique conservatrice.

II. Originalité de Diderot comme critique : il réintègre le
« sens individuel », c'est un novateur. Il sait passablement
le grec et le latin. — Les jugements sur Homère, sur Virgile,
sur Eschyle. — Il admire les anciens pour de tout autres
raisons que ses contemporains et il en aime surtout les
qualités d'imagination et de pittoresque. — Dans sa théorie
du drame, réminiscences du théâtre grec : la simplicité, le
pathétique, la décoration, l'ordonnance plastique. — Pourquoi les idées de Diderot n'ont eu presque aucune influence :
son respect du préjugé national dans la pratique.

III. Influence plus grande des historiens. — Goût héréditaire
des Français pour l'histoire romaine. — L'histoire à l'Académie des Inscriptions. — Mably. — Rollin et son *Histoire
ancienne* : son idéal républicain d'austérité et de pauvreté.
— Montesquieu, ce qu'il a compris de l'antiquité. — Les
grandes scènes de l'histoire romaine. — Rousseau, ce qu'il
pense des anciens. — La simplicité homérique. — Son culte

pour Plutarque. — Influence de la rhétorique de Rousseau
sur les orateurs révolutionnaires. — Thomas et ses *Éloges*.
— Ridicules du personnage. — Rhétorique de collège, son
antiquité de convention

IV. Ce sont les idées de Thomas et de Rousseau qui s'impo-
seront — Le civisme antique — Pour le reste, le travail et
les idées de la critique seront à peu près perdus.

I

Il ne s'agit ici que des chefs de file, — de ceux qui,
par le prestige de leur talent ou de leurs œuvres, ont
pu exercer une action quelconque sur l'opinion Ce qui
frappe tout de suite en eux, c'est l'absence de programme d'idée arrêtée on ne sait pas très bien ce
que l'on veut. On accueille avec empressement toutes
les nouveautés anglaises ou allemandes, mais en
même temps la conscience nationale proteste contre
cette intrusion d'idées et de sentiments rebelles au
génie de la race Il faut descendre jusqu'à André Chénier pour trouver une véritable théorie de l'imitation
de l'antique. Si l'on se rappelle que la littérature
d'alors est avant tout un instrument de propagande
philosophique, on s'explique mieux par cette disparition du sens esthétique proprement dit et par cette
incertitude des tentatives littéraires, l'avortement du
mouvement antiquisant et la faiblesse de la littérature
en général.

Cependant toute la culture du siècle inclinait à
l'antique aussi bien l'art que la pensée et les institutions Ainsi s'explique cet incroyable attachement à la
vieille forme classique du XVIIe siècle, qui en procé-
dait, sans parler de la vanité nationale intéressée à la
maintenir. Comme on la sent dégénérée, les uns
essaient de la rétablir dans toute sa rigueur et dans

toute sa perfection, en la rajeunissant par de discrets
emprunts aux anciens. D'autres — plus radicaux —
veulent la supprimer, pour remonter franchement à
l'antique, sans nul mélange, sans nulle concession au
préjugé français. De là deux courants dans la critique,
ceux qui comme Voltaire, La Harpe, Barthélemy, se
bornent à revenir à Boileau en accordant quelques
innovations de détail, et ceux qui à l'exemple de Diderot voudraient bouleverser toute l'esthétique classique
et faire entrer dans l'art toutes les idées modernes,
quelle qu'en soit la provenance, en leur imposant la
forme antique, ou en s'inspirant d'elle pour autoriser
une liberté plus grande. A côté de ces deux groupes,
il convient d'en distinguer un troisième. celui des
écrivains qui sans être critiques de profession, ou
même sans s'occuper spécialement de littérature —
comme Montesquieu ou Rousseau, — ont créé néanmoins une sorte d'atmosphère favorable au mouvement antiquisant. en exaltant les mœurs et les institutions des anciens.

Le plus grand tort de Voltaire — critique et littérateur — ç'a été d'être un classique de décadence [1],
d'être arrivé à l'âge d'homme avec l'épanouissement
de la littérature facile et d'en avoir eu lui-même le
génie. De là un ton de frivolité et de persiflage insupportable, chaque fois qu'il parle de l'antiquité, et avec
cela une médiocrité de goût, une inintelligence des
grandes œuvres qui diminuent singulièrement son
autorité. Ajoutons enfin que pas plus sur la question
des anciens que sur les autres il n'est arrivé à fixer ses
idées, qu'il s'est fréquemment contredit selon son
humeur ou les besoins de la polémique, et qu'ainsi on

1. Cf. Faguet, *Le dix-huitième siècle*, p. 239; *Les idées littéraires de Voltaire*.

ne peut tirer aucune doctrine définitive ni de son *Essai sur la poésie épique*, ni de sa *Dissertation sur la tragédie ancienne et moderne* Cependant au milieu de toute cette confusion, se détachent quelques idées auxquelles il semble avoir particulièrement tenu, qui reviennent avec persistance dans ses préfaces ou ailleurs et qui ont eu leur part d'influence sur sa littérature et sur celle des contemporains

Il y a un point sur lequel il n'a jamais varié, c'est qu'Homère est aussi incomplet et barbare que Shakespeare, que Corneille et Racine « l'emportent autant sur Sophocle et Euripide que ces deux Grecs l'emportent sur Thespis [1] ». Cette réserve faite, il en explique et en comprend bien des choses qui échappaient aux *modernes* C'est en cela que Voltaire dépasse son siècle. Il vaut d'autant plus la peine d'y insister qu'on ne relève généralement chez lui que ce qu'on appelle ses « blasphèmes » contre les anciens.

D'abord il justifie Homère des prétendues grossièretés que les Perrault et les Lamotte y trouvaient. Il comprend très bien qu'en un siècle encore barbare, c'est la force physique qui devait exciter l'admiration des hommes [2]. Les fortes épaules d'Agamemnon ou les pieds légers d'Achille ne le surprennent point. De même il ne s'étonne pas de ce que Nausicaa lave le linge avec ses servantes, ou que les héros de l'Iliade démembrent un bœuf et le fassent cuire . « Charles XII a bien fait la cuisine pendant six mois à Demir-Tocca, sans rien perdre de son héroïsme [3] ». Mais tout cela est assez connu, nous n'y insisterons pas. Notons

---

1 Sur Homère, *Essai sur la poésie épique*. X, 454 — Sur Sophocle et Euripide *Dictionnaire philosophique*, I. 420 (édit Thiessé).

2. Montesquieu fait la même remarque, *Grandeur et Decadence*, II.

3 *Essai sur la poesie épique*, X, p 450.

cependant que si Voltaire comprend, il n'admire pas pour cela. Cette rudesse héroïque, qui plaisait tant à un Diderot, il ne l'aime pas Il·a été toute sa vie trop malingre ou trop malade, il a trop été du monde pour aimer les gens robustes et mal élevés.

Il juge mieux Homère, lorsqu'il entrevoit que sa grande supériorité sur Virgile, ç'a été la spontanéité de son imagination. Homère a mieux vu le monde extérieur, de là ses comparaisons et ses allégories. Voltaire, par exemple, admire beaucoup le mythe des Prières qu'il compare à la traduction si plate et si prosaïque de Lamotte en donnant et de beaucoup la préférence au vieux poète grec. Il conclut : « Le grand mérite d'Homère est d avoir été un peintre sublime [1] ». Mais ici encore n'exagérons rien : ce sentiment du pittoresque dans la poésie n'est guère dans les habitudes de Voltaire et, si malgré cela le mot de *coloris* est aussi fréquent dans sa prose que dans celle de ses contemporains, il est probable qu'il se souvient des théories de l'abbé Dubos dans ses *Reflexions critiques sur la poésie et la peinture*, un ouvrage qui a été très lu et auquel Voltaire lui-même en particulier a eu tant d'obligations D'ailleurs il suffit de lire l'abbé Dubos [2] pour voir ce qu'on entendait alors par le pittoresque littéraire . c'est la *description* dans toute sa sécheresse analytique et non l'image ou la métaphore vivante. Voltaire pouvait bien comprendre une allégorie — surtout dans la traduction de Mme Dacier — ou même le procédé un peu littéraire des comparaisons développées. Les grandes images d'Homère devaient le déconcerter.

Après tout il faut bien reconnaître que Voltaire

1. *Essai sur la poésie épique*, X, p. 454.
2 Voir en particulier le chapitre intitulé : *De la poésie du style*, t. I, 290.

manquait d'une certaine naïveté et d'une certaine largeur de goût pour bien comprendre la poésie homérique. Mais toutes les critiques qu'il en a faites, si l'on
y réfléchit bien, on verra qu'il était impossible qu'un
pur lettré comme lui — je ne dis pas un véritable artiste
ou un homme d'imagination — ne les fît pas à la
date où nous sommes. Ce qu'il reproche à Homère, ce
sont ses « absurdités », comme, par exemple, la scène
de séduction entre Zeus et Héra [1], ce sont ses « contradictions », ses longueurs dans le développement de
sa fable, ses maladresses, ce qu'il appelle vraisemblablement ses fautes grossières [2]. Mais au fond ét...
il possible de juger autrement (nous mettons à...
l'esprit de dénigrement de Voltaire ... sa ma...
traiter légèrement les choses sé...
que où la mythologie compa...
ne voyait ans les mythe...
plate allégorie, ou un...
l'abbé Banier [3]? Et ...
c... ...resse...

Nous aurions la même chose à dire des
que Voltaire adresse au théâtre des Grecs. L
vue auquel il se place avec tout son siècle
somme celui d'Aristote qui ne comprenait
grand'chose à l'esprit de la tragédie d'Esch
Sophocle, c'est surtout celui des dramatur
public français pour qui la tragédie est d'a
imitation de la réalité. Or mécon... s orig
ques de la tragédie grecque ... oss
plus comprendre que le déta... e
De là vient que Voltaire a si...
Encore essaie-t-il de détendre
Fénelon, un « ancien », trou
des ' » les chœurs des tragéd
Mais lorsqu'il blâme, chez S
...ances dans la fable, ou dans
...et ce sont ses deux principa...
...reconnaître qu'il a raison, si...
...e monde alors, que la tragéd...
...exactement le même but que ...

...able d'une tragédie se définit une...
... succession logique de faits, qui...
...e de la réalité, vise néanmoins à...
...ion, il faut convenir avec Voltaire que...
...çaise est une forme de l'art bien pl...
... la tragédie grecque, Voltaire, en bon Fran...
...occupe avant tout de la vraisemblance, de...
...La question du « pourquoi » le base. Or,...
...quer l'a très bien vu ... a une question...
...eme du drame ... oonnaissant la

Sophocle.
...*tème*, N.
...*Sophocle.*
...*ne*, II, p. 1...

manquait d'une certaine naïveté et d'une certaine largeur de goût pour bien comprendre la poésie homérique. Mais toutes les critiques qu'il en a faites, si l'on
y réfléchit bien, on verra qu'il était impossible qu'un
pur lettré comme lui — je ne dis pas un véritable artiste
ou un homme d'imagination — ne les fît pas à la
date où nous sommes. Ce qu'il reproche à Homère, ce
sont ses « absurdités », comme, par exemple, la scène
de séduction entre Zeus et Héra [1], ce sont ses « contradictions », ses longueurs dans le développement de
sa fable, ses maladresses, ce qu'il appelle vraisemblablement ses « fautes grossières [2] ». Mais au fond était-
il possible de juger autrement (nous mettons à part
l'esprit de dénigrement de Voltaire, ou sa manie de
traiter légèrement les choses sérieuses), — à une époque où la mythologie comparée n'existait pas, où l'on
ne voyait dans les mythes grecs qu'une constante et
plate allégorie, ou un évhémérisme grossier comme
l'abbé Bannier [3] ? Et pour ce qui est des contradictions
et des maladresses d'Homère, le moyen de l'en disculper, si l'on admet l'unité de composition des poèmes homériques? Or nous sommes encore loin des
Prolégomènes de Wolf. Sur tout cela — avec le respect
traditionnel en plus — on ne jugeait guère autrement
que Voltaire à l'Académie des Inscriptions [4].

1. Cf. *Dictionnaire philosophique.*
2. *Essai sur la poésie épique*, X, 452.
3. *Explication historique des Fables*, 1711. — *La mythologie
et la fable expliquées par l'histoire*, 1738.
4. Qu'on se rappelle comment s'exprimait Rochefort, un
admirateur d'Homère, dans un *Mémoire sur les mœurs des
siècles héroïques* : « On vit Priam, *dépouillant la majesté du
trône*, se rouler sur la poussière au milieu de ses *courtisans*
et ne connaître plus *ni réserve ni décence* dans l'excès d'un
désespoir qu'on condamne d'autant plus facilement que notre
âme est moins capable de le sentir ». *Mém. de l'Acad. des Ins-
cript.*, XXXVI, p. 430.

Nous aurions la même chose à dire des critiques
que Voltaire adresse au théâtre des Grecs. Le point de
vue auquel il se place avec tout son siècle, c'est en
somme celui d'Aristote qui ne comprenait déjà plus
grand'chose à l'esprit de la tragédie d'Eschyle et de
Sophocle, c'est surtout celui des dramaturges et du
public français, pour qui la tragédie est d'abord *une
imitation de la réalité* Or méconnaître les origines lyriques de la tragédie grecque, c'était s'exposer à n'en
plus comprendre que le détail · l'âme même échappe.
De là vient que Voltaire a si mal parlé de Sophocle [1].
Encore essaie-t-il de défendre ses chœurs — alors que
Fénelon, un « ancien », trouvait « vagues et insipi-
des [2] » les chœurs des tragédies grecques en général
Mais lorsqu'il blâme, chez Sophocle, les invraisemblances dans la fable, ou dans la conduite des pièces
— et ce sont ses deux principaux griefs [3], — il faut
bien reconnaître qu'il a raison, si l'on admet, comme
tout le monde alors, que la tragédie grecque se proposait exactement le même but que la tragédie fran
çaise.

Si la fable d'une tragédie se définit une action bien
liée, une succession logique de faits, qui, sans être
une copie de la réalité, vise néanmoins à en donner
l'impression, il faut convenir avec Voltaire que la tragédie française est une forme de l'art bien plus par
faite que la tragédie grecque. Voltaire, en bon Fran
çais, se préoccupe avant tout de la vraisemblance, de
la logique. La question du « pourquoi » le hante. Or,
comme Wagner l'a très bien vu, s'il y a une question
qui soit ennemie du drame lyrique — comme était la

1. *Lettres sur Sophocle*
2. *Lettre à l'Académie*, X.
3. *Lettres sur Sophocle*. — *Dissertation sur la tragédie
ancienne et moderne*, II, p. 183.

tragédie grecque, — c'est assurément celle du « pourquoi »[1]. Le poète place ses personnages dans le monde
merveilleux de la légende, et ceci admis une fois pour
toutes, la question de la vraisemblance devient tout à
fait secondaire; le poète ne s'occupe de la fable que
dans la mesure où elle peut servir au développement
lyrique de la passion qui est l'essentiel Mais pou-
vait-on penser ainsi au xviiie siècle? Qui s'était avisé
alors, parmi les érudits, d'expliquer par l'influence
persistante du dithyrambe primitif les prétendues invraisemblances et les naïvetés des tragiques
grecs?

Ainsi donc on a beau jeu de répéter que Voltaire ne
comprend rien au fond même du théâtre grec. A
moins d'être un érudit de génie, ou un humaniste de
plus de loisir et de plus de poésie il ne pouvait pas le
comprendre Mais bien des détails extérieurs l'ont
frappé et il en a tiré une leçon qu'il a mise en pratique · là est son originalité, — et sa part dans le
mouvement antiquisant.

D'abord, toute sa vie, il n'a cessé d'invoquer
l'exemple des Grecs, pour demander plus de magnificence et de commodité dans la construction de nos
théâtres[2] . « Cinna, Athalie méritaient d'être repré-
sentés ailleurs que dans un jeu de paume, au bout
duquel on a élevé quelques décorations du plus mauvais goût[3] ». Le théâtre de Dionysos est son rêve,
« ce théâtre superbe, où les ouvrages des Sophocle et
des Euripide étaient écoutés par les Périclès et les
Socrate et où des jeunes gens n'assistaient pas debout

---

1 Cf. Wagner, *Lettres sur la musique*, traduct de Nuitter
2 La Comédie-Française, rue de l'Ancienne-Comédie, était
particulièrement laide et mal aménagée. Diderot raconte
l'anecdote fantaisiste d'un provincial qui l'avait prise pour une
prison : *Entretien avec Dorval.*
3 *Dissertation sur la tragédie ancienne et moderne*, IV, 190.

et en tumulte[1] ». Ce tumulte l'indigne. Il trouve
inconvenante l'attitude du public dans le temple de
Melpomène. Il voudrait qu'on assistât à une tragédie
avec une sorte de recueillement comme les Grecs à
leurs représentations, qui étaient en même temps des
cérémonies religieuses. Voltaire peut avoir été un poète
tragique médiocre; il a eu une très haute idée de son
art. Aussi recommande-t-il tous les moyens qui peuvent ajouter au prestige de la tragédie. Dans sa pièce
de *Tancrède* on vit « des trophées et des devises »,
comme dans les tournois, dans *Sémiramis* l'apparition
de l'ombre de Ninus avait été une grande hardiesse :
« On a déployé tout l'appareil de l'ancien théâtre grec.
Il serait triste, après que nos grands maîtres ont surpassé les Grecs en tant de choses dans la tragédie,
que notre nation ne pût les égaler dans la dignité de
leurs représentations[2]. » Remarquons qu'ici il aurait
pu tout aussi bien invoquer l'exemple de Shakespeare,
qui peut-être plus que les Grecs lui avait appris que
la poésie dramatique peut aussi « parler aux yeux ».
Mais Shakespeare est un barbare : on peut lui prendre
des idées ou des intentions, mais non pas le citer et
encore moins le choisir pour modèle. — D'après cela,
il était naturel que Voltaire tînt à conserver l'ancienne
mélopée tragique, si propre à faire valoir la majesté
de l'alexandrin : dire les vers comme de la prose,
c'est un contresens, presque un crime de lèse-tra-
gédie. Aussi la fameuse innovation de Mlle Clairon
au théâtre de Bordeaux le laissa-t-elle incrédule. Il
trouve que nos meilleures pièces ressemblent assez à
des comédies sans en rabaisser encore le ton; adopter

---

1. *Dissertation* .., IV, 449 Faut-il faire remarquer l'étourderie
de Voltaire qui fait le théâtre de Dionysos contemporain de
Periclès et de Socrate?
2. *Dissertation...*, IV, 190.

celui de la conversation, c'est « dégrader la tragédie » [1]

Avec leur pompe théâtrale Voltaire — tout comme
Racine — demande aux Grecs le secret de leur grande
simplicité Comment concilier ces deux choses, en
apparence contradictoires? Voltaire s'en explique à
l'aide d'une comparaison   il cite le passage d'Hamlet :
« Je n'ai pas entendu une souris trotter » (C'est un
soldat qui parle). Voltaire blâme ce style   « C'est
ainsi qu'un soldat doit répondre? oui, dans un corps
de garde, mais non pas dans une tragédie, sachez que
les Français admettent le simple et non le bas et le
grossier [2] ». — Il veut la même simplicité dans l'action
que dans le style. Dans le discours prononcé avant la
première représentation d'*Oreste*, il disait   « Vous
savez que la Grèce dans tous ses monuments, dans
tous les genres de poésie et d'éloquence, voulait que
les beautés fussent simples · vous trouverez ici cette
simplicité [3] ». Ce qu'il entend par là, c'est l'élimination
des épisodes de pure galanterie et de l'amour roma
nesque Car autrement ses tragédies sont beaucoup
plus compliquées, plus chargées d'incidents que celles
de Racine C'est une des idées qui lui tiennent le plus
au cœur, et c'est en quelque sorte pour l'illustrer qu'il
a écrit sa *Mérope*. Parlant de la chute de l'*Electre* de
Longepierre, il ajoute, faisant allusion à Sophocle :
« On se prévalut mal à propos des défauts de la copie
contre le mérite de l'original, et pour achever de cor-
rompre le goût de la nation, on se persuada qu'il
était impossible de soutenir, sans une intrigue amoureuse et sans aventures romanesques, des sujets que

1 *Lettres à M. Quirini, noble vénitien* (1718).
2. *Dictionnaire philosophique*, II, 206
3 *Discours prononcé par un acteur à la première représentation d'Oreste* (1750), IV, 435.

les Grecs n'avaient jamais déshonorés par de tels épisodes[1] ». C'est dommage que Voltaire ne voie pas la portée de la question. Il est certain que Racine, en restreignant l'objet du poème dramatique à l'expression de la sentimentalité amoureuse ou même du besoin sexuel[2], en a singulièrement diminué la valeur esthétique, comme aussi, par contagion, celle de notre littérature tout entière. Mais Voltaire ne détrône l'amour que pour lui substituer des passions plus secondaires ou plus superficielles Lui qui avait des prétentions à la poésie philosophique, il n'a pas vu que cet Eschyle et ce Sophocle qu'il daigne imiter ont construit de vrais poèmes d'idées, où, par exemple, il ne s'agit pas seulement de savoir si OEdipe apprendra oui ou non le secret de sa naissance et de s'attendrir sur ses malheurs, mais où, derrière le drame des passions, se pose la question de la destinée et du sens même de la vie Nous n'avons rien de pareil pour la profondeur philosophique ni au *Promethée enchaine*, ni à l'*OEdipe-roi*.

En somme Voltaire, en se réclamant surtout de l'autorité des anciens, a résisté fort honorablement à la frivolité de ses contemporains. Il affirme énergiquement son parti pris de rester classique Il remonte même au delà de Racine, qu'il trouve encore trop romanesque, notamment dans *Bérénice*. En certaines de ses pièces et en certains passages, il a comme des intuitions du théâtre antique. Il s'est avisé un jour que la tragédie d'Eschyle était beaucoup plus « terrible » que la nôtre et, frappé de cette idée, il compose *Eriphyle* :

1. *Dissertation sur la tragedie ancienne et moderne*, IV, 119.
2. Voir a ce sujet la belle préface de Paul Adam · *Le Mystère des Foules*, I.

Français, c'est en ces lieux qu'on vous peint tour a tour
La grandeur des héros, les dangers de l'amour
Souffrez que la terreur aujourd'hui reparaisse,
Que d'Eschyle au tombeau l'audace ici renaisse! [1]

Mais il ne faut pas s'y tromper . Voltaire ne comprend pas Eschyle, est incapable de le lire dans le texte et le juge un monstre comme Shakespeare. C'est un grand nom sous le patronage duquel il place sa tragédie [2] Ailleurs il en a dit beaucoup de mal [3] Et puis, ce qui détruit l'efficacité de ces tentatives, c'est qu'elles ne se soutiennent pas · Voltaire tâtonne dans tous les sens, sans jamais s'arrêter à un système ou à un modèle

Ses disciples n'ont guère fait que répéter ses idées en les affaiblissant principalement en ce qui concerne le théâtre Pourtant, sur les anciens en général, leur critique est plus sérieuse ou plus profonde que la sienne Nous ne dirons rien de Marmontel ni de sa *Poétique française* dont l'influence ne paraît pas avoir été bien considérable et dont l'insuffisance et le caractère superficiel semblent avoir frappé les contemporains eux-mêmes [4] Il importe au contraire de s'arrêter sur le *Cours de littérature* de La Harpe, d'abord parce qu'il représente assez exactement l'opinion moyenne et ensuite parce que ca été la dernière formule et comme le testament de l'esthétique classique.

Dans sa préface l'auteur insiste sur la nouveauté et l'originalité de son œuvre « C'est ici, je crois, la pre-

1 Prologue d'*Eriphyle*.
2 En même temps il veut faire pièce a Crébillon « le terrible »
3 *Dictionnaire philosophique*, art *Art dramatique*
4 *Corresp litt* . V, 396 « L'auteur de la *Poétique française* ne connaît pas assez les anciens ni les modernes pour son entreprise. On voit qu'il ne connaît des anciens que ce que son Jésuite lui a appris au collège. et ce n'est pas assez. »

mière fois, soit en France soit même en Europe, qu'on offre au public une histoire *raisonnée* de tous les arts de l'esprit et de l'imagination depuis Homère jusqu'à nos jours [1] » Il ne faudrait pas pourtant le croire sur parole ni se faire illusion sur cette nouveauté Ce qui eût été vraiment neuf, c'eût été d'introduire l'esprit historique dans l'étude des littératures — et La Harpe est le contraire d'un historien. Sa méthode est toute dogmatique C'est celle de la critique classique depuis ses origines, celle qu'on retrouve dans les *Remarques sur Longin* de Boileau comme dans le *Dictionnaire philosophique* de Voltaire Ce que La Harpe cherche dans les œuvres littéraires, c'est toujours une leçon de goût, en somme la confirmation des principes généraux qui gouvernent l'esthétique classique Le titre de son livre est assez significatif C'est un cours de littérature à l'usage des gens du monde, une sorte de rhétorique supérieure « Ce n'est ici ni un livre élémentaire pour les jeunes étudiants ni un livre d'érudition pour les savants C'est le complément des études pour ceux qui ne peuvent pousser plus loin celles qu'ils ont faites [2] » Mais alors que reste-t-il d'historique dans un livre si l'on n'y tient compte ni de la relativité ni de l'enchaînement des faits et si avec cela on ne se pique point d'être un érudit exact et consciencieux? La Harpe juxtapose des dissertations littéraires, sans nul souci de la chronologie ni de l'influence des milieux, ni même de la continuité et de l'action réciproque des genres qu'il étudie Une œuvre d'imagination est toujours pour lui comme pour les

---

1 Préface, t. I, p. III

2. *Loc. cit.*, p. III — L'introduction est non moins significative. En voici le titre « Notions générales sur l'art d'écrire, sur *la réalité et la nécessité de cet art*, sur *la nature des préceptes*, sur l'alliance de la philosophie et des arts d'imagination, sur l'acception des mots de *goût* et de *génie* »

classiques, une sorte d'absolu, en dehors de l'espace
et du temps. Que reste-t-il donc, sinon que le *Cours de
littérature* soit une sorte de commentaire de l'*Art poétique* de Boileau, à propos des principales œuvres de
littérature?

L'esthétique classique reposait sur l'imitation *raisonnée* des anciens et elle s'était constituée sous l'in-
flence d'Aristote La Harpe ouvre son cours par un
chapitre sur Aristote et par un chapitre sur Longin —
qui sont de véritables panégyriques, — comme s'il
avait voulu placer son livre sous l'invocation des deux
plus grandes autorités critiques des anciens. Il dit
d'Aristote « Aujourd'hui même que les progrès de la
raison ont comme anéanti une partie de ses ouvrages,
ce qui reste suffit encore pour en faire un *homme prodigieux*. Ce fut certainement une des tetes les plus fortes
et les plus pensantes que la nature ait organisées [1]. » Il
rattache en quelque sorte son *Cours de littérature* à la
Poétique d'Aristote; « ce sera peut-être un fait assez
remarquable dans l'histoire de l'esprit humain, que,
plus de deux mille ans après qu'Aristote eut ouvert le
Lycée d'Athènes, son éloge et ses ouvrages aient été
lus à l'ouverture du Lycée français [2] ».

Il passe ensuite à l'analyse de la Poétique, en faisant de constants rapprochements avec le théâtre et
la littérature française Sauf sur quelques points, très
particuliers, où La Harpe est forcé de se séparer
d'Aristote à cause de la différence des mœurs et des
institutions, il ne fait que confirmer les leçons du philosophe grec. La conclusion comme chez les classiques
du xviiᵉ siècle, c'est qu'en somme le vrai goût moderne
doit se trouver conforme à celui d'Athènes. Aristote a

1. *Cours de littérature*. I, vol. I, p. 4.
2 *Loc. cit.*

raison : « Tout cela est aussi vrai aujourd'hui, que du temps où l'auteur écrivait [1] ».

Voilà donc les principes de l'esthétique classique repris à leur source et formulés avec autant de rigueur qu'au siècle précédent. Voyons maintenant les idées personnelles de La Harpe, qui n'en sont d'ailleurs que les conséquences plus ou moins lointaines.

Comme Aristote, comme Boileau, il professe que l'art est une imitation de la nature; mais cette imitation, il l'entend exactement comme eux, avec les mêmes restrictions. C'est l'éternel développement de cette grande platitude de l'*art poetique* :

> Il n'est point de serpent ni de monstres odieux
> Qui par l'art imite ne puisse plaire aux yeux.

Aussi lorsqu'il parle du théâtre moderne, condamne-t-il les spectacles violents que l'on commençait à admettre sur la scène française . « Nous commençons à revenir depuis quelques années aux horreurs révoltantes ou dégoûtantes, qui appartiennent à l'enfance de l'art. Les exemples en sont nombreux et si connus, qu'il serait inutile de les citer ici [2]. » Mais il y insiste à plusieurs reprises et il est clair qu'il vise les traducteurs ou les imitateurs de Shakespeare, — les Mercier et les Letourneur

Pour ce qui est de la tragédie — qui le préoccupe surtout, — il reprend comme il fallait s'y attendre la définition aristotélicienne. Elle a toujours pour but de produire la terreur ou la pitié. Parmi les passions qui peuvent les exciter, il n'ajoute que l'*amour malheureux* à celles indiquées par Aristote. C'est là une source de pathétique inconnue des anciens. « Quel trésor qu'une

1. I, p. 25.
2. I, p. 13.

passion à qui nous devons *Zaïre*, *Tancrede*, *Inès*, *Ariane*
et quelques autres encore consacrées par ce mérite
particulier qui en supplée tant d'autres et fait pardonner tant de fautes, le mérite de faire répandre des
larmes [1]. » Voilà un mérite bien banal, mais il est
évident que, pour La Harpe comme pour tous les dramaturges de l'école de Voltaire, c'est le suprême effort
de l'art que de faire pleurer

Pourtant ces passions touchantes devront être *pur-
gées*, afin de ne point blesser l'âme comme ferait le
spectacle tout cru de la réalité. La Harpe propose une
interprétation, très juste, à ce qu'il semble, de la
Κάθαρσις, et qu'il déclare avoir trouvée dans la poétique de l'abbé Batteux · le seul fait de transposer
dans l'art les sentiments les plus douloureux de la
réalité en ôte l'amertume Mais La Harpe ne s'y tient
pas Étant donnée l'idée un peu étroite que les classiques se font de l'art, le caractère aristocratique des
passions qu'ils admettent sur la scène, leur défiance
à l'égard de toute émotion violente on peut dire que
La Harpe conserve à la tragédie son optimisme Elle
est toujours un *jeu* (ce que Diderot appelle un escamo-
tage de poignards) destiné à exciter une « pitié charmante » ou une « douce terreur ».

Enfin et surtout il maintient la règle des trois
unités, sans le dire expressément, il est vrai Aussi
bien elle n'est pas formulée dans Aristote, mais il ressort du commentaire qu'en fait La Harpe qu'il n'y
demeure pas moins attaché que les classiques.

Il condamne les innovations en ce genre Comme
Boileau, il critique les pièces de Lope de Véga avec la
complication invraisemblable de leur intrigue Il critique également Shakespeare « Qui peut douter que

1 I, p. 33

de pareilles pièces ne soient hors de la mesure convenable et qu'en violant le précepte d'Aristote, on n'ait
blessé le bon sens [1] »

Quant au style, ce qu'il y a de plus étroitement
attaché à la conception même de la tragédie classique,
il le veut élevé comme chez les grands maîtres de la
scène française (et pour lui, c'est Racine et Voltaire [2])
Ce style sera *orné de métaphores et de figures*, mais
l'auteur n'usera de ces ornements qu'avec mesure,
sous peine de parler une langue barbare [3]. C'est toujours cette conception étrange des classiques, que le
style est quelque chose d'extérieur à l'idée, une sorte
de placage revêtant et cachant la pauvreté du lieu
commun

On le voit donc, voilà la théorie de la tragédie classique affirmée, encore une fois, dans toute sa rigueur.
La Harpe n'y tient compte d'aucune des innovations
de Voltaire. Rien pour les yeux, pas d'action plus
rapide ou plus compliquée, pas d'effets de terreur.
C'est la théorie de l'*Art poétique* pure et simple.

D'après cela, on peut déjà pressentir de quelle façon
La Harpe comprendra les anciens et en conseillera
l'imitation De même qu'il ne comprend pas les mépris
des modernes du xviie et du xviiie siècle pour l'art et
la civilisation antiques, de même il ne suivrait pas
André Chénier jusqu'à ses dernières conséquences ·
sur des pensers nouveaux, il ne s'agit nullement de *faire
des vers antiques*.

Il faut revenir aux anciens parce qu'ils ont été les
maîtres de nos maîtres, parce que les principes de
leur art sont les principes éternels du goût. Nous leur
emprunterons, par exemple les règles de leur tragédie

1. I, p. 24.
2. I, p. 24.
3. I, p. 36.

parce que ces règles sont dictées par la raison même.
Nous imiterons la simplicité de leur style, parce qu'on
ne gagne rien à s'éloigner de la simplicité de la nature.
Tout en reconnaissant la supériorité des Français
modernes sur les tragiques grecs, La Harpe confesse
qu'ils n'ont pu les surpasser pour la vérité[1]. Voilà ce
que nous devrons retenir d'eux, pour le reste nous
avons d'autres modèles qui sont nos classiques français. Il ne s'agit que d'être nous-mêmes

De là vient que La Harpe, dans ses études sur la
poésie antique, n'a renouvelé aucun sujet. Il est
trop convaincu, comme tous ses contemporains, de la
supériorité de la littérature française sur toutes les
autres, il est surtout trop imbu des préjugés nationaux de clarté, de logique, de politesse, pour rien
comprendre aux anciens Bien qu'il place Homère très
haut, bien qu'il en parle avec un certain enthousiasme
un peu déclamatoire, il ne nous dit rien de nouveau,
deux phrases de Diderot nous en apprendraient
davantage. Il ne comprend pas Eschyle, ni Lucrèce, ni
Aristophane Pindare est mieux traité; mais ce qui
manque toujours c'est l'accent personnel, le point de
vue original Même sans rien comprendre au fond de
l'épopée ou du théâtre grec, Voltaire au moins avait
parfois des intuitions de la vérité. L'érudition n'y fait
rien, mais la largeur d'esprit ou plus simplement
l'originalité. La Harpe comprenait les anciens à peu
près comme tout le monde

Nous n'en dirons pas autant de l'abbé Barthélemy. On a vu plus haut avec quelle ferveur le public
avait accueilli son *Jeune Anacharsis* Évidemment ce
qui plut surtout dans ce livre, ce fut la science archéologique si aimable et pourtant si sûre, et ce qu'on y

1 I, p. 208

vit tout d'abord ce fut une sorte de résurrection du
monde grec[1]. La partie littéraire a dû être un peu
éclipsée par la partie descriptive. Et pourtant elle est
extrêmement curieuse à lire, ne fût-ce que comme
indice des progrès de l'intelligence de l'antique au
XVIII° siècle. Qu'un Diderot, avec sa forte imagination,
ait parfois une vision rapide de la poésie homérique
ou du drame d'Eschyle, voilà qui ne prouve pas grand
chose pour le grand public Mais qu'un érudit honnête
et paisible comme l'abbé Barthélemy nous parle des
poètes grecs comme il l'a fait, c'est ce qui est beaucoup plus significatif.

De la tragédie il ne dit rien de plus que La Harpe.
Le cadre qu'il avait choisi l'obligeait d'ailleurs à paraphraser et à développer Aristote, bien qu'il ne se prive
pas d'allusions à la tragédie moderne. Ce qu'il y a de
vraiment neuf chez lui, ce sont ses jugements sur la
littérature grecque. On peut apprécier en le lisant le
chemin parcouru depuis le commencement du siècle.
Nous sommes loin des impiétés des *modernes*. Par
exemple, Barthélemy ne songe même plus à discuter
Homère C'est un culte accepté. A peine un souvenir
dédaigneux des critiques d'autrefois : « J'ai vu reprocher à Homère d'avoir peint dans leur simplicité les
mœurs des temps qui l'avaient précédé. J'ai ri de la
critique et j'ai gardé le silence[2]. » Il y a sans doute
bien de la naïveté dans le passage où il essaie de
donner à son lecteur le sentiment de l'imagination
homérique. Mais on voit qu'il est sincère, beaucoup
plus sincère que La Harpe, toujours homme de collège. C'est l'accent d'une franche admiration et non
une rhétorique de commande. De même pour Pindare .

1. Voir en particulier la réponse du chevalier de Boufflers a
Barthélemy pour sa réception a l'Académie française.
2 Introduction au *Voyage du Jeune Anacharsis*, I, p 154.

si Barthélemy était trop peu poète pour saisir le procédé essentiel de cette grande imagination lyrique,
du moins le prétendu désordre de Pindare ne le
choque plus. Il comprend l'espèce de poésie qui entou-
rait l'athlète victorieux, comment, aux grands jeux de
la Grèce, il devenait le représentant de sa cité et
comment, dans son triomphe, la Cité tout entière avec
ses dieux tutélaires et ses héros fondateurs, devait lui
faire cortège. Il se rend compte surtout de l'espèce
d'enivrement de la Grèce au lendemain des guerres
médiques. Il voit que pour bien comprendre Pindare,
il faut le replacer dans ce milieu d'héroïsme exalté.
Il indique même avec beaucoup de finesse le caractère philosophique et religieux de l'œuvre de Pindare
et semble déjà pressentir en lui le théologien[1] Tout
cela était singulièrement neuf, du moins comme jugement d'ensemble, non seulement pour le grand public,
mais même pour les érudits.

On voit aussi qu'il a parlé d'Eschyle en connaissance
de cause, en homme qui l'a lu dans le texte et non
comme Voltaire ou La Harpe en humaniste superficiel.
Tandis que celui-ci ne voit dans l'*Agamemnon* qu'un
drame « froidement atroce », Barthélemy cite justement avec éloge ce qui a dû paraître le plus atroce à
La Harpe, la tirade où Clytemnestre se vante de son
crime devant le peuple d'Argos. En général il sent
très vivement la beauté de l'imagination héroïque
d'Eschyle. Toutes ses critiques sont fort intelligentes;
et tout ce que l'on peut faire avec de l'intelligence et
de l'esprit joints à un très grand savoir, on peut dire
que Barthélemy l'a fait. C'est ainsi, par exemple, qu'il
justifie Sophocle des critiques adressées au dénouement de l'*Ajax* par les modernes[2].

1. Sur Pindare, II, 434.
2. « NICÉPHORE. L'action n'était-elle pas achevée aux deux

Rappelons encore ce qu'il a dit d'Aristophane, un des plus grecs parmi les poètes grecs, un des plus difficiles à comprendre pour le petit goût du XVIIIᵉ siècle, celui en qui Voltaire ne voyait qu'un plat bouffon : « *Quelle élégance, quelle pureté dans la diction, quelle finesse dans les plaisanteries, quelle vérité dans le dialogue quelle poésie dans les chœurs!* [1] » Pour comprendre la pureté de style et surtout l'élégance d'Aristophane — qui n'est pas du tout l'élégance française — il fallait non seulement savoir le grec comme il le savait mais avoir de l'art et du génie athéniens une idée autrement précise que les littérateurs ou les savants d'alors. Mais cela surtout qui était original c'était de sentir tout ce qu'il y a de lyrique dans la comédie d'Aristophane Je ne vois guère qu'André Chénier et lui qui en aient été aussi vivement frappés. Et enfin cette comparaison, qui va loin, qui rappelle le mot de Diderot sur Shakespeare (toujours à propos d'Aristophane) : « Ces auteurs dont vous calculez les forces avant que d'avoir mesuré les vôtres, fourmillent de défauts et de beautés. Ce sont les irrégularités de la nature, laquelle, malgré les imperfections que notre ignorance y découvre, ne paraît pas moins grande aux yeux attentifs [2]. »

Mais en somme ce ne sont là que des aperçus, — qui même venaient un peu tard, puisque nous sommes à la veille de la Révolution avec le *Jeune Anacharsis*. Ce qu'il aurait fallu, c'est une théorie complète et surtout des

---

tiers de la pièce? Cependant Sophocle a cru devoir l'étendre par une froide contestation entre Ménélas et Teucer, dont l'un veut que l'on refuse, l'autre que l'on accorde les honneurs de la sépulture au malheureux Ajax — THÉODECTE : La privation de ces honneurs ajoute parmi nous un nouveau degré aux horreurs du trépas; elle peut donc ajouter une nouvelle terreur à la catastrophe de la pièce. » IV, p. 319.

1. *Op. cit.*, IV, 461.
2. *Op. cit.*, IV, 462.

exemples. Or la tragédie est le seul genre sur lequel
Voltaire et ses disciples littéraires aient eu des idées à
peu près arrêtées. Ils se rendent compte que celle-ci,
telle qu'elle a été constituée au xviiᵉ siècle, ne peut
admettre aucune compromission avec la tragédie
antique ou la tragédie shakespearienne, sous peine de
ne plus être, sous peine de tomber dans le drame ou
même dans le mélodrame. Ils se bornent en conséquence à répéter les préceptes d'autrefois et à raffermir
la discipline classique qui se relâchait. Pour continuer véritablement les grands maîtres du siècle de
Louis XIV, il faut remonter et puiser aux mêmes
sources qu'eux — les littératures antiques, — et les
imiter comme eux, de la même façon qu'eux. Autrement
l'esprit français abandonné à lui-même retombe dans
ses pires défauts, la galanterie, la préciosité, la fausseté
du style et des caractères. Ainsi donc, avec quelque
chose de plus étroit, la critique, en 1789, est au même
point qu'en 1660 avec l'école de Boileau.

Mais par une contradiction inconsciente, Voltaire, à
la différence de La Harpe, croit pouvoir élargir le
moule conventionnel de la tragédie en faisant au système dramatique des anciens quelques emprunts dont
nos classiques s'étaient abstenus par un sentiment
très juste de la nature même de leur art. En s'autori-
sant du théâtre grec, pour faire une part plus large à
la décoration et au spectacle matériel, pour obtenir un
pathétique plus « déchirant » et aussi en demandant
aux Anglais le modèle d'une intrigue plus mouvementée,
— il n'allait rien moins qu'à détruire le fond même de
la tragédie classique, qui est le développement psychologique de la passion idéalisée ; — et ainsi il s'acheminait sans le savoir vers le drame romantique [1].

1. Cf. Faguet, *Dix-huitième siècle : l'Art littéraire de Voltaire*,
p. 252.

II

Parmi les novateurs, Diderot se distingue par une robuste originalité. De tous ses contemporains, personne n'a secoué plus énergiquement le joug de la discipline classique. Au milieu de tous ces phraseurs, de tous ces beaux esprits de collège et de tous ces garçons de lettres, qui répètent une leçon apprise, il est l'homme de son sentiment, « un homme à idées », comme il disait volontiers. Et ses idées il les a exprimées, avec force, avec chaleur, avec éloquence, avec des élans d'enthousiasme et parfois une véritable splendeur d'imagination et de poésie. Il y a chez lui une virilité de pensée qui fait plaisir à voir, surtout quand on le replace au milieu de tous ces littérateurs médiocres, si dénués d'idées, si fermés à l'intelligence de l'art et de la beauté et reprenant dans une petite langue cauteleuse et timide les lieux communs les plus usés de la critique classique. Lui, parce qu'il a été quelqu'un et qu'il a osé le dire, il a réintégré le *sens individuel* dans la critique, et c'était toute une révolution.

Avec cela, il a été un causeur d'une incomparable séduction. On se laissait aller à l'écouter pendant des heures entières. « J'ai éprouvé peu de plaisirs de l'esprit au-dessus de celui-là, dit l'abbé Morellet, et je m'en souviendrai toujours [1]. » Il imposait ses idées comme son amitié; il fallait être un sauvage comme Jean-Jacques pour se dérober à la domination qu'il exerçait. Rien n'est amusant comme de voir ce bon Allemand de Grimm s'évertuer dans sa *Correspondance* à pasticher le style ou les improvisations de son ami, quand il ne lui

1 Morellet, *Mémoires*, II, p. 128.

rager l'homme le mieux appelé à la poésie [1] : — et
Diderot, d'après la description d'Homère, se met à
refaire le tableau de Doyen. A la différence de Voltaire
encore, lui du moins, il comprend la beauté de la
mythologie grecque ; il la comprend comme un peintre
de la Renaissance, comme un Corrège ou un Rubens,
à coup sûr d'une façon à la fois plus poétique et plus
robuste que les peintres de son temps, Boucher ou Fragonard. Il y a toute une page [2] de lui sur la beauté des
dieux et des déesses sortis de l'imagination des poètes
grecs, où la grossièreté et le cynisme font pardonner comme chez Rabelais, parce qu'ils ne sont que
la luxuriance d'une imagination et d'une sensibilité
d'artiste fortement saisies. Diderot arrive même à
soupçonner par l'analyse des vers grecs à latins qu'au
fond toute l'essence des vers est dans le rythme [3].
C'est chose d'autant plus originale que jamais le vers
français n'a été plus voisin de la prose que de son
temps, plus dépourvu d'âme et de musique, plus
mécanique et plus fabriqué, comme un vers latin
d'élève.

Avec Homère, Diderot a compris tous ces grands
génies abrupts, dont le goût timide d'un XVIIᵉ siècle
s'écartait ; sans compter Shakespeare qu'il aimait, il
a fort bien parlé d'Eschyle et de Lucrèce. Eschyle
est épique et gigantesque, lorsqu'il fait retentir le
rocher sur lequel les Cyclopes attachent Prométhée
et que les coups de leurs marteaux en font sortir les
nymphes effrayées ; il est sublime lorsqu'il exorcise
Oreste, qu'il réveille les Euménides, qui avait endor-
mies, qu'il les fait errer sur la scène en criant : *Je sens
la vapeur du sang, je sens la trace du parricide, je la sens*,

1. Salon, X, p. 138.
2. *Essai sur la peinture*, IX, p. 490.
3. Salon de 1767 (édit. Assezat), XI, 331.

cède pas la plume. De sorte que peu d'hommes étaient
mieux faits que Diderot, d'abord pour comprendre
l'antique dans ce qu'il a d'opposé à l'esprit classique,
et ensuite et surtout pour en répandre l'intelligence.
Outre cette supériorité sur ses contemporains, il
avait d'abord celle d'être un assez bon latiniste et de
savoir passablement le grec, ce qui était plus rare. Il
cite et commente souvent des vers d'Homère, il le lit
avec assiduité : « Plusieurs années de suite, j'ai été
aussi religieux à lire un chant d'Homère avant de
me coucher, que l'est un bon prêtre à réciter son bré-
viaire [1] ». Aussi, tandis que Voltaire sacrifie constamment Homère à Virgile, Diderot met Virgile bien au-
dessous d'Homère : « Qui est-ce qui ne connaît pas
Virgile, dont le buste est placé dans le temple du goût,
les yeux attachés sur celui d'Homère et sur le piédestal
duquel on voit un génie qui s'efforce d'arracher un
clou à la massue d'Hercule [2]? » On comprend d'ailleurs
qu'il goûtât moins Virgile, avec son tempérament
excessif et tout ce qu'il y avait de contraire en lui à la
grande douceur et à l'harmonie virgiliennes. Dans tous
les cas, il est infiniment plus sensible que Voltaire aux
qualités plastiques des descriptions d'Homère, comme
à la force et à la beauté des images. A propos d'un
tableau de Doyen, *Diomède et Énée* : « J'ai relu, dit-il, cet
endroit du poète. C'est un enchaînement de situations
terribles et délicates et toujours l'harmonie et la couleur qui conviennent. Il y a là soixante vers à décou-

1. *Plan d'une université pour le gouvernement de Russie*, III,
p. 478.
2. *Loc. cit.*, III, 484. Il dit ailleurs : « Si je préfère Homère
à Virgile, Virgile au Tasse, le Tasse à Milton, Milton à Voltaire
et au Camoëns, ce n'est point une affaire de dates, j'en dirais
bien mes raisons ». *Fragments inédits de Diderot publiés par
M. Tourneur, Revue d'histoire littéraire de la France*, 15 avril 1894,
p. 174.

rager l'homme le mieux appelé à la poésie [1] » — et
Diderot d'après la description d'Homère, se met à
refaire le tableau de Doyen. A la différence de Voltaire
encore, lui du moins, il comprend la beauté de la
mythologie grecque; il la comprend comme un peintre
de la Renaissance, comme un Corrège ou un Rubens,
à coup sûr d'une façon à la fois plus poétique et plus
robuste que les peintres de son temps Boucher ou Fragonard. Il y a toute une page [2] de lui sur la beauté des
dieux et des déesses sortis de l'imagination des poètes
grecs, où la grossièreté et le cynisme se font pardonner comme chez Rabelais, parce qu'ils ne sont que
la luxuriance d'une imagination et d'une sensibilité
d'artiste fortement saisies. Diderot arrive même à
soupçonner par l'analyse des vers grecs et latins qu'au
fond toute l'essence des vers est dans le rythme [3].
C'est chose d'autant plus originale que jamais le vers
français n'a été plus voisin de la prose que de son
temps, plus dépourvu d'âme et de musique, plus
mécanique et plus fabriqué, comme un vers latin
d'élève.

Avec Homère Diderot a compris tous ces grands
génies abrupts dont le goût timide du XVIIIe siècle
s'écartait; sans compter Shakespeare qu'il aimait, il
a fort bien parlé d'Eschyle et de Lucrèce. « Eschyle
est épique et gigantesque lorsqu'il fait retentir le
rocher sur lequel les Cyclopes attachent Prométhée
et que les coups de leurs marteaux en font sortir les
nymphes effrayées, il est sublime lorsqu'il exorcise
Oreste, qu'il réveille les Euménides qu'il avait endor-
mies, qu'il les fait errer sur la scène et crier : *Je sens
la vapeur du sang, je sens la trace du parricide, je la sens,*

1. *Salon* X, p. 158.
2. *Essai sur la peinture* IX, p. 490.
3. *Salon de 1767* (édit. Assézat), XI, 331.

je la sens; et qu'il les rassemble autour du malheureux prince qui tient dans ses mains les pieds de la
statue d'Apollon [1]. » Il faut voir après cela de quelle
façon il commente l'*Invocation à Vénus* au Ier livre du
De naturâ rerum : « Il faudrait un mur, un édifice de
cent pieds de haut pour conserver à ce tableau toute
son immensité, toute sa grandeur, que je n'ose me
flatter d'avoir senti le premier. Croyez-vous que l'artiste
puisse rendre ce dais, cette couronne de globes
enflammés qui roulent autour de la tête de la déesse...;
que fera-t-il de ces mers immenses qui portent les
navires et de ces contrées fécondes qui donnent les
moissons? Et comment la déesse versera-t-elle sur cet
espace infini la fécondité et la vie [2]? »

Diderot aime donc les anciens, et pour des raisons
bien originales en ce temps-là : d'abord ce sont des
peintres et ce sont des sculpteurs, ce sont des artistes :
toutes choses dont les humanistes classiques ne
s'étaient jamais avisés. Ensuite, si ceux-ci les aimaient,
c'était pour leur politesse, leur élégance, leur harmonie,
c'est parce qu'ils retrouvaient en eux des « honnêtes
gens ». Ce que Diderot au contraire en aime surtout,
c'est la force de leur imagination, ce sont les passions
violentes des natures frustes et à demi barbares. Voici
un passage vraiment significatif, qui est tout plein de
réminiscences antiques : « Quand est-ce que la nature
prépare des modèles à l'art? c'est au temps où les enfants
s'arrachent les cheveux autour du lit d'un père mori-
bond; où une mère découvre son sein et conjure son fils
par les mamelles qui l'ont allaité; où un ami se coupe la
chevelure sur le cadavre de son ami,... où un père prend
dans ses bras son fils nouveau-né, l'élève vers le ciel et

1. III, 481 (édit. Assézat).
2. XI, 78.

fait sur lui sa prière aux dieux,... où les pythies écumantes par la présence d'un démon qui les tourmente, sont assises sur les trépieds et font mugir de leurs cris prophétiques le fond obscur des antres . . » Et Diderot conclut « La poésie veut quelque chose *d'énorme, de barbare et de sauvage*[1] »

Dans la théorie du drame. Diderot se souvient du théâtre grec. Il y va chercher des exemples et des preuves, comme les romantiques feront, plus tard. dans Shakespeare. Il comprend beaucoup mieux que Voltaire la simplicité d'action du drame grec (au fond, comme nous l'avons vu, ce que Voltaire entend par là, c'est l'élimination des épisodes de pure galanterie). Il critique les intrigues surchargées « Voilà ce que nous entendons dit-il, par le mouvement. Les anciens en avaient une autre idée *Une conduite simple, une action prise le plus près de sa fin, pour que tout fut dans l'extrême;* une catastrophe imminente et toujours éloignée par une circonstance simple et vraie Des discours énergiques, des *passions fortes*, des tableaux, un ou deux caractères fermement dessinés voilà tout leur appareil Il n'en fallait pas davantage à Sophocle pour renverser les esprits[2]. » A cette simplicité de l'action, il ajoute la simplicité dans les mœurs et dans le style et, ici encore, c'est des anciens qu'il s'autorise « la Nature m'a donné le goût de la simplicité je cherche à le perfectionner par la lecture des anciens Voilà mon secret : *Celui qui lirait Homère avec un peu de génie y découvrirait bien plus sûrement la source où je puise*[3]. »

Cette simplicité des mœurs et de l'action comme du style, ne fera que mieux servir le vrai dessein du poète tragique, qui doit être selon Diderot l'expression

1 *De la poésie dramatique*, III, 371.
2. *Essai sur la poésie dramatique*, VII, 316
3 VII, 339.

7

des passions extrêmes et l'impression touchante ou
terrible qui s'en dégage. Comme Voltaire, mais toujours plus radicalement que lui, Diderot estime que
nos tragédies françaises n'excitent que des émotions
superficielles, qu'elles ne serrent pas assez le cœur,
qu'elles n'ébranlent pas assez l'imagination Il oppose
à nos dramaturges les grands tragiques grecs
« Eschyle, Sophocle et Euripide ne veillaient pas des
années entières pour ne produire que de ces petites
impressions passagères qui se dissipent avec les
fumées d'un souper Ils voulaient profondément attris-
ter sur le sort des malheureux; ils voulaient non pas
amuser seulement leurs concitoyens, mais les rendre
meilleurs .. Ils avaient trop de jugement pour applau-
dir à ces imbroglios, à ces escamotages de poignards,
qui ne sont bons que pour les enfants [1].... » Par conséquent n'ayons pas peur d'être énergiques, violents,
sauvages même. Pour Diderot, la vérité, le naturel
dans le drame, c'est tout cela : « Je ne me lasserai
point de crier à nos Français · La vérité ! la nature !
es anciens ! Sophocle, Philoctète. Le poète l'a montré
sur la scène, couché à l'entrée de sa caverne et couvert de lambeaux déchirés. Il s'y roule, il y éprouve
une attaque de douleur . . La décoration était sauvage,
la pièce marchait sans appareil. Des habits, des discours vrais, une intrigue simple et naturelle [2]. »

Une des choses qui l'ont plus vivement frappé dans
e théâtre grec c'est la clarté et la beauté plastiques des
scènes. C'est une idée qui est chère à Diderot, il y est
revenu sans cesse · composer une scène comme un
tableau, ou un bas-relief, la faire valoir par le groupement des personnages [3], par la beauté et l'énergie des

1 *Paradoxe sur le Comédien.*
2 *Entretiens sur le Fils naturel*, VII, 125.
3 « La tragédie grecque, par la façon dont elle dispose ses

gestes, par la vérité de la pantomime, en d'autres termes
— et pour reprendre sa propre formule « Appliquer à la pantomime les lois de la composition pittoresque [1] ». Diderot voudrait voir Pylade essuyer la
bouche d'Oreste quand il tombe poursuivi par les
Furies. Il imagine la scène de la mort de Socrate et
groupe les personnages comme dans le *testament d'Eu-
damidas* du Poussin [2]. Il va chercher des arguments
jusque dans ce passage où Tite-Live [3] nous raconte
comment, sur le théâtre de Rome, la pantomime se
sépara du chant [4] Il y avait là certainement une intuition très vive de tout un côté de l'art dramatique des
anciens, que personne jusque-là n'avait signalé avec
cette clarté et cette insistance. Il est probable que
Lessing, dans son *Laocoon* et dans sa *Dramaturgie de
Hambourg*, ne fait que se souvenir de Diderot, lorsqu'il
insiste sur le jeu des acteurs et qu'en de certains cas
il recommande l'*action pittoresque*.

Il y a dans ces idées de Diderot sur les anciens une
originalité singulièrement frappante De tous ces critiques qui parlent du théâtre grec, de tous ces dramaturges qui l'imitent, c'est lui assurément qui l'a le
mieux compris. Ce qui fait que ses idées n'ont pas été
plus fécondes, c'en est d'abord la confusion. Il sème
les aperçus un peu au hasard la plupart du temps
sous forme de digression. C'est ensuite que ses idées
les plus hardies n'ont guère vu le jour que longtemps
après sa mort ainsi du *Paradoxe sur le Comédien*, qui

personnes et détermine leurs rapports, ressemble à *un fronton
où tout est disposé en vue d'un effet simple et frappant* » A.
et M. Croiset, *Histoire de la littérature grecque*, III, p 141.

1. *Paradoxe sur le Comédien*
2 Voir, pour le développement, *Essai sur la poésie dramatique*, VII, 380
3 *Ann*, VII
4 *Fragments inédits de Diderot*, *Revue d'histoire littéraire
de la France*, 15 avril 1894, p. 173.

parut en plein romantisme (1830). Et puis lui-même est convaincu que le préjugé français sur la tragédie est invincible. L'orgueil national s'en mêle et il ne ferait pas bon dire la vérité. Après avoir montré les défauts de la tragédie française « Que s'en suit-il de là? — Ah! traître, vous n'osez le dire et il faudra que j'encoure l'indignation générale pour vous. *C'est que la vraie tragédie est encore a trouver et qu'avec leurs défauts les anciens en etaient peut-etre encore plus voisins que nous* [1]. » La conclusion, c'est qu'il faut se résigner au goût régnant « Poètes, travaillez-vous pour une nation délicate, vaporeuse et sensible, renfermez-vous dans les harmonieuses, tendres et touchantes élégies de Racine, elle se sauverait des boucheries de Shakespeare... Si vous osiez leur dire avec Homère . « Où vas-tu malheureux? Tu ne sais donc pas que c'est à moi que le ciel envoie les enfants des pères infortunés; tu ne recevras point les derniers embrassements de ta mère, déjà je te vois étendu sur la terre, déjà je vois les oiseaux de proie assemblés autour de ton cadavre, t'arracher les yeux de la tête, en battant les ailes de joie? » toutes nos femmes s'écrieraient en détournant la tête · « Ah! l'horreur! [2] » — Ce qui revient à dire encore une fois que le grand obstacle à toute rénovation littéraire au xviiie siècle ç'a été, avec la société, les formes d'art qu'elle s'était créées au xviie siècle. Il faudra la Révolution pour rendre possible une littérature nouvelle par la forme comme par le fond Diderot semble l'avoir pressenti « Quand verra-t-on naître des poètes? *Ce sera apres des temps de desastres et de grands malheurs*, lorsque les peuples harassés commenceront à respirer. Alors les imaginations ébranlées par des spectacles terribles peindront

1 *Paradoxe sur le Comédien.*
2. *Loc. cit.*

des choses inconnues à ceux qui n'en ont point
été les témoins [1]. » — En attendant, Diderot est un
de ceux qui ont le plus contribué à exciter le désir
d'une beauté neuve. Mais ce qu'il faut dire surtout,
c'est qu'il a au moins autant regardé du côté des
anciens que des Anglais modernes et que, s'il souhaite
une réforme, bien loin de vouloir rompre avec la tradition antique, c'est à elle au contraire qu'il prétend la
rattacher [2].

III

Si vive qu'ait été l'admiration des classiques pour
les grands poètes et les grands orateurs de l'antiquité,
peut-être leur goût allait-il plus naturellement vers les
moralistes et les historiens L'histoire romaine était
une prédilection où le patriotisme entrait sans doute
pour beaucoup [1]. En tout cas on retrouve là l'indice de
l'esprit positif de la race Ce culte de l'histoire et de la
morale antique (et l'on sait que les anciens eux-mêmes
ne les séparaient pas l'une de l'autre) était une vieille
tradition qui remontait au temps de la Renaissance, à
Amyot et à Montaigne [1]. Au xviie siècle et surtout au

1. *Essai sur la poesie dramatique*, VII, 373.
2. Grimm racontant une conversation de Garrick qui avait fait
l'éloge de Shakespeare et de Voltaire, ajoutait : « Nous avons
été bientôt d'accord avec Roscius-Garrick sur tous ces points,
*nous qui sommes ici un petit troupeau reconnaissant Homère,
Eschyle et Sophocle pour la loi et les prophètes,* nous enivrant
des dons du genie partout où il se trouve, sans acception de
langue ni de nations ». *Corresp. litt.*, VI, 321
3 Voir à ce sujet l'*Introduction* que M. Camille Jullian a
mise en tête de son edition classique des *Considerations* de
Montesquieu, Paris, Hachette, 1896.
4. Faut-il rappeler le mot de Montaigne : « Les historiens
sont ma droite belle », et l'éloge qu'il fait de Plutarque dans
le même passage? *Essais*, II, X.

XVIII° il fut pieusement entretenu. Nous ne parlons pas seulement des historiens proprement dits, les Lenain de Tillemont, les Pouilly, les Boivin, les Fréret, les de Brosses et tous ceux qui à l'Académie des Inscriptions s'occupaient des antiquités grecques ou romaines. Peut-être faudrait-il citer en première ligne, parce qu'ils ont agi plus directement sur l'opinion, des philosophes comme Montesquieu, Mably, Rousseau, ou même de simples vulgarisateurs comme Rollin

Le *Parallèle des Français et des Romains* et les *Entretiens de Phocion* de l'abbé de Mably, avec leurs éloges excessifs de la Constitution romaine et des lois de Sparte ont été éclipsés par Rousseau qui a repris à peu près les mêmes thèses. Il n'en fut pas de même de Rollin dont l'*Histoire ancienne* et l'*Histoire romaine* continuée par son disciple Crevier [1] ont eu le plus grand succès et ont été maintes fois réimprimées avant et après la Révolution. Mais tous doivent s'effacer devant Montesquieu et Rousseau, les deux hommes qui ont le plus contribué, celui-ci par son éloquence passionnée, celui-là par la netteté splendide de son style et la vigueur de son esprit, à créer cette image idéale de Sparte et de Rome, qui va s'imposer à l'esprit des contemporains, jusqu'à l'hallucination et la monomanie.

Ce qui les rapproche tous, c'est la même admiration, pour ne pas dire la même religion de la vertu antique. C'est elle qu'ils voient principalement dans l'histoire. Rollin lui-même, le pieux Rollin va demander des leçons de morale à l'histoire profane. Il loue les dures lois de Lycurgue et s'applique même à justifier [2] ce

1 L'*Histoire romaine* qui parut en 1738 allait de la fondation de Rome a la bataille d'Actium L'*Histoire des Empereurs*, qui fait suite, est l'œuvre de Crevier

2. Voir en particulier la façon dont il justifie le *vol* imposé aux enfants par la loi spartiate, *Traité des Études*, III, 471.

qu'elles avaient de barbare et d'odieux. Il s'y laisse
séduire, il y met toute son âme, comme disait Montesquieu de son ouvrage : « C'est le cœur qui parle au
cœur : on sent une secrète satisfaction à entendre
parler de la vertu [1] ». C'est qu'il trouvait à Sparte
comme dans la Rome primitive son idéal d'austérité,
de frugalité, de pauvreté surtout [2]. Ne disait-il pas
naïvement : « On sait que c'est à l'école et dans le sein
de la pauvreté que furent formés les Camille, les
Fabrice, les Curius; et qu'il était ordinaire aux plus
grands hommes de mourir sans laisser de quoi fournir
aux dépenses de leurs funérailles, ni de quoi doter
leurs filles [3] ». Montesquieu voit tout autre chose à
Rome et à Sparte et, par-dessus tout, la force de leur
institution. Mais il rejoint Rollin lorsqu'il dit : « Car-
thage, qui faisait la guerre avec son opulence contre la
pauvreté romaine, avait par cela même du désavan-
tage : l'or et l'argent s'épuisent, mais la vertu, la
constance, la force et la pauvreté ne s'épuisent
jamais [4] ».

A ne l'envisager que de ce côté-là, ce qui le met tout
à fait hors de pair, bien au-dessus de Rollin et de Rousseau lui-même, c'est son intelligence si nette et si
positive de toute une partie de l'antiquité, celle des
historiens et des moralistes. Mais il faut aller plus
loin : le génie antique, dans ce qu'il avait de plus
solide, lui a été révélé. C'est lui qui disait : « J'avoue
mon goût pour les anciens; *cette antiquité m'enchante*
et je suis toujours prêt à dire avec Pline : C'est

1. *Pensées diverses*, t. VII, p. 163.
2. Il est infiniment probable que c'est Rollin que vise Voltaire dans le *Mondain*.
3. *Traité des Études*, III, 1re partie, *Du goût de la solide
gloire*, p. 123.
4. *Considérations*, chap. IV.

à Athènes que vous allez, respectez les dieux[1] ». Il se
distingue surtout en cela de ses contemporains[2], qui
justement avaient perdu le respect et la foi de l'antiquité Ses dieux c'est Polybe, Salluste, Plutarque.
Tacite, ou même ceux qui, comme Florus, ont eu, à
défaut d'un talent plus haut, le sentiment de la grandeur romaine. Il les pratique assidûment, il lit leurs
textes, comme alors on savait les lire. Un commerce
comme celui-là devait l'incliner insensiblement à comprendre et à admettre l'âme antique tout entière. Il
ne savait pas le grec[3]. — du moins on peut le croire,
mais ce qu'il a dit d'Homère prouve qu'il en avait une
bien autre idée que Voltaire[4]. Il n'est pas jusqu'à la
mythologie galante de son temps qui ne l'ait amusé,
comme en témoignent son *Temple de Gnide* et son
Voyage à Paphos; et je ne sais pas pourquoi l'on s'en
étonne et l'on s'en fâche Cette mythologie « frisée et
poudrée[5] ». comme toutes les vieilles élégances de
l'ancien régime. a un charme à elle qu'il n'est pas bien
difficile de retrouver. et cette antiquité de boudoir et
d'opéra devait encore plaire à Montesquieu. ne fût-ce
que pour le reposer de l'autre
    Il écrivait dans la préface de l'*Esprit des Lois* · « Quand
j'ai été appelé à l'antiquité, j'ai cherché à en prendre

1. *Pensees diverses*, t VII. p. 159 (edit Laboulaye).
2. Voir Faguet, *Dix-huitième siecle : Montesquieu amateur de
l'antiquite.* p 145: Albert Sorel, *Montesquieu*, p. 142.
3. Il cite les auteurs grecs en français, ou parfois d'apres
des traductions latines
4. Il avance que Virgile est inférieur à Homère « par la
grandeur et la variete des caracteres, par l'invention admirable », et qu'il ne l'égale que « par la beaute de la poesie ».
Pensées diverses. t. VII. p. 159. Dans le même passage, il compare Pope à Fenelon, traducteur ou imitateur d'Homere, et il
conclut : « Pope seul a senti la grandeur d'Homère »
5. « Il n'y a que les têtes bien frisées et bien poudrees qui
connaissent tous les charmes du *Temple de Gnide* » (Montesquieu)

l'esprit » Est-il surprenant après cela que sans cesse
occupé de Rome, il ait laissé d'elle dans les imaginations de son temps, une si vivante et si prodigieuse
idée ? Son style, excellent à découper en pleine lumière
les contours nets d'une image, ou à résumer une
pensée dans une formule précise comme un théorème,
— aidait encore à l'illusion Il a dit quelque part du
peuple romain que « plus qu'un autre il s'*émouvait par
les spectacles* . Le débiteur qui parut sur la place couvert de plaies fit changer la forme de la République.
La vue de Virginie fit chasser les décemvirs.... *La
robe sanglante de César* remit Rome dans la servitude [1]. »
Lui aussi il s'est laissé éblouir par les grands spectacles de son histoire Ses théories politiques ont pu
être mises en oubli avant la fin du siècle le grand sens
de son œuvre a peu près perdu pour la génération
révolutionnaire, il n'en est pas moins vrai que, grâce à
lui, grâce à son imagination toute plastique grâce à
ces petites phrases si vigoureuses et si pleines et en
même temps si amies de la mémoire les esprits ont
été jusqu'au bout obsédés comme des effigies idéa-
lisées de la vertu romaine le citoyen de l'ancienne
République — tout entier dans l'amour des lois et de
la patrie [2] — les exercices du Champ de Mars et les
bains dans le Tibre, — la politique du Sénat : les
rois dans le silence et rendus « comme stupides [3] ».
— la rigidité et l'héroisme de Caton, — la hauteur morale
de Marc-Aurèle — mais principalement la frugalité
et la pauvreté romaines et, dominant tout le reste la
grande image apparue dès le premier chapitre du
livre : « On bâtissait déjà la Ville Éternelle [4] ».

1 *Esprit des Lois*, t. IV, p. 40 (édit Laboulaye).
2 *Op. cit*, *De l'éducation sous le gouvernement républicain*,
t III 151.
3 *Considérations*. chap. VI
4. *Op. cit*. chap. I

Cette poésie de l'histoire, détachée de l'histoire elle-même et de l'œuvre de Montesquieu, flottante pour ainsi dire dans l'air, plus peut-être que toutes les idées de la critique ou de la philosophie, allait exalter les âmes vers l'antique. Rousseau va y ajouter encore, mais la fausser du même coup en y mêlant des rêveries romanesques et une rhétorique violente et déclamatoire.

Avec son dédain de l'art et de la littérature, Rousseau ne s'est guère occupé des anciens en tant que littérateurs. Tout au plus s'en inquiète-t-il comme précepteur et encore uniquement pour leurs qualités éducatrices. « *En général, Émile prendra plus de goût pour les livres des Anciens que pour les nôtres*, par cela seul qu'étant les premiers, les anciens sont le plus près de la nature et que leur génie est plus à eux ». Est-il besoin de rappeler d'ailleurs que, malgré ses traductions de Tacite, il savait mal le latin, qu'il l'avait appris sur le tard et qu'il ignorait absolument le grec ? Mais justement à cause de son goût pour la nature et pour une simplicité un peu fastueuse dans les mœurs et dans le costume, il devait se sentir attiré vers les anciens et chercher chez eux des modèles.

Rousseau aime les sites sauvages. On peut le considérer comme l'inventeur des *jardins romantiques*. C'est le jardin de Mme de Wolmar qui leur servira de modèle. Aussi aimera-t-il dans Homère cette description du jardin royal d'Alcinous, qui avait tant prêté à rire autrefois aux Perrault et aux Lamotte. « Telle est la description du jardin royal d'Alcinous au VIIe livre de l'*Odyssée*, jardin dans lequel à la honte de ce vieux rêveur d'Homère et des princes de ce temps, on ne voit ni treillages, ni statues, ni cascades, ni boulingrins[1] » Voltaire avait déjà excusé la simplicité

1. *Émile*, liv. V.

d'Homère. Rousseau va plus loin. Il la fait aimer,
il en donne le sentiment, il la réintroduit véritablement dans l'art d'où elle passera dans les mœurs ·
« Quand on lit dans Plutarque que Caton le censeur,
qui gouverna Rome avec tant de gloire, éleva lui-même
son fils dès le berceau, et avec un tel soin, qu'il quit-
tait tout quand la nourrice. c'est-à-dire la mère, le
remuait et le lavait : quand on lit dans Suétone qu'Auguste, maître du monde qu'il avait conquis et qu'il
régissait lui-même, enseignait lui même à ses petits-
fils à écrire, à nager, les éléments des sciences et
qu'il les avait sans cesse autour de lui, on ne peut
s'empêcher de rire des petites bonnes gens de ce
temps-là, qui s'amusaient à de pareilles niaiseries,
trop bornés sans doute pour savoir vaquer aux
grandes affaires des grands hommes de nos jours [1] ».

Sainte-Beuve remarque que Lamartine, dans son
goût pour la simplicité rustique, passe souvent la
mesure. Il y a « trop de *souquenille* à côté de *trop d'or* [2] ».
Rousseau fait la même chose. Il serait volontiers
plus réaliste que l'antique. Tandis que Voltaire
à propos de l'épisode de Nausicaa, se borne à nous
faire remarquer que les filles d'Auguste filaient
bien les vêtements de leur père . « Cet Alcinoüs avait
une fille aimable qui, la veille qu'un étranger reçut
l'hospitalité chez son père, songea qu'elle aurait
bientôt un mari. Sophie interdite rougit, baisse les
yeux. se mord la langue. on ne peut imaginer une
pareille confusion ; le père, qui se plaît à l'augmenter,
prend la parole et dit que *la jeune princesse allait elle-
même laver le linge a la rivière. Croyez-vous, dit-il, qu'elle
eût dédaigné de toucher aux serviettes sales, en disant
qu'elles sentaient le graillon [3] ? »

1. *Émile*, liv. I.
2. Sainte-Beuve, *Pensées.*
3. *Émile*, liv. V.

Mais le véritable antique que Rousseau a inventé,
celui qu'il a mis à la mode et qui triomphera surtout
avec la Révolution, c'est l'antique à la Plutarque.
Rousseau en est tout plein, ce sont des impressions
d'enfance, qu'il a nourries et développées toute sa vie.
Dans sa solitude orgueilleuse, c'est avec ces grands
fantômes un peu creux qu'il converse. Tous ces
grands souvenirs, tous ces grands mots arrangés par
les historiens, il en repaît sa manie de civisme
héroïque. Il en fouette incessamment son imagination
exaltée. Depuis la célèbre prosopopée de Fabricius, il
est revenu sans cesse et toujours avec plus de ferveur,
à ces héros de son cher Plutarque. Dans la *Nouvelle
Héloïse*, la prosopopée de Fabricius a trouvé son pendant, la prosopopée de Caton. « Et toi qui partageais
avec les dieux les respects de la terre étonnée, grand
et divin Caton, toi dont l'image auguste et sacrée animait les Romains d'un saint zèle et faisait frémir les
tyrans [1].. ». Plus tard, dans les *Confessions*, il reviendra
complaisamment sur ses années d'enfance, où l'héroïsme antique lui fut révélé. « Plutarque surtout
devint ma lecture favorite. Le plaisir que je prenais à
le relire sans cesse me guérit un peu des romans et je
préférai bientôt Agésilas, Brutus, Aristide à Orondate,
Artamède (*sic*) et Juba. De ces intéressantes lectures,
des entretiens qu'elles occasionnaient entre mon père
et moi se forma cet esprit libre et républicain, ce
caractère indomptable et fier, impatient de joug et de
servitude, qui m'a tourmenté tout le temps de ma vie
dans les situations les moins propres à lui donner
l'essor. *Sans cesse occupé de Rome et d'Athènes, vivant pour
ainsi dire avec leurs grands hommes, .. je me croyais Grec et
Romain.* »

1 *Nouvelle Héloïse*, III, XXI.

Si l'on songe après cela à tout ce qu'il y a de nombre et de rythme dans la prose de Jean-Jacques, et avec cela, de réelle poésie, on ne s'étonnera pas de voir passer ces thèmes dans la poésie contemporaine Roucher et André Chénier en sont pleins [1]. Mais ce sont surtout les orateurs de la période révolutionnaire qui vont exploiter cette veine David, lui-même, si illettré, n'aura à la bouche que les noms de Brutus et de Léonidas [2].

Nous ne pouvons omettre ici de parler d'un homme qui a exercé sur l'éloquence des révolutionnaires une influence peut-être plus grande que celle de Rousseau c'est Thomas Si nous nous arrêtons sur ce ridicule personnage, il n'y en a pas d'autre raison C'est aussi qu'il était devenu aux yeux de ses contemporains une manière de grand homme M.-J. Chénier le considère encore comme « un grand écrivain » [3] et Maury, dans son essai sur l'éloquence de la chaire, parle de la révolution « que le panégyriste de Descartes et de Marc-Aurèle a opérée dans l'art oratoire ».

Thomas fut d'abord professeur de sixième au collège de Beauvais. Il paraît que sa vocation pour le professorat était irrésistible et que sa santé seule l'obligea à résigner des fonctions [4] On s'en aperçoit tout de suite Qu'on ajoute à cela ses lectures habituelles et l'on s'expliquera le genre de littérature qu'il a inventé et mis à la mode « Il lisait toujours le même livre — nous dit un de ses biographes, — c'était Cicéron, et ne manquait jamais de l'emporter à la campagne [5] ».

---

1. Voir notre chapitre vi

2. Cf. Delecluze. *Louis David, son école et son temps.*

3 *Tableau historique de l'état et des progrès de la littérature française depuis 1789*, Paris. Maradan, 1818, p. 2,7

4. Voir sa biographie, *Œuvres complètes*, Paris. Didot, 1822-23

5. *Ibid.*, notice par Hérault de Séchelles

Lui-même après avoir recommandé la lecture de Tacite
et de Montesquieu, ajoutait : « Ce sont deux auteurs
de cheminée; il ne faut pas passer un jour sans les
lire [1] ». C'est bien en effet ce que l'on retrouve dans
ses *Éloges* : la rhétorique de Cicéron, dans ce qu'elle a
de plus extérieur et de plus vain, Montesquieu et
Tacite repensés par un régent de collège et devenus
grotesques sous le costume dont il les affuble. L'antique qu'il représente, c'est celui du *Conciones* dépouillé
de toute sa substance historique, c'est l'antiquité conventionnelle et ridicule des discours de classe et des
harangues de distributions de prix.

D'idées, Thomas n'en a pas, à moins que l'on
n'accepte pour telles ses amplifications sur la vertu, ses
éloges de Caton, de Brutus et de Thraséas, ses invectives contre les tyrans. Mais en revanche toutes les
figures de rhétorique sont mises en œuvre et en particulier la prosopopée, dont personne n'a plus abusé;
si ce n'est ses imitateurs de la Convention : « Fran-
« çais, que sont devenus ces vaisseaux que j'ai com-
« mandés — c'est Duguay-Trouin qu'il fait parler, — ces
« flottes victorieuses qui dominaient sur l'océan? Mes
« yeux cherchent en vain. Je n'aperçois que des ruines;
« un triste silence règne dans vos forts.... Français,
« soyez grands comme vos ancêtres; régnez sur la mer
« et mon ombre, en apprenant vos triomphes sur les
« peuples que j'ai vaincus, se réjouira encore dans son
« tombeau [2]. » Veut-on maintenant des antithèses :
« Romains, dit-il, vous avez perdu un grand homme,
« et moi, j'ai perdu un ami [3] ». Veut-on d'habiles périphrases avec de discrètes réminiscences des grands
auteurs : « Né avec un sentiment vigoureux et prompt,

---

1. *OEuvres complètes*, notice par Hérault de Séchelles.
2. *Éloge de Duguay-Trouin*.
3. *Éloge de Marc-Aurèle*.

il s'élance avec rapidité et par saillies d'un objet à
l'autre, semblable à ces animaux agiles (Bossuet) qui,
placés dans les Pyrénées ou dans les Alpes, et vivant
sur la cime des montagnes, bondissent d'un rocher à
l'autre, en sautant par-dessus les précipices [1] »

Mais le défaut le plus choquant de Thomas, c'est
qu'en rhéteur qu'il est il n'a à aucun degré le senti
ment de la réalité vivante et, par contre coup, celui de
la langue qu'il parle. Son français, comme le latin des
classes, est une langue morte, qu'il torture bizarre-
ment sous prétexte d'élégance et qui ne recouvre que
le vide Tout occupé des phrases il perd si bien le sens
des situations et des choses, qu'il en devient bouffon
sans le vouloir Qu'on regarde un peu ce passage de
son *Éloge de Marc-Aurèle*. C'est Apollonius qui parle

« Je puis donc vous attester et vous demander si
« Marc-Aurèle a jamais opprimé un citoyen S'il y en
« a un seul, qu'il se lève et qu'il me démente »

Tout le peuple se met à crier : « Aucun, aucun ' »

« Je puis vous demander si, sous son règne, jamais
« un seul d'entre vous a été opprimé par ces affranchis
« du palais qui se font esclaves pour être tyrans »
« Dites, Romains en a-t-il existé un seul sous son
« règne ' »

Ils crièrent encore tous ensemble : « Aucun, aucun ' . » Il
continua .

Pourtant cette misérable rhétorique était frénétique-
ment applaudie [2] Le comte de Guibert, qui succéda à
Thomas à l'Académie française, disait dans son discours à propos de cet *Éloge de Marc-Aurèle* : « On
pourrait le croire récemment découvert sous les ruines

---

1. *Essai sur les Éloges*
2. Cf *Corresp. litt*, XI, p 167 . « M Thomas n'aurait pas fait
autre chose qu'il mériterait à ce titre une place distinguée,
au rang des Démosthènes et des Platons »,

du Capitole ¹... ». La vérité, c'est que dans ces harangues, on applaudissait beaucoup moins le talent de Thomas, que ces lieux communs anonymes sur la tyrannie ou les grands hommes dans le malheur, dont alors toutes les imaginations se repaissaient : avec quel enthousiasme ne devait-on pas écouter des morceaux comme celui-ci, sur les sages persécutés : « Devant l'un je vis s'allumer des flammes et il y posa la main. On apporta à l'autre du poison; il but et fit une libation aux dieux. Le troisième était debout auprès d'une statue de la liberté brisée; il tenait d'une main un livre : de l'autre il prit une épée dont il regardait la pointe. Plus loin je distinguai un homme tout sanglant, mais calme et plus tranquille que ses bourreaux; je courus à lui en m'écriant : « O Régulus, est-« ce toi? » Je ne pus soutenir le spectacle de ses maux et je détournai mes regards. Alors j'aperçus Fabrice dans la pauvreté; Scipion mourant dans l'exil; Épictète écrivant dans les chaînes, Sénèque et Thraséas les veines ouvertes et regardant d'un œil tranquille leur sang couler ². »

On voit d'ici tout ce que les orateurs révolutionnaires vont tirer de ces thèmes. On entend déjà David disant à Robespierre : « Si tu bois la ciguë, je la boirai avec toi ³ ».

IV

Si l'on essaie maintenant de résumer les impressions et les idées qui se mêlent dans les livres de ces critiques, de ces historiens et de ces rhéteurs, on verra que

1. Discours de réception du comte de Guibert, 13 fév. 1786.
2. *Éloge de Marc-Aurèle*, p. 263.
3. Cf. Delécluze, *op. cit.*, p. 192.

la tâche est impossible. C'est la confusion même. La tendance dominante, c'est peut-être celle représentée par Rousseau et par Thomas, — la velléité d'un retour à la vertu et au civisme antiques. Pour le reste, tous les conseils de la critique auront été perdus, ou du moins il n'en restera pas grand'chose Voltaire, en s'inspirant plus ou moins des anciens, léguera l'idée d'une forme dramatique plus mouvementée, plus pathétique et plus haute en couleur, Barthélemy réformera quelques idées inexactes sur la littérature grecque, La Harpe essaiera vainement de restaurer la discipline classique et de Diderot, le mieux doué de tous, le plus intelligent, le plus enthousiaste et le plus artiste, — celui qui avait le mieux compris et aimé la beauté antique, il ne restera qu'un vague souvenir d improvisations brillantes et sans lien.

CHAPITRE IV

LE THÉATRE ET L'IMITATION DE L'ANTIQUE

I Decadence et infériorité du theâtre au xviii° siecle — Maintien des formes consacrées — Succes des tragedies imitées de l'antique — La faussete du systeme dramatique français condamnait d'avance toute tentative de renovation

II. Quand on recommence a revenir a l'antique : tragedies antiquisantes de Voltaire. — Influence de Crebillon et de Châteaubrun — Abondance des tragedies et des opéras inspires de l'antique dans la seconde moitie du xviiie siecle. Guimond de la Touche, Lemierre, Poinsinet de Sivry, Gluck, Piccinni, Ducis, Rochefort, La Harpe, Doigny du Ponceau, Lefevre. — Nouvelle edition du *Theatre des Grecs* de Brumoy. — En quoi la tragedie grecque répugnait à la forme de la tragedie française — *L'Iphigénie en Tauride* de Guimond de la Touche, enthousiasme du public — *OEdipe chez Admète* de Ducis, son succès. — Ce qu'il y a de moderne dans la piece. — Qualites par ou elle se rapproche de l'antique. — Le *Philoctete* de La Harpe — Il ne comprend rien au fond du drame de Sophocle — Sa piece met Sophocle a la mode, les operas. — Influence de Gluck, admiration enthousiaste qu'il inspire — L'opera conçu comme une tragedie grecque — Superiorite de l'opera de Gluck sur la tragedie décadente. — Que Gluck est le seul grand poète qu'ait connu notre xviiie siecle

III. Reformes dans la declamation, la mimique, le costume et le décor sous l'influence de l'antique. — Superiorité des acteurs français reconnue par Gœthe Mlle Clairon, son premier essai au theâtre de Bordeaux. — Etude historique des roles — En quoi ces reformes etaient contraires a l'esprit de la tragedie classique. — La mimique, combien le

xviii° siècle s'en est préoccupé, idolâtrie des gens de théâtre.
— Publications relatives à l'art du comédien. — Influence
de Garrick et des comédiens anglais. — Le jeu tragique de
Lekain. — Noverre et sa *Lettre sur la danse et les ballets*.
— Il essaie de ressusciter la pantomime des anciens — Il
conçoit le ballet comme un genre indépendant. — Superiorité des acteurs et infériorité du genre dramatique au
xviii° siècle Que cette supériorité est une des causes qui ont
amené la ruine de la tragédie.

IV. Le costume et le décor. — Defiances légitimes de Voltaire.
— Ce qu'il y avait de pompeux et d'approprié au caractere
de la tragédie dans le costume théâtral du xviii° siecle —
Innovations de Mlle Clairon — Publications relatives au
costume · Levacher de Charnois. — Désaccord des acteurs
— Premiers essais de couleur locale, Larive, Mme de Saint-
Huberty — La décoration. Voltaire décorateur. — Le décor
dans *OEdipe chez Admète*, dans le *Coriolan* de La Harpe —
Il tend de plus en plus a tout envahir — Le decor ideal de
l'*Orphée* de Gluck

I

Il nous faut parler du théâtre, bien qu'au
xviii° siècle il n'ait déjà plus grand'chose à voir avec
la littérature. Mais des tentatives intéressantes pour
se rapprocher du drame antique y ont été faites et, ne
fût-ce qu'à titre de document ou d'indice d'un certain état général des esprits, il vaut la peine de s'y
arrêter.

A cette époque, la fourniture des théâtres devient
une sorte de service public . l'opéra, la tragédie, la
comédie et le vaudeville sont des denrées de première
nécessité, des objets de consommation journalière,
surtout aux approches de la Révolution, où, suivant
un mot connu, Paris n'est plus que le « café de l'Europe ». Le public, encore retenu au siècle précédent
par des scrupules religieux ou des préjugés de caste [1],

1. Cf. Despois, *Le théâtre français sous Louis XIV* (Le public
des théâtres), p. 363

se montre de plus en plus avide de cette espèce de plaisir et se précipite en foule aux spectacles de tous genres qui sollicitent sa curiosité. Les théâtres se multiplient : théâtres des Boulevards, théâtres de la Foire, succès grandissant et consécration officielle de l'Opéra-Comique [1]. En dehors des salles publiques, il y a une foule de théâtres particuliers, qui ont leurs auteurs et leurs compositeurs attitrés. Il y a même des représentations clandestines où il faut montrer patte blanche pour être admis, tellement les sujets et le style sont licencieux [2]. Avec cela, la manie de jouer la comédie se répand dans les hautes classes comme dans la riche bourgeoisie : c'est une passion, une folie qui entraîne jusqu'à Marie-Antoinette et les princes du sang. Ce cabotinage prend de telles proportions que les Français à partir de ce moment, passent au rang d'amuseurs du reste de l'Europe. On ne se gêne pas pour nous dire que nous sommes « une nation de singes » et que nous ne savons faire que des chansons et des comédies. Cette multiplication des théâtres, cet abus du plaisir dramatique devaient faire tomber le genre si bas qu'il ne s'en est jamais relevé.

En ce qui concerne la tragédie si la statistique permet d'établir — contrairement au préjugé répandu — qu'à cette époque le nombre des sujets modernes balance celui des sujets antiques. il n'en est pas moins vrai que ce sont toujours les traditions gréco-romaines si affaiblies qu'on voudra, qui règnent sou-

1 Le 20 décembre 1751, l'acteur Monnet obtient l'agrément du roi pour le rétablissement définitif de l'Opéra-Comique
2 Cf Ed. de Goncourt, *La Guimard*, pour le genre de spectacles qu'on représentait sur le théâtre particulier de la célèbre danseuse. p 85. Il y eut même des troupes d'amateurs qui jouaient régulièrement. Lekain fit ses débuts au théâtre de l'hôtel de Jabach, rue Saint-Mery. Cf *Mémoires* de Lekain (*Faits particuliers sur ma première liaison avec M. de Voltaire*).

vraiment au théâtre On n'a à la bouche que les
grands noms de Sophocle et d'Euripide, même les plus
avancés d'entre les *modernes*, comme Diderot Ensuite,
si l'on tient compte de l'éducation de collège, des
habitudes antérieures de la scène, on comprendra que
l'imagination du public s'accoutumât difficilement à
rencontrer au théâtre, même sous des noms nouveaux,
autre chose que des types dramatiques consacrés. Ce
qu'il y a de certain, c'est que presque tous les essais
d'imitation de l'antique furent chaleureusement applau-
dis. Si l'on en excepte le *Siège de Calais*, on peut dire
que ce furent les plus grands succès tragiques du
siècle. Déjà l'*Œdipe* de Voltaire avait eu quarante-cinq
représentations « dans sa nouveauté [1] », chiffre prodigieux pour l'époque et auquel n'atteignit jamais
aucune de ses autres pièces. *Mérope* [2] en approcha et
peut-être qu'*Oreste* aurait été un triomphe encore plus
éclatant sans la cabale de Crébillon. L'*Iphigénie en Tauride* de Guimond de la Touche excita de véritables
transports et obtint un succès à rendre jaloux Voltaire
lui-même [3] Il n'est pas jusqu'au *Philoctète* de La Harpe,
pourtant si froid et si dénué de poésie, qui n'ait été
favorablement accueilli D'abord très applaudi en lecture publique, à l'Académie, il eut un succès d'estime
très décidé à la représentation [4]

Ce qu'il y a d'incontestable encore, c'est que ces
pièces sont en général les plus intéressantes du réper-

1. Cf. Bengesco, *Voltaire, bibliographie de ses œuvres*, I, p. 2
2. Barbier dit dans son journal : « Le parterre a applaudi à
tout rompre. Il réclama le poète sur la scène ». (*Journal* de
Barbier, ed. Charpentier, t VIII, p. 232, cité par Bengesco,
op. cit., I, p. 39.)
3 « Depuis la *Zaire* et la *Mérope* de M de Voltaire, on n'a
point vu d'exemple d'une pareille réussite. L'auteur a été
obligé de paraître sur la scène ; il s'est trouvé mal au milieu
des acclamations du public. » *Corr. litt.*, III, p. 393.
4. *Corr. litt.*, XIII, p. 328.

toire, en tout cas qu'elles sont les plus travaillées et
les mieux écrites, — chose rare au XVIIIᵉ siècle. Il y a
là sans doute autre chose qu'un simple accident Plus
que toutes ces tragédies historiques, patriotiques,
exotiques, philosophiques, qui pullulent alors et qui
n'ont de neuf que le titre ou le nom des personnages,
elles révèlent une évolution considérable du goût et
de l'esprit public · elles attestent à leur tour, de même
que toutes les autres manifestations de l'art, que le
retour à l'antique, comme à l'expression la plus fidèle
et la plus naïve de la nature, est bien l'aspiration
générale des esprits et comme le vœu suprême du
classicisme finissant.

Mais il ne faut pas l'oublier : le théâtre, tel qu'il
s'était constitué depuis plus d'un siècle, avili par
l'abus de la production et le charlatanisme, était assurément le lieu le moins propre à la réalisation d'un
idéal nouveau. Il en est de même d'ailleurs encore de
nos jours   le romantisme et le naturalisme ont bien
pu passer, ils n'ont pas touché à la constitution du
théâtre et n'ont abouti qu'à changer le costume et le
mobilier dramatiques Si pourtant ces tentatives n'ont
produit aucune œuvre durable, si même elles n'ont pas
ajouté grand'chose à l'intelligence de l'antique, il est
encore intéressant de voir ce que la littérature y a
gagné, fût-ce au prix de leur insuccès

II

C'est à partir de la seconde moitié du siècle que les
sujets antiques semblent avoir un regain de faveur et
que les plus intéressantes et les plus franches imitations des tragiques grecques se répètent à des intervalles très rapprochés Peut-être la rentrée de Crébillon

•

au théâtre en 1742, qui fut comme la résurrection d'un genre, a-t-elle eu sa part d'influence dans ce mouvement. En tout cas, il est curieux de voir Voltaire quitter à ce moment même les sujets exotiques ou nationaux — les *Zaïre*, les *Adelaïde Duguesclin*, les *Alzire* et les *Mahomet* — pour rimer une *Mérope* (1743), une *Sémiramis*, un *Oreste* et un *Catilina*. Mais le cas de Crébillon eut son pendant et entraîna une seconde résurrection, celle de Châteaubrun, maître d'hôtel du duc d'Orléans — un débutant de plus de soixante-dix ans, — car on avait oublié sa première tragédie, qui avait paru en 1714 [1]. La réussite des *Troyennes*, imitation d'Euripide, qu'il risqua en 1754, l'engagea à faire représenter l'année suivante un *Philoctète* (1755) et en 1756 un *Astyanax* [2]. L'*Iphigénie en Tauride*, de Guimond de la Touche, suivit de très près (1759) Puis ce fut l'*Hypermnestre* de Lemierre, qui eut un très beau succès [3] (1758), ce qui l'enhardit à donner un *Térée* (1761) et un *Idoménée* (1764). Dans l'intervalle, Poinsinet de Sivry apportait une *Briséis* (1759) et un *Ajax* (1762). Quelques années plus tard, Gluck révolutionnait Paris avec ses opéras, et son *Iphigénie en Aulide* était prônée par ses

1. Cf. *Corr. litt.*, II, p 329.
2. Seules les *Troyennes* ont été réimprimées. Châteaubrun se refusa a une nouvelle édition de ses deux autres pièces. *Corr. litt.*, XI, p. 72. — Patin affirme qu'il avait également composé un *Ajax* et un *Antigone*, auxquels il arriva un singulier accident : « Il les avait oubliés un an ou deux dans un tiroir qui ne fermait point. Un jour il lui prit fantaisie d'y jeter les yeux Apres les avoir cherchés inutilement, il demanda à son domestique, en lui montrant le tiroir, s'il n'y avait point vu deux gros cahiers : « Vraiment oui, monsieur, répondit celui-ci, car c'est avec ces vieilles paperasses que depuis longtemps j'enveloppe les côtelettes de veau qui vous sont servies et que vous trouvez si bonnes comme cela » *Études sur les tragiques grecs* (Euripide, l. p 425).
3 « La tragédie d'*Hypermnestre* a été jouée pour la première fois le 3 août avec des applaudissements universels. » *Corr. litt.*, IV, p. 32.

admirateurs comme un pur drame antique (19 avril 1774).
Orphée et Eurydice était joué presque en même temps
(2 août 1774), *Alceste* en 1776, *Iphigénie en Tauride* en 1779.
Les rivaux et les imitateurs de Gluck le suivent ou
essaient de le vaincre sur son propre terrain. Piccinni
finissait par faire représenter une autre *Iphigénie en
Tauride* en 1781, puis sa *Didon* en 1783. Lemoine, un
élève de Gluck, avait donné, en 1782, une *Electre* imitée
de Sophocle. Auparavant, on avait vu l'*OEdipe chez
Admète* de Ducis (1778), puis une traduction de l'*Électre*
de Sophocle par Rochefort, de l'Académie des Inscriptions, avec les chœurs mis en musique par Gossec
(1783), et quelques mois plus tard le *Philoctète* de
La Harpe (1783). En 1787, l'*OEdipe à Colone* de Sacchini
était élevé presque aussi haut que les chefs-d'œuvre de
Gluck, enfin la même année voyait un *Hercule au mont
OEta* de Lefèvre et une *Antigone* de Doigny du Ponceau.
deux tragédies inspirées encore de Sophocle. Il ne faut
pas oublier que c'est le moment où Homère est le plus
en faveur [1]. où Chabanon et Vauvilliers traduisent
Pindare, Lefranc de Pompignan les tragédies d'Eschyle
et de La Porte du Theil les *Choephores*. Celui-ci donna
plus tard — en collaboration avec Rochefort — une
nouvelle édition du *Théâtre des Grecs* de Brumoy, qui
parut à partir de 1785. C'était un remaniement complet · Charles Brottier s'était chargé de la rédaction
entière de l'ouvrage et de la traduction d'Aristophane
de La Porte du Theil, de la traduction d'Eschyle,
Rochefort, de celle de Sophocle, et Prévost, de celle
d'Euripide. Une telle entreprise ne pouvait guère se
justifier que par un mouvement très prononcé de l'opinion en faveur du théâtre antique.

Quoi qu'il en soit, il est certain pourtant que toutes

---

1. Cf. notre chapitre II. *Les travaux de l'erudition*, p 61 et suiv.

ces tragédies et tous ces opéras plus ou moins imités
ou inspirés du drame grec, n'ont ni la même valeur ni
la même signification. Il y a un départ qu'il faut faire
tout de suite. D'abord, il faut éliminer les tragédies
de Voltaire qui ne répondent point aux mêmes préoccupations et qui appartiennent à une autre époque,
puis bon nombre de pièces, comme celles de Châteaubrun, de Lemierre et de Poinsinet de Sivry, qu'on
pourrait appeler « la queue de Crébillon » [1]. Il est évi
dent en effet que ce qui a guidé Voltaire dans le choix
de ses sujets antiques, ce n'est point du tout le plan
bien arrêté de ressusciter la tragédie grecque, ni
même de l'imiter à la façon de Racine. Il n'y voit qu'un
moyen de faire échec à la tragédie romanesque de son
temps et d'être désagréable à Crébillon en lui prou-
vant qu'il n'entend rien aux anciens. Il y trouve aussi
une justification pour ce qu'il veut introduire au théâtre
de plus simple et de plus pathétique. D'ailleurs il
était incapable de lire dans le texte original les tragédies grecques d'en faire, comme Racine, une étude
patiente et approfondie, de les annoter de sa main
comme lui, — aussi bien celles d'Eschyle que celles
d'Euripide. Presque tous les dramaturges d'alors en

---

1. Toutes ces tragédies n'ont de grec que le nom Châteaubrun avait cru devoir introduire un épisode amoureux même
dans son *Philoctète*. Pour tout ce qu'il y a de contraire au
goût antique dans Châteaubrun, cf. Laharpe, *Cours de litt* ,
t. X, p. 259. — Patin, *Étude sur les tragiques grecs* (Sophocle),
p. 146. — Lessing, *Laocoon*, chap. II. — *L'Hypermnestre* de
Lemierre n'avait d'autre mérite qu'une intrigue relativement
simple et le coup de théâtre vraiment dramatique de la scène
finale, mais « il était fondé, comme dit Grimm, sur un esca-
motage qui est trop puéril et trop contraire à la majesté de la
scène tragique » *Corr litt* , IV, p. 38. Cf. Laharpe, *Cours de
litt* , X, p. 265. — Patin, *Étude sur les tragiques grecs* (Eschyle).
p. 184. — Quant à *Térée*, c'est un tissu d'horreurs tragiques
dans le goût de Crébillon. Cf. *Corr. litt.*, IV, p. 116. *Idoménée*,
dont le sujet avait déjà été traité par Crébillon, est une pièce

sont là. En réalité, on ne connaît que la traduction de
Brumoy, où l'on découpe de beaux sujets bien « hor-
ribles », comme vont faire plus tard nos dramaturges
romantiques dans les chroniques du moyen âge, ou
même dans de simples faits divers

De tous ces auteurs de tragédies antiquisantes, il
n'y a guère que Ducis et La Harpe qui aient réellement
étudié leur modèle d'un peu près et essayé de reproduire quelque chose de la couleur antique. Mais
encore ne faut-il rien exagérer . un Lessing ou un
Gœthe, familiarisé avec les textes et au courant des
découvertes récentes de l'archéologie, pouvait bien
tenter, à force de science et de divination, de retrouver le principe de vie d'une forme d'art évanouie depuis
plus de deux mille ans et d'en faire passer un reflet
sur la scène moderne. Mais des hommes de métier
sans culture sérieuse, sans même un sentiment un peu
profond de la dignité de l'art, ne pouvaient véritablement y prétendre. C'était d'ailleurs toute une éducation
dramatique et avec cela toute une philosophie qui
écartait les Français d'alors de la tragédie grecque.
D'abord l'extrême simplicité de la fable déconcertait,
et était en contradiction avec toutes nos habitudes et
avec toutes nos théories sur le drame Pas de coups
de théâtre habilement ménagés, pas d'événements
artificiellement enchaînés de manière à produire une
progression d'intérêt. rien de cet art inférieur qui est
le triomphe du théâtre moderne, — en un mot de cette
habileté technique que Racine célébrait déjà dans sa
réponse à Thomas Corneille On a pu définir la tragédie grecque « un morceau complet en lui-même

---

« philosophique » ou une jeune princesse, Erigone, dit leur
fait aux prêtres et a la superstition. Cela n'empêche pas que
Lemierre passait pour un imitateur des anciens. Cf. *Corr litt.*,
IV, 87; V. 458.

de la légende héroïque, traité poétiquement dans le
style élevé, pour être représenté comme partie inté-
grante du culte public, dans le sanctuaire de Dionysos. par un chœur de citoyens d'Athènes et deux ou
trois acteurs [1] ». Et, en effet, la tragédie grecque n'est
pas autre chose que la légende découpée en scènes.
Voltaire en concluait que les Grecs en étaient restés à
l'enfance de l'art et que Sophocle aurait eu beaucoup à
apprendre de Corneille et de Racine [2].

Plus inintelligible encore que la simplicité du développement était la poésie des légendes et des mythes.
Quoi d'étonnant à une époque où le sens de la poésie
en général s'était perdu? Et, malgré cela, tous ces dramaturges de décadence se précipitent, comme d'instinct, sur les fables les plus invraisemblables de la
mythologie ou de l'histoire légendaire. On dirait qu'il
n'y a jamais de crimes assez atroces, de merveilleux
assez échevelé pour leur fantaisie [3]. Tout cela, ramené
chez eux aux lois de la plate réalité, devient enfantin et
ridicule. Déjà les classiques avaient senti ce qu'il y a
de contradictoire entre le mythe et le rationalisme de
la tragédie française moderne Racine s'en était merveilleusement tiré en laissant dans l'ombre le côté
légendaire des fables pour en faire ressortir uniquement la part de vérité humaine. Ses successeurs seront
beaucoup plus maladroits. Rien n'est pénible, par
exemple, comme les misérables critiques de Voltaire
contre les prétendues invraisemblances de l'Œdipe
Roi [4] de Sophocle et les ruses mesquines auxquelles il

---

1. Wilamowitz-Moellendorf, *Einleitung in die attische Tragödie.*
Voir le commentaire de cette définition par M. Weil : *Journal
des savants,* janvier 1891.

2 *Dissertation sur la tragédie ancienne et moderne.*

3 Le *Térée* de Lemierre peut être considéré comme le chef-
d'œuvre du genre.

4 Lettres à M. de Genonville (*Lettre* V).

a recours pour les pallier dans sa pièce. Aussi Lessing avait-il beau jeu contre le spectre de Ninus, qui
apparaissait en plein midi dans *Sémiramis* [1]. La scène
française tombait au niveau d'un théâtre de marion-
nettes. On n'avait plus la naïveté voulue pour admettre
la fable en toute simplicité de cœur, et le sens critique
n'était pas assez développé pour qu'on ne vît dans le
mythe ou dans la légende que leur contenu poétique,
et ainsi on n'avait d'autre alternative que la platitude
ou le grotesque.

Il ne faut donc pas s'attendre à retrouver dans les
imitations françaises des tragiques grecs au XVIIIe siècle
l'esprit ni surtout les mœurs du théâtre antique. On
se demande alors ce qui reste des anciens si l'on éli-
mine tout cela .. Peu de chose une antiquité de convention sans grande valeur d'art par elle-même. mais
qui, en exaltant certains sentiments depuis longtemps
disparus, a contribué à révéler une humanité plus primitive et plus poétique, et qui enfin par ce qu'elle avait
justement de conventionnel et d'inapte à l'expression de
la vie, forcera l'art à abandonner une forme et une esthétique devenues stériles et à se frayer une autre voie.

Peut-être faut-il ici accorder au moins une mention
à l'*Iphigénie en Tauride* de Guimond de la Touche, qui
fit une si grande impression sur ses contemporains
Grimm lui-même, dans un premier compte rendu
n'hésitait pas à croire que cette tragédie venait « d'être
mise sur notre théâtre dans toute la simplicité grecque [2] » Il est vrai que Diderot et lui en rabattirent
singulièrement après un examen plus attentif [3]. Mais
le public tint bon Après un succès prodigieux [4] pen-

1. *Dramaturgie de Hambourg* (11e soirée, 5 juin 1767).
2 *Corr. litt*, III, p. 393
3. *Ibid.*, III, p 452
4. *Ibid.*, III. p 395.

dant l'été de 1757, la pièce fut reprise et non moins
applaudie pendant l'hiver. Qu'y trouvait-on d'antique
et par conséquent de vraiment neuf, c'est ce qu'il est
difficile de dire. Il est probable que ce furent surtout
certaines scènes pathétiques qui en firent la fortune.
On ne se montrait pas d'ailleurs très difficile en
pareille matière au XVIII⁰ siècle: quand il n'y avait pas
d'amour dans une tragédie, on criait tout de suite à la
tragédie grecque. Encore faut-il ajouter que Guimond de la Touche avait cru devoir, à l'imitation de
Racine, introduire dans l'action un épisode amoureux.
Ce seraient les conseils de Collé [1] — chose inattendue
— qui l'auraient décidé à le supprimer. Il est certain
pourtant que la simplicité relative de l'intrigue [2] pouvait prêter à l'illusion. Très manifestement encore
l'auteur avait visé au grand style : les dialogues cou-
pés en hémistiches qui se répondent, les sentences
morales prodiguées, tout cela sans doute prétendait
donner l'impression de la forme sévère et concise des
anciens [3]. Toujours est-il que le travail de l'expression
avait quelque chose de pénible et même de dur. Voltaire, un peu jaloux du succès de son jeune confrère,
raillait cette dureté et déclarait que ce n'était pas
Iphigénie en Tauride mais *Iphigénie en Crimée*.

Il en va tout autrement de Ducis dont l'*Œdipe chez
Admète* est assurément un des échantillons des plus
réussis du style Louis XVI en littérature. La pièce
bénéficia sans doute de l'agitation nouvelle en faveur

1. Collé, *Journal historique*.
2. En réalité l'auteur avait compliqué l'intrigue d'Euripide.
Les contemporains eux-mêmes le lui reprochèrent, du moins
ceux qui connaissaient un peu le théâtre antique. Cf. *Année littéraire* de 1758, t. V. — Favart, dans une *Petite Iphigénie* (1757),
s'égaya aux dépens des invraisemblances de la pièce.
3. Il y avait aussi un morceau de bravoure qui a dû être
très travaillé, une description de tempête (acte II).

de l'antique, créée par les opéras de Gluck, mais elle
avait été composée avant la représentation de l'*Iphigénie* et de l'*Orphée*[1] C'était un essai aussi honnête et
sincère qu'on pouvait le souhaiter alors, dans cette
décadence du théâtre La pièce réussit en dépit des
critiques dont quelques-unes assez avisées Elle con-
duisit même son auteur à l'Académie, et lui valut
l'honneur de succéder à Voltaire.

Et pourtant elle date étonnamment, mais il ne faut
pas trop lui en vouloir de nous rappeler un des moments
les plus aimables du règne. *OEdipe chez Admete* est bien
de ces années trop courtes où la nation tout entière
est encore amoureuse de sa jeune reine; où Louis XVI
et Marie-Antoinette sont acclamés au théâtre, où c'est
un échange perpétuel de compliments et de douceurs
entre le roi et son peuple L'idylle caressée par toutes
les imaginations semble sur le point de devenir une
réalité Le règne de la Vertu et de la Nature commence,
et avec lui le culte des affections de famille · la Mère
et l'Enfant sont glorifiés, autant que la Superstition et
les Guerres sont maudites. Un type d'humanité se dessine, tout à fait charmant malgré une foule de petits
ridicules et qu'un reste de grandes manières aristo-
cratiques ennoblit dans sa sentimentalité un peu bourgeoise. Ç'a été quelque chose de très éphémère et de
très fragile, comme les jolies inventions des modes fémi-
nines d'alors. Mais il y a tout un art gracieux et un peu
trop oublié qui en a gardé le souvenir et dont la sincérité et parfois même la simplicité vraie ont encore un
charme

Tout autant que les panneaux des boudoirs, les pas-

---

1. L'*Iphigénie* avait été représentée le 19 avril 1774 Or, en
juillet 1774, Ducis lisait son *OEdipe* aux comédiens Cf. Lettre
de Ducis, juillet 1774 Cité par Sainte-Beuve, *Nouv. Lundis*, IV,
p. 32 Il faut donc admettre que la pièce est tout au plus contemporaine de la représentation de l'opéra de Gluck.

torales de Florian ou les vers d'André Chénier, l'OEdipe chez Admete reflète l'illusion candide de cet instant. Ecoutons Louis XVI dans tout l'enivrement de ces premiers jours de popularité

> Combien de nœud . Arcas, m attachaient a la vie !
> Ces sujets pleins d amour, dont l'œil fixe sur moi
> Ne pouvait se lasser de contempler leur roi:
> Leurs transports d allegresse empreints sur leur visage;
> Leurs flots tumultueux inondant mon passage [1] .

Et voici les maximes de gouvernement qu il se propose

> Est-il pour nos pareils emploi plus digne d'eux
> Que d'offrir près du trône un port aux malheureux [2]

Mais on n est pas seulement vertueux dans cette pièce on est philosophe on a lu Voltaire et l'Encyclopedie. On a la religion de l'humanité Antigone défendant son père

> Excusez une aveugle douleur
> Il souffre, il est aigri! C'est l'effet du malheur
> Qu'importe sa naissance ou comment on le nomme?
> C'est un infortune, c'est un roi, c'est un homme [3]

Ailleurs c'est la mélancolie à la mode comme une réminiscence des Nuits d'Young .

> D'etre heureux en naissant, l'homme apporte l'envie·
> Mais il n'est point, crois-moi, de bonheur dans la vie
> Il lui faut d'age en âge, en changeant de malheur,
> Payer le long tribut qu il doit à la douleur.
> Ses premiers jours peut-etre ont pour lui quelques charmes
> Mais il connait bientôt l infortune et les larmes
> Il meurt des qu'il respire, il se plaint au berceau
> Tout gemit sur la terre et tout marche au tombeau [4]

1. OEdipe chez Admete, acte II, sc 1.
2. Loc cid , acte II, sc. IV.
3. Acte III, sc. III.
4. Acte III, sc. II.

Si à tout cela on ajoute les déclamations ordinaires contre le fanatisme [1], les allusions politiques [2], l'étiquette tragique [3] conservée par endroits, on commence à trouver que cette tragédie antique est terriblement moderne. Enfin Ducis estimant que ce sujet d'*OEdipe à Colone* était beaucoup trop simple, l'avait compliqué en y fondant le sujet de l'*Alceste* d'Euripide, d'où une duplicité d'action qui avait choqué dès la première représentation. Suivant l'usage, on en fit un mot. Comme on demandait à Mme d'Houdetot « Que pensez-vous de la tragédie nouvelle? — J'en ai vu deux, dit-elle, j'aime beaucoup l'une et fort peu l'autre [4]. »

Il est certain que le sujet d'*Alceste* n'a pas porté bonheur à Ducis, qui l'a traité suivant les formules traditionnelles du théâtre d'alors · exposition habile, confidents allusions. il a employé toutes les recettes connues. Le sujet d'*OEdipe à Colone* lui a beaucoup mieux réussi . et cependant que de concessions au goût moderne, et combien la simplicité grecque est souvent altérée! C'est à croire que Ducis n'avait pas lu son modèle dans l'original [5]. Mais, même s'il l'eût

---

1   Quoi! monstre quoi parjure!
Tu peux parler des Dieux en bravant la nature!
                                    (Acte III sc III).

2. Ceci par exemple ·
     Vous ne l'ignorez pas   les exploits de mon père
     N'ont que trop épuisé ses Etats par la guerre.
                                    (Acte I sc. 1

3 Admète parle à plusieurs reprises de « sa cour »
     Quand mon peuple est trouble quand *ma cour* s'épouvante
                                    (Acte I sc I ·

4 *Corr litt*. XII. p. 18 · Ducis lui-même finit par s'en rendre compte, et plus tard il dédoubla sa pièce, qui devint tout simplement *OEdipe à Colone* (1797).

5. Ducis avait imité Shakespeare sans savoir l'anglais N'a-t-il pas fait de même pour Sophocle? (Lettre de Ducis à Garrick 14 avril 1769. Cité par Sainte-Beuve, *Nouv Lundis* III. p 323.)

fait, s'il eût lâché plus manifestement à rendre l'esprit
même de Sophocle, la vie intime de la phrase, il est
probable qu'il aurait encore échoué. La rhétorique
française que nous subissons toujours, héritée de nos
ancêtres latins, eût été l'obstacle. Depuis Fénelon et
Racine lui-même, on a beaucoup parlé de cette simplicité grecque, mais il ne semble pas qu'on y ait vu
autre chose qu'une intrigue peu chargée de matière
ou une certaine sobriété élégante de l'expression. Il
me semble qu'il y a tout autre chose : c'est le sentiment ou la pensée, pour ainsi dire à l'état naissant
revêtus de mots si simples eux-mêmes, si voisins de la
sensation primitive qu'il n'y a pas place pour le plus
léger soupçon de rhétorique la phrase dans cette
nudité a toute la profondeur d'accent d'un cri spontané. Cette simplicité n'appartient pas seulement aux
Grecs, on la retrouve tout autant chez les Anglais ou
chez les Allemands. Leur langue, qui a gardé tout un
fond de vocabulaire primitif, leur permet d'atteindre
à cette intimité et à cette profondeur. La nôtre qui est
de seconde main et beaucoup plus savante, n'y peut
arriver que par exception, sans parler de la vigueur de
notre rhétorique dont les formes nettes et cassantes
s'imposent à la pensée originale de toute la force de
la logique et de la tradition, et qu'il est si difficile,
même à nos grands poètes, de faire fléchir[1].

Quoi qu'il en soit, Ducis en s'inspirant du drame de
Sophocle, en a gardé quelque chose qui dut paraître
singulièrement neuf aux contemporains et qui dut
leur faire croire à une résurrection de l'antique
Œdipe aveugle, faisant son entrée sur la scène
appuyé au bras d'Antigone puis le groupe du Père et

1. Voir à ce sujet un curieux développement de Taine dans
La philosophie de l'art en Grèce.

de la Fille, assis sur un débris de rocher, image de la
Fatalité inexorable, et se détachant sur le fond lugubre
du bois sacré des Euménides, — toute cette scène si
dramatique et si plastique en même temps, si elle ne
rendait pas Sophocle tout entier, en rappelait du moins
la grandeur simple. Il faut savoir gré à Ducis de l'avoir
gardée dans ses grandes lignes. De même aussi, il a vu
autre chose dans la fatalité qu'une convention ou un
ressort dramatique; malgré un certain faste d'expression si contraire au génie grec, malgré même certaines
outrances qui sentent déjà le romantisme, il est arrivé
à nous donner l'impression de ce qu'il y avait de profondément sérieux et de terrible dans cette antique
croyance. Mieux encore, l'accent lyrique de la tragédie
grecque revit par places dans la tragédie moderne.
Ducis s'est souvenu de l'*OEdipe-Roi* dans tout un long
passage :

> Vous qui m'avez jeté sur le mont Cythéron.
> Divinités d'OEdipe, exaucez ma prière!
> Et toi, berceau sanglant où j'aurais dû périr,
> Rocher du Cythéron, je viens ici mourir [1]!

Puis la répétition des mêmes mots, si fréquente dans
les lamentations lyriques :

> Cythéron, Cythéron!

Mais à cela seulement se bornent les réminiscences
de Sophocle : voilà tout ce que Ducis a pu lui prendre:
l'esprit du drame grec lui a échappé, et surtout le caractère si profondément religieux d'OEdipe Tout le reste
est moderne et déjà romantique, même de forme. Nous
n'insisterons pas sur ce qu'il y a d'étranger au goût
antique dans cette sentimentalité qui fait qu'OEdipe
finit par absoudre Polynice [2], ni dans le ton *philoso-*

---

1. Cf. *OEdipe-Roi*, v 1390 et suiv
2 Pour tout cela, voir la consciencieuse étude de Patin :
Sophocle, p. 241.

phique et déclamatoire dont il nous parle de ses malheurs et de sa vertu, ni enfin dans cette apothéose finale, qui sent son cinquième acte d'opéra :

Je tombe et je m'eleve à l'immortalite [1].

Si néanmoins nous voulons être justes, bien comprendre l'originalité et la signification littéraire de l'*OEdipe chez Admète*, il faut oublier toutes ces taches ou toutes ces lacunes et ne retenir que l'impression d'ensemble. Au jour de la représentation, vit-on apparaître le vieil aveugle, comme dans l'opéra de Sacchini[2], vêtu d'une simple tunique de laine blanche et une bandelette dans ses cheveux épars, rappelant un des chefs-d'œuvre de la statuaire antique, le fameux buste d'Homère du palais Farnèse[3]? Mais cela, en somme, est secondaire. Ce qui se dégageait de cette pièce, c'était une impression de douceur, de candeur et de piété la grande image du vieillard devenu presque un dieu à force d'années et d'épreuves. Et autour de lui tout un cortège de formes gracieuses et pures, malgré leurs attitudes trop modernes, exprimant des sentiments très simples dans toute la fraîcheur de leur renouveau, l'amour filial, les affections de famille, le culte des vertus du foyer. Ces mœurs du temps ne sont pas trop loin des mœurs antiques, elles s'efforcent même d'y remonter, de sorte que l'anachronisme se fait pardonner sans trop de peine.

Pour être tout à fait indulgent, il faut retomber au *Philoctète* de La Harpe. Alors on comprend mieux et l'on

1. Acte V, sc. VII.
2. Cf. Levacher de Charnois, *Costumes et annales des grands théâtres de Paris*. IIe vol., planche 45. (Costume de Chéron dans le rôle d'OEdipe.)
3. Il est evident en effet, d'apres la gravure de Levacher de Charnois, que l'acteur qui jouait OEdipe s'etait inspiré du buste d'Homère

aime véritablement ce qu'il y avait de sincère, d'honnête et de simple dans la tragédie de Ducis. Et pourtant l'auteur a voulu faire une traduction. Il a même prétendu découvrir des sens nouveaux, ce qui lui a valu d'être rudoyé par Brunck dans les notes de son édition de Sophocle[1] En réalité il est difficile de se gêner moins avec un texte. d'abord La Harpe a supprimé les chœurs sous le prétexte banal qu'ils ralentissent l'action[2]. il a retranché à la fin de la pièce les adieux de Philoctète à Lemnos, ajouté au commencement du second acte un monologue peu intéressant Si l'on songe avec cela qu'il n'a rien compris à ce qu'il y a de rudement héroïque, de pittoresque et de religieux dans la pièce, on est forcé d'avouer qu'il ne reste que le squelette de la tragédie grecque. Comme disait quelqu'un « Ce n'est pas du Sophocle tout pur, mais du Sophocle tout sec[3] ».

Mais il y a pis que cela, pis que le contresens littéral perpétuel, l'éternelle méprise qui consiste à confondre l'esprit et les moyens de la trégédie grecque avec ceux de la tragédie française. La Harpe disait dans sa préface · « Si l'on considère *que la pièce, faite avec trois personnes dans un désert, ne languit pas un moment; que l'intérêt se gradue et se soutient* par les moyens les plus naturels toujours tirés des caractères qui sont supérieurement dessinés; que la situation de Philoctète, qui semblerait devoir toujours être la même, est *si adroitement variée*, qu'après s'être montré le plus à plaindre des hommes dans l'île de Lemnos il regarde comme le plus grand des maux d'être obligé

1. Cf Brunck · Notae in *Philoctetam*, v. 293 : « ex gallici illius scriptoris verbis liquet aliud esse graecas contaminare fabulas, aliud eas interpretari »
2. La Harpe, *Philoctete* (préface). — *Cours de littérature*. I, p. 293
3 *Corresp. litt..* XIII, p. 329

d'en sortir que ce personnage est un des plus dramatiques qui se puissent concevoir, parce qu'il réunit
les dernières misères de l'humanité aux ressentiments
les plus légitimes et que le cri de la vengeance n'est
chez lui que le cri de l'oppression, qu'enfin *son rôle est
d'un bout à l'autre un modèle parfait de l'éloquence tragique*,
on conviendra facilement qu'en voilà assez pour justifier ceux qui voient dans cet ouvrage la plus belle
conception théâtrale dont l'antiquité puisse s'applau-
dir » N'est-ce pas là juger Sophocle avec les règles de
la tragédie française, ou, pour mettre les choses au
mieux avec les règles de Racine? — Plus tard La Harpe
disait encore « Je pensais depuis longtemps que le
sujet de Philoctète était le seul de ceux qu'avaient
traité les anciens qui fût de nature à être transporté
en entier et sans aucune altération sur nos théâtres
modernes, parce qu'il est fondé sur un intérêt qui est
de tous les temps et de tous les lieux, celui de l'humanité souffrante[1] » — C'est ce qui s'appelle subti-
liser étrangement sur les mots. Voir « l'humanité souffrante » dans le cas très spécial de Philoctète, c'est se
condamner à ne plus rien entendre à ces robustes et
primitives natures du vieux drame grec, c'est substituer
une entité de rhétorique à un être de chair et de
sang[2]. Mais ce qu'il y a de plus grave, c'est que
La Harpe admire avant tout chez Sophocle la difficulté
vaincue, l'étonnante réussite qui consiste à faire une
pièce avec trois personnages sans que l'intérêt « lan-
guisse » un seul moment Le triomphe de l'art, pour
lui c'est une intrigue faisant valoir des caractères —
entendez des situations — et non pas comme chez les

1. *Cours de littérature*, t. I p. 293
2 Lessing est un des premiers qui aient compris cet héroïsme
antique, dont Philoctète est assurément le type le plus éloigné
du goût moderne. Cf. *Laocoon*, chap. II

Grecs, une succession d'événements très simples amenant des développements lyriques [1].

Et pourtant cette mauvaise traduction de *Philoctète* a son importance et sa signification. Au fond, elle était extrêmement hardie. N'était-ce pas avec l'*Œdipe-Roi* un de ces sujets dont Diderot lui-même s'épouvantait [2]? Mettre sur la scène « un homme qui a mal au pied [3] » et qui se plaint de son mal et tirer de ses plaintes presque tout le pathétique de la pièce, c'était une rude leçon donnée, au nom de Sophocle, à la pruderie du public. D'autre part, comme disait Grimm, « peut-on savoir trop de gré à M de La Harpe de nous avoir montré enfin la tragédie la plus grecque que l'on eût encore vue en France [4]? » Voilà surtout ce qu il y a d'intéressant. La traduction de La Harpe, tout imparfaite et infidèle qu'elle est, était une véritable révélation de Sophocle pour la plus grande partie du public. Sophocle triomphe, il devient presque à la mode pendant ces dernières années qui précèdent la Révolution. L'honneur doit en revenir d'abord à Ducis, car il est probable que, sans le succès d *Œdipe chez Admète,* La Harpe en général fort timide et assez plat courtisan de l'opinion, n'aurait jamais traduit *Philoctète.* Quoi qu'il en soit, lorsqu'à la séance solennelle de la Saint-Louis 1780, il lut à l'Académie les deux premiers actes de sa traduction, il excita « les applaudissements les plus universels [5] ». Ce fut presque le pendant de la fameuse séance de 1776, où l'abbé Arnaud avait pro-

1. Voir a ce sujet la très judicieuse critique de Patin, *Sophocle.* p 93.
2 Déja a propos du *Philoctète* de Châteaubrun, Grimm disait : « Il était hardi, pour ne rien dire de plus, de traiter le sujet de *Philoctète* a Paris et dans la forme que nous avons donnée a nos tragedies » *Corr. litt.,* II, p 502.
3. L'expression est de Diderot.
4. *Corr. litt.,* XIII, p 329.
5 *Corr. litt.,* XII, p 43.

noncé un panégyrique enthousiaste d'Homère. Littérateurs et dramaturges s'empressent de suivre le mouvement. Rochefort fait représenter sur le théâtre de la Cour sa traduction d'*Electre* que la musique de Gossec n'empêcha pas de tomber tout à plat. Puis ce fut l'*OEdipe a Colone* de Sacchini, l'*Antigone* de Doigny du Ponceau, où l'on voyait l'héroïne se précipiter du haut d'un rocher, puis l'*Hercule au Mont OEta* de Lefèvre, qui était une imitation des *Trachiniennes*.

Parlerons-nous maintenant de deux autres tragédies de La Harpe, *Coriolan* (1783) et *Virginie* (1786), où l'auteur s'était inspiré de Tite-Live, qu'il avait même traduit par endroits [1], en y melant, dans la première des réminiscences de Shakespeare? — En réalité ces pièces, sans grande valeur par elles-mêmes, ne font que constater la vogue croissante des sujets antiques et annoncer en même temps le triomphe de l'histoire romaine, qui va s'affirmer avec la Révolution.

Mais à quoi bon insister sur ces médiocres productions? Ce n'est pas la tragédie qui a soutenu le théâtre au xviii⁰ siècle, c'est l'opéra, et la seule grande émotion d'art que la scène ait donnée alors, c'est dans les œuvres de Gluck et non dans celles de Voltaire et de ses émules qu'il faut la chercher.

On a dit ailleurs quelle révolution la musique de Gluck opéra dans les habitudes du public français, comment la vieille querelle de la musique italienne et de la musique française changea de face dès l'arrivée à Paris du compositeur allemand [2]. Ce qu'il y a de certain, c'est que jamais auteur tragique ne passionna davantage les esprits, et que tout ce que le xviii⁰ siècle avait conservé d'enthousiasme sérieux pour l'art se

1. Il a traduit le discours de Véturie a Coriolan, acte V, sc III.
2. G. Desnoiresterres, *Gluck et Piccinni*.

dépensa dans les batailles ardentes qu'excita l'esthé
tique nouvelle de l'auteur d'*Orphée*. Ce fut pis que de nos
jours pour la musique de Wagner · partisans et adversaires étaient montés à un degré d'exaltation extraordinaire. Le succès de Gluck devint presque une affaire
d'État, où la reine elle-même dut intervenir [1] — et l'on
sait que ses sympathies pour le maître allemand furent
perfidement exploitées par ses calomniateurs [2].

L'abbé Arnaud, un des plus fervents admirateurs de
Gluck, écrivait « Les admirateurs du chevalier Gluck
s'honorent de porter jusqu'à l'enthousiasme les sentiments que leur inspirent les beautés de ses productions
sublimes [3] ».

Aux représentations, c'est tout au plus si les spectateurs n'en venaient pas aux mains comme au temps
d'*Hernani* « Pour moi, disait l'un, je ne salue pas un
homme qui n'aime pas Gluck [4] », — et en général, aux
yeux des partisans du chevalier, « on n'avait pas
figure humaine quand on ne regardait pas la musique
de Gluck comme la plus belle possible [5] ». A ces hyperboles admiratives répond une égale inintelligence de
la part des adversaires Comme il fallait s'y attendre.
nous trouvons au premier rang La Harpe et Marmontel,
le premier dans ses articles du *Journal de politique et de
littérature*, l'autre dans son *Essai sur les révolutions de la
musique en France*. Tout ce que le pédantisme et la
médiocrité peuvent trouver de sophistique décente et
mesurée quand on dérange leurs habitudes ou leurs

1 Si Gluck fut soutenu par Marie-Antoinette, Wagner doit a
Napoleon III d'avoir été représenté à Paris. Cf. Baudelaire, *L'art
romantique*, p. 240.
2. De Nolhac, *Marie-Antoinette*
3 L'abbé Arnaud, *Profession de foi d'un amateur des Beaux-
Arts*, adressée a M. de La Harpe.
4. La Harpe, *Cours de littérature*, XI. p. 329
5. *Ibid.*

doctrines, fut mis en œuvre contre Gluck Mais il serait
trop long de suivre toute cette polémique et de
compter les attaques et les ripostes[1] Ce qui nous
intéresse surtout ici c'est l'influence de cet étranger
sur le mouvement antiquisant de la littérature française et en général la façon dont il a compris l'antique.

Dès le soir même de la représentation d'*Iphigénie en
Aulide* les partisans de Gluck furent convaincus qu'il
venait de nous rendre enfin la tragédie grecque « Il
fut décidé, dit La Harpe, qu'avec son harmonie, son
expression et sa marche rapide on aurait non seulement le meilleur opéra possible, mais la véritable
tragédie chantée, la tragédie grecque la « douleur
antique[2] » que lui seul avait retrouvée On allait plus
loin on annonçait.. que ce nouveau genre de spectacle ferait tomber la tragédie déclamée[3] »

C'était donc non seulement une révolution musicale,
mais une révolution littéraire que devait accomplir
l'opéra de Gluck « Je désirais, dit l'abbé Arnaud, un
grand ensemble de musique qui m'offrit le même
plan, les mêmes gradations les mêmes développements, le même accroissement d'intérêt qu'une tragédie bien conduite et bien faite et tout cela, j'ai cru
l'apercevoir dans l'*Iphigénie* de M le chevalier Gluck[4] »
— Ce qui encourageait ces illusions, c'était le système
de l'auteur, chaleureusement exposé et défendu par
ses partisans Lui-même disant, dans une lettre à
Suard « Lorsque j'ai considéré la musique *non pas seulement comme l'art d'amuser l'oreille, mais comme un des
plus grands moyens d'émouvoir le cœur et d'exciter les affections, et qu'en conséquence j'ai pris une nouvelle*

1 Voir à ce sujet G. Desnoiresterres, *op. cit*, p. 149
2. Le mot est de l'abbé Arnaud.
3 *Cours de littérature*, XI, p 329
4 Lettre à Mme d'Augny (Œuvres compl. de l'abbé Arnaud,
I, p 364).

méthode, je me suis occupé de la scene, j'ai cherché la grande et forte expression, et j'ai voulu surtout que toutes les parties de mes ouvrages fussent bien liees entre elles [1] ». — Il est certain que l opéra ainsi conçu se rapprochait singulièrement de la tragédie, sans compter que la première de ses pièces qui fut représentée à Paris n'était pas autre chose qu'une adaptation de l'*Iphigénie* de Racine.

Mais ce qui pouvait faire croire de plus à un retour du drame antique, c'était d'abord — et avec le choix des sujets presque tous pris de la légende ou du théâtre grecs — l extrème importance du chœur dans l'opéra nouveau. Dans *Orphee* en particulier, il joue à peu près le même rôle que chez Sophocle ou même chez Eschyle La mélopée n'en est pas sacrifiée pour cela, ce n'est pas un simple remplissage comme dans l'opéra italien, mais elle est aussi intimement liée à la pièce que dans la tragédie antique . les récitatifs imposants, furieux ou désespérés font succéder des émotions nouvelles aux émotions excitées par le chœur, — et Gluck leur a imprimé une forme tellement inaltérable. qu'aujourd hui encore elle s'impose à nos compositeurs. Dans ces récitatifs, des cris déchirants ou terribles rompaient parfois la mélodie [2], rappelant les interjections douloureuses de la tragédie grecque. Gluck s'efforçait en outre non seulement de garder les convenances dramatiques si souvent violées par les Italiens, mais il tâchait à la couleur locale. A propos

1. *Lettres de Gluck et de Weber*, traduites par Guy de Charnace, p. 65.
2. Ces moyens empruntés a la declamation tragique et introduits dans l'opera etaient ce qui indisposait le plus les adversaires de Gluck Voir en particulier Marmontel, *Essai sur les révolutions de la musique en France*. — Tout récemment on a adressé a M⠀ᵐᵉ Delna des critiques qui doivent en realité retomber sur Gluck. Cf. *Revue encyclopédique*, 21 mars 1896, art. d'Alfred Ernst, p. 207.

de son opéra de *Páris et Hélene*, il écrivait : « J'ai cru
que le chant n'étant dans nos opéras, qu'une *substitution*
à la déclamation, il devait, avec Hélene, imiter la rudesse
native des Spartiates, et j'ai pensé que pour conserver
ce caractere à la musique, ce ne serait pas une faute
de descendre parfois jusqu'au trivial[1] »

Que l'on songe encore au rôle qu'il a donné à la
pantomime et l'on y verra une nouvelle analogie avec
le théâtre antique Il a fait entrer dans ses ballets les
formes de danses alors usitées, mais il les a élargies
et comme purifiées La gravité inhérente à beaucoup,
leur noblesse mesurée, les rendait propres à figurer
l'orchestrique grecque. Elles ont même parfois une
douceur presque mystique, comme la marche religieuse d'*Alceste* Avec cela, un grand simplisme musi-
cal, correspondant à celui des légendes les airs, les
chœurs, les récitatifs n'expriment que les phases
capitales du drame : l'idée humaine est toute pure
dévoilée par les mélodies Puis, les lignes unies,
sévères, déliées, du chant Il domine l'orchestre qui
souvent le répète et l'amplifie par ses répliques · la
mélodie des voix s'élève sur les harmonies instrumen-
tales comme dans le chœur antique. Puis enfin et
surtout, le caractère religieux qui domine dans la plupart des opéras de Gluck et qui leur conférait une
gravité et une dignité inconnues, tout cela achevait de
persuader que la tragédie grecque venait d'être
retrouvée Il suffit pour s'en convaincre de se reporter aux brochures ou à la correspondance des contemporains « Quand j'entends Iphigénie, disait Grimm,
j'oublie que je suis à l'Opéra, je crois entendre une
tragédie grecque dont Lekain et Mlle Clairon auraient
fait la musique[2] » C'était devenu le mot d'ordre des

1 *Lettres de Gluck et de Weber*, p 18
2 *Corr litt*, XII, p. 250

partisans de Gluck : pour fermer la bouche à ses
adversaires, ils ne trouvaient pas de meilleur argument, sinon que ses opéras étaient des tragédies
grecques [1]

Dans quelle mesure ils se trompaient, c'est ce qu'il
nous est bien difficile de dire. Mais ce qui est sûr,
c'est qu'aucune œuvre moderne n'était capable, comme
un opéra de Gluck, de donner à des Français du
XVIIIᵉ siècle le sentiment de la beauté antique, et surtout c'est qu'il y a un abîme, non seulement pour la
valeur intrinsèque, mais pour l'intelligence du drame
antique, entre toutes les tragédies qui en sont imitées
et des œuvres aussi hautes que l'*Alceste* ou l'*Orphée*. On
n'ose même pas faire un tel rapprochement . qu'elles
soient de Voltaire, de Ducis ou de La Harpe, toutes
ces pièces, pourtant applaudies à leur heure, tombent
au rang de misérables rapsodies devant cette musique
si souverainement belle. Ce n'était pas seulement la
Grèce héroïque qui revivait dans ces chœurs et dans
ces thrènes, c'était l'éternelle poésie des mythes, c'était
le cri retrouvé de la Douleur et de la Vérité humaine,
c'était la Vie qui renaissait à l'Art Qu'on essaie de se
figurer le retentissement prodigieux d'une musique
comme cette admirable prière d'Orphée aux dieux
infernaux, au milieu de ce XVIIIᵉ siècle étourdi de littérature niaise et de refrains égrillards Comme on
comprend que le public se soit détourné avec dégoût
de toute la friperie dramatique d'alors, qu'il ait fermé
ses oreilles à l'insupportable radotage de l'alexandrin
tragique! « L'impression que j'ai reçue de la musique
d'Orphée, écrivait Mˡˡᵉ de Lespinasse, ne ressemble en
rien à ce que j'ai éprouvé ce matin ; elle a été si
profonde, si sensible, si déchirante, si absorbante,

1. L'abbé Arnaud, *Soirée perdue à l'Opera* (OEuv., t. II p 380.)

qu'il m'était absolument impossible de parler de ce
que je sentais, j'éprouvais le trouble, le bonheur
de la passion, j'avais besoin de me recueillir; et
ceux qui n'auraient pas partagé ce que je sentais auraient pu croire que j'étais stupide [1]. » Et
ailleurs : « Il n'y a plus qu'un plaisir qui me soit analogue, c'est la musique. Oui, *Orphée* en me faisant
fondre en larmes me fait un bien sensible [2]. » L'abbé
Arnaud allait encore plus loin : « C'est une mélodie
enchanteresse, disait-il, de la musique de Gluck, et
toujours imitative, une harmonie céleste et toujours
en action; c'est une suite de tableaux aussi fièrement
dessinés qu'admirablement coloriés; en un mot, c'est
l'ouvrage du génie : voilà, voilà les hommes devant
lesquels je me prosterne, et à qui je décerne un culte,
parce qu'en même temps qu'ils me rendent mon existence plus chère, ils me donnent une grande idée de
la nature humaine [3] ». Si l'on se rappelle qu'avec
l'émotion religieuse, c'est la poésie que Gluck apportait aux contemporains de Voltaire; que personne
alors — non pas même Rousseau — ne l'a exprimée
avec cette puissance, cette profondeur et cette pureté,
on se sentira plein d'indulgence pour ces intempérances
d'admiration. On aimera même l'abbé Arnaud pour
avoir écrit cette phrase, parce qu'elle est, avec quelques autres, une protestation contre l'éternelle sottise
de la critique.

Faut-il s'étonner, après cela, que Gluck ait été imité
même par ses rivaux et que les opéras tirés de l'antique se multiplient dans les dernières années du
siècle. Les deux plus grands succès furent la *Didon* de

1. *Lettres de Mlle de Lespinasse*, Amyot, p. 148, 149 (cité par
Desnoiresterres, p. 145).
2. Lettre inédite, communiquée par M. Paul Bonnefon.
3. L'abbé Arnaud (*OEuvres*, t. II, p. 378).

Piccinni, dont Mme de Saint-Huberty fit un véritable triomphe, et l'*Œdipe à Colone* de Sacchini, où l'on crut retrouver l'accent même de Sophocle [1]. Quel progrès en est-il résulté pour le théâtre en général? On ne le voit pas bien. Le genre ne s'en est pas relevé pour cela. Il aurait fallu une réforme radicale, et l'on se contenta de petites réformes de détail et d'expédients grossiers. Pour la tragédie en particulier, toutes les innovations qu'on tenta ne réussirent qu'à en faire la caricature d'elle-même. A l'imitation du drame antique et de l'opéra moderne, on exagéra l'importance du décor et de la mise en scène, on introduisit des tirades épiques correspondant au récitatif et qui n'étaient que des hors-d'œuvre, on s'attaqua à des sujets légendaires ou merveilleux, qui n'aboutissaient qu'à faire ressortir la pauvreté et l'insuffisance des moyens de la tragédie classique Elle était bien morte et tous les remèdes du monde n'y pouvaient rien. Elle était tombée dans le pur métier et il y avait longtemps qu'on en avait établi la formule et qu'on en appliquait les recettes.

Ce qui ressort nettement de tout cela, c'est le triomphe de l'opéra, et en même temps un grand besoin de simplicité et de vérité, attesté par le théâtre comme par toutes les autres branches de la littérature, même dans sa médiocrité et l'impuissance de ses efforts

III

Une rénovation autrement durable s'est opérée dans la déclamation, la mimique, le costume et le décor Elle n'est que le contre-coup du mouvement qui entraînait la littérature tout entière, et par consé-

---

1 Adolphe Jullien, *La cour et l'opéra sous Louis XVI*, p. 114.

quent il faut y faire une large part d'influence aux
idées antiquisantes. Sans vouloir préjuger de ce qu'avait
été l'art des acteurs au xvii° siècle, avec les Baron
et les Champmeslé, il est incontestable qu'au xviii°, il
était arrivé ou s'était maintenu à un très haut degré
de perfection. Les étrangers eux-mêmes en étaient
frappés : Gœthe qui avait entendu des troupes françaises à Francfort et à Strasbourg, leur décernait cet
éloge dans ses *Mémoires* · « Les acteurs français avaient
atteint dans la comédie le plus haut degré de vérité
idéale. Le séjour à Paris, l'observation des manières
des courtisans, les liaisons amoureuses des acteurs et
des actrices avec des personnes du plus grand monde,
tout contribuait à transplanter sur la scène ce que
l'élégance et la politesse de la vie sociale ont de plus
relevé [1]. » — Ce qu'il dit ici de la comédie, il faut l'étendre
également à la tragédie. Parmi tous ces tragédiens qui
passionnèrent leurs contemporains, la figure la plus
originale est assurément celle de Mlle Clairon, dont les
réformes — suivies par beaucoup — n'allaient rien
moins, comme d'ailleurs les innovations des dramaturges d'alors, qu'à ruiner la vieille tragédie classique; il fallut tout le prestige du talent de Lekain,
qui avait été formé par Voltaire et qui excellait surtout dans ses pièces [2], puis plus tard tout celui de
Talma, pour sauver des œuvres de plus en plus étrangères au goût et aux aspirations du public.

L'ancienne déclamation du grand siècle — extraordinairement emphatique et fortement rythmée — était
toujours en vigueur. Voltaire comptait parmi ses plus
chauds partisans. Mais le même besoin de simplicité,

1. Gœthe, *Mémoires* (trad. Porchat), p. 423.
2. C'est du moins l'opinion de Mlle Clairon, qui semble con-
firmée par tous les autres temoignages contemporains. — Cf.
Mémoires de Mlle Clairon, p. 89.

voire de familiarité, qui tournait alors tous les
esprits vers l'antique et vers les littératures étrangères,
exigeait que le ton de la récitation tragique fût baissé
et ramené à celui de la conversation polie. Ce fut
Mlle Clairon qui imposa cette réforme. Marmontel dans
ses *Mémoires* se vante d'en avoir été l'inspirateur avec
quelques amis de l'actrice [1] Il est probable pourtant
que celle-ci originale et intelligente comme elle l'était,
avait dû y songer déjà et qu'elle n'avait été retenue
que par la crainte de rompre avec des traditions très
fortes. Quoi qu'il en soit, cette innovation répondait
bien à son tempérament d'artiste et à son genre de
talent, et elle devait y arriver tôt ou tard Elle la pro-
duisit d'abord au théâtre de Bordeaux, où elle eut un
plein succès . ce qui l encouragea à essayer de son jeu
au naturel — comme on disait, — d abord au théâtre
de Versailles, puis à la Comédie l'*Électre* de Crébillon,
puis l'*Électre* de Voltaire lui furent deux nouveaux
triomphes [2] : la cause était gagnée devant le grand
public

Pour peu qu'on y réfléchisse. on sentira tout de
suite la portée de ce simple changement dans la récitation. Le nouveau jeu, convenable en général à la tragédie de Racine, ne l était plus à celle de Corneille, ni à
celle de Voltaire en particulier dans ses tirades épiques de là les protestations du patriarche, qui devinait
le danger C'était une bonne moitié du répertoire qui
devenait ridicule par le simple contraste d'un débit
voisin de la prose avec la rhétorique violente du style
ou la grandeur idéale des caractères. Mais les effets de la
réforme furent en partie neutralisés par les acteurs
contemporains de Mlle Clairon, — Mlle Dumesnil, sa

1 *Mémoires* de Marmontel, liv. V. — Voir aussi dans l'*Encyclopédie* l'article DÉCLAMATION, qui est de lui.
2. Marmontel. *Mémoires*, loc. cit.

grande rivale, et surtout Lekain qui, tout en renonçant
à l'ancienne mélopée tragique [1], avait une telle profondeur d'accent dans les rôles les plus ingrats qu'il
sut faire illusion au public sur leur valeur littéraire
Sans cela — comme le remarque Gœthe [2], — si le nouveau jeu eût absolument triomphé, la tragédie eût été
précipitée vers une décadence complète, et c'était
l'avènement sans conteste du drame bourgeois.

Une innovation plus importante encore, quoique
moins aperçue, et dont Mlle Clairon eut encore l'initiative, ce fut l'étude historique des rôles, la recherche de la couleur locale dans l'expression et dans la
mimique . « C'est disait-elle, dans l'histoire de tous
les peuples du monde qu'il (le comédien) doit puiser
ses lumières la lire ne serait rien; il doit l'approfondir, se la rendre familière jusque dans les plus
petits détails adapter à chaque rôle tout ce que sa
nation peut avoir d'originalité [1]. » Dans une fantaisie
écrite par Mme d'Epinay, la méthode de la grande
artiste est rendue à merveille par ce bout de dialogue.
L'auteur imagine un débutant venant demander des
conseils à Mlle Clairon « Quels sont, monsieur, les
rôles que vous possédez le mieux et que vous vous
proposez de me faire entendre? — Mademoiselle,
celui de Néron dans *Britannicus* — Seulement! Mais,
monsieur avant de vous faire entendre, faites-moi la
grâce de me dire qui était Néron. — Mademoiselle,
c'était un empereur qui vivait à Rome. — Qui vivait
à Rome est bon Mais était-il empereur romain.
ou vivait-il à Rome pour son plaisir? Comment
était-il parvenu à l'empire? Quels étaient ses droits,
sa naissance, ses parents son éducation, son carac-

1 Talma, *Réflexions sur Lekain et l'art théâtral*, p. 9.
2 Gœthe, *Mémoires*, p. 124
3 *Mémoires* de Mlle Clairon. p. 84.

tère, ses penchants, ses vertus ses vices? — Mademoiselle. le rôle de Néron répond à une partie de
vos questions, mais pas à toutes. — Monsieur, il
faut non seulement répondre à ces questions, mais
à toutes celles que je vous ferai encore Et comment pourrez-vous rendre le rôle de Néron, ou tel
autre qu il vous plaira. si vous ne connaissez pas la
vie du personnage que vous voulez représenter
comme la vôtre même? — J'ai cru, mademoiselle
qu'il suffirait de bien connaître la pièce pour saisir le
sens du rôle — Et vous avez mal cru, monsieur.... [1] »

Il ressort de tous les témoignages contemporains que
Mlle Clairon s'efforçait consciencieusement de mettre
en pratique ces théories, et qu'elle s'était donné une
instruction très supérieure à celle de ses rivales .
c'était un sûr moyen de renouveler les anciens rôles
et de donner aux nouveaux une originalité que. sans
cela, sans doute, ils n'auraient pas eue Dans quelle
mesure réussit-elle à se pénétrer de l antique, comment
jouait-elle les Phèdre, les Agrippine ou les Mérope. —
c'est ce qu il est difficile de conjecturer. Il est vrai
que Voltaire lui écrivait, après la reprise d *Oreste* en
1761   « Vous avez rendu à l Europe le théâtre
d'Athènes [2] ». Mais on sait ce que valent les compliments de Voltaire et de quelle étrange manière lui-
même comprenait les anciens Quoi qu'il en soit il y
avait là de la part de l actrice une tentative intéressante quoique bien compromettante pour la tragédie
classique Cette étude historique des rôles — qui est
déjà du romantisme — était en contradition avec l esprit même de la tragédie du xviie siècle; elle acheminait l artiste vers un contresens perpétuel, en substi-

1 *Corr. litt* Rève de Mme d Epinay IX, p. 401.
2 *Correspondance*, Lettre du 7 août 1761.

tuant sa création à celle du poète. L'acteur était en
quelque sorte convié à s'émanciper, à donner libre
carrière à sa virtuosité et à se tailler un rôle aux
dépens ou à côté de l'œuvre qu'il n'avait jusque-là
pour mission que d'interpréter

Ce qui contribua à ruiner davantage encore l'ancien
idéal tragique, ce fut l'importance de plus en plus
grande accordée à la pantomime; mais en revanche
si l'art du poète y a perdu, l'art de l'acteur y a gagné.
On ne s'expliquerait pas sans cela l'idolâtrie du
XVIII° siècle pour les gens de théâtre, et l'on peut dire
que leur puissance date véritablement de cette époque [1].

D'ailleurs les ouvrages didactiques abondent, attestant la passion du XVIII° siècle pour l'art du comédien
et l'importance qu'on attachait à la « perfection de son
jeu ». C'est le Comédien de Rémond de Sainte-Albine
(1747), l'Art du théâtre de Riccoboni le fils (1750), les
Observations sur l'art du Comédien de d'Hannetaire (1764),
des dissertations de Diderot éparses dans son œuvre,
mais spécialement dans son essai De la poésie dramatique,
dans Garrick ou les acteurs anglais [2], dans le fameux
Paradoxe sur le Comédien. L'Académie des Inscriptions
elle-même — ce qui prouve combien ces questions de
métier étaient à la mode — mettait au concours en
1787 le sujet suivant . « Quels furent l'origine, les progrès et les effets de la pantomime chez les anciens? »
Parmi ces publications, il serait injuste d'oublier le

1. Pour la fatuité du comédien et l'insolence avec laquelle
il traitait « ces petits messieurs » les auteurs, voir E. de Goncourt, Mme Clairon, p. 258. Voir aussi, dans les Mémoires de
Molé, la Matinée du comédien de Persépolis.
2. Le vrai titre de cette dissertation est : Observations de
M. Diderot sur une brochure intitulée : Garrick ou les acteurs
anglais, etc . par Sticotti; c'est un premier crayon du Paradoxe sur le comédien, où Diderot ne fait d'ailleurs que développer une idée de Riccoboni.

livre de l'abbé Dubos, *Réflexions critiques sur la poésie et sur la peinture*, paru, il est vrai, au commencement du siècle (1719), mais qui fut très lu et dont le tome III, consacré au théâtre des anciens, semble avoir eu une très forte influence. Il ne serait pas étonnant que Diderot lui ait dû une bonne partie de ses idées sur la pantomime, et Noverre à peu près toute son érudition dans sa *Lettre sur la danse et les ballets.*

Les acteurs italiens et anglais durent contribuer aussi à développer chez nous la mimique théâtrale. Le geste, dans la *Commedia dell' arte*, qui fut si longtemps en faveur en France, dut vivement frapper par son exubérance méridionale. On vit sur le théâtre de l'Opéra-Comique des pantomimes anglais exécuter des scènes muettes [1], puis plus tard Garrick, lors de son séjour à Paris en 1764-1765, éblouit véritablement ceux qui le virent par la virtuosité prodigieuse de son talent et la puissance d'expression de son geste et de sa physionomie. Mlle Clairon assista à une de ses séances et le vit jouer la folie avec une si effrayante vérité, que dans son enthousiasme elle se leva et courut l'embrasser [2]

Si l'on songe qu'au même moment la tragédie en particulier est de plus en plus préoccupée de parler aux yeux, on verra entre tous ces faits une connexion dont l'importance et la signification littéraire sont incontestables. On étudie alors non seulement le geste, mais la plastique et le groupement des personnages : « La pantomime — disait Diderot — est un tableau qui existait dans l'imagination du poète lorsqu'il écri-

1 Cf. l'abbé Dubos, *Réflexions critiques sur la poésie et sur la peinture* : « Il s'est formé en Angleterre des troupes de pantomimes et même quelques-uns de ces comédiens ont joué à Paris sur le théâtre de l'Opéra des scènes muettes que tout le monde entendait », t. III, p. 312

2 Cf. *Mémoires de Garrick*, notes de la page 307.

vait [1] »; de là l'obligation d'appliquer à celle-ci « les lois de la composition pittoresque » [2]. Ces conseils furent suivis, nous le savons. Toutes les imaginations gardèrent le souvenir du jeu terrible de Lekain dans la *Sémiramis* de Voltaire, « lorsque sortant du tombeau de Ninus, le bras nu et ensanglanté, les cheveux épars, au bruit du tonnerre, à la lueur des éclairs, arrêté à la porte par la terreur, il lutte, pour ainsi dire, contre la foudre. *Ce tableau, qui dure quelques minutes, est de son invention, et n'a jamais manqué de produire le plus grand effet sur les spectateurs* [3]. » Pour la beauté plastique de la scène, il faudrait citer encore le jeu de Larive dans le *Philoctète* de La Harpe [4] et dans le *Pygmalion* de Rousseau, où il formait un groupe avec Mlle Raucourt en statue antique [5]. Encore une fois, il importe de se rappeler tout cela pour comprendre comment tout le fatras dramatique d'alors a pu être supporté du public, un art nouveau s'était superposé à celui du poète ou du dramaturge et en masquait l'indigence.

Mais on était en trop beau chemin pour s'arrêter : après avoir restauré ce que l'abbé Dubos appelle « la saltation théâtrale » des anciens, c'est-à-dire l'art du geste, il ne manquait plus que de revenir à la pantomime proprement dite Et de fait elle fut sur le point de renaître. Diderot expliquant à sa manière un pas-

1. *De la poésie dramatique*, t. VII, p. 380.
2. *Loc. cit.*
3. *Mémoires de Préville*, p. 186.
4. *Corresp litt*, XII, p. 329.
5. On critiqua cependant le jeu et le costume de Mlle Raucourt : « un Grec lui aurait conseillé de sacrifier aux grâces; le bon goût devait lui conseiller aussi de ne pas jouer la statue en panier : un panier n'est pas antique » La Harpe, cité par Adolphe Jullien, *Histoire du costume au théâtre*, p. 284. Mêmes critiques dans la *Corresp. litt.*, XI, p. 141.

sage de Tite-Live [1] concluait en ces termes : « Si nos compositeurs de ballets ne se sont pas appliqués . à rendre la danse une pantomime du chant, ils n en ont pas mieux fait si l'on ne peut pas dire qu'alors *ad manum cantatur*, c'est un défaut essentiel. Cet *ad manum cantatur* des anciens serait l'éloge le plus parfait qu'on pût faire de la musique et d'une danse pantomime. » Noverre s'efforça de réaliser le souhait du philosophe. Tour à tour maître de ballets à Berlin. à la cour du duc de Wurtemberg, à Milan et à Vienne, il joignait à une grande pratique une très réelle et très intéressante originalité Appelé en 1770 à la direction des ballets de l'Opéra, il entreprit de mettre à exécution les réformes et le programme qu'il avait annoncés dès 1760 dans sa *Lettre sur la danse*.

Il ne s'agissait de rien moins — il le dit lui-même — que de renouer la tradition des Pylade et des Bathylle et même de perfectionner leur art, en associant la danse moderne à la pantomime . celle-ci devait acquérir ainsi « un charme qu'elle n'eut ni chez les Grecs ni chez les Romains [2] ». Le ballet allait devenir un genre indépendant. une pièce ayant son intrigue et son unité et se proposant le même objet que la poésie dramatique, « l'expression naïve des affections de l'âme [3] ». Noverre le définissait « une peinture vivante des passions des mœurs, des usages, des cérémonies et du costume de tous les peuples de la terre ». Remarquons en passant que la pantomime, comme la déclamation. comme toutes les branches de l'art au XVIIIe siècle, prétend s'inspirer de l histoire, et que. bien avant le romantisme, elle vise. elle aussi. à

1 Fragment inédit publié par M Tourneux, *Revue d'histoire littéraire de la France*, 15 avril 1894.
2 Noverre, *Lettre sur la danse et les ballets* (Avertissement).
3 Noverre, *Lettre sur la danse et les ballets*. p 205

la couleur et à la vérité locales Développant les idées
de Diderot — auquel d ailleurs il rendait hommage, —
Noverre aurait voulu faire du ballet une manière de
tableau vivant ordonné selon les lois de la composition picturale, avec tout ce que le décor, le costume,
la mimique et la danse pouvaient y ajouter d'expression et de magnificence. Pour donner une idée de ses
ambitions, il suffit de rappeler son *Ballet des Horaces*
(1777) où il s était attaqué au sujet de Corneille — ses
ennemis ajoutaient même, — avec la prétention de le
corriger [1] Ce fut un échec, et quel qu ait été le succès
de ses autres compositions, le genre ne parvint pas à
s acclimater « la pantomime cet art qui fut jadis les
délices d Athènes et de Rome [2] », ne sortit pas de son
tombeau — comme il s'en flatte dans son ouvrage.
Mais cette curieuse tentative fut loin d etre inefficace
la danse grâce à lui, s éloigna pour un temps de la
pure virtuosité et s efforca de plus en plus vers
l'expression il réussit à animer les chœurs inertes de
l'Opéra, mais surtout il prépara et il encouragea certainement une danseuse comme la Guimard dont le
jeu était un éblouissement, une merveille de grâce de
légèreté de mimique expressive et spirituelle [3]
   Il faut dans tous les cas insister sur cette évolution
de l art du comédien, qui si elle ne s inspire pas toujours de l antique procède néanmoins du même mouvement qui entraîne la littérature tout entière vers
l exotisme ou l imitation de l antiquité. Il s'agit ici
encore d'élargir ou d'augmenter ses moyens d'expression pour faire entrer dans l'art une réalité plus complexe, mais qu on y prenne garde, toutes ces réformes
et tous ces projets ne pouvaient que hâter à leur tour

1 *Corresp litt* XI, p 311
2 Noverre, *Lettre sur la danse*   (Avertissement).
3 E de Goncourt, *La Guimard*, chap i

la dissolution de la vieille forme dramatique. Tout cela était en contradiction avec l'idéal classique. L'étude historique des rôles, la recherche des scènes plastiques ou picturales, l'importance de la pantomime devaient acheminer insensiblement vers une forme nouvelle où l'acteur et le décorateur seraient tout, et l'auteur à peu près rien Garrick en laissa un jour échapper l'aveu. « Il regarde M. de Voltaire — nous dit Grimm — comme le plus grand poète tragique qu'ait eu la France · c'est là son sentiment. Il prétend que ce Racine, si beau, si enchanteur à lire, ne peut être joué *parce qu'il dit toujours tout et ne laisse rien a faire a l'acteur* [1]. » — Voilà qui est significatif Et si l'on se rappelle que les triomphes de Lekain et de Mlle Clairon, ç'a été les grands rôles de Voltaire, on comprendra mieux encore que la tragédie classique était bien morte. Peut-être même, sans vouloir trop exagérer l'excellence de ces comédiens, ni la faiblesse des œuvres qu'ils interprétaient, — peut-être ne sera-ce pas un paradoxe d'affirmer que les vrais poètes tragiques du XVIIIe siècle, ç'a été les grands acteurs de la Comédie-Française.

IV

Il nous reste à parler du costume et du décor. La réforme en fut moins rapide et moins radicale que celle de la déclamation, à cause des difficultés matérielles et de la force de la tradition Mais comme on avait une idée plus juste de l'antique, comme, dans les tragédies antiquisantes, on tâchait à une vérité plus grande dans les mœurs, il était impossible que

1. *Corresp litt*, VI, p. 321.

l'on ne sentit pas tout ce qu'il y avait de défectueux
et de contradictoire dans la mise en scène, même pour
les pièces de l'ancien répertoire

A partir de la seconde moitié du siècle, les critiques
se multiplient Tout le monde réclame au nom de la
vraisemblance, de simples amateurs comme Rémond
de Sainte-Albine, aussi bien que des gens de métier
comme Marmontel et Diderot. Voltaire seul s'est
montré là-dessus très réservé Comme pour la déclamation, il est très défiant, et au fond on voit qu'il tient
aux anciens usages [1]. On dirait qu'il pressent que
c'en sera fait de la tragédie classique du jour où elle
descendra de ses régions idéales pour suivre pas à pas
l'histoire, et où le poète devra marcher la main dans
la main avec le décorateur et le costumier. Pour lui,
la tragédie est avant tout « un spectacle pompeux ».
C'est pourquoi il demande quelque chose pour les
yeux et veut un décor et des costumes magnifiques,
mais à condition que la fantaisie du poète soit toujours la souveraine ordonnatrice. Il proteste en secret
contre la simplicité trop nue du costume antique.
Lorsque Mlle Clairon abandonne le panier, on ne voit
pas qu'il ait applaudi à cette innovation. Il s'excuse
même quelque temps après d'avoir oublié dans sa
dernière lettre de lui donner l'éloge qui lui est dû
pour avoir « appris le costume aux Français [2] »; et
lorsque Lekain s'avisa de sortir du tombeau de Ninus
les bras nus et ensanglantés, il ne cacha pas son
mécontentement à d'Argental [3]. Il est vrai que deux

1 Ce que nous voulons dire, c'est qu'il tient avant tout à la
magnificence du spectacle et que le costume antique ne
semble pas l'avoir séduit, à cause de sa grande simplicité. Au
contraire, il applaudit à l'introduction du costume exotique,
comme dans l'*Orphelin de la Chine* (cf *Corresp*), sans doute
parce qu'il voit dans son étrangeté un élément de succès.
2. Lettre du 7 août 1761.
3 Lettre du 4 août 1756

ans après il écrivait au même Lekain : « Puisque vous osez enfin observer le costume et étaler sur la scène *une pompe convenable*, soyez sûr que votre spectacle acquerra une grande supériorité [1] ». Mais ce sont là des politesses : Voltaire est loin de l'enthousiasme de Diderot, qui disait dans sa dissertation *De la poésie dramatique* : « Une actrice courageuse vient de se défaire du panier et personne ne l'a trouvé mauvais. Elle ira plus loin, j'en réponds. Ah! si elle osait un jour se montrer sur la scène avec toute la noblesse et la simplicité d'ajustement que ses rôles demandent, disons plus, dans le désordre où doit jeter la perte d'un fils et les autres catastrophes de la scène tragique, que deviendraient autour d'une femme échevelée toutes ces poupées frisées et pommadées? [2] »

Peut-être au fond était-ce Voltaire qui avait raison : c'est de la pompe — comme il disait — bien plus encore que de l'exactitude qu'il faut à la tragédie classique. Que ne dirait-il pas de la mise en scène actuelle, avec ses prétentions à la couleur locale! Il est probable qu'il protesterait contre la mesquinerie et la froideur de la décoration, et surtout la contradiction trop forte qu'il y a entre le costume et l'esprit des rôles. Si au xviiie siècle on était choqué de l'invraisemblance des costumes. c'est qu'on voyait dans *Andromaque* et dans *Cinna* les Grecs et les Romains de l'histoire et non les héros de Corneille et de Racine. On ne pouvait donc pas comprendre qu'à ces êtres tout idéaux, il fallait également un costume idéal. Le seul ridicule était de jouer ces rôles avec l'habit de cour ou l'habit de ville, comme il arrivait trop fréquemment alors [3]. Mais je ne vois pas ce que « l'habit

1. Lettre du 4 août 1758.
2. *De la poésie dramatique*, VII, p. 337.
3. Cf. Adolphe Jullien, *Histoire du costume au théâtre*, p. 26.

à la romaine » du XVII⁰ siècle — même avec le chapeau
et les gants — avait de déplacé dans la tragédie classique [1]. Voici une description d'un costume de comédien d'après Watteau, et j'avoue qu'il m'est impossible
d'en être choqué : « Il est coiffé d'une perruque à la
Louis XIV, surmontée d'un chapeau carré au formidable plumet, et habillé d'une cuirasse en passemen-
terie à arabesques Louis XIII, avec des amadis aux
manches et le tonnelet-jupon à découpures et à
franges, sur le côté gauche duquel est accrochée une
petite épée en verrouil, et il est chaussé de bottines au
revêtement de fourrures, à talons carrés [2]. » A la fin
du XVIII⁰ siècle, M¹¹⁰ Dumesnil jouait Athalie avec une
coiffure à panaches et une robe de soie verte à panier
d'une extrême richesse [3], et j'avoue encore que cette
mise toute conventionnelle me paraît infiniment plus
« pompeuse » — ce qui est l'essentiel — qu'un pseudo-
costume grec ou même que le costume juif véritable [4].
Théophile Gautier et Taine, dans deux passages
fameux, me paraissent donc avoir en grande partie
raison lorsqu'ils blâment le costume historique dans
les tragédies de l'ancien répertoire Leur seul tort est
de réclamer le costume de ville ou le costume de
cour du XVII⁰ siècle, au lieu de l'habit à la romaine. Il
est certain que la tragédie classique, telle qu'elle est
représentée de nos jours, a quelque chose de misérable et d'étriqué qui confine au grotesque. Rien n'est

1 Pour la description de ce costume, voir Ludovic Celler,
Les décors, les costumes et la mise en scène au XVII⁰ siècle. —
Art. d'Eugène Lame dans *Le Present*, 15 octobre 1857.
2 E. de Goncourt, *M¹¹⁰ Clairon*, p. 123 (note).
3. Cf. Levacher de Charnois, *Costumes et annales des grands
théâtres de Paris*, vol I, planche 43.
4. Le costume actuel des Juives algériennes est en particulier d'une grande richesse, mais est loin de produire le même
effet que le costume de fantaisie de M¹¹⁰ Dumesnil.

lugubre comme ces grands vestibules tout nus où
grelottent deux pauvres acteurs en tunique ou en
peplos. C'est une piteuse mascarade qui tourne autour
d'une tragédie classique De celle-ci, il ne subsiste
presque plus rien : l'illusion scénique, comme le sens
littéraire, s'en est allée.

Il convient de dire que Mlle Clairon, qui inaugura
la réforme, se préoccupait beaucoup moins de l'exactitude historique du costume que de sa convenance
avec la situation Ainsi, par exemple, il ne convient
pas qu'Électre, réduite à la condition d'esclave, se présente « en habit couleur de rose garni très élégam-
ment en jai noir[1] ». Elle estime d'autre part que
« le costume exactement suivi n'est pas praticable . il
serait indécent et mesquin. Les draperies d'après l'antique dessinent et découvrent trop le nu : elles ne
conviennent qu'à des statues et des tableaux[2] » On
voit donc qu'il y avait encore loin des innovations de
la grande tragédienne à ce que nous appelons la couleur locale. D'ailleurs les comédiens, qui avaient de
riches garde-robes à utiliser, blâmaient cet abandon
des traditions et — il faut bien le dire — la plupart
ne comprenaient pas le sens de la réforme[3]. Ce sont
donc plutôt des tentatives isolées et plus ou moins
heureuses, qu'une méthode systématiquement suivie,
que nous avons à constater. Mais pourtant du jour
où l'on vit paraître Mlle Clairon, dans l'*Électre* de Cré
billon, « en robe noire sans paniers et sans garniture,
des cheveux naissants et non poudrés, un œil de
poudre, pas de rouge et des chaînes[4] », on peut dire

1. *Mémoires* de Mlle Clairon
2 *Ibid.*
3. Cf. Adolphe Jullien, *Histoire du costume au théâtre.* p. 276
et suiv.
4 Arnault, *Souvenirs d'un vieil amateur dramatique.*

que la voie était ouverte et la réforme commencée : il était impossible qu'avec ses goûts de collectionneuse [1], elle ne donnât pas une attention toute spéciale au costume. Lekain dessinait les siens lui-même [2] pour n'avoir pas à compter avec les fantaisies du tailleur. Leurs efforts se soutinrent mutuellement et il est probable que leur exemple amena peu à peu le public à se montrer plus exigeant. Dans les dernières années du siècle, on est arrivé à une couleur locale déjà très satisfaisante, en tout cas beaucoup plus exacte qu'au temps de Lekain et de Mlle Clairon. Des ouvrages spéciaux avaient éclairé les acteurs comme le public . sans parler de tous les renseignements qu'on pouvait trouver dans les livres d'archéologie, dans Caylus. dans Winckelmann, dans les publications de d Hancar-ville et de Sylvain Maréchal, dans le *Jeune Anacharsis* de l'abbé Barthélemy, — on avait à consulter le *Costume des anciens peuples* de Dandré-Bardon (1772), qui était une série d'estampes exécutées avec la colla-boration de Cochin, — l'*Histoire universelle des theâtres* (1779), par l'abbé Desfontaines et Lefuel de Méricourt, et surtout la très curieuse publication périodique de Levacher de Charnois, *Costumes et annales des grands theâtres de Paris*, dont le sous-titre est extrêmement significatif . « ouvrage destiné à représenter le cos-tume exact de nos comédiens les plus éclairés, à relever les erreurs des faux costumes, à offrir les modèles de ceux qui sont inconnus ou altérés, ainsi que des recherches sur les habillements de l'antiquité et des nations étrangères. »

C'est ainsi qu'on put voir Larive, dans le *Philoctète* de La Harpe, revêtu d'une simple tunique et d'un gros

1. Voir E. de Goncourt, *Mlle Clairon*, p. 322.
2. Adolphe Jullien, *op. cit* , p. 133

manteau de laine, avec des sandales et le casque romain [1]. Sophie Arnould parut dans l'*Iphigénie* de Gluck en robe blanche et voile blanc, sans autre parure qu'une rose dans les cheveux [2]. Mme Saint-Huberty dans *Didon*, où elle fut si applaudie, portait une robe blanche à broderies d'or, avec une large ceinture sur une robe jaune plus longue un manteau royal attaché aux épaules, de simples sandales, le voile et la couronne [3]. Le costume de l'ancien répertoire fut aussi rajeuni : on vit des Hippolyte et des Horace qui rappelaient tel marbre grec ou telle figure de la colonne Trajane [4] Evidemment il y aurait eu encore bien à dire pour l'exactitude absolue. Par exemple, les actrices conservaient souvent sous leur voile la haute coiffure Louis XVI ce qui leur donnait un faux air de pleureuses xvie siècle sous leurs capuchons.

Les guides eux-mêmes n'étaient pas toujours très sûrs et il se mêlait beaucoup d'à peu près à d'authentiques restitutions. Levacher de Charnois donne quelque part le « costume d'un Scythe de delà le mont Immaüs [5] », — dont les prétentions à la couleur locale font sourire [6] et je ne parle pas de ses Hébreux. de ses Persans et de ses Egyptiens Enfin ces costumes historiques se rencontraient sur la scène avec des costumes de fantaisie selon la tradition du théâtre, ce qui devait produire un amusant contraste [6] il n'y eut guère que la *Virginie* de La Harpe et les *Gracques* de

1 Levacher de Charnois, *op cit* , vol. I.
2. *Ibid.*, vol. II.
3 *Ibid.*, vol I.
4. Voir en particulier dans Levacher de Charnois le costume de l'acteur Rousseau dans le rôle d'Hippolyte, t. I, pl. 18, et le costume de Brizard dans le rôle du vieil Horace, *ibid.*
5 Levacher de Charnois, *op cit.*, t III, pl. 48.
6. Cf. Adolphe Jullien, *op. cit..* p. 276 et 301.

M.-J Chénier — pour les pièces antiques — où la couleur locale fut exactement observée[1].

Pour le décor on se heurta à des difficultés matérielles encore plus grandes puisque c'était de tous les accessoires celui qui coûtait le plus cher. Les choses d'ailleurs n'ont pas changé le plus souvent une décoration misérable, et d'autres fois une mise en scène tapageuse pour grossir le succès ou soutenir la pièce Ici l'influence de Voltaire fut des plus actives et des plus efficaces il s'agissait de « la pompe du spectacle » qu'il n'avait jamais cessé de réclamer A la représentation de *Mérope*, on avait vu dans le fond du théâtre le corps de Polyphonte couvert d'une robe sanglante Dans *Semiramis*, la décoration avait été particulièrement soignée et elle fit véritablement époque un parodiste la résumait ainsi dans une analyse burlesque de la pièce :

DÉCORATION
Au fond le château du Seigneur.
De l'un des deux cotés, église et presbytère.
Et de l'autre le cimetière,
Voilà ce qu'a trouvé ce grand décorateur[2].

Mais un grand obstacle c'était l'encombrement de la scène par les banquettes « Dans le premier acte de *Brutus* deux valets de théâtre viennent enlever l'autel de Mars pour débarrasser la scène Le manque de décorations entraîne l'impossibilité de changements et celle-ci borne les auteurs à la plus rigoureuse unité de lieu, règle gênante, qui leur interdit un grand nombre de beaux sujets ou les oblige à les mutiler[3] » Ces plaintes de Marmontel sont antérieures

1 Millin. *Dictionnaire des Beaux-Arts* (art Costume) cité par Jullien. *op cit*, p. 393
2. *Corresp litt*, I, p. 208
3 *Encyclopédie*, art. DÉCORATION

à la suppression des banquettes. Quelques années
plus tard, la scène est libre et les décorateurs vont se
donner carrière. La conséquence immédiate. comme
on pouvait le prévoir, fut l'abandon ou tout au moins
le relâchement de la règle de l'unité de lieu. Peut-être
n'a-t-on pas assez remarqué que, bien avant le romantisme — dès la seconde moitié du xviii⁰ siècle. — elle
est presque constamment violée.

Malheureusement il est difficile, faute de documents,
de se faire une idée de cette décoration nouvelle et
surtout des progrès de la vérité historique en cette
partie du théâtre. On en est réduit aux indications
que les auteurs eux-mêmes ont bien voulu nous
donner dans leurs livrets. Dans *OEdipe chez Admete*, la
scène représentait au iii⁰ acte un bois de cyprès. avec
des débris de rochers, et. dans le fond, le temple des
Euménides. Au v⁰, c'était un véritable « tableau » :
« La porte de l'intérieur du temple s'ouvre. l'encens
fume. on y voit les figures des Euménides, les instru
ments nécessaires aux sacrifices [1] et en général tout
ce qui peut caractériser le temple des Furies. L'autel
est au centre, sa flamme brille. *et sa clarté illumine le
visage d'OEdipe*, qu'on y voit dans l'attitude d'un sup-
pliant. Le grand prêtre et sa suite forment un cercle
autour de lui. , etc [2]. » Dans Philoctète, la décoration
était forcément plus simple . « Le théâtre représente
le bord de la mer. On voit de côtés et d'autres différentes ouvertures entre des rochers . etc » Mais
c'est dans les pièces romaines principalement qu'on
se mettait en frais de couleur locale, sans doute parce

1 Levacher de Charnois consacrait tout un article à ces
accessoires, t. III, avec planche a l'appui.
2. Cf. *OEdipe chez Admète*, acte V, sc. vii. — Peut-être y
avait-il la une reminiscence du tableau de Fragonard *Corésus
et Callirhoe*.

que la mode y portait et qu'on trouvait des modèles
dans la peinture du temps. Voici par exemple une
rubrique de La Harpe, qui rappelle à s'y méprendre le
Serment des Horaces[1] . « Le théâtre représente un appartement intérieur de la maison de Virginius On voit
au fond les statues des dieux domestiques et un autel
orné de guirlandes[2] » à l acte suivant, la scène changeait c'était le portique d'un palais, avec un tribunal,
où Appius apparaissait entouré de ses licteurs puis
le forum avec ses temples, ses portiques, sa tribune
aux harangues, des soldats dans l'éloignement et
toute une figuration nombreuse. On sent de plus en
plus le parti pris de pousser au « tableau », d'ordonner
la scène comme une véritable composition décorative.
Au IIIe acte de *Coriolan* le théâtre représentait le
camp des Volsques, la tente de Tullus, — sur un
autel, « la statue d'une des divinités du peuple
volsque » et, « dans l'éloignement les murs de
Rome[3] » Mais voici encore mieux la rubrique devient
une véritable ébauche pittoresque, comme la description du salon de Danaé dans *Ruy-Blas* Il s'agit de la
décoration de la tragédie de Ducis : *Abufar ou la
famille arabe*, que l'on peut considérer comme le pendant d'*Œdipe chez Admète* « Le théâtre représente dans
le désert les tentes éparses d'une tribu, les tentes
d'Abufar et de sa famille, celle qui est destinée pour
recevoir les étrangers et un autel domestique Une
partie du désert est assez fertile on y voit quelques
pâturages, des chameaux, des chevaux, des chèvres,
des brebis qui paissent en liberté, des fleurs, quelques ruches à miel, des palmiers, des arbres qui dis-

---

1 La pièce de La Harpe est de 1786 et le tableau de David
fut exposé au salon de 1785
2 Voir *Virginie*, acte I.
3 Voir *Coriolan*, acte III

tillent l'encens, et autres productions du pays. L'autre
partie du désert est stérile . on n'y voit que des
sables, quelques citernes, des puits à fleur de terre
fermés avec de grosses pierres, quelques hauteurs
frappées d'un soleil brûlant, sur la plus élevée de ces
hauteurs, *deux palmiers qui unissent leurs rameaux et
dominent un espace immense*, des tombeaux formant la
sépulture de la tribu, dans le lointain quelques cèdres,
quelques ruines aperçues à peine et aux extrémités
de l'horizon, un ciel qui se confond avec les sables [1]. »

Plus que tout ce fatras descriptif et ces prétentions
naïves à la couleur locale, une scène qui dut s'imposer
à tous les souvenirs, ce fut celle du Iᵉʳ acte de l'*Orphée*
de Gluck, dans son ordonnance à la fois si simple et
si grande. De même que cette musique était plus voisine du drame grec que toutes les tragédies du
monde, de même aussi cette mise en scène était plus
capable que toutes les restitutions archéologiques de
révéler la poésie de la vie antique et la beauté de la
Légende Vit-on Sophie Arnould — comme Mᵐᵉ Viar-
dot [2] — couchée sur le tombeau d'Eurydice avec une
pose et un arrangement qui rappelaient l'*Arcadie* du
Poussin ? Rien ne nous le prouve, mais la seule
vision évoquée par la musique du compositeur était
assez belle pour se passer de cet achèvement suprême
Le lent défilé du chœur autour du tombeau et les
libations aux dieux de l'Hadès alternant avec la
lamentation des voix, cela seul suffisait pour éveiller
l'impression d'un monde très lointain, où la vie
n'apparaissait que sous les espèces de la Beauté et où
tous les actes empruntaient une noblesse de la pensée
religieuse.

1. *Abufar ou la famille arabe*, acte I.
2. Cf. Berlioz, *A travers chants*, p. 120.

Mais qu'on y songe bien, nous sommes ici à l'Opéra .
la musique, la décoration et la pantomime formaient
comme un système harmonieux. Il en est tout autrement à la Comédie-Française. Nous avons déjà vu
combien les sujets nouveaux étaient éloignés de l'esprit de la tragédie classique, dont la forme vide, par
une sorte de miracle, était toujours debout. On peut
en dire autant de la déclamation. Voici maintenant
que le costume et le décor achèvent le divorce : la
tragédie n'est même plus chez elle. Il ne lui reste
qu'à sortir du théâtre et à laisser la place au draine
historique, qui a déjà transformé à son image la
maison et le mobilier.

CHAPITRE V

I. La décadence médiocrité des poetes — L'abbé Delille, type du decadent classique — Absence d'idee. — La manie de la polemique. — Le sens de la poesie est perdu, triomphe de l'esprit cartésien — Progres de l'esprit bourgeois. vulgaiite, grivoiserie, platitude, grossierete, inintelligence de la Beaute, culte de l'utile. — Les litterateurs veulent être du monde, les succes de salon, les lectures publiques. — La recherche du morceau a effet, decousu de la composition. — Comment on revient aux anciens et de quelle façon. — Les vers latins modernes, le goût « jésuite » en poesie — On aboutit à la paraphrase ou a la traduction.

II. Les descriptifs : influence de Thomson, les sciences de la nature, satiété de la litterature dramatique — Comme on traite les mêmes sujets que les anciens, on est amené à les imiter — Les *Saisons* de Saint-Lambert: il n'a qu'une intelligence médiocre de l'antique — Les imitations de Lucrece et de Virgile. — Les *Fastes* de Lemierre; il s'inspire d Ovide: insignifiance et modernité superficielle de son œuvre. — Delille le grand poete descriptif, les *Jardins*, l *Homme des Champs* ou les *Géorgiques françaises.* — L'actualite, la banalite distinguée: Delille fabricant de vers latins en français. — Sa langue, sa versification — Culte de Virgile. — Les *Mois* de Roucher. c'est un veritable temperament de poete. — Mais son œuvre est manquée : faussete du poeme didactico-scientifique. — Qualités serieuses de Roucher, son travail, ses connaissances scientifiques, sa connaissance approfondie du latin — Secheresse et prosaisme. — La versification, le style et la langue. — Roucher et André Chénier Ils aboutissent l'un et l'autre a la mosaique et a la traduction

III. La traduction en vers. — Les *Géorgiques* traduites par Delille, actualite de l'œuvre. — Ce qui manque a Delille comme traducteur et comme latiniste. — Sa méthode de traduction : il continue les traducteurs du xvi⁵ et du xvii⁵ siècle, il francise Virgile. — Preoccupations mondaines de Delille : les *Géorgiques* sont le chef-d'œuvre de la traduction classique, il met Virgile a la mode. — La traduction en vers au xviii⁵ siecle.

IV. La poesie lyrique n'est guere representee que par Lebrun Etrangete du personnage — Idee qu'il se fait de son rôle Lebrun et André Chenier. — Sa poetique, ses *Réflexions sur le genie de l'Ode*. — Culte vague de Pindare. — Le poete conducteur de peuples. — Le travail du style, le « style cree ». — Imitation maladroite des métaphores de Pindare. — Les images violentes, les imitations et les traductions de Lebrun

V. Conclusion : sterilite poétique presque complète, dénûment d'invention; le vers latin et l'amplification. — On n'étudie les anciens que par l'exterieur. — Le style est l'unique preoccupation. — Mot de Rivarol a Chénedollé. — La chasse aux expressions

I

Si le théâtre par sa constitution même était voué à une irrémédiable décadence, on pouvait s'attendre, dans la poésie, à une renaissance grandiose de l'Idée paienne. Il n'en fut rien pourtant, et les raisons en sont innombrables.

D'abord — de même que l'énergie et la sève poétiques semblent taries, — il n'y a plus, comme au xvi⁵ ou xvii⁵ siècle, de ces individualités puissantes, qui rallient autour d'elles les idées et les volontés de toute une génération. Il n'y a plus de grand poète, plus de chef d'école, — un Ronsard, un Malherbe, un Hugo En revanche, on a une foule de petits versificateurs médiocres et même à aucune époque l'espèce n'a pullulé davantage . ce sont des gens du monde, comme Saint-Lambert, qui font des vers en amateurs; des abbés de cour, comme Bernis, de plats intrigants comme Marmontel, des gens de collège comme La

Harpe ou Delille. Pour la plupart, la littérature n'est qu'un moyen de se faufiler dans le monde : le modèle, le type du poète d'alors, c'est l'abbé Delille, « l'abbé », comme on disait.

Il était petit, myope, laid, « la figure en zig-zag [1] ». Ses élèves, au collège de Beauvais, l'appelaient « écureuil » ou « sapajou » [2] Néanmoins très coquet, aimant « à voir un beau bas de soie noire dessiner sa jambe fine et bien tournée [3] ». Au moral, voici de lui un portrait très flatté, mais qu'il est facile de remettre au point : « Rien ne peut se comparer ni aux grâces de son esprit, ni à son feu, ni à sa gaîté, ni à ses saillies, ni à ses disparates Ses ouvrages mêmes n'ont ni le caractère, ni la physionomie de sa conversation. Quand on le lit, on le croirait livré aux choses les plus sérieuses En le voyant, on jurerait qu'il n'a jamais pu y penser, c'est tour à tour le maître et l'écolier. Il ne s'informe guère de ce qui occupe la société, les petits événements le touchent peu; il ne prend garde à rien, à personne, pas même à lui. Souvent n'ayant rien vu, rien entendu, il est à propos, souvent aussi il dit de bonnes naïvetés, mais il est toujours agréable .. Son âme a quinze ans, aussi est-elle facile à connaître, elle a vingt mouvements à la fois et cependant elle n'est point inquiète Elle ne se perd jamais dans l'avenir et a encore moins besoin du passé [4]. . »

Quoi qu'en dise l'auteur, c'est bien ainsi qu'il apparaît dans ses livres léger, étourdi, la tête vide d'idées [5]. Mais il a tout de suite attrapé le ton du

1. Cf. *Corresp. litt.* (Mme Lecoulteux du Moley), XII, 127
2 Desforges, cité par Sainte-Beuve, *Portr. litt*, II, p. 68 (édit. Garnier. 1862). Voir son portrait par Danloux en tête de l'édition Amar, Paris. Michaud. 1824.
3 *Ibid.*
4. Mme Lecoulteux du Moley, *Corresp. litt.*, *loco cit.*
5 Voir en particulier son *Discours sur l'éducation* et ses *Discours académiques*. édit. Michaud. t. II

monde. Il est protégé par le comte d'Artois. Choiseul-
Gouffier l'emmène à Constantinople. On se l'arrachait :
c'était « un meuble indispensable à la campagne [1] »
Avec cela, il éblouit; on l'estime, ou on l'admire.
Voltaire lui-même écrit que sa traduction des *Géorgiques* est « un des meilleurs poèmes qui aient honoré la
France depuis l'*Art poétique* »... « On ne pouvait faire
plus d'honneur à Virgile et à la nation » La critique
lui est généralement fort bénigne [2]. Quand il meurt,
on lui fait d'imposantes funérailles . « Son corps resta
exposé pendant plusieurs jours sur un lit de parade,
dans l'une des salles du Collège de France, sa tête
était ceinte d'une couronne de laurier Le 6 mai [3], à
midi, le cortège composé des membres de l'Institut et
de l'Université de MM. les professeurs du collège et
grossi d'un concours nombreux d'hommes de lettres,
d'étudiants et d'artistes, partit pour se rendre à l'église
Saint-Étienne-du-Mont. Les rues étaient inondées
d'une foule immense, les fenêtres garnies de spectateurs [4]. » — On juge, d'après cela. de l'idée qu'on se
faisait de son talent.

Mais l'indice le plus sûr de la décadence, c'est moins
cette disette de vrais talents, que l'absence d'idée
d'ensemble Dans aucun de ces poèmes didactiques qui
abondent alors, on ne trouve une idée unique, patiemment creusée comme chez Lucrèce ou chez Dante. On
se noie dans les détails descriptifs ou dans l'analyse
scientifique, parce qu'on est incapable de créer une
synthèse poétique des choses. De là un manque absolu
de composition. Les livres sont un véritable chaos. On

1. *Mémoires* de Mme Vigée-Lebrun
2. Il n'y eut guère que Clément de Dijon et plus tard
Rivarol qui l'attaquèrent. Cf. de Lescure, *Rivarol et la société
française pendant la révolution et l'émigration*, p 56.
3. Il était mort dans la nuit du 1er au 2 mai 1813.
4. *Notice sur Delille*, par Amar, édit Michaud, 1er vol.

parle de tout à propos de tout, très insuffisamment
d'ailleurs. car on ne sait rien à fond. Le modèle de
ces livres-encyclopédie, c'est l'*Essai sur les règnes de
Claude et de Néron* de Diderot. Mais voici un livre de
poète [1]. Il s'agit de chanter le mois d'avril et le retour
du printemps L'auteur débute par une invocation à
Vénus (imitée de Lucrèce. comme il fallait s'y attendre),
ensuite. grâce à une série de petites transitions très
habiles et qui ne sont que des trompe-l'œil, il passe à
la culture du ver à soie dans le Bas-Languedoc, ce
qui amène l'éloge de Montpellier, copieusement traité.
puis à l'épisode des Pausias inventeur de la peinture,
— à la décomposition des rayons du prisme par
Newton, — à l'épisode des *Lusiades* de Camoens, le
géant du Cap de Bonne-Espérance. Puis. invectives
contre la traite des Noirs, — les cyclones de l'Amérique
du Sud, — l'origine de la chaîne volcanique des Cordil-
lières etc Et tout cela à propos du mois d'avril et du
retour du printemps! Il leur manque, à ces décadents du classicisme, une foule d'autres dons pour
être de vrais poètes mais ce qui leur manque surtout
c'est — comme disait Goethe des romantiques allemandes — « l'architectonique au sens élevé du mot,
cette force active qui produit, qui crée et qui construit [2] ».

En réalité, on n'avait pas le temps de se recueillir,
de méditer sérieusement une œuvre. On était trop
pressé alors d'argumenter, trop préoccupé de détruire
et de combattre. La polémique est partout, elle étouffe
tout le reste Elle se glisse jusque dans le grand
ouvrage de Voltaire, ce *Siècle de Louis XIV*, qui prétendait n'être qu'un monument à la gloire de la nation et

1. Roucher, *Les Mois*, chant II.
2. Goethe, *Entretiens avec Eckermann*.

de l'esprit humain. Et parlerons-nous seulement de son *Essai sur les mœurs*? Mais que dire de ce poète, qui commente ainsi le *Fortunatos nimium*

> O toi par qui fleurit l'art le plus nécessaire,
> Ami de l'innocence honnête agriculteur,
> Qu'il est facile et doux de faire ton bonheur!
> Ah! s'il n'a point à craindre *une injuste puissance*,
> *Un tyran subalterne, ou l'aide finance* . [1]

Nous n'insistons pas sur le grotesque du style. Nous allons voir plus fort en ce genre comme, par exemple dans ce passage de Roucher. L'auteur décrit la chasse et les plaisirs des vacances et brusquement il s'interrompt pour faire la leçon « aux prêtres de Thémis »

> Jurez que la beauté plus forte dans les larmes
> Trouvera votre cœur armé contre ses charmes ?

Ailleurs, dans un éloge de Rousseau, il trouve le moyen de glisser une tirade sur le refus de sépulture aux restes de Voltaire

> Que dis-je ? O de mon siècle éternelle infamie,
> *L'hydre du fanatisme* [3]

La censure coupa le vers après ce premier hémistiche mais le morceau ne fut pas perdu Le F∴ Roucher eut soin de le lire à la Loge maçonnique des Neuf-Sœurs dans une cérémonie funèbre en l'honneur de Voltaire [4]

On peut dire que le XVIII° siècle a complètement perdu le sentiment de la poésie s'il en a eu le désir et quelquefois l'instinct. La race d'ailleurs ne l'avait jamais possédé

1. Saint-Lambert, *Les Saisons* (l'Eté)
2 Roucher, *Les Mois*, t. II. p. 13 (édit Quillau, Paris, 1779, 2 vol)
3 Roucher, *op. cit.*, II. p. 259
4. Cf. *Corresp bibl.* XII, p 192 (La tirade est reproduite tout au long.)

à un bien haut degré. Pourtant au xviiie siècle, la poésie de la passion et du sentiment, la poésie de l'idée religieuse avaient inspiré de grandes œuvres. Aujourd'hui la science a tout desséché, grâce au progrès continu de l'esprit cartésien [1], qui est éminemment l'esprit d'analyse La seule poésie dont cette époque fût capable, c'est celle qu'on trouve dans les comédies de Marivaux, qui ne sont que de délicates et spirituelles analyses légèrement teintées de sentimentalité un peu mièvre. Mais on rêve quelque chose de plus haut On veut être savant, et il faut bien avouer qu'il y a quelque noblesse dans ce goût de la science Le grand tort est de ne pas distinguer les limites de la science et de la poésie et surtout d'être si peu poètes. Veut-on savoir leurs sujets de prédilection à ces descriptifs et à ces lyriques ? — Lebrun débute par une *Ode sur les causes physiques des tremblements de terre* [2] Malfilâtre, par une *Ode sur le soleil fixe au milieu des planètes* [3] Lemierre célèbre *l'Utilité des découvertes faites dans les sciences et dans les arts sous le règne de Louis XV* [4]. Delille écrit une *Epitre a M Laurent, à l'occasion d'un bras artificiel qu'il a fait pour un soldat invalide* [5] Et nous ne citons que les plus étranges de ces élucubrations, il n'est que de feuilleter un recueil de ce temps pour trouver en abondance des développements tout semblables

Si maintenant nous passons des titres au contenu

---

1 Appelons-le ainsi, plutôt que l'*esprit d'analyse* Celui-ci est parfaitement conciliable avec la poésie (Cf. Paul Bourget, *Essai de psychologie contemporaine*, 1re série, p 287) Au contraire, Descartes se refuse a comprendre tout ce qui n'est pas la science . son dédain pour l'antiquité, pour la théologie, pour l'histoire

2. Liv. I, od. iv

3 Malfilâtre, *Poésies diverses* (dans les *Petits Poètes français*, par Prosper Poitevin, Paris, Didot)

4 Lemierre, *Petits Poètes français*, t. I. p. 313.

Delille, *Œuvres*, edit Michaud, I, p. 23

des œuvres, nous verrons que le texte est étouffé par
le commentaire scientifique. *Les Mois* de Roucher offrent
peut-être le plus bel exemple. On trouve de tout dans
ses commentaires : de la physique, de la chimie, de la
géologie, de la botanique, de la médecine, de la mythologie, de l'histoire, de la philosophie, de l'économie
politique[1] et même de la poésie. Citations copieuses,
longues discussions, on peut prendre un chant au
hasard[2], on y retrouvera tout cela Delille lui-même,
si mondain, si superficiel, bourre le commentaire de
ses *Georgiques* de tout ce qu'il sait d'histoire naturelle
et d'économie rurale. Ce qu'il y a de pis, c'est que le
commentaire est généralement supérieur au texte, qui
est vague et déclamatoire, sans compter que dans le
commentaire on peut se permettre de plus grandes
hardiesses, avec l'espoir que la censure n'ira pas les y
chercher. On comprend que Buffon préférât sa prose
à tout ce fatras de vers pseudo-scientifiques. Noyés
par le commentaire et surtout si pâles et insignifiants

1 Roucher, d'ailleurs, traduisit le livre d'Adam Smith sur
La nature et les causes de la richesse des nations, 1790
2. Voir, par exemple, le commentaire du Ve chant : d'abord
une note abondante sur le mois de juillet dans le calendrier
romain — Puis une dissertation de près de 18 pages in-4° sur
la poésie hebraïque — Une remarque de La Condamine sur les
sinuosités des fleuves a leur embouchure. — Note sur les
différentes espèces d'ambres — Note sur l'ebenier noir. —
Note sur la pêche des perles dans le golfe Persique appuyee
de l'autorité de Chardin — Note sur la composition du dia-
mant. — Note sur le lezard et le crocodile, sur le phoque, sur
l'ours, sur le castor (très longue), d'après Buffon. — Note sur
les glaciers, d'après l'*Essai historique et physique des montagnes de glace en Suisse*, par M. Jean-Georges Altmann, et
l'*Histoire naturelle des glaciers de Suisse*, par M. Gronner.
— Notes sur les crues du Nil, — sur les sources, l'origine et
le cours de ce fleuve, etc. — Voir aussi le commentaire des
Saisons de Saint-Lambert, que Diderot trouve très ennuyeux.
On frémit à l'idée de ce qu'aurait été le commentaire de
l'*Hermès* d'André Chénier.

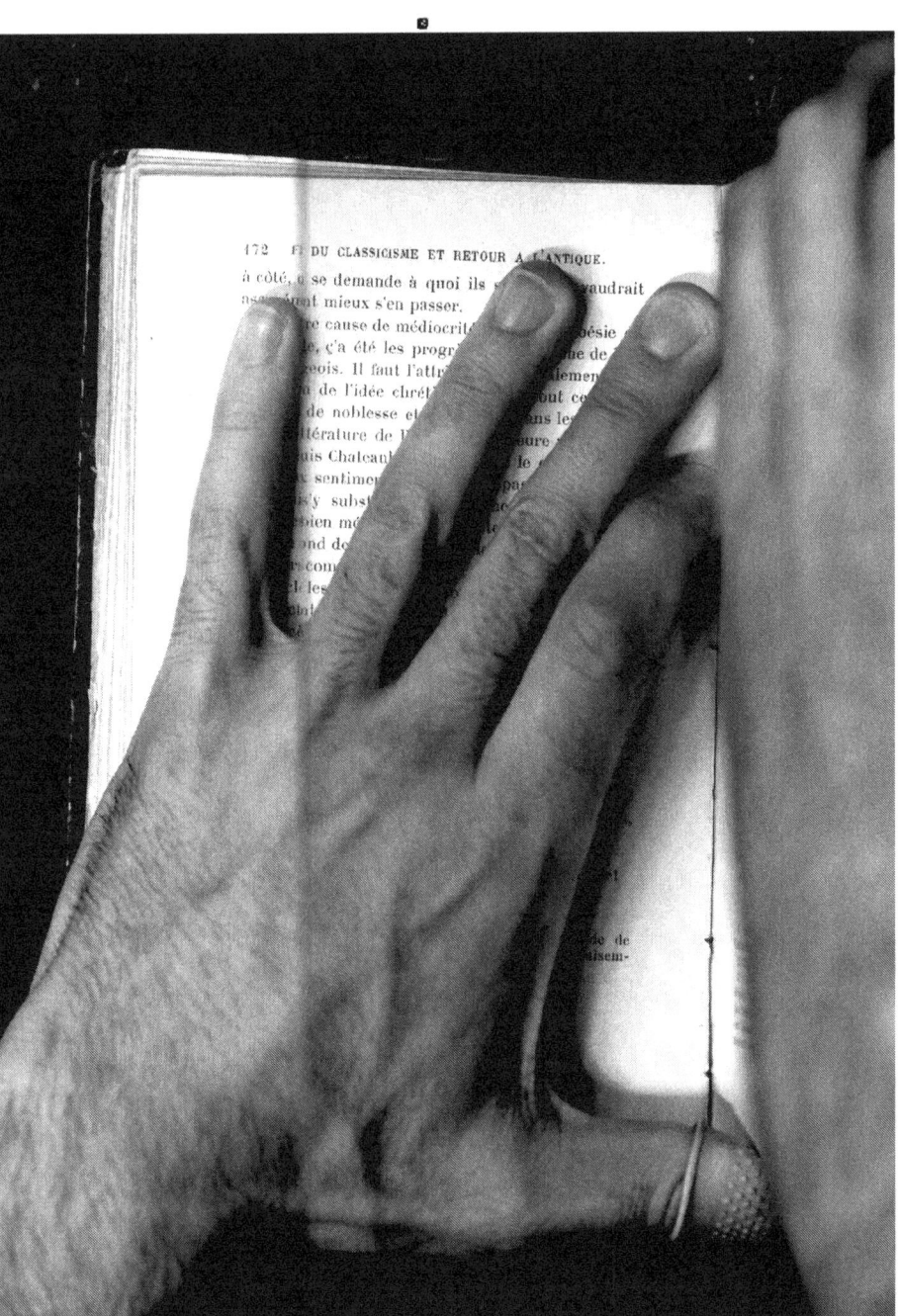

Ils sont *peuple*, comme Diderot. Ils [...]
les manifestations de l'animalité hum[...]
physique, la paternité, la maternité, la[...]
larmes : l'Académie met au co[...]
poésie « une lettre d'un pèr[...]
naissance d'un petit-fils[1] »,[...]

Naturellement ils sont pla[...]
et routinier : Boucher ne co[...]
hyperboles de la poésie héb[...]
inintelligence de toute gra[...]
morale. Lemierre ne voit pa[...]
[...]s les rites et dans les f[...]
[...]ne que les fêtes païenne[...]
[...]te-Dieu — le *Corpus Ch*[...]
[...]naux, dont le sens sym[...]
[...]s Espagnols en particu[...]
[...]splendeur, — toute ce[...]
[...]t qu'un prétexe à décr[...]
[...]t porte croix pour le pas d[...]
[...]nne un épisode digne du *La*[...]
[...]plus la noblesse de la *virgin*[...]
[...]ens vénéraient les Vestales et cons[...]
[...]à Athéna-Parthénos : Diderot écrit *L*[...]
[...]set, *Vert-Vert*. Rappellerons-nous la *P*[...]
[...]e[2] L'héroïsme même, quand il est dé[...]
[...]happe : on sait ce que Tressan et Bouffl[...]
[...]la grande figure du chevalier.

[...]naturellement encore, ils sont incapables décom-

Cf. *Corresp. litt.*, VI, 73. (La pièce couronnée ét de
[...]mfort.)

Cf. *Les Mois*, t. I, p. 27[...].

[...] « Je me suis borné aux usages quels qu'ils fussent qui
[...]ient susceptibles d'être ornés par la poésie. Qu'aurais-je
[...]tirer en effet de poétique de l'usage des Pénitents deux
[...]blancs, si longtemps suivi dans les provinces médio-
[...]ales? » etc. (*Les Fastes*, Avertissement.)

à côté, on se demande à quoi ils servent; il vaudrait assurément mieux s'en passer.

Une autre cause de médiocrité pour cette poésie du XVIIIe siècle, ç'a été les progrès et le triomphe de l'esprit bourgeois. Il faut l'attribuer principalement à la disparition de l'idée chrétienne [1], avec tout ce qu'elle avait mis de noblesse et d'héroïsme dans les âmes et dans la littérature de l'époque antérieure : on a redit assez depuis Chateaubriand combien le christianisme ajoute aux sentiments naturels. Le paganisme renaissant qui s'y substitue tombe malheureusement dans des âmes bien médiocres. Les poètes de ce temps ont tous un fond de vulgarité et ils deviennent facilement grossiers, comme d'ailleurs les plus grands écrivains du siècle, les Voltaire, les Rousseau, les Diderot. Ils se délectent en d'invraisemblables paysanneries, — si peu sincères si complètement dénuées de poésie et qui n'ont même pas pour elles l'imprévu de la nouveauté! Virgile et Lucrèce chantent les amours héroïques du cheval eux, ils versifient les plus banales aventures de la saison des foins Et ce n'est pas une fois, visiblement ils prennent plaisir à ces polissonneries [2] Ou bien ce sont des histoires d'une sentimentalité grossière un berger qui sauve sa bergère sur le point de se noyer, — le vieillard Polémon qui chapitre Damon, son seigneur, pour avoir voulu suborner sa fille [3].

Je suis vieux, je suis pauvre et vous m'ôtez l'honneur!

---

1. Cf. E. Faguet, *Dix-huitième siècle* (Introduction)
2 Voir, dans *Les Saisons* de Saint-Lambert, l'épisode de Chloé et de Sylvandre, où l'on trouve ces vers invraisemblables ·

Au bord d'un frais ruisseau, Chloé timide et tendre
Opposait la pudeur aux transports de Sylvandre.

Plus loin, l'Épisode de Damon et de Lise (l'Été).
3. Saint-Lambert, *Les Saisons* (l'Été).

Ils sont *peuple*. comme Diderot. Ils glorifient toutes
les manifestations de l'animalité humaine — l'amour
physique, la paternité, la maternité, la sensibilité, les
larmes l'Académie met au concours pour le prix de
poésie « une lettre d'un père à son fils à propos de la
naissance d'un petit-fils[1] ».

Naturellement ils sont plats ils ont le goût timide
et routinier Roucher ne comprend pas les énormes
hyperboles de la poésie hébraïque[2]. C'est la complète
inintelligence de toute grandeur soit en art, soit en
morale. Lemierre ne voit pas ce qu'il y a de poétique
dans les rites et dans les fêtes du christianisme et il
estime que les fêtes païennes sont bien supérieures[3]
La Fête-Dieu — le *Corpus Christi*, comme disent les
Méridionaux, dont le sens symbolique est si profond
et que les Espagnols en particulier solennisent avec
une telle splendeur, — toute cette poésie des rites
ne lui est qu'un prétexe à décrire les rixes entre
bedeaux et porte croix pour le pas dans la procession
ce qui donne un épisode digne du *Lutrin*. Ils ne comprennent plus la noblesse de la virginité, alors que
les anciens vénéraient les Vestales et consacraient des
statues à Athena-Parthénos · Diderot écrit *La Religieuse*
et Gresset *Vert-Vert*. Rappellerons-nous la *Pucelle* de
Voltaire ? L'héroïsme même quand il est démesuré,
leur échappe : on sait ce que Tressan et Boufflers ont
fait de la grande figure du chevalier

Et naturellement encore, ils sont incapables de com-

1. Cf. *Corresp. litt*, VI, 73 (La pièce couronnée était de
Chamfort)
2 Cf *Les Mois*, t I, p 277
3 « Je me suis borné aux usages quels qu'ils fussent qui
étaient susceptibles d'être ornés par la poésie Qu'aurais-je
pu tirer en effet de poétique de l'usage des Pénitents bleus
ou blancs, si longtemps suivi dans les provinces méridio-
nales ? » etc (*Les Fastes*. Avertissement)

prendre la beauté pour elle-même : le grand art
idéaliste du xvii⁰ siècle est donc lettre close pour eux.
Ils en conservent machinalement la forme et ils la
remplissent d'idées étrangères à l'art — couplets patriotiques, réalités des plus vulgaires, niaiseries sentimentales, tout le demi-réalisme des bourgeois. Dorat écrit
un poème sur l'*Inoculation*, Colardeau sur le *Patriotisme* ou sur *Une dame qui allaite son enfant*; un autre
chante le *Pain bénit*, un quatrième, le *Pain mollet* [1];
mais c'est dans l'héroïde surtout que la sentimentalité
ridicule du siècle se donne carrière. On ne s'en dégoûta
pas, malgré la surabondance de la production. Je
relève des titres au hasard : *Julie, fille d'Auguste, à Ovide.
La Vestale Claudia à Titus, Canacée à Macarée, Zeïla, jeune
sauvage, à Valcourt, officier français*, ce qui appelait
la *Réponse de Valcourt, officier français, à Zeïla, jeune sauvage* [2].

L'art du xvii⁰ siècle, forme et contenu, est devenu
trop haut pour eux. De même qu'ils le veulent platement réaliste, ils le veulent moralisateur. Tout autant
que le théâtre, la poésie d'alors prêche consciencieusement la vertu; et c'est peut-être ce qu'il y a de plus
odieux dans toute cette rimaillerie : Saint-Lambert, à
la fin des *Saisons*, présente le portrait idéal du seigneur
de village : il apaise les querelles, donne des conseils,
prête au paysan « le secours de ses lumières »; il est
l'arbitre du canton, le défenseur de la veuve et de l'orphelin. D'autres sont encore plus pratiques et riment

---

1. *Corresp. litt.*, IX, 152; V, 38; III, 273; VI, 249.
2. Cf. *ibid.*, IV, 143; VII, 510; V, 174; VI, 468. L'extraordinaire fortune de l'héroïde doit s'expliquer sans doute par
l'engouement du public pour la correspondance amoureuse
de la *Nouvelle Héloïse*, les *Lettres portugaises* et les nombreuses imitations qu'on en fit. Cette influence paraît beaucoup plus sérieuse que celle de Pope, modèle du genre, dont
Colardeau traduisit l'héroïde d'*Héloïse à Abélard* (1758).

tout uniment des vers sur *la nécessité d'être utile* [1].
A toutes ces raisons de médiocrité, s'ajoute la fasci-
nation du monde sur les écrivains. Il n'y a guère que
Rousseau, qui ait aimé sincèrement la solitude Roucher, qui l'a célébrée, était retenu en province par les
obligations de sa charge et faisait de nécessité vertu.
Jamais la littérature n'a été plus mondaine : on s'ar-
rache Delille, Roucher arrive du fond de sa province,
pour lire les fragments de son poème. La Harpe est non
seulement mondain, mais homme à bonnes fortunes
« bien poudré, en habit de velours noir avec sa veste
dorée et ses manchettes de filet brodé [2] ». En même
temps qu'on est du monde, on ne travaille que pour le
monde. Les lectures publiques recommencent comme
au temps de Pline le Jeune · Delille a lu ainsi presque
tous ses ouvrages avant de les publier. Roucher excite
un véritable enthousiasme en lisant des morceaux des
Mois [3]. La Harpe va de porte en porte lire son drame de
Mélanie. On sait que ce sont les salons qui firent le
succès de *Paul et Virginie*, et ce sont eux encore qui
lancèrent le *Voyage du jeune Anacharsis*. La mode s'étend
jusqu'à l'Académie . un discours en vers de Marmontel
est le complément attendu d'une séance de réception .
Discours sur l'éloquence pour la réception de M. l'arche-
vêque d'Aix, *Discours sur l'histoire* pour la réception de
M. l'abbé Millot, *Discours sur l'espérance de se survivre*
pour la réception de M. Ducis. L'habitude se généralise de plus en plus, parmi les académiciens, d'apporter
à leurs confrères la primeur de leurs œuvres : c'est
ainsi que Delille déclama deux morceaux de l'*Homme
des champs* à la réception de Malesherbes [4]. Il devint

1. Par le Prieur, avocat au parlement. Cf *Corresp. litt.*, VIII,
168.
2. *Mémoires* de Mme Suard.
3. Cf. *Corresp. litt.*, XI, p. 169.
4. *Ibid.*, XI, 37.

« le lecteur » par excellence. Il porta le genre à sa perfection.

Outre l'inconvénient de se soumettre au jugement du monde. on pressent aussi tous les défauts de cette poésie de lectures publiques. Recherche du morceau à effet, tirades déclamatoires, décousu des développements Un poème n'est plus qu'un ramassis de « morceaux » : Horace Walpole l'avait déjà remarqué pour les *Saisons* de Saint-Lambert [1]; Fréron, dans l'*Année littéraire*. répétait la même chose à propos des *Jardins* de l'abbé Delille [2]. Celui-ci sentait si bien la justesse du reproche qu'il avait déjà essayé de se disculper dans la préface des *Géorgiques*, en se donnant l air de défendre Virgile. Mais n'est-il pas curieux de voir la décadence classique du XVIII° siècle s'affirmer par les mêmes symptômes que la décadence latine?

Et cependant ils veulent absolument faire des vers Ils sentent tout ce qui manque à la poésie dégénérée de leur temps, ils le sentent d'autant plus qu'ils ont maintenant à l'étranger des termes de comparaison [3] — Shakespeare, Thomson Gray, Ossian, Gessner, Klopstock Les traductions, les adaptations, les analyses des journaux. — tout cela vient rompre la quiétude de l esprit classique. Mais au fond on méprise les Allemands et les Anglais, tout en reconnaissant qu'on pourrait leur faire d'heureux emprunts On veut rester français. Pour cela, il faut maintenir la tradition, faire ce qu'ont fait les classiques — les imiter et imiter, comme eux, les anciens. L'expédient était grossier et il ne réussit pas. Tandis que les poètes du XVII° siècle avaient su se créer une forme originale pour exprimer

1 Cité par Sainte-Beuve, *Causeries du lundi*, t XI, p. 127
2 *Année littéraire*, 1782 (cité par Sainte-Beuve, *loc cit*).
3. Se reporter a Texte. *J.-J. Rousseau et les origines du cosmopolitisme littéraire.*

une conception toute neuve de la vie, eux les décadents, ils reprenaient une forme usée et ils n'avaient
rien de nouveau à dire ils pouvaient bien s'y tromper
à cause de l'abondance extrême de matières que la
science et la philosophie avaient mises en circulation
mais au fond leur pensée comme leur art, restait gouvernée par la raison classique De là, la stérilité de la
poésie du xviii° siècle et en même temps son intarissable
bavardage De là aussi, le tour particulier que prend
l'imitation de l'antique On parle bien alors de Virgile
et d'Homère, de Lucrèce et de Pindare mais en
somme on est gêné avec eux, tandis qu'au contraire on
traite d'égal à égal avec les fabricants de vers latins
modernes ; on en est au goût jésuite en littérature
élégance, correction, difficulté vaincue, vide absolu
des idées Aussi voilà que les Rapin et les Vanière res-
suscitent le *Prædium rusticum* est traduit [1] Delille
compare Vanière à Virgile et tout en reconnaissant la
supériorité de Virgile sur le poète jésuite, il avoue que
« ce qu'on ne peut trop admirer dans celui-ci, c'est
qu'il loue la campagne de bonne foi, qu'il peint ce qu'il
aime et qu'il fait passer dans l'âme de ses lecteurs le
sentiment qui l'anime [2] ». Quant à Rapin « il a écrit
dans la langue et quelquefois dans le style de Virgile [3] » Non seulement Roucher pense de même [4]
mais il déterre des versificateurs latins profondément
inconnus, auxquels il ne ménage pas les éloges Il
cite un fragment d'un poème latin de Jacques Savari
Venationis cervinæ leges [5] un autre d'un poème sur la
Peste par un M. Geoffroy [6] Il recommande « aux ama-

1 Traduction par Berland en 2 vol , 1757. Cf. *Corresp litt.*
p 322
2 *Discours préliminaire.* II, p xx (édit. Michaud)
3 Préface de l'*Enéide*, VII, p 4.
4. Voir ce qu'il dit du P. Vanière I. p 50
5 Roucher, *Les Mois*, II. p 39
6. *Op cit*, II, p. 110.

leurs de belle latinité » les *Hirundines polonicæ* du
P. Moreau de l'Oratoire[1] ; il loue l'*Iris* du P. Nocetl,
jésuite. « ouvrage où l'imagination a revêtu de toutes
les couleurs de la poésie le système de Newton sur les
couleurs[2] »

On s'éprend des *Idylles* de Gessner bien plus que de
Théocrite, cependant traduit à la même époque[3], on en
admire les illustrations composées par l'auteur lui-
même, peut-être à cause de leur extrême fadeur et de
tout ce qu'elles avaient de faussement antique[4]. Mais
surtout on traduit, et c'était le terme auquel on devait
aboutir logiquement, en revenant au principe de l'imitation de l'antique, sans renouveler sa conception de
l'art et de la vie. Le classicisme finissant se noie dans
la traduction et la paraphrase Le grand talent de
Delille, et même son seul talent, c'est la traduction en
vers. Tout lui est bon à traduire, — anciens et
modernes. — vers et prose : « La prose surtout la
prose était pour lui de bonne prise . Il venait de
réciter à Parceval-Grand'Maison un morceau dont
l'idée avait été empruntée à Bernardin de Saint-Pierre,
ce que Parceval remarqua . « N'importe, s'écria Delille,
ce qui a été dit en prose n'a pas été dit[5]. » Il ne faudrait pas croire que ce ne fût là qu'un accident . *Le
Temple de Gnide* de Montesquieu et la *Nouvelle Heloise* de
Rousseau devinrent de véritables « matières » pour les
versificateurs André Chénier lui-même se fait gloire

---

1. Cf *Les Mois*, II. p. 171.
2 *Ibid* , I. p. 120
3 La traduction de Chabanon surtout avait fait quelque
bruit; cf. notre chap II, p 61.
4 On trouvera ces illustrations dans la traduction d'Huber
(1777). Delecluze en parle encore comme ayant exercé une
véritable influence sur le mouvement antiquisant dans les
ateliers, cf *Louis David, son école et son temps*, p 127.
5 Sainte-Beuve, *Portr litt* , t. II, p. 100.

d'employer ce procédé [1]. C'est le contraire de ce que
faisaient nos romanciers du xiv° siècle qui mettaient
en prose les chansons de geste des siècles précédents,
mais c'est la même platitude, la même stérilité, et la
même rage d'écrivasserie : le poète alors n'est plus
qu'un scribe qui calligraphie les œuvres des autres.

II

C'est assurément une entreprise fort-ennuyeuse que
d'exhumer cette littérature mort-née de la fin du
xviii° siècle; mais elle ne sera pas inutile, si nous nous
rendons compte des procédés de composition et en
général des procédés d'art de ce classicisme décadent.
Peut-être verrons-nous mieux ainsi pourquoi cette
poésie a été si inférieure et pourquoi l'imitation de
l'antique a été incapable de lui rendre la vie.

La marque de la poésie d'alors c'est qu'elle est *descriptive* : ce sont les Anglais qui ont inventé le genre.
Pope et Thomson en sont les modèles — Pope était
connu depuis longtemps; quant à Thomson, sa réputation en France ne commence guère qu'à partir de la
traduction que donna des *Saisons* en 1759 une certaine
Mme Bontemps [2]. Il fut très lu et admiré de quelques-
uns [3]. Malgré la malveillance et la jalousie qui était au
fond de cette admiration, on était bien forcé de convenir qu'il y avait chez Thomson un sentiment vrai de
la nature et surtout une couleur que la poésie française

1. Épître a Lebrun, v. 117 et suiv., edit. Becq de Fouquières.
2. La traduction de Mme Bontemps ne paraît pas avoir été
accueillie avec un grand enthousiasme (cf. *Corresp. litt.*, IV,
248); mais elle contribua à attirer l'attention sur Thomson.
3. Cf. Texte, *op. cit.*, p. 360 et suiv.

ne connaissait pas [1]. — Mais bien plus que Thomson, les progrès extraordinaires des sciences de la nature au xviii° siècle ont contribué au développement du genre descriptif [2] La science et les découvertes du temps ont fourni la matière, la rhétorique classique qui énumère et qui classe, a fourni la forme Ajoutons qu'on était las de ces éternelles tragédies taillées sur le même patron. On voulait faire du nouveau et prouver au reste de l'Europe qu'on était capable d'autre chose que « de tragédies et de chansons [3] ».

Le poème des *Saisons* de Saint-Lambert est à proprement parler le premier en date des poèmes descriptifs [4], d'ailleurs on en parlait depuis si longtemps que l'auteur peut être considéré, chez nous, comme le véritable initiateur du genre . après y avoir travaillé pendant « près de vingt ans [5] », il le publia enfin en 1769 avec un discours préliminaire, trois petits romans plusieurs pièces fugitives et quelques fables orientales. Ce fut un désappointement universel surtout pour qui-

1. Grimm lui-même le reconnaît implicitement dans ses critiques : « Le défaut de ce poème consiste dans *une trop grande richesse d'images* et de poésie. A force d'être riche et fleuri, il devient monotone et fatigant. » (*Corresp. litt.*, IV, 248.) Se rappeler cependant les méchantes critiques de Voltaire, qui met Saint-Lambert au-dessus de Thomson : voir notre chap i.

2. Il y a une autre cause aussi, qui est extrêmement importante et dont nous avons parlé ailleurs, chap vii), c'est la confusion des limites de la peinture et de la poésie On est convaincu qu'il faut être un peintre pour être un poète : au fond, toute la poésie descriptive est sortie de cette idée.

3. « La nation française est la nation la moins poétique de l'Europe. Elle n'aime, elle ne connaît guère que deux espèces de poésie : les chansons et le théâtre. » (Rivarol, *Corresp. litt.*, XIII, p 179.) — Voir aussi Delille, Préface des *Jardins*, etc.

4. Nous ne parlons ni des premières pièces de Saint-Lambert, *Le Soir* et *Le Matin*, ni même des *Quatre Saisons* de Bernis, que l'auteur intitule pompeusement · *Les Géorgiques françaises*; ce sont des œuvres par trop insignifiantes

5. *Corresp litt*, VIII, 177.

conque supputait la lenteur de l'élucubration : on
s'attendait à trouver en français le pendant des *Géor-*
giques ou du *De natura rerum*, et l'on ne comptait qu'un
versificateur de plus [1].

Très modestement d'ailleurs, Saint-Lambert avait
ramené le sujet à sa portée : il ne prétendait pas,
comme Virgile, décrire les pratiques de l'agriculture
donner des préceptes il aurait fallu, pour cela, s'y
connaître, surtout aimer la terre et être capable de la
chanter Il se propose tout simplement de donner le
goût de la campagne aux gens du monde et, en particulier, aux grands propriétaires [2] La différence est
énorme il ne s'agissait plus de raconter la vie des
paysans mais d'amuser des yeux et des esprits bla-
sés ainsi s'expliquent ces épisodes galants et surtout
ces tirades de philosophie qui déplaisent si fort dans
le poème de Saint-Lambert et qui en rabaissent le
ton si maladroitement

Cependant, même compris de la sorte, le sujet était
encore grand. Saint-Lambert l'a senti fles poèmes de
Virgile et d'Hésiode hantent son souvenir Il s'excuse
de ne pouvoir comme eux, s'intéresser au détail de la
vie rustique [3]. Mais si mondain qu'il soit resté, il a
vu tout ce qu'il y a de sérieux dans l'amour des sexes
tel que Lucrèce et Virgile l'ont chanté Sa description
du printemps est pleine de réminiscences antiques ;
dans tout ce qu'il dit de l'omnipotence de l'amour
des amours du cheval et du taureau, du tigre et du
lion [4] on retrouve l'accent de l'Invocation à Vénus et
du IIIe livre des *Géorgiques*. Ce qui manque, c'est le

---

1. *Corresp. litt.*, VIII, 288 « Sans les pieces fugitives de M. de
Saint-Lambert, ou il y a du sentiment et de la verve, je dirais
que c'est un bon rimeur, mais non pas un poète. »
2. Voir *Discours preliminaires*, *L'Eté*, *ad fin.*
3. *Les Saisons* (*Discours preliminaires*).
4. *Ibid.*, chant I.

grand sens panthéistique, c'est l'allure sacerdotale du vers de Virgile, l'émotion presque religieuse de la volupté antique Ailleurs, il imitera encore Lucrèce, en racontant l'humanité primitive, les origines de la société, la découverte des arts [1], mais il n'emprunte guère au poète latin que la matière de ses développements : le sens poétique, la rude énergie de son modèle lui échappent. Il y avait là pourtant d'admirables vers [2] qui auraient dû illuminer tout autre qu'un Saint-Lambert.

D'où cela vient-il, sans parler de la sécheresse et de la froideur foncières du poète? Toujours de la même méprise de l'esthétique classique, qui s'imagine que la poésie est avant tout une question de langue et de style La preuve la plus éclatante qu'on en puisse fournir se rencontre dans les imitations nombreuses que Saint-Lambert a faites du pittoresque de Thomson. Comme tout le monde alors, il a été frappé de « la couleur » du poète anglais et il croit que, pour y atteindre, il suffit d'accumuler les comparaisons empruntées des métaux ou des pierres précieuses. Il se compose une palette extrêmement riche et il plaque la couleur au hasard : je doute que le vocabulaire des romantiques à leurs débuts soit plus « pittoresque » que celui de Saint-Lambert :

L'email des gazons frais, des ruisseaux argentés
Et le jeu des rayons dans ces perles liquides,
Que dépose la nuit dans ces vallons humides [3]...

Le soleil, au couchant, dore enfin les nuages
Il sème de rubis le contour des nuages [4]

---

1. Les Saisons, chant I.
2 Voir dans le De natura rerum, V, v. 922 et suiv. Comparer avec l'imitation de Saint-Lambert
3. Les Saisons, chant I.
4 Ibid.

Les *rubis* des pavots qu'emportent les zephirs
Et le bleuet flottant, qui seme ses *saphirs* [1] ..

Voici maintenant des descriptions plus complètes :

>   . . . C'était Lise elle-même.
> Le jour du crepuscule et du *globe argenté*
> *Sous le voile des eaux eclairait sa beauté :*
> Tel est, dans un parterre *un lys* qui vient d'eclore,
> Quand il brille au matin sous les pleurs de l'aurore.
> *Le jais de ses cheveux et l'eau sombre et verdâtre*
> *Opposés à sa gorge, en relevent l'albâtre* ?
> Les *couleurs* d'un beau soir, ou son œil incertain
> Cherche sans la trouver *la premiere nuance*
> Du *pourpre* qui finit, de l'*azur* qui commence.
> Il voit l'astre des nuits repandant sa clarte,
> Ou sortant a demi d'un nuage *argenté*;
> Et les bruits suspendus, les *couleurs effacées*
> Livrent son ame heureuse a ses douces pensées [2].

Je le demande : les classiques qui trouvaient si
« matérielles » les *Orientales* de Victor Hugo, n'auraient-
ils pas pu retourner tout aussi bien la critique contre
Saint-Lambert ? Et cependant il n'y a pas un de ces
vers qui soit véritablement « vu » pas un qui trahisse
une imagination fortement remuée : les descriptions
de Saint-Lambert ne sont que de laborieuses enlumi-
nures Le grand défaut est là : c'est parce qu'il imite
toujours par l'extérieur et qu'il laisse échapper l'âme
de ses modèles, qu'il est en particulier si médiocre
dans ses imitations de l'antique Ce parti pris de ne
voir dans un poème qu'un exercice de style, nous
allons le constater tout autant chez les autres descriptifs les Lemierre les Delille, les Roucher.

Si Saint-Lambert dans les *Saisons* avait été poursuivi par de constantes réminiscences de Lucrèce et
de Virgile, Lemierre est beaucoup moins préoccupé

1 *Les Saisons*, chant I
2 *Ibid*, chant II.
3 *Ibid.*, chant III

d'Ovide dans ses *Fastes* [1], bien qu'il lui ait pris l'idée
de son poème : « ce fut — dit-il — en relisant les
Fastes d'Ovide, que je conçus l'idée du poème que je
présente au public [2]. » Mais l'imitation est bien lointaine et superficielle. Tandis qu'Ovide suit pas à pas
le calendrier, Lemierre choisit et retranche parmi les
fêtes catholiques, et cela pour les raisons les plus
antipoétiques du monde : à la fin de son poème, il
conseille aux Français, « peuple doux, peuple aimable
autant que généreux, » d'anéantir les fêtes qu'inspira
« la superstition ridicule ou barbare ». Et c'est ainsi
que l'esprit du XVIII° siècle finit par pénétrer dans ce
poème qui aurait dû être purement religieux. D'autre
part Ovide, si léger qu'il soit, a compris la dignité de
son sujet : c'est chose sacrée, « sacra cano [3] ». Il ne
touchera pas plus aux antiques cérémonies, qu'on ne
touchait aux anciens textes de prières. Il se borne à les
expliquer et, pour cela, il consulte les annales [4], probablement aussi les anciens annalistes et plus spécialement Varron : de sorte que le poème d'Ovide constitue
un document très important pour l'histoire de la
religion romaine primitive. Il est impossible d'en dire
autant de Lemierre. Son poème n'est qu'une illustration du calendrier qu'il a prétendu rendre amusante.
Pour cela, il a tâché d'être très actuel et très parisien.
Il décrit les boulevards, — le patinage, — la Sainte-
Geneviève, — la foire de la Saint-Laurent, la distribution des prix du concours général, — la messe rouge :
c'est une *revue* en vers de l'année. Il a beau se ressou-

---

1. *Les Fastes ou les usages de l'année, poème en seize chants*,
par M. Lemierre, à Paris, chez P.-Fr. Gueppier, 1779. Lemierre
a écrit un autre poème didactique : *La Peinture*, 1769.
2. Avertissement des *Fastes*.
3. *Fastes*, II, v. 7.
4. Sacra recognosces annalibus eruta priscis. (*Fastes*, I, 7.)

enir parfois d'Ovide, imiter, par exemple, la légende
de Syrinx [1], c'est la couleur moderne qui l'emporte.
En somme, en un sujet où il est particulièrement
déplacé et déplaisant, intrusion de l'esprit de propagande anticléricale du XVIIIe siècle, avec tout ce qu'il
apporte de platitude et d'inintelligence dans les choses
religieuses. Éparpillement de l'œuvre, décousu de la
composition : c'est une série de morceaux descriptifs.
Dans Saint-Lambert, le poème didactique était encore
fidèle à son titre : il voulait *enseigner* le bonheur de la
vie rustique et s'y efforçait honnêtement. Chez
Lemierre, c'est le poème didactique sous sa *forme littéraire*. Il n'apprend plus rien. Le sujet est indifférent.
Le livre pourrait s'intituler tout simplement : *Des vers*.

Cet abâtardissement du poème didactique est encore
plus sensible chez Delille. L'idée qu'il s'en fait, il a
eu soin de nous en avertir lui-même dès le début
du discours qu'il a mis en tête de ses *Géorgiques* :
« Hésiode était plus agriculteur que poète ; il songe
toujours à instruire et rarement à plaire ; *jamais une
digression agréable ne rompt chez lui l'ennui et la monotonie
des préceptes*. » Et plus loin : « Si les épisodes sont
nécessaires même dans le poème épique,... ils le sont
bien davantage dans le poème didactique, pour *couper
la monotonie et adoucir l'ennui des préceptes*. » Il dit des
préceptes moraux la même chose que des préceptes
techniques : « Indépendamment de l'aversion naturelle
que nous avons pour eux, (ils) sont si éloignés de nos
sens que rarement ils fournissent au poète ces belles
descriptions, ces vives images, qui font l'essence de la
poésie. »

Delille *adoucira* si bien *l'ennui des préceptes*, qu'il
n'en restera pour ainsi dire plus rien. Le poème didac-

---

1. *Fastes* de Lemierre, chap. XVI; Ovide, *Métamorph.*, I.

tique deviendra purement descriptif, sans échapper, comme il le voulait, à la monotonie. Rivarol s'en amusa à propos des *Jardins* . « Dans le 1er chant, dit-il, l'auteur entreprend de diriger l'eau, les fleurs, les gazons, les ombrages; dans le second, les fleurs, l'eau, les ombrages et les gazons; dans le troisième et le quatrième, il dirige encore les ombrages, les fleurs, les gazons et les eaux [1]. » — Quoi qu'il en soit, c'est dans cet esprit que Delille a composé tous ses poèmes Nous pouvons en parler dès maintenant, même de ceux qui n'ont paru qu'au siècle suivant, car tous ont été conçus à la même époque que les *Jardins*, ou même récités par fragments bien avant leur publication définitive [2].

Delille est le descriptif par excellence Il a poussé si loin la perfection en ce genre, qu'on l'a considéré comme un véritable chef d'école.

Le poème descriptif consiste non seulement, comme chez Thomson ou Saint-Lambert, — à décrire les aspects de la nature, mais à *mettre en vers* n'importe quoi. Plus le sujet paraît éloigné de la poésie, plus l'habileté du poète en est triomphante. Delille décrit tout. depuis la raquette jusqu'au jardin de Versailles. Naturellement, — le sujet même de son poème l'y obligeait — description des jardins fameux du temps, —

---

1 *Corresp litt* . XIII, p. 178
2. Delille nous dit lui-même dans la préface de l'*Homme des champs* qu'il en a lu un morceau à la réception de Malesherbes (cf. Delille, *OEuvres*, edit. Michaud, t. VIII, p 206). M. Tourneux s'est trompé en affirmant que le morceau lu à la réception de Malesherbes était un morceau des *Jardins* (cf. *Corresp. litt.*, t. XI, p. 37. note). Outre le témoignage de Delille, un fragment de La Harpe concorde avec le texte même de la *Correspondance littéraire*, dont le vague a pu induire en erreur M. Tourneux (*Corresp.* de La Harpe,I, lettre XII, cit. par Amar, Préface de l'édit. Michaud, p. xii) — Même chose à dire pour l'*Imagination* Des 1784, Delille en lit un fragment à l'Académie. cf. *Corresp. litt* , XIII. p 493

Bagatelle, Moulin-Joli, Chantilly, en France, Cassel et
Vorlitz en Allemagne, — Pulhawi et l'Arcadie en
Pologne, Parkplace, Chiswick Blemheim, en Angleterre, — description de la Grande-Chartreuse — description de Nice, — description d'une ferme avec ses
bâtiments, ses instruments de labour, ses habitants.
Dans l'*Homme des champs*, après ce que Delille appelle
ses préceptes d'agriculture, voici une partie de jacquet
à côté d'une partie d'échecs « ailleurs c'est le piquet
des graves douairières [1]. » Deux pages plus loin c'est la
pêche à la ligne nouveau prétexte à description

> Est-ce la truite agile ou la carpe dorée,
> Ou la perche étalant sa nageoire pourpree,
> Ou l'anguille argentée errant en longs anneaux,
> Ou le brochet glouton qui depeuple les eaux [2] .

Comme il convient la description de la chasse fait
pendant, avec la chasse au cerf comme morceau à
effet. Le portrait du curé de campagne appelle celui
du maître d'école. Puis viennent les jeux du village,
— le tir au pigeon, les boules, les quilles Ici il faut
citer, le morceau est vraiment trop joli

> Plus loin, *un bas roulant de la main qui le guide*
> *S'échappe, atteint, parcourt dans son cercle rapide*
> *Ces cônes alignes qu'il renverse en son cours*
> *Et qui toujours tombant se redressent toujours.*
> *Quelquefois de leur rang parcourant l'intervalle,*
> *Il hésite, il prélude à leur chute fatale.*
> *Il les menace tous, aucun n'a succombe,*
> *Enfin il se decide — et le neuf est tombé* [3]!

Je ne sais, mais ce morceau sur les quilles me
parait le chef-d'œuvre du genre Et pourtant il y a
encore de beaux développements sur les engrais, les

1 *L'Homme des champs*, I, p. 221
2 *Ibid.*, p. 224.
3 *Ibid.*, p. 241.

théories géologiques de Buffon, les dîners sur l'herbe
Delille s'inquiète également des collections, qui offrent
un délassement tout indiqué à la campagne ·

> Que d'un lieu prepare, l'etroite enceinte assemble
> *Les trois regnes rivaux etonnes d'être ensemble,*
> Que chacun ait ici ses tiroirs, ses cartons,
> Que divises par classe et ranges par cantons [1]. .

Cependant il condamne pour « le simple particulier »
les cabinets d'histoire naturelle Il est de meilleur
goût de se contenter d un chien ou d'un chat empaillé,
que l'on placera dans la chambre aux collections :

> . .   . Si quelque oiseau cher, un chien, ami fidele,
> A distrait vos chagrins, *vous a marqué son zèle,*
> Au lieu de lui donner les honneurs du cercueil
> . . . .
> *Faites-en dans ces lieux la simple apothéose :*
> *Que dans votre Elysee avec grace il repose.*
> *C'est là qu'on veut le voir, c'est la que tu vivrais,*
> O toi dont La Fontaine eût vante les attraits,
> O ma chere Raton [2]!

Il faut déguster chaque vers à loisir pour en bien
sentir le comique furieux autant qu'involontaire.
Sainte-Beuve a trop raison, lorsqu'il se résume ainsi
sur Delille « Il fabriqua en quelque sorte les jouets
d'une époque encyclopédique et, par lui, Lavoisier.
Montgolfier Buffon, Daubenton Lalande, Dolomieu.
que sais-je? eux et leurs sciences furent modelés en
figurines de cire et mis pour les salons en airs de
serinette . Le dernier triomphe et comme le bouquet
du genre, est aussi la dernière grande production de
Delille, les *Trois regnes* qu'on peut définir la mise en
vers de toutes choses animaux végétaux. minéraux.
physique, chimie, etc [3]. »

1 *L'Homme des champs*, III, 312.
2 *Ibid*, III. 317
3 *Port. litt*, II, p. 77.

D'après cela, et surtout si l'on songe aux débuts littéraires de l'abbé Delille, à ses succès d'écolier, à sa première vocation de professeur, on peut définir ses vers le triomphe de la poésie de collège dans le goût jésuite c'est le *traducteur-ne*. Lebeau trouvait indécent qu'un académicien dictât encore des thèmes latins [1] et fit nommer Delille au Collège de France. Mais Delille ne changea pas de métier pour cela, on peut dire qu'il a fait des thèmes latins toute sa vie

Sa grande supériorité, c'est d'abord d'avoir eu plus que tout autre l'instinct et la vocation du genre et d'en avoir su admirablement tirer parti. Un des éléments de succès qu'il a le plus cultivés, c'est la mode et l'actualité. Évidemment cet abbé mondain avait la manie des champs, on ne comprendrait pas sans cela qu'il s'en soit occupé dans trois poèmes Mais voyez comme le moment de la publication de ses *Géorgiques* est bien choisi « On ne peut publier, dit-il, dans un moment plus favorable la traduction d'un ouvrage sur l'agriculture Cette matière est devenue l'objet d'une foule de livres, de recherches et d'expériences Dans toutes les parties du royaume, je vois s'élever des sociétés d'agriculture [2]. » C'est lui-même qui parle ainsi. Et en effet, c'est le temps où Voltaire mène grand bruit autour de ses entreprises agricoles et s'affuble du nom de *Triptolème* où les Choiseul, les La Rochefoucault-Liancourt se posent en gentilshommes campagnards, où la question des grains passionne les salons, où l'abbé Galiani écrit sa brochure.

Mais ce n'est pas seulement le moment et le sujet qu'il choisit. ce sont les épisodes les plus capables de

---

1. Delille était toujours professeur de troisième au collège de la Marche.

2. *Discours préliminaire* (en tête de la traduction des *Géorgiques*).

mordre sur le public. Le public est sensible, il a vaguement le goût de l'exotisme (Bernardin va venir); voici un épisode qu'il applaudira sûrement   le jeune Potaveri, sauvage d'O-Taiti, rencontre un bananier au Jardin du Roi. Il se précipite sur l'arbre, il l'embrasse en pleurant

> . . . . . Et son âme attendrie
> Du moins pour un instant retrouve sa patrie [1]

On a le culte des sentiments domestiques, le culte des morts à la manière antique   Delille ne manque pas de placer des cénotaphes dans ses jardins, à la mémoire d'un ami ou d'un parent

> Ne craignez point d'offrir des urnes, des tombeaux [2]

La guerre d'Amérique vient de finir : nos victoires navales sur les Anglais ont relevé le patriotisme. Il y aura donc, dans un bosquet, un obélisque avec cette inscription   « A nos braves marins mourant pour la patrie [3]. » Tous les engouements, toutes les manies de l'époque, les découvertes à sensation, les grands hommes, les mots du jour, les anecdotes qui étaient dans toutes les mémoires, — les jardins anglais, Voltaire, Buffon, la pervenche de Jean-Jacques, l'araignée de Pellisson, — tout cela trouve place dans les vers de Delille   C'est à la fois un mémento scientifique, un almanach et un panorama populaire. On conçoit qu'il ait eu un succès prodigieux   Les lectures qu'il fait de ses vers sont de véritables triomphes   « si nous ne craignions pas d'avoir été séduits par l'illusion que l'art du lecteur a su prêter à son ouvrage, nous

1 *Les Jardins*, II. p. 109
2 *Ibid*, IV, p. 158.
3 *Ibid*, IV, p 166.

dirions avec assurance que depuis Racine, on n'a pas fait de plus beaux vers [1] » Plus tard en 1790, après une lecture de son épisode des *Catacombes* dans l'*Imagination* « Si l'on ne craignait pas de s'être laissé éblouir par le charme de la déclamation la plus séduisante, on oserait dire que c'est le plus beau morceau de poésie qui existe dans notre langue [2] » Delille lui-même se laisse entraîner et infatuer par la vogue extraordinaire de sa poésie « A ces mots le Génie me sourit, me jeta quelques feuilles de laurier détachées de la couronne de Virgile et de Milton . Je les saisis avec empressement et les rattachai avec respect aux couronnes à qui elles appartenaient [3]. » Malgré la modestie de la restriction, on voit que Delille se croit de la grande famille.

Plus encore que l'actualité, ce qui devait séduire et ce qu'on devait aimer dans Delille, c'est sa banalité distinguée Il donnait l'illusion du grand art . c'était le moule, c'était le tour des maîtres Il faisait songer à la correction sévère de l'*Art poétique* et cela rassurait sur l'insignifiance du fond. Sa langue est certainement plus riche que celle des classiques elle a dû éblouir les contemporains. Comme disait de lui Chênedollé « C'est le petit chien qui secoue des pierreries [4]. » Mais cette langue si abondante on la sent exténuée et vide de substance Les mots en sont morts Elle est pleine d'à-peu-près et d'impropriétés Quant à son style c'est un amalgame de tous les styles connus Son éditeur de 1824, malgré son admiration ne peut s'empêcher d'en convenir « Il a tour à tour la touche ferme et sévère de Boileau, l'harmonieuse élégance de Racine,

1. *Corresp litt* . XII, 474
2 *Ibid* , XVI, p 73
3 Préface de l'*Énéide*.
4. Cité par Sainte-Beuve, *Port litt* , II. p 83

quelque chose des grâces naïves de La Fontaine, mais surtout l'abondance facile et souvent trop facile de Voltaire On conçoit sans peine qu'il est impossible qu'un style qui se compose de la combinaison étudiée de tant d'autres styles ait un cachet particulier, une certaine originalité de caractère [1]. » En effet s'il a des « hardiesses » elles sont honnêtes et prudentes Comme chez Racine la noblesse de l'épithète sauve la vulgarité du substantif Sa versification est l'image de son style. Il émousse les angles, il énerve c'est un ruisseau d'eau claire. Le vers est coupé régulièrement à l'hémistiche, ou bien il admet des rejets d un hémistiche tout entier et cela sans aucune nécessité, ce qui donne au vers quelque chose de boiteux Dans *les Jardins* en particulier il abuse de cette coupe, qui, à la longue, devient encore plus monotone que la coupe classique Il a bien des innovations, dont quelques-unes même assez heureuses

> Vous marchez, l'horizon vous obéit, | la terre
> S'élève ou redescend, s'étend ou se resserre [2].

Mais tout cela est noyé dans la banalité du reste. Qu'on ajoute la banalité extrême et la fadeur des motifs et l'on comprendra qu'une lecture un peu prolongée de Delille devienne facilement intolérable C'est la ritournelle de l'orgue de Barbarie

En réalité, il faut saluer en Delille le plus grand fabricant de vers latins qu'ait eu le xviiie siècle Comme ces Rapin et ces Vanière dont il avait le goût et même l'admiration, il cherche des expressions dans les maîtres, des coupes et des rejets Il connaît tous les secrets et toutes les ruses du métier, mais il n'a jamais

---

1 Notice sur Delille par Amar en tête de l'édit Michaud.
2 *Les Jardins*, I, p. 44.

connu l'art Le vers pour lui n'est que le clavier
banal où le virtuose-prodige exécute les morceaux de
difficulté et les airs à la mode avec une perfection
infinie de doigté, mais en restant incapable d'inventer
une mélodie Les mots ne lui sont qu'une matière
inerte que sa mémoire ordonne tranquillement suivant
des formules connues et sans que son imagination en
soit le moins du monde troublée Il ne connaît même
pas, en les maniant, cette volupté que Théophile Gautier comparait à celle du joaillier contemplant dans sa
main les eaux changeantes des pierres

Si nous résumons tous ces traits, si nous nous rappelons avec quelle perfection il a représenté le type
de l'auteur à succès, ménageant, cultivant son public,
lui servant à point nommé la marchandise qu'il
demande si nous nous rappelons le vide de ses idées,
la banalité de son style la platitude de sa versification
toute mécanique, — et enfin si nous songeons à ses
emphatiques funérailles nous verrons en l'abbé
Delille une véritable caricature du poète et dans ses
vers, une dérision de la poésie.

Pourtant une fortune littéraire aussi considérable
ne pouvait être absolument une erreur des contemporains Il a fallu quelque chose qui entretînt et qui jus-
tifiât en somme l'illusion Ce petit abbé a eu vraiment
le culte des maîtres Comme Saint-Lambert, les
modèles qui le hantent, ce sont les plus grands noms
de la littérature latine, c'est Lucrèce et Virgile Virgile
surtout dont il paraît constamment préoccupé et
comme obsédé

Virgile regrette de n'avoir pu chanter les Jardins.
Delille va composer les siens « Nous n'avions point,
dit-il, de *Géorgiques* françaises Celles de Virgile, si par-
faites dans l'exécution, semblaient incomplètes dans
leur plan Il ne nous avait point présenté l'homme des

13

champs jouissant de tous les plaisirs que peut offrir
la campagne, étudiant tous les aspects variés des
saisons, observant la nature pour en mieux jouir,...
j'ai tâché de remplir ce vide ¹ » Et il écrit l'*Homme
des champs*, avec l'ambition de compléter Virgile. Il
s'avise qu'un Lucrèce manque à la science moderne,
et il se met au courant des plus récentes découvertes,
il consulte les hommes spéciaux ², pour composer les
Trois règnes.

Si maintenant nous passons au détail des œuvres,
nous verrons que les imitations et les traductions
déguisées sont innombrables. Delille lui-même les
avoue et s'en honore

> O *Virgile, ô mon maître...*
> *J'essayai d'imiter les tableaux ravissants :*
> Que ne puis-je les rendre ainsi que je les sens!
> Mais ils ont animé mes premières esquisses
> Et s'ils n'ont fait ma gloire, ils ont fait mes délices ³.

On retrouve le « manibus date lilia plenis », le « ah!
tibi ne teneras glacies secet aspera plantas! » Ce
Lucrèce, qu'il attaque dans sa Préface des *Trois règnes*,
il lui prend l'épisode de la vache à la recherche de son
petit (Sæpe ante deum) A Ovide même, il emprunte
la description de la lutte d'Hercule et du Fleuve Ache-
lous, dans les *Métamorphoses* Mais c'est surtout pour
Virgile que son admiration éclate. Il place son buste
dans ses chers jardins Il fait vœu d'aller en pèlerinage sur son tombeau et trouve, pour le dire des
accents inaccoutumés :

> J'irai, de l'Apennin je franchirai les cimes,
> J'irai, plein de son nom, plein de ses vers sacrés ⁴..

1 Préface de l'*Imagination*, VIII. p 33.
2. Cuvier annota les *Trois Règnes.*
3 *L'Homme des champs*, IV. p. 377.
4 *Les Jardins*, II, p 112

Cet enthousiasme pour Virgile est peut-être ce qu'il y a de mieux dans l'œuvre de Delille, et ce qui la sauve de la banalité absolue, mais pourquoi cette entreprise de rajeunir la littérature et l'art par l'imitation de l'antique était-elle si vaine et pourquoi ce Virgile même, que Delille admirait tant, n'en avait-il en somme qu'un sentiment si incomplet?

Quelqu'un qui l'a beaucoup mieux compris et qui surtout était plus poète que lui, — c'est Roucher. On peut même dire que c'est ce qu'il avait de neuf et d'indépendant, qui lui a le plus nui, lorsque son grand poème des *Mois*, si acclamé en lecture publique, fut enfin livré à l'impression. Il n'était pas banal, son livre ne ressemblait pas à tout, comme les vers de Delille.

Cependant, comme tous les autres poèmes didactiques d'alors, il a un grand défaut, qui est le manque d'unité. A propos des douze mois de l'année, il met à contribution toutes les sciences de son temps. Lui-même le dit · « Mon sujet embrasse l'univers [1] » Ce qu'il y a de pis, c'est que Roucher n'a point, comme par exemple Lucrèce, un système complet à développer, mais qu'il se trouve comme Chénier dans son *Hermès*, en présence d'une foule de théories fragmentaires. Un autre inconvénient, c'est que la langue classique se prête mal à l'expression des vérités scientifiques et qu'elle contraint le poète à s'en tenir aux généralités. De là vient, comme nous l'avons déjà remarqué, que le commentaire est plus intéressant à lire que l'œuvre elle-même. Enfin dans la conception même du sujet, il y avait un malentendu fondamental sur les limites de la science et de la poésie. Ce malentendu n'existe pas pour Lucrèce, parce que la science

1. *Les Mois*, I, p. 2

de son temps est à demi poétique. Mais pour le poète
moderne, il y a un abîme infranchissable entre les
deux mondes de la poésie et de la science [1], et c'est ce
que le XVIIIe siècle ne voulait pas voir.

Laissons donc l'œuvre elle-même, qui a dû être
manquée forcément, et ne tenons compte que des
intentions.

Si quelqu'un rappelle alors l'ardeur de la Renaissance et sa passion d'antiquité, c'est assurément Roucher après André Chénier. Nul n'a mieux senti la
dignité de la poésie [2] et nul n'a souhaité comme lui
d'accomplir une œuvre vraiment grande, digne de
prendre place parmi celles des maîtres On s'en aperçoit dès son début. C'est dommage que le style en soit
si sec et que la phraséologie du XVIIIe siècle y gâte les
meilleures choses .

> . . . Et parcourant les mers et la terre et les cieux,
> Mes chants reproduiront tout l'ouvrage des dieux [3].

Mais ce dont il faut surtout lui savoir gré, c'est
d'avoir senti mieux qu'aucun de ses contemporains,
la difficulté et la beauté de son sujet Il a longuement
travaillé, étudié, pris des notes. Il a compris comme
du Bellay et Ronsard que celui « qui désire vivre en
la mémoire de la postérité doit, comme mort en soi-
même, suer et trembler maintes fois » [4], pour mener à
bien l'œuvre du « long poème français », épopée ou

1 Voir sur cette antinomie la très péremptoire discussion
de Schopenhauer Le Monde comme volonté et représentation,
trad Burdeau, Alcan, 1887, p 190.
2 Il allait même jusqu'à soutenir que toutes les grandes
idées ont été exprimées par la poésie Cf. Biographie générale,
art. Roucher.
3 Les Mois, I, p. 2.
4. Défense et illustration de la langue française, II. chap. III,
p. 36 (edit Person)

poème didactique Rien ne nous renseigne mieux là-dessus que son commentaire. Il a mis à contribution toutes les sources et tous les modèles Il s'adresse aussi bien aux Mémoires des académies de province ou aux *Commentaires de la Société de Gœttingue*, qu'à Buffon ou à Forster. Il ne dédaigne pas plus l'érudition des Bénédictins que les vers des Jésuites. Relations de voyages, anglaises françaises ou allemandes, ouvrages d'ensemble ou monographies, il a tout lu, — qu'il s'agisse d'histoire naturelle d'astronomie, de mythologie, de linguistique d'histoire proprement dite Il s'inquiète des littératures orientales, — des Chinois cela va sans dire, — et même de la poésie hébraïque, qu'il admire timidement D'autre part s'il ignore le grec, toute l'antiquité latine lui est familière, non pas seulement Virgile ou Lucrèce, Pline ou Sénèque, mais Manilius, dont il voulait imiter le poème de l'*Astronomie* [1], mais Columelle, mais Végèce, mais Macrobe, et nous avons vu qu'il remonte jus-qu'aux poètes latins modernes, les Rapin, les Vanière, les Santeuil On n'en finirait pas si l'on voulait énu-mérer tous les passages qu'il a imités ou traduits. Les pluies fécondantes du printemps, — description de l'âge d'or, — les jeux du Vᵉ livre de l'*Enéide*, l'amour du cheval et du taureau, d'après Virgile, l'éveil de l'amour chez l'adolescent, — la peste d'Athènes, d'après Lucrèce, — la doctrine de Pytha-gore sur l'éternité de la matière, d'après Ovide Nous ne citons que les principaux épisodes Avec cela, il a comme Delille, le culte de Virgile Lui aussi, il fait vœu d'aller en pèlerinage sur son tombeau Mais à l'emphase de ces vers, je préfère, pour la sincérité et la profondeur de l'émotion, ces simples lignes de son

---

1. Cf Larousse, art Roucher

commentaire . « J'éprouve en lisant certains morceaux de ses *Eglogues* et de ses *Georgiques* un attendrissement qui ne se manifeste point, il est vrai, par des larmes, mais qui peut-être en est plus doux parce qu'il me fait tomber dans une sorte de rêverie amoureuse [1]. »

Malheureusement la sécheresse et le prosaïsme de Roucher empêchent d'en citer seulement un morceau Il est tout entier perdu comme Delille, mais là où il lui est vraiment très supérieur, c'est par la force du vers. Celui de Delille ne donne jamais l'impression de Virgile, même lorsqu'il en est traduit: il ne fait jamais songer à l'art, il est constamment flasque et énervé. Au contraire Roucher abonde en vers fortement musclés, qui rappellent la structure sévère et solide du vers latin :

Sa formidable main porte un large trident [2].
. . . .
. Trésor que nous portons en des vases d'argile [3].
. . . .
Les peuples marcheront à sa vive lumière
. . . .

Ou ce que Sainte-Beuve appelle des vers « d'un seul jet » :

Les yeux demi fermés, il boit un long amour [4].
. . . .
L'Océan déploya jusqu'aux bornes des cieux [5]
Sa surface immobile, immense, solitaire.

Sa versification est aussi plus originale que celle de Delille, beaucoup moins monotone :

1 *Les Mots*, I, p 175
2 *Ibid.*, I, p. 86
3 *Ibid*, II, p. 157.
4. *Ibid.*, I, p. 164
5 *Ibid.*, I, p. 87

La face du soleil pâlit, ¡¡ et les éclairs [1]
En longs serpents de feu se croisent dans les airs
. . . .
La, contre des écueils d'une énorme grandeur [2]
La vague en bondissant heurte et brisant ses lames

Pour le style même, il a aussi des tentatives originales. Évidemment il veut faire « éclatant » comme
Thomson, à l'imitation de Saint-Lambert. Le malheur
est qu'il ne trouve guère que des couleurs banales. ou
qu'il plaque des tons violents qu'il est incapable
d'assortir. Voici par exemple la description d'un lever
de soleil

   . . . . . Le dieu transforme en *vagues d'or*
Les nuages flottants dans l'air humide encor.
Jette un réseau de *pourpre* au sommet des montagnes.
Enflamme les forêts les monts et les campagnes
Et sur l'*émail* des prés étincelle en *rubis*.
. . . .
Enfin dans un nuage ou l'œil du jour se plonge.
La ceinture d'Iris se voûte en arc s'allonge
Et du flambeau du ciel décomposant les feux
Du *pourpre* au *double-jaune* et du *vert* aux deux *bleus*.
Jusques au *violet* qui par degrés s'efface [3] .

Il n'est pas jusqu'à la langue dont l'appauvrissement
ne l'ait frappé et dont il n'ait essayé de renouveler le
vocabulaire. A propos d'un vieux mot qu'il cherchait
à réintroduire, il disait « Le mot s*avre* révoltera sans
doute, mais je prie ceux qui le proscrivent d'observer
qu'il manque à notre langue depuis qu'on a cherché à
l'épurer. . Quelle raison avons-nous eue de le laisser
tomber en désuétude? Ce n'est pas le seul mot ancien
que j'aie cherché à rajeunir On en trouvera dans ce
poème un grand nombre d'autres, comme *bleuu*, *tem-*

---

1. *Les Mois* 1 p 88.
2 *Ibid.*
3 *Ibid*, I, p 84.

pétueux, ravageur, fallacieux et même *punisseur*, qui souvent m'ont épargné la longueur d'une périphrase. Les poètes anglais et allemands n'ont pas besoin de demander grâce, comme je le fais ici, pour les mots anciens ou étrangers qu'ils emploient.. Je suis bien loin de vouloir qu'on mêle un idiome étranger au nôtre, mais je ne puis m'empêcher de souhaiter que nous nous emparions de nos propres richesses trop négligées Si nous sommes pauvres, c'est notre faute; Montaigne ne l'était pas [1]. »

D'après tout cela, il est impossible de ne pas voir une analogie frappante entre Roucher et André Chénier Ils ont les mêmes ambitions de grande poésie scientifique et de renouvellement de la langue et de la versification tous deux font pressentir le romantisme par les innovations qu'ils proposent et surtout par ce désir mal défini, mais très impérieux de quelque chose de nouveau. Et cependant avec l'un, comme avec l'autre nous aboutissons au même résultat : la traduction en vers des découvertes scientifiques, où s'entremêlent des imitations de plus en plus étroites des grands modèles antiques : la tendance toujours plus forte à faire d'un poème une sorte de kaléidoscope des grands épisodes de l'épopée latine ou grecque.

Dans ces conditions, n'était-il pas tout naturel que la traduction en vers — j'entends la traduction pure et simple — devînt à son tour un genre littéraire?

III

Les traductions en vers — nous ne saurions trop le répéter — ont été innombrables dans la seconde

1. *Les Mots*, I, p. 48.

moitié du xviiiᵉ siècle. Ce qui prouve surabondamment
l'importance du genre

Celle des *Georgiques* par Delille a été la plus brillante,
sinon peut-être toujours la meilleure Elle a eu une
fortune extraordinaire A moins de remonter jusqu'à
Amyot et Coeffeteau ç'a été un succès sans précédent
pour une simple traduction. Il y a là autre chose qu'un
fait accidentel.

D'abord cette traduction flattait la manie du
xviiiᵉ siècle pour l'agriculture, — Delille lui-même le
reconnaît dans sa préface. — et d'une façon plus générale. ce culte vague de la nature qui tendait à devenir
l'unique religion et l'unique poésie C'était le moment
où tout le monde la chantait « On nous annonce —
dit Grimm — une demi-douzaine de poèmes nouveaux
ou prêts à éclore, un de l'abbé Delille sur les *Paysages*,
un autre de M Roucher sur les *Jardins*, encore un
autre sur le même sujet par le président de Rosset,
auteur des *Géorgiques françaises*, les *Champs* de l'abbé Le
Monnier; la *Nature* par M de Fontanes, la *Nature* par
M. Lebrun que sais-je? Nous en oublions peut-être
autant que nous venons d'en citer. Plus nos poètes
s'éloignent de la nature et plus ils s'obstinent à la
chanter [1] »

Les *Georgiques* de Virgile parlaient des champs, de
la nature — on le savait en gros Elles étaient donc à
la mode. Avec cela, c'était un poème didactique, ce
qui changeait du théâtre . Delille le dit bien haut dans
sa préface On trouvait là une œuvre vraiment *grande*
par le sujet et par le style, qui reposait non seulement
des vaudevilles et des tragédies mais des petits vers

1. *Corresp litt.*. XII, 191. C'est ce qui faisait dire à Lemierre :

   Ennuyeux formés par Virgile.
   Qui nous excédez constamment
   De grâce messieurs, un moment
   Laissez la nature tranquille.

et des poésies fugitives. Surtout la traduction de Delille
donnant satisfaction à ce goût renaissant pour l'antique
qui, lui aussi était déjà devenu une mode [1].

Comment Delille a-t-il conçu cette traduction ? Dans
quel esprit l'a-t-il entreprise ?

Et d'abord était-il bien préparé pour traduire Virgile,
— non pas sans doute comme nous l'entendons aujour-
d'hui, — mais comme aurait pu le faire de son
temps un latiniste connaissant son métier ?

Il ne se préoccupe nullement de la constitution de
son texte   celui du P. de la Rue étant le plus en
vogue, c'est celui-là qu'il adopte [2] La grammaire ne le
préoccupe pas davantage, ni les particularités de la
langue. Ses commentaires ne visent qu'à éclaircir les
endroits obscurs, et ses éclaircissements ne reposent
pas sur une connaissance solide de la langue, sur des
raisons grammaticales, mais des raisons de goût ou
de la plus grande clarté De sorte qu'il lui arrive très
souvent de trancher les difficultés ou même de ne pas
les apercevoir [3]. — En un poème aussi religieux que les
Géorgiques Delille a laissé de côté la religion. Il rap-
porte « quelques traits de la mythologie qu'on peut
trouver partout [4] ». Il est vrai que la science mythologique était encore dans l'enfance mais que d'éclair-

---

1 Les *Géorgiques* de Delille parurent en 1769. Or les premières publications relatives aux fouilles des villes souter-
raines sont de 1748-49 La lettre de Winckelmann au comte
de Bruhl est traduite en 1764, l'histoire de l'art en 1766. De
1760 à 1770, il n'y a presque pas une année où ne paraisse
une relation de voyage sur l'Italie. Cf notre chap ii De
toutes les façons, on peut donc dire que la traduction de
Delille était une « actualité »

2 Il ne put profiter de la grande et considérable édition
de Heyne, qui paraît à partir de 1767 ; mais on ne voit pas
qu'il s'en soit inquiété dans ses éditions ultérieures.

3 Voir en particulier sa note sur les vers 326-327 du liv. I
des *Géorgiques*.

4 *Discours préliminaire*, ad finem.

cissements n'aurait-il pas pu trouver dans cette *Antiquité dévoilée* de Montfaucon, dont les Allemands d'alors
savaient si bien tirer parti, ou même dans les mémoires
de l'Académie des Inscriptions. Il suffit de comparer
Heyne à Delille, pour sentir l'indigence du commentaire de ce dernier On peut voir encore dans l'édition
du philologue allemand, comment il sait faire con-
courir les monuments de l'art antique à l'explication
de son auteur. Delille n'y songe même pas. Et pourtant
c'était là une méthode éminemment française, — celle
inaugurée par Montfaucon dans son grand ouvrage
En matière d'archéologie, son ignorance est prodigieuse. Il a eu le bonheur — que n'a pas eu l'abbé
Barthélemy — de voir le Parthénon avant les mutila-
tions de lord Elgin; il n'y a rien compris Il a l'air de
considérer le temple de Jupiter comme le dernier mot
de l'art grec. Le compte rendu de son voyage qu'il
adressa sous forme de lettres à Mme de Vaisnes et qui
courut les salons, — est un modèle de badauderie [1].
On est confondu de la légèreté avec laquelle il parle
de toutes choses. Elle n'a d'égale que son ignorance
en matière d'histoire littéraire Son discours préliminaire ne nous dit rien de Virgile, de sa vie et de ses
ouvrages, qui ne soit la banalité même, ou le comble
du vague. Une erreur lui est indifférente s'il peut en
tirer une phrase [2], et ainsi du reste. Si nous insistons
ainsi sur toutes les lacunes de la traduction de Delille
et les faiblesses de son commentaire, c'est que par
métier il aurait dû être au courant, lui, professeur de

---

1. Cf. *Corresp. litt.*, XIV, 108, où cette lettre est reproduite
en entier.
2. Il écrira par exemple : « *L'Enéide*,... ce poème admiré
des Romains, immortel comme leur gloire,... qui avait arraché
à Octavie des larmes si célèbres, *qui valut à Virgile l'honneur
d'être salué au théâtre comme l'empereur lui-même...* » (*Discours
préliminaire.*)

troisième au collège de la Marche et, qui pis est, professeur d'éloquence latine au Collège de France; c'est
surtout que cette étude philologique du texte de Virgile était l'unique moyen d'en renouveler ou d'en
approfondir le sens. André Chénier a étudié les anciens
autant en philologue qu'en poète [1]

Ainsi donc il ne faut pas demander à Delille une
traduction, qui eût été en français ce qu'était en latin
l'édition de Virgile du P. de la Rue, si élégante et si
soigneuse. Il a fait et il a voulu faire tout autre chose;
d'abord il a vu dans cette traduction des *Géorgiques*
un excellent prétexte à montrer ses talents de versificateur : il y a une description de la charrue dont il
est très fier En note, il insiste sur tout ce que le
même passage, dans Virgile renferme d'harmonie imitative et il laisse entendre qu'il a égalé son modèle.
Et puis l'agriculture était à la mode et il ne fallait pas
manquer une si belle occasion Mais surtout Delille,
tout en dictant ses thèmes latins, se sentait du talent,
— un petit talent mondain, tout en savoir-faire, en
amabilité et en condescendance : à quoi employer ce
talent, quand on est professeur, sinon à rendre
aimable ce que l'on enseigne? — Les *Géorgiques* ou le
triomphe de la version latine, c'est l'idée qui vous vient
en lisant cette traduction aussi « fidèle qu'élégante ».

Pourtant Delille a ses idées sur la traduction en
vers et il a sa méthode. En cela il a dû beaucoup à
Dryden qu'il se donne l'air de combattre dans sa préface Tout ce qu'il dit de l'honneur de l'agriculture
chez les vieux Romains, de l'influence des mœurs, des
gouvernements, des climats sur les langues, tout cela
est de Dryden [2]. Mais voici qui est particulièrement

---

1. Voir notre chap VI, p. 238 et suiv
2. On trouve les mêmes idées dans la préface des *Saisons* de
Saint-Lambert, qui a dû puiser a la même source.

français : « J'ai toujours regardé les traductions
comme un des meilleurs moyens d'enrichir une
langue. » C'est-à-dire que Delille envisage la traduction de la même façon que tous les traducteurs classiques depuis la Renaissance. De même que l'archéologie n'avait guère d'autre emploi que de commenter
les œuvres littéraires de l'antiquité, de même une
traduction d'auteur latin ou grec doit servir surtout à
« illustrer » la langue française. C'est le mot d'ordre
de Du Bellay écouté par tous nos traducteurs depuis
Amyot et Cœffeteau jusqu'à Delille. « Conquérir » un
auteur étranger, le franciser, « lui prendre une foule de
tours, d'images, d'expressions », et les naturaliser,
voilà le but. Il suit de là qu'il ne reste plus rien de ce
qui fait la physionomie originale de l'écrivain traduit,
ni de son temps, ni de sa race. Là-dessus Delille est
très explicite : « Le devoir le plus essentiel du traducteur, dit-il, c'est de chercher à produire dans
chaque morceau le même effet que son auteur. » La
phrase est un peu ambiguë, mais il n'y a plus de doute
lorsqu'il ajoute aussitôt après : « Quand il ne peut
rendre une image, qu'il y supplée par une pensée;
s'il ne peut peindre à l'oreille, qu'il peigne à l'esprit;
s'il est moins énergique, qu'il soit plus harmonieux;
s'il est moins précis, qu'il soit plus riche. » Or plus
haut il avait déjà dit : « Un détail géographique, une
allusion aux mœurs pouvait être agréable dans votre
auteur au peuple pour lequel il écrivait et ne pas l'être
pour vos lecteurs; vous n'êtes donc qu'étrange.
lorsque votre auteur est intéressant. » On se demande
alors ce qui reste d'un poète quand on lui a enlevé
ses images pour les remplacer par des *pensées* (les
pensées de l'abbé Delille¹), quand on a substitué à
son harmonie, à ses rythmes, à l'énergie de son vers
cette prose fluante et monotonement cadencée qu'on

appelait alors des vers harmonieux, — sorte de musique banale comme une phrase de romance sentimentale ou une ritournelle de danse Peut-on se flatter après cela de s'être « rempli de son poète [1] », d'avoir « pris ses mœurs », d'avoir quitté son propre pays « pour habiter le sien » ?

Nous pourrions montrer par des exemples tirés de la traduction de Delille à quoi on aboutit avec un tel système : d'abord l'infidélité littérale, puis le contresens perpétuel [2], l'inintelligence de l'œuvre et de son milieu. Mais le triomphe serait beaucoup trop facile. Signalons cependant comme très inférieurs l'épisode d'Aristée [3] et l'épisode de la mort de César Malfilâtre a traduit également ce dernier   il est incontestablement plus neuf et plus exact que Delille.

Si maintenant nous nous disons que Delille n'a pas voulu faire une traduction savante, mais seulement mettre Virgile à la portée des gens du monde, nous trouverons qu'il a excellemment réussi. Son style ne dépaysait pas trop . c'était bien ce qu'on attendait. Pour un simple littérateur, ses notes étaient claires, instructives, élégantes. Il discute bien les sens, chaque fois que la difficulté peut se trancher sans le secours de la grammaire c'est bien l'explication à la française, pas trop approfondie. Il a des notes curieuses sur les plantes, ce qui flattait la manie des contemporains pour la botanique. Le tout est bien proportionné,

1. Cf Discours preliminaire
2 Sur l'infidelite litterale, tout a ete dit par Clement de Dijon : Observations critiques sur les Georgiques, sur les poèmes des Saisons, de la Déclamation et de la Peinture, par Clement, Genève, 1771
3. Lebrun a traduit aussi cet episode Il avait envoye sa traduction a Clement pour l'opposer a celle de Delille (cf. Sainte-Beuve, Portr. litt . II, p 74), mais Lebrun est encore plus infidele que Delille On trouvera cette traduction dans les Veillées de Parnasse.

facile à manier : c'est le plus clair service que lui ait rendu le P. de la Rue, qu'il a eu constamment sous les yeux Enfin si l'on songe à ce que l'on attendait alors d'un traducteur, — la traduction exercice de stylistique comparée, — on estimera en somme que les *Géorgiques* de Delille sont le chef-d'œuvre de la traduction classique et qu'il l'a véritablement élevée à la hauteur d'un genre.

Certainement il y a eu des traductions en vers avant Delille [1]. Cela rentre dans la définition même du classicisme. Mais on peut dire que le succès des *Géorgiques* leur donna l'essor. Si Virgile a des admirateurs, Lucain a les siens aussi et non moins passionnés [2]. De nombreuses traductions en ont été faites au xviiie siècle ; mais parmi celles en vers, il faut citer la traduction du chevalier de Laurès (1773) et les fragments lus par La Harpe à diverses séances de l'Académie (1776, 1777). Chez La Harpe surtout, on sent le désir de rivaliser avec Delille. Nous avons déjà parlé ailleurs des nombreuses traductions soit en vers, soit en prose des érotiques latins [3] Chabanon de Maugris — qui s'était fait une spécialité du genre — traduit le iiie livre des *Odes* d'Horace (1773) et Philidor met en musique le *Carmen Sæculare* (1780). Saint-Ange traduit les *Métamorphoses* d'Ovide (1778). Mais c'est Homère surtout qui sollicite les traducteurs, par un retour d'enthousiasme et une sorte de protestation contre les dédains d'autrefois. Plusieurs années de suite, l'Académie met

---

1. Parmi les traducteurs de Virgile, avant Delille, il faut citer le chevalier de Coëtlogon, qui traduisit l'*Episode d'Aristée* (1750) et la *Dispute des armes d'Achille* (XIIIe livre des *Métamorphoses* d'Ovide, 1751)

2. Marmontel en particulier avait une admiration pour Lucain, dont il donna une traduction en 1766 ; cf *Corresp litt.*, VII, p 28

3 Cf. notre chap. i.

au concours la traduction en vers d'un morceau de
l'*Iliade* (1776, 1778). Rochefort avait déjà traduit le
VI°, le XVIII° et le XXII° chant (1765), Saint-Ange donne
le début du poème (*Commencement de l'Iliade traduit en
vers et non imité* (1776) . Cabanis en commence une
traduction. Lebrun dut entreprendre vers la même
époque la traduction des morceaux d'Homère, de Virgile et d'Ovide, qui figurèrent plus tard dans les
Veillées du Parnasse. Chabanon de Maugris traduit les
Idylles de Théocrite (1770) Nous ne rappelons pas enfin
les traductions ou les imitations des tragiques grecs [1],
qui se répétèrent à de fréquents intervalles dans les
dernières années du XVIII° siècle

Si l'on tient compte de l'extrême rapprochement
des dates et si l'on songe que la plupart de ces traductions sont signées des plus grands noms de la
littérature du temps (La Harpe, Lebrun, Ducis) ou
sont l'œuvre de jeunes débutants, si, d'autre part. on
se rappelle qu'en dehors de la littérature légère, les
principaux poèmes d'alors ne sont guère que des traductions, des adaptations et des imitations libres
d'auteurs anglais et allemands, — on verra dans cet
ensemble de faits un symptôme des plus significatifs.

IV

Comme on devait s'y attendre en un siècle aussi
peu poétique, le sentiment même du lyrisme semble
alors s'être complètement perdu En comptant bien, il
n'y a de poète lyrique que Lebrun car Jean Baptiste
Rousseau appartient plutôt au XVII° siècle, — et nous
laissons de côté les faiseurs de dithyrambes. de pièces

1. Cf. notre chap. IV, p. 118 et suiv.

officielles, ou de poésies de circonstances, dont l'espèce est extrèmement nombreuse : des œuvres comme
Minorque conquise, poème composé à l'occasion du fait
d'armes du maréchal de Richelieu par un certain
P. N Brunet, ou comme *la France sauvée*, poème par
d'Arnaud, à l'occasion de la tentative d'assassinat de
Damiens[1], n'offrent absolument aucune signification
pour le mouvement littéraire en général et en particulier pour le mouvement antiquisant qui nous occupe.

Aussi bien Lebrun apparaît comme un véritable
monstre au milieu de ses contemporains. Il est
étrange et anormal, non pas seulement par le genre
de sa poésie, mais par son caractère et ses allures.
Parmi tous ces mondains, gens à ménagements et
à compromis, c'est un admirateur et un imitateur des
anciens, aussi intransigeant dans sa foi qu'un David
ou un Raphaël Mengs Il affecte le goût de la solitude[2]
et le dédain du monde et dès avant 89 il fait parade
d'une austérité toute républicaine. Il a les yeux constamment fixés sur un type de poète, qu'il a voulu être
de toutes ses forces, le poète conducteur de peuples
ou chantre des héros environné d'une sorte de
majesté sacerdotale, — Tyrtée ou Pindare. Son rôle
finit par l'envahir et le posséder tout entier Il était
d'ailleurs taillé pour lui « Lebrun, dit Chateaubriand
qui l'avait connu, a toutes les qualités du lyrique,
ses yeux sont âpres, ses tempes chauves, sa taille
élevée. Il est maigre, pâle, et quand il récite son *Exegi
monumentum*, on croirait entendre Pindare aux jeux
olympiques. Lebrun ne s'endort jamais qu'il n'ait

---

1. Voir *Corresp. litt*, III, p 351, 357.
2. Voir en particulier la fin de l'Ode iv, liv 1 (*Que l'etude
de la nature est préférable même a celle des anciens*) Le titre
de son grand poeme inachevé est egalement significatif : *La
nature, ou le bonheur philosophique ou champêtre*.

composé quelques vers et c'est toujours *dans son lit, entre trois et quatre heures du matin, que l'esprit divin le visite*[1]... »
Au fameux souper grec de Mme Vigée il dut se prendre tout à fait au sérieux et croire à la réalité du décor, lorsqu'au milieu de ces travestissements à l'antique, il parut, la lyre à la main, un manteau rouge sur les épaules et le laurier au front[2].

Ce porte-lyre, qui croyait à sa mission sociale et patriotique a eu de très grandes ambitions littéraires, à peu près les mêmes que celles d'André Chénier; et peut-être n'a-t-on pas assez dit tout ce que celui-ci lui a dû, lui qui a tenu à honneur de s'avouer son ami[3]. en réalité c'est par Lebrun que Chénier se rattache à l'art de son temps. Tous deux ont le même dédain de la petite littérature et des petits genres, des poètes mondains coureurs de salons. Seulement ce qui n'est chez André Chénier que l'instinct de la haute poésie, devient chez Lebrun une sorte de haine farouche. Il disait quelque part « Peut-être qu'au moment où j'écris tel auteur vraiment animé du désir de la gloire et dédaignant de se prêter à des succès frivoles, compose, dans le silence de son cabinet. un de ces ouvrages qui deviennent immortels *parce qu'ils ne sont pas assez ridiculement jolis pour faire le charme des toilettes et des alcôves et dont tout l'avenir parlera parce que les grands du jour n'en diront rien à leurs petits soupers*[4] » — Chénier avait assez de sagesse ou plutôt un talent assez

---

1 Note éditée par Sainte-Beuve, écrite en marge de la page 128 de l'*Essai sur les révolutions* Cf *Chateaubriand et son groupe littéraire*, I, p. 121.
2 *Mémoires* de Mme Vigée-Lebrun.
3. L'amitié de Chénier et de Lebrun est connue · voir par exemple l'*Epitre à M Lebrun* et celle *Au marquis de Brazais*. mais ce qu'on n'a pas assez relevé c'est l'influence certaine de Lebrun sur Chénier.
4 *Discours sur Tibulle*, adressé à M de Chassiron, de l'Académie royale de La Rochelle (1763).

élevé pour ignorer les médiocres; — Lebrun au contraire s'exaspérait contre eux [1]. Comme ils étaient légion, surtout dans la période qui va de 1780 à 1789, on juge s'il a dû exciter des colères et des rancunes [2].

Mais ce qui l'isole plus encore au milieu de ses confrères en littérature, ce sont ses idées sur la poésie. Par delà Voltaire, il remonte et se rattache aux grands classiques du XVII° siècle ou du moins telle est sa prétention : « Élève du second Racine », — c'est lui-même qui le dit — il veut, comme eux, rajeunir la poésie aux sources antiques : « Je ne puis trop le redire et peut être crié-je dans les déserts, *imitons les anciens*; marchons d'un pas invariable vers les beautés immortelles de la nature, laissons l'art à la frivolité [3], etc. » Il écrit une ode dont le titre est encore plus explicite . *Que l'étude de la nature est préférable même a celle des anciens.* C'est le fond même de l'*Art* poétique de Boileau Mais il ne faudrait pas le croire sur parole Il n'est que de parcourir son œuvre, pour voir qu'il a beaucoup plus pratiqué les anciens que la nature. Avec la poésie et la foi naïve en moins, c'est en somme à Ronsard qu'il revient · même ivresse de *gloire*, même culte du lyrisme antique, même goût pour les raretés mythologiques, même bigarrure gréco-latine, sans parler des grands airs de prêtre des Muses.

On ne sait jusqu'à quel point Lebrun était lié avec André Chénier et son ami, le marquis de Brazais, ni si d'autres jeunes gens se groupaient autour de lui; mais il me semble qu'il y a dans ces trois hommes

1. Voir Sainte-Beuve, *Portr. litt.*, I, p. 147.
2 Cf. le *Petit Almanach des grands hommes* de Rivarol (1788); De Lescure, *Rivarol et la société française*, p. 125 et suiv.
3. *Discours sur Tibulle.*

comme le noyau d'une petite école dissidente. En tout
cas les idées de Lebrun sur l'élégie et le poème didactique sont exactement les mêmes que celles d'André
Chénier En haine des Colardeau et des Dorat, il
ramène l'élégie aux modèles latins, à Tibulle et à Properce. C'est l'élégie savante, littéraire, sans sincérité
et sans abandon, avec un insupportable abus de
mythologie Et dans le poème didactique, il rêve,
comme Chénier encore, d' « allier Lucrèce à Newton [1] ».

Pour ce qui est de la poésie lyrique, il a également
ses idées à lui, qui ne sont pas très différentes de
celles de Ronsard, non plus que de celles d'André Chénier [2] On peut dire qu'en cela il se forma tout seul
car il n'attendit pas que l'opinion se préoccupât de
Pindare, pour le célébrer et l'imiter Il ne dut rien à la
traduction de Chabanon, non plus qu'à l'Essai de Vauvilliers [3] qui parurent bien après ses débuts (1772)
Dès 1756, il donnait des *Reflexions sur le genre de l'Ode*,
en même temps que son poème sur le désastre de
Lisbonne Il y glorifiait Pindare Mais le connaissait-il
de première main? Etait-il capable de le lire dans le
texte? On en doute à voir l'éloge très vague qu'il en
fait, surtout lorsqu'il le compare à Horace. Quoi qu'il
en soit, c'est Pindare qui était désormais son modèle,
et, bien ou mal connu, c'est l'idée qu'il en a qu'il va
essayer de réaliser dans ses Odes · « *La hauteur des
pensées, la vivacité des images la hardiesse des figures,*

1. Liv. VI, ode VIII
2. Voir par exemple son ode divisée en strophes, antistrophes
et épodes · « O mon esprit ! au sein des cieux... » Mais surtout
ses remarques sur l'ode de Malherbe à *Marie de Médicis*, avec
un plan d'ode pindarique · *OEuvres en prose* (edit. B de Fouquières), p 315.
3. Non plus qu'au *Discours sur la poésie lyrique avec les
modèles du genre*, par l'abbé Gossart, qui parut en 1761, et ne
renfermait d'ailleurs aucune vue originale.

l'impétuosité du style, la noblesse, la nouveauté, la magnificence, l'éclat, la chaleur des expressions, tel est le caractère de sa poésie, toutes ces beautés se précipitent en foule dans ses audacieux dithyrambes; de ses vers coule une profonde harmonie; l'enthousiasme est son âme; et s'il est vrai que la poésie soit le langage des dieux, c'est dans la bouche de Pindare [1] .» — Voilà en somme tout le programme de Lebrun pour la poésie lyrique.

Il est impossible de ne pas remarquer en passant combien cet entêtement de nos poètes à ressusciter Pindare était étrange et combien même il serait inexplicable sans la force de la tradition et le principe de l'imitation qui est à la base du classicisme. Malherbe, après les erreurs de Ronsard, s'en était sagement abstenu, et cela sans doute pour toute espèce de raisons, mais surtout par un secret sentiment que ces pastiches étaient un contre-bon sens dans la poésie française et ne pouvaient être qu'un amusement de dilettante ou d'érudit. On ne se rendait pas assez compte que le lyrisme de Pindare est une chose extrêmement spéciale et qu'essayer de le faire revivre était à peu près aussi absurde que de vouloir rétablir en plein Paris moderne la procession des *Panathénées.*

D'ailleurs Pindare, comme les lois du lyrisme grec, étaient encore trop mal connus même des philologues de profession, pour qu'on pût tenter des pastiches exacts des *Odes triomphales;* c'est ainsi, par exemple, que le problème de la composition de l'ode pindarique, qui est encore aujourd'hui si obscur, pour ne pas dire qu'il est insoluble [2], Lebrun le tranche sans

1. *Réflexions sur le génie de l'Ode.*
2. Sur toutes ces questions, cf. Croiset, *La poésie de Pindare et les lois du lyrisme grec,* en particulier liv. II, chap. I, p. 293 et suiv.

nul embarras, en se ralliant tout simplement à la
théorie du « beau désordre » des classiques du
XVIIe siècle De là vient que, chez lui, malgré tout ce
qu'il a d étudié et de voulu, la composition est absente
et que ses vers ne sont qu'un prétentieux et laborieux
chaos. Quoi qu'il fasse, il ne peut pas se débarrasser
de l'*idée oratoire* ou de l'*idée logique*, pour atteindre à
l'*idée lyrique*. Il faut croire d'ailleurs qu'il y avait là
un obstacle inhérent non seulement a la nature du
talent de Lebrun, mais au génie de notre race. Dans
le *Serment du Jeu de Paume*, comme dans les *Odes* de
Victor Hugo, c'est toujours la raison oratoire qui
domine. On peut résoudre toutes ces compositions
en paragraphes logiquement enchaînés C'est seule
ment hier que, chez nous, les symbolistes se sont
avisés d'une poésie aussi musicale que logique, où les
images s'associent en vertu d'affinités sentimentales,
comme les sons dans la musique.

Ainsi donc ce qui fait l'âme du lyrisme de Pindare
échappe à Lebrun, comme à tous ses contemporains.
Pour le reste, c'est-à-dire pour le détail du style, il
s'est efforcé consciencieusement de l'imiter

Pourtant il faut reconnaître qu'il a tenté, sous l'influence de Pindare, d'ôter à l'ode moderne son caractère strictement littéraire. Il veut que le poète se mêle
aux foules, que ses vers soient l'accompagnement des
fêtes publiques ou le commentaire poétique des grands
événements de la vie nationale. On peut dire que ç'a
été plus qu'une tendance chez Lebrun, que ç'a été
véritablement sa grande ambition et le rêve de toute
sa vie Rien ne le prouve mieux que les titres d'un
grand nombre de ses pièces, depuis son ode sur le
Désastre de Lisbonne ou sur la *Paix de 1762* jusqu'à son
Ode nationale contre l'Angleterre Mais le moyen de créer
une poésie vraiment populaire, de pénétrer jusqu'aux

masses et de les émouvoir, quand avec cela, on a sur
le lyrisme des idées aussi spéciales et des procédés
d'art aussi savants, pour ne pas dire aussi pédantesques que Lebrun ?

On voit tout de suite que c'est d'abord le style qui
le préoccupe. Il a des débuts retentissants ou des
chutes d'ode éclatantes.

> J'ai vu Mars ! je l'ai vu des sommets de Rhodope
> Précipiter son char et ses coursiers fougueux [1]
>
> Vous eussiez vu la Gloire, en ces moments funestes
> *De son voile de pourpre* entourant ce héros,
> *Le porter tout sanglant* sur les voûtes célestes,
> Loin des yeux d'Atropos [2].

Le travail de Lebrun sur le style a été extrêmement
curieux. Évidemment les résultats sont en général
pitoyables, mais c'est le procédé qui est intéressant à
étudier, parce qu'il est commun à un grand nombre
des contemporains de Lebrun (à Roucher en particulier) et qu'il est un des caractères les plus significatifs
du classicisme décadent.

Tous ces petits poètes avaient été vivement frappés
en lisant les maîtres de ces rencontres d'expressions,
inimitables pour les médiocres et qui sont en quelque
sorte la marque même du génie. On l'avait remarqué
depuis longtemps chez Racine. Rivarol en fit comme
la découverte en traduisant Dante. En réalité le compliment que lui adressa Buffon lorsqu'il déclara que
sa traduction était « une création perpétuelle [3] » revenait de droit à l'original. Mais Rivarol ne le laissa pas

---

1. Début de l'*Ode* iii du liv. IV
2. Fin de l'*Ode* i, liv. IV
3. Cf. de Lescure, *op. cit.*, p. 121. — Plus tard, Rivarol parlant de Thomas, avec Chênedollé, critique très vivement son
style, parce que « ce n'est pas là *un style créé* ». Cf. Sainte-
Beuve, *Chateaubriand et son groupe*, II, p. 166

tomber et c'est lui sans doute qui contribua à lancer
cette expression de « style créé », qui est à la mode
vers 1789. Mais le procédé datait de beaucoup plus loin.
On trouverait une foule d'expressions« créées » chez
Delille [1] et même chez Saint-Lambert. Seulement dans
les dernières années du XVIIIe siècle, l'abus en devient
véritablement scandaleux   c'est la marque du style
Louis XVI en littérature   — Une expression « créée »,
c'est une alliance de mots, ou une association d'images
inusitée, — exactement d'ailleurs comme chez les maîtres eux-mêmes. Mais tandis que ceux-ci sentent d'instinct les affinités des mots et des images et qu'ils
trouvent sans les chercher de ces splendides métaphores. déconcertantes pour la logique et qui parlent
néanmoins un si clair langage pour l'imagination et
le sentiment, les décadents fabriquent laborieusement
les leurs et s'imaginent qu'il suffit de violenter le
génie de la langue pour être extrêmement originaux.
Le premier résultat c'est le barbarisme ou l'image
incohérente, on en trouve, en trop grand nombre, de
déplorables exemples dans les vers d'André Chénier [2].

Ce qui précipita Lebrun dans cette voie, ce fut sans
doute l'étude qu'il fit du style de Pindare . en effet,
chez aucun poète ancien, on ne rencontre un pareil
.imprévu ni une pareille hardiesse dans l'association
des images par exemple « la mort que Persée apporte
aux habitants de Sériphe, pétrifiés par la tête de
Méduse, devient pour Pindare λίθινος θάνατος, « une
mort de pierre » Les rayons de la gloire qu'un
homme a obtenue par la vitesse de ses chevaux gardent
une trace de leur origine   ils s'appellent, par une con-

1. Ainsi, par exemple, on disputa beaucoup sur ce vers de
Delille
     Je veux qu'un tendre ami, *peuplant ma solitude* .
Cf. *Corresp. litt* , XI, p. 38
2 Voir notre chap vi.

fusion hardie, « des rayons rapides » Un combat
où les lutteurs sont revetus de fer s'appelle dans une
ode « un combat d'airain » (ἀγὼν χάλκεος) [1] » — Malheureusement la langue française répugne absolument à
des raccourcis aussi audacieux L'analyse logique de
la pensée y veut être suivie pas à pas Théophile Gautier s'est vanté quelque part de n'avoir fait que des
métaphores qui se suivent et il avait raison . du moins
dans la poésie française tel que le classicisme et, après
lui, le romantisme l'avaient faite, il ne peut pas y en
avoir d'autres [2]. Et chose fâcheuse, — comme M Bru-
netière l'a fait voir — il suffit, en français, de continuer la métaphore pour tomber dans la préciosité —
Lebrun n'a pas pris garde à tout cela ; il a cru pouvoir
transposer dans ses odes les métaphores de Pindare
et il a parlé un abominable jargon.

Il est tout fier de trouver des rébus comme ceux-ci

> Il est beau. quand le sort vous plonge dans l'abime,
> *De paraitre le conquérir* [3]

Ou encore ·

> *Et mes lauriers emus* ont pleuré tes ennuis [4].

Ce qui veut dire sans doute « Moi, poète, j'ai com-
pâti à ta peine »

Ou bien, — ce qui est encore plus hardi

> Ou pretendent voler *ces forêts vagabondes* » [5]

pour dire « Où prétendent voler ces vaisseaux? »

1 Cf Croiset, *op cl* . p 401
2 Au contraire nos symbolistes, dont la poétique est tout
autre, disent fort bien

> Etaient-ce là des fleurs ? Etaient-ce *des statues*
> *De fleurs ? — Un crepuscule immense de parfums*
> Montaient d'elles
> (Emmanuel Signoret, *Daphné*)

3 Liv. V, od VII.
4 Liv I. od V
5 Liv V. od III

Mais la plupart du temps Lebrun se borne à imiter ou à traduire. Il le dit lui-même, ce qu'il a le plus admiré dans Pindare, c'est « la magnificence, l'éclat, la chaleur des expressions [1] ». En conséquence, il s'approvisionne d'un certain nombre de mots hauts en couleur qui reviennent sans cesse dans ses vers ce n'est que pourpre, or, flamme, palmier, laurier, — tous les symboles de la force et de la gloire. Comme il a lu Ossian, il en garde aussi un certain nombre d'images déclamatoires, qui donneront à ses vers quelque chose de plus sauvage et de plus primitif les images de meurtre et d'incendie lui plaisent

> Du sauvage effréné, la vengeance est atroce,
> *Sa haine boit le sang dans des crânes affreux.*
> . . . .
> Que leur cri le poursuive *au fond des nous abîmes,*
> Qu'il y tombe *plongé dans un fleuve de sang* [2].
> . . . .
> *L'Etna géant incendiaire,*
> Qui d'un front embrase fend la voûte des airs [3].

Ce style « effréné » de parti pris contraste singulièrement avec l'allure calme et toute classique du reste. Mais surtout on le sent trop voulu et trop cherché · d'où une impression de gêne et de malaise Ce qui l'augmente encore, ce sont ces perpétuelles traductions littérales d'expressions grecques ou latines, qui foisonnent dans les Odes de Lebrun C'est le même système que celui d'André Chénier et de Ronsard, la même erreur de syntaxe, qui les fait aboutir au solécisme et au galimatias Il dira par exemple

> Son orgueil *affectant* l'empire de la terre
> Et le sceptre des eaux [4]

1 *Réflexions sur le genre de l'Ode*
2. Liv. III, od ix.
3. Liv V, od. vii.
4. Liv VI, od. v.

Ou bien :

> Le chef de nos braves soldats
> Avec l'Olympe auxiliane
> Les chassera loin de nos murs !

Il faudrait dresser un catalogue de toutes les imita
tions ou de toutes les traductions de Lebrun, pour
voir jusqu'à quel point il a exagéré ce procédé tout
classique, qui — il ne faut pas l'oublier — a été par
excellence celui de Racine On trouvera dans l'édition
de Properce de Nicolas Lemaire de nombreuses notes
sur les emprunts qu'il a faits en particulier, à Properce
dans ses *Elégies*. Mais une phrase méchante de Rivarol.
qui nous a été conservée par Chénedollé, en dit plus
long sur la rhétorique de Lebrun que tous les index et
tous les commentaires « Ne le voyez-vous pas d'ici,
assis sur son séant dans son lit avec ses draps sales
une chemise sale de quinze jours et des bouts de
manche en batiste un peu plus blancs, entouré de
Virgile. d'Horace. de Corneille, de Racine, de Rousseau, *qui pêche à la ligne* un mot dans l'un et un mot
dans l'autre pour en composer des vers, qui ne sont
que *mosaïque* [29] »

La mosaïque. — nous l'avons déjà vue percer dans le
poème de Roucher. nous allons la retrouver chez
André Chénier et chez David et jusque dans les *Martyrs*
de Chateaubriand. — Encore une fois, quand on comprend l'art de cette façon, n'est-il pas plus simple de
traduire ? C'est le terme auquel aboutissent invinci-
blement tous ces versificateurs . Lebrun termine sa
carrière par des traductions en vers d'auteurs latins
et grecs, les *Veillées du Parnasse*.

Essayons maintenant de résumer les caractères de

---

1. Liv. V, od viii
2 Chénedolle, *Ma première visite à Rivarol*, cite par Sainte-
Beuve. *Chateaubriand et son groupe*, II. p. 167.

cette poésie : qu'il s'agisse des plus féconds comme
l'abbé Delille ou des plus lents à composer comme
Lebrun qui a passé sa vie à revoir ses brouillons, —
ce qu'il y a de plus frappant chez eux tous, c'est une
stérilité poétique presque complète et un absolu dénûment d'invention [1]. Le mal dont le classicisme va
mourir est arrivé, avec eux, à sa période aiguë : ce
n'est pas autre chose qu'un retour au principe fondamental du classicisme à ses débuts, qui est l'*imitation
par l'extérieur*, — le pastiche ou la paraphrase. Que font-
ils en effet? — Les plus ambitieux et les mieux doués
ont tous la prétention d'écrire un grand poème *scientifique* sur la Nature, ce qui était déjà une singulière
méprise, mais au lieu de tenter, comme Dante ou
Lucrèce, une vaste synthèse poétique de l'univers,
sur les données de la science de leur temps, ils se
perdent dans le détail de l analyse scientifique. Ils met-
tent en vers des formules, ou s'ils jugent l'entreprise
trop ardue, ils versifient tout simplement des lieux
communs sur « le bonheur philosophique » qu'on
goûte « au sein de la Nature ». Les purs descriptifs
sont encore plus à l'aise . ils n'ont qu'à regarder
autour d'eux et à prendre n'importe quoi pour trouver
des *matières* de vers français Cette mise en vers de
toutes choses, n'est-ce pas en somme le vieux procédé
de l'*amplification*, qu'on trouve à l'origine comme à la
fin de toutes les littératures classiques? Le fond étant
insignifiant ou d'emprunt, il n'y a que la forme qui
compte.

Le secret de la beauté de la forme, les pseudo-classiques du XVIII° siècle le redemandent surtout aux
anciens, — nous avons assez dit sous l'influence

---

1. N'est-ce pas surtout parce qu'il avait conscience de ce vice
radical de la poesie de son temps, que Chenier a intitulé le
plus important de ses poèmes : *L'Invention?*

de quel mouvement d'idées. Ils les étudient et ils les
imitent non pas seulement dans quelques passages,
mais dans des épisodes entiers, mais dans le détail de
leurs expressions. Cette étude, justement par tout ce
qu'elle avait d'extérieur et d'ingrat, les achemine vers
la traduction, où presque tous finissent par se tenir et
qui est en effet le plus complet triomphe de la virtuosité du versificateur et du styliste.

En somme c'est uniquement le style qui les préoccupe, ils oublieront si bien les choses pour les phrases
que la première tâche des romantiques sera de rapprendre le sens et l'usage des mots. — Lorsque Chenedollé prit congé de Rivarol à Hambourg celui-ci lui
remit sa traduction de Dante en lui disant : « Lisez
cela ! Il y a là des études de style qui formeront le
vôtre et qui vous mettront des formes poétiques dans
la tête. C'est *une mine d'expressions* où les jeunes poètes
peuvent puiser avec avantage ! » — Voilà donc le
suprême conseil que donnait à un débutant un des
plus brillants rhéteurs de cette décadence classique :
le dernier procédé du classicisme finissant, c'est un
procédé d'écolier — *la chasse aux expressions.*

---

1. Chenedollé, *Ma première visite à Rivarol* dans Sainte-
Beuve, *op. cit.*, II, p. 169.

CHAPITRE VI

ANDRÉ CHÉNIER

I. Originalité de Chénier comparé à ses contemporains. — Restrictions et regrets. — Inachèvement de son œuvre et incertitude du texte. — Le problème du *plan*, comme pour les *Pensées* de Pascal. — Chénier n'a pas fait école. — Admiration irréfléchie des romantiques.

II. En quoi Chénier devance son siècle. — Le poème de l'*Invention*. — La psychologie du poète. — L'enthousiasme faculté maitresse. — Différences avec Boileau. — Théorie de l'invention. — Son caractère idéaliste. — Ses limites. — Toute poésie doit être vécue. — La modernité. — L'*Hermès*. — Théorie de l'imitation des anciens. — Chénier helléniste et latiniste. — Prédilection pour les alexandrins. — L'esthétique alexandrine; la greffe poétique. — Distinction des genres. — Les plans de tragédies et de satyres d'André Chénier. — L'*Invention* est une poétique complète : rétrécissement de l'idéal classique.

III. L'application des théories. — Chénier est un dilettante. — Elève de David, Winckelmann. — Les publications sur Herculanum et Pompéi, son voyage à Rome, ses connaissances en sculpture et en musique. — Le sentiment de la couleur. — Le sentiment du nu. — La composition picturale et la plastique. — Le sens de la beauté des mots. — La couleur locale. — L'homme du XVIIIᵉ siècle. — Le sentiment de la nature : les paysages, le *musée* de Chénier : Watteau, Boucher, Loutherbourg, Vien, David et Le Poussin. — La volupté, la grossièreté du siècle. — Le goût du luxe, la table, les boudoirs, les modes.

IV. La valeur de l'œuvre, sa modernité apparente. — Chénier est un alexandrin. — Contradiction entre la théorie de l'in-

vention et la théorie de l'imitation — Pourquoi l'*Hermes*
devait échouer. — Même erreur que Ronsard sur la langue et
le style — La métaphore incohérente la périphrase. — La
versification, ce qu'elle a d'arbitraire et de faux — Banalité
des idées — La qualité de l'antique chez André Chénier
il ne dépasse pas son temps — André Chénier mosaïste
comme l'abbé Barthélemy — Le vers latin. — Incohérence
du style.

V. Physionomie littéraire d'André Chénier — Résumé de ses
théories, leur portée étroitesse du principe de l'imitation
des anciens, intransigeance classique d'André Chénier. —
Stérilité de l'œuvre, influence lointaine sur les romantiques.

I

Voici enfin un vrai poète qui, se séparant de toute
cette tourbe de versificateurs, semblait devoir exprimer l'âme même du siècle, avec son idéal de vie
voluptueuse et libre, son enthousiasme pour la nature
et la science, son culte grandissant de la beauté
antique. Au sortir de Lebrun et de Delille quand on
est encore étourdi de ce caquetage et de cette rhétorique grondante et boursouflée, il offre soudain comme
un délassement à l'esprit et une reprise à l'imagination. Il apporte une fraîcheur de nouveauté et d'invention On sent qu'il a quelque chose à dire, on recommence à comprendre ce que c'est que la poésie
Mais pourquoi faut-il qu'avec lui on en vienne tout de
suite à des restrictions et à des regrets?

D'abord sommes-nous bien sûrs de posséder son
œuvre? S'il y a une énigme irritante dans l'histoire littéraire c'est, avec les *Pensées* de Pascal, celle de
l'œuvre d'André Chénier L'un et l'autre il faut nous
résigner à ne les connaître jamais parfaitement Tout
un groupe de manuscrits de Chénier — celui qui renferme la partie la plus importante de son œuvre —

s'est perdu [1]. L'excellente édition de Becq de Fouquières, — celle de 1872 — n'est en somme que la
reproduction de l'édition de Latouche de 1819, corrigée
et augmentée de l'apport des éditions ultérieures. Un
second groupe de manuscrits était resté entre les mains
de Gabriel de Chénier, le neveu du poète. Celui-ci en a
tiré une édition tellement confuse, qu'il a tout remis
en question, si bien qu'après son édition de 1872 —
qu'on aurait pu croire à peu près définitive, — Becq
de Fouquières a été obligé d'en donner une refonte en
1881, mais sans pouvoir consulter les manuscrits originaux que détenait Gabriel de Chénier et qu'il s'est
toujours refusé à communiquer Aujourd'hui ces
manuscrits sont déposés à la Bibliothèque Nationale [2]
et une revision s'impose du dernier texte de Becq
de Fouquières Mais si loin qu'on en puisse pousser
l'exactitude, il n'en est pas moins vrai que nous
nous trouvons en présence non pas d'une œuvre, mais
d'une ébauche Bien plus, il est certain qu'un grand
nombre de ces fragments seraient entrés dans des
œuvres fort différentes Certaines pièces auraient peut-
être été supprimées qui ne sont que des essais de jeunesse, comme les Epîtres écrites de Strasbourg [3].

1. C'est ce que Becq de Fouquières a appelé le groupe L
« Que sont devenus les manuscrits du groupe L, qui forme
presque l'ensemble de l'œuvre d'André Chénier? sont-ils
perdus? Nous avons vu que Latouche a dit lui-même qu'il les
conservait précieusement, on peut donc espérer qu'ils existent
encore et qu'ils sont parmi les papiers du premier éditeur.
Mais où sont ceux-ci? Il y a là une enquête à faire, d'autant
plus importante que, sans les manuscrits du groupe L, on
n'arrivera jamais à la constitution définitive du texte des poésies d'André Chénier » — Becq de Fouquières, Documents
nouveaux sur André Chénier, p. 145.
2. Sous la condition qu'ils ne pourront être communiqués au
public qu'en 1910.
3. Les épîtres i, ii iii Cf. Becq de Fouquières, éd. 1872 —
Dans tous les cas il ressort d'un projet de préface d'André

Dans quels morceaux certains vers isolés seraient-ils
entrés définitivement? Quel ordre enfin le poète aurait-
il adopté? car de même que les alexandrins ses maîtres
il devait attacher une importance et une signification
esthétiques à l'ordonnance d'un recueil [1]. On voit que
le problème du *plan* est aussi insoluble pour André
Chénier que pour Pascal.

Mais ce qu'il y a de plus grave, c'est qu'André Chénier est une véritable exception au milieu de ses contemporains. Les seules pièces qu'il ait publiées de son
vivant, *le Serment du Jeu de Paume* et *les Suisses de Châ-
teauvieux*, ne diffèrent pas sensiblement de la poésie
de Lebrun On peut en dire presque autant de ses
Élégies. Comment se serait-il comporté avec le reste de
son œuvre, — ces fragments qui sont ce qu'il y a de plus
antique chez lui et qui forment la part la plus sédu-
sante pour les modernes? Aurait-il même publié tels
quels *l'Aveugle* et *le Mendiant*? Enfin et surtout aurait-il

Chénier lui-même, qu'il aurait fait un choix de ses ouvrages
pour une première édition : « L'auteur de ces poésies les a
extraites d'un grand nombre qu'il a composées et travaillées
avec soin depuis dix ans Le désir de quelque succès dans ce
genre et les encouragements de ses amis l'ont enfin déterminé
a se présenter au lecteur Mais comme il est possible que ses
amis l'aient jugé avec plus de faveur que d'équité, et aussi
que *les idées du public ne se rencontrent pas avec les siennes*,
il a cru meilleur d'en faire l'essai en ne mettant au jour qu'une
petite partie de ses ouvrages. Car, si le peu qu'il publie est
goûté, il en aura plus de plaisir et de courage a montrer ce qui
lui reste, sinon il vaudra mieux pour les lecteurs d'être fati-
gués moins longtemps et, pour lui, de se rendre ridicule et
ennuyeux en moins de pages. » *Œuvres en prose* d'André Chénier, p. 344

1. Voir par exemple la discussion de Westphal sur l'ordre
adopté par Catulle dans son recueil. Ce qu'il y a de certain,
c'est que l'ordre adopté n'était ni *chronologique* ni *analogique*,
mais tout esthétique et ayant probablement pour principe
une sorte d'architecture métrique — R. Westphal, *Catull's
Gedichte in ihrem geschichtlichen Zusammenhange*

fait école? Autant de questions auxquelles il est impossible de répondre absolument.

Une autre cause d'incertitude pour la critique c'est
qu'il a paru pour la première fois aux débuts même
du romantisme, à une époque où l'idéal poétique était
diamétralement opposé au sien, et que néanmoins il a
été fort admiré. Les romantiques n'ont-ils pas faussé
le caractère de son œuvre, en l'attirant à eux [1], ne se
sont-ils pas fait de lui une image selon leurs aspirations et leur goût? Tout cela est encore bien difficile à
démêler

Quoi qu'il en soit, et si conjecturale que semble
devoir être toujours une édition d'Andre Chenier, nous
devons lui donner ici une place à part Ce qui nous
intéresse chez lui, ce sont ses théories d'art. Pour cela,
nous tenons dans le poème de *l'Invention* la pièce capi-
tale du procès. Tout le mouvement antiquisant s'y
résume et s'y formule et il est probable que, si Chénier
eût vécu, ce poème eût été comme l'*Art poétique* ou la
Préface de Cromwell des néo-classiques. Pour ce qui est
de l'application, nous pouvons — dans une certaine
mesure, et avec toutes les restrictions que nous avons
faites au début — essayer d'en juger d'après son
œuvre même, si incomplète et fragmentaire qu'elle
soit.

---

1. Victor Hugo, comparant Andre Chenier et Lamartine, les
définit ainsi : « Le premier est romantique parmi les classiques, le second est classique parmi les romantiques ». *Littérature et philosophie mêlées*, I, 92. Il y a peut-être là une part
de vérité. C'est Sainte-Beuve surtout qui a le plus contribué
a fausser la signification de l'œuvre d'Andre Chénier. Voir
chap iv, *Le romantisme et la tradition classique*.

II

André Chénier a vécu presque constamment à l'écart, avec quelques amis pour confidents sans grand désir de bruit et de renommée, du moins avant l'achèvement de son œuvre telle qu'il la rêvait Si nous voulons bien comprendre l'originalité de ses théories, il faut le replacer au milieu de ses contemporains et marquer les différences.

Nous avons vu qu'un même mouvement, toujours plus fort à mesure qu'il se rapproche de la fin du siècle, entraine tous les esprits distingués vers l'art et les littératures antiques. Voltaire comme Lebrun, La Harpe comme Diderot sont convaincus qu'il n'y a de salut pour le classicisme expirant que par un retour très franc aux sources mêmes des grands classiques — les œuvres des anciens Mais parmi tous ces poètes et tous ces critiques il faut distinguer des groupes, car tous ne comprennent pas et ne veulent pas pratiquer l'imitation des anciens de la même façon Les uns, comme La Harpe ou Delille les admirent comme des maîtres qu'il faut sans cesse consulter, qui sont une leçon éternelle de goût de naturel et de simplicité, dont l'art enfin a été prodigieux et peut encore servir de modèle, mais ils se souviennent aussi que nous avons une grande littérature nationale, que les modernes ont égalé et, en bien des genres surpassé les anciens, qu'il ne s'agit nullement de sacrifier les premiers aux seconds et qu'avant tout, il faut rester Français Sauf l'admiration des modernes, ce sont les principes mêmes de l'école de Boileau.

Les autres, comme Lebrun, Boucher, Ducis, tout en ayant la même admiration pour les modernes, étudient et imitent les anciens de plus près. Ce n'est pas seule-

ment le fond éternellement humain qui les attire,
c'est encore et surtout la forme? qu'ils s'efforcent de
reproduire laborieusement. L'auteur de l'*Ode sur le vais-
seau le Vengeur* aurait eu peu de chose à faire pour
devenir un pur ronsardisant. Dans tous les cas, il
paraît probable que les jeunes gens de la génération
suivante, les Millevoye ou les Chênedollé, auraient
suivi ardemment André Chénier. Mais aucun n'a fait
ce qu'il a fait. Aucun n'a été aussi intrépidement jusqu'au bout des principes du classicisme. C'est là évidemment une question de nuances. Toujours est-il
que l'originalité sinon le mérite d'André Chénier a été
de préciser et de formuler ce qui chez ses contemporains, même les plus avancés, n'était qu'une agitation
très déterminée, mais un peu inconsciente, vers l'antique, et de transformer de simples tendances en une
théorie.

Si en effet nous rapprochons du poème de l'*Invention* l'Épître IV à Lebrun, nous nous trouvons en présence d'une poétique complète dont les principes sont
aisés à coordonner.

Au début de son *Art poétique* Boileau n'avait pas jugé
à propos de s'expliquer sur ce qu'il entend par un
poète. Il parle d' « astre » et d' « influence secrète » :
on naît poète, et voilà tout. Chénier sur ce point développe l'esthétique classique. S'il se borne, comme
Boileau, à constater la présence de la faculté poétique,
sans davantage la définir, il indique du moins à quel
signe elle se reconnaît, il esquisse une sorte de
psychologie du poète : ce signe c'est l'enthousiasme.
Et par là Chénier rejoint tout de suite les anciens, car
il ne faut pas s'y tromper, l'enthousiasme tel qu'il le
comprend n'est point du tout le délire farouche des
romantiques, l'exaltation déréglée et sauvage que l'on
vantera plus tard d'après Mme de Stael et les poètes

germaniques. Chénier n'admettrait point qu'il y ait
de la poésie « dans les eaux du Strymon glacé et dans
l'ivresse du Thrace [1] »; son enthousiasme, c'est celui
que Virgile attribue aux poètes primitifs, aux antiques
devins et aux sibylles. C'est encore celui que Platon
louait un peu ironiquement dans le *Phèdre* et dans
l'*Ion* : un dieu habite par moments dans l'âme des
poètes, rythme leurs mouvements et leurs paroles
et fait entendre par leur bouche des choses belles et
sages [3]. Est-il étonnant que la Raison et la Beauté éternelles s'expriment ainsi dans un ravissement de tout
l'être ?

> Telle Io tourmentée en l'ardente saison...
> Tel le bouillant poète en ses transports brûlants,
> *Le front échevelé, les yeux étincelants,*
> S'agite, se débat, cherche en d'épais bocages
> S'il pourra de sa tête apaiser les orages
> *Et secouer le dieu* qui fatigue son sein [4].

Chénier revient à plusieurs reprises sur cette divine
folie de l'inspiration :

> Celui *qu'un vrai démon* presse, enflamme, domine,
> Ignore un tel supplice, il pense, il imagine,
> Un langage imprévu dans son âme produit
> Naît avec sa pensée et l'embrasse et la suit [5].

Ce privilège de l'inspiration fait du poète un être à
part, un être sacré : il est prêtre des Muses. Ici encore

1. E. Renan, *Prière sur l'Acropole.*
2. Les expressions dont Virgile se sert pour caractériser le
délire prophétique de la sibylle sont extrèmement significatives : « Os rabidum, fera corda domans, fingitque premendo ».
C'est l'harmonie divine qui règle la nature désordonnée et
hurlante.
3. Le mythe de l'enthousiasme, dans Platon (ἔνθεος εἶναι),
recouvre cette idée que, par la poésie, se révèle une sagesse et
une beauté plus qu'humaines. Cf. *Ion,* 5-6.
4. *L'Invention,* v. 257 et suiv.
5. *Ibid.,* v. 313 et suiv.

Chénier éveille une foule de souvenirs antiques. Il rappelle le poète de Platon, « chose légère, ailée et
sacrée », mais bien plus encore le « quorum sacra
fero » de Virgile, la grandeur pontificale du poète
romain. Il le magnifie comme Ronsard et Du Bellay [1] :

D'un feu religieux *le saint poète* épris
Cherche le pur éther, et plane sur leur cime (des forêts).
Mer bruyante, la voix du *poète sublime*
Lutte contre les vents, et les flots agités
Sont moins forts, moins puissants que ses vers indomptés [2].

Nous voilà bien loin de Boileau, qui certainement
aurait trouvé de fort mauvais goût ces grands airs de
porte-lyre et d'hiérophante. Lui, il a fait rentrer le
poète dans le rang, il l'a embourgeoisé, il a réduit ses
prétentions à n'être qu'un honnête homme comme
tout le monde. Il faut bien marquer la différence, car
si l'on tient absolument à faire de Chénier un disciple
de Boileau, encore faut-il se rappeler qu'il l'est bien
davantage de Ronsard. Il retrouve tout naturellement
les accents de la Pléiade parce qu'il comprend et
admire les anciens comme Ronsard et ses amis.

Il est vraiment original et ne relève que de lui-même,
lorsque, complétant cette psychologie du poète, il le
reconnaît principalement à ce signe qu'il est un *inventeur* :

Ce n'est qu'aux inventeurs que la vie est promise [3].

1. C'est un thème favori de Ronsard que la *sainteté* du poète.
Voir en particulier l'*Ode à Michel de l'Hospital*, l. I, Ode X.
Il exprime de la même façon que Chénier l'enthousiasme
poétique :
Quand l'homme en est atteint, il devient un prophète :
Il prédit toute chose avant qu'elle soit faite.
Il cognoist la nature et les secrets des cieux,
Et d'un esprit bouillant s'élève entre les dieux.
(*Hymne à l'automne.*)
2. *Hermès*, III, v. 18 et suiv.
3. *L'Invention*, v. 19

L'*Invention*, tel est le titre significatif qu'il a donné à son poème-manifeste. Ni Du Bellay, ni Ronsard, ni surtout Boileau n'avaient été aussi hardis [1]. Il ne s'agit pas de retrouver la pensée des anciens : il faut créer soi-même. Le poète, c'est le créateur par excellence : l'univers entier se réfléchit dans sa pensée. Il y a là un sentiment très vif de l'orgueil et de la volupté de la création poétique qu'aucun de ses devanciers n'avait connu. En tout cas, le principe de l'esthétique de Chénier est radicalement opposé à celui des grands classiques. Contrairement à La Bruyère, il estime que tout est loin d'avoir été dit. L'écrivain ne doit pas se borner à appliquer une syntaxe et une rhétorique merveilleuses sur des lieux communs antiques. Il y a du nouveau pour le poète d'aujourd'hui comme il y a eu du nouveau pour Homère et pour Virgile. Ce qui est peut-être le plus original dans tout cela, c'est que Chénier met cette théorie si hardiment moderne de l'invention sous le couvert des anciens :

> Oh ! qu'ainsi parmi nous les esprits inventeurs
> De Virgile et d'Homère atteignent les hauteurs,
> Sachent dans la mémoire avoir comme eux un temple,
> *Et sans suivre leurs pas, imiter leur exemple,*
> Faire en s'éloignant d'eux avec un soin jaloux
> Ce qu'eux-mêmes ils feraient, s'ils vivaient parmi nous [2].

1. Il importe pourtant de noter que la théorie de Chénier est en germe dans la *Défense et Illustration* de Du Bellay : il recommande pour l'épopée les sujets nationaux (Lancelot, Tristan), et dans les élégies et les idylles de Ronsard, on sent la velléité d'introduire sous la forme antique les mœurs et les idées modernes. Mais, en somme, ce qui frappe le plus dans le manifeste de Du Bellay, c'est le conseil de l'imitation à outrance. Il a beau dire que son poète, c'est celui qui le fera « indigner, apaiser, esjouir, douloir... », c'est avec les lieux communs, les tours, les images et même les mots des anciens qu'il y arrivera.

2. *L'Invention*, v. 285 et suiv.

Il semble donc qu'il y ait là comme une première ébauche plus discrète des principales revendications de la *Préface de Cromwell*, quelque chose comme un appel à l'indépendance, une déclaration de guerre à la routine classique. Pour s'apercevoir que nous en sommes encore loin, il n'est que de préciser avec Chénier sa théorie de l'invention.

D'abord le poète, tout enthousiaste qu'il est, devra être capable de gouverner son inspiration. Pour Chénier comme pour Gœthe, création est délivrance. La liberté souveraine du poète s'atteste non seulement par l'économie parfaitement intelligente et harmonieuse de son œuvre, mais par la facilité avec laquelle il la quitte et la reprend. Voilà une idée éminemment classique. Ç'a été celle de Racine et de Gœthe, l'un qui pouvait écrire en prose des plans développés de ses tragédies, l'autre qui était capable de revenir à son *Iphigénie en Tauride*, et d'en changer la prose en poésie. De même André Chénier : il travaille sans hâte, parfaitement sûr de lui et de ses moyens :

Je prepare longtemps et la forme et le moule [1].

Après avoir ébauché l'ensemble, il finit tantôt un fragment, tantôt un autre .

S'egarant a mon gre mon ciseau vagabond
Achève a ce poeme ou les pieds ou le front,
Creuse a l'autre les flancs, puis l'abandonne — et vole
Travailler a cet autre ou la jambe ou l'épaule [2].

C'est le procédé qu'il a résumé dans le vers fameux :

Rien n'est fait aujourd'hui, tout sera fait demain [3].

1. *Épître à Lebrun*, v. 90.
2. *Ibid* , v. 51 et suiv.
3. *Ibid.*, v. 92.

Ainsi donc, l'enthousiasme tel que le conçoit André Chénier n'a rien de commun avec l'enthousiasme romantique tel que le chante Lamartine [1]. Ce n'est pas la tyrannie d'une passion ou d'un sentiment abolissant toutes les autres facultés, c'est l'allégresse du génie se déployant en pleine conscience et en toute liberté

Mais voici qui est encore plus classique : il ne suffit pas que le poète invente avec une claire vision et une entière maîtrise de lui-même la matière de son invention n'est pas indifférente. Si séduisantes que soient les aventures de la fantaisie, il ne doit pas oublier qu'il y a une règle suprême, la Raison, et il se gardera donc de trop abonder dans le sens individuel :

> Inventer, ce n'est pas dans un brusque abandon,
> Blesser la vérité, le bon sens, la raison [2];

ce qui est presque du Boileau [3] surtout lorsque Chénier conclut

> Ainsi donc, dans les arts, l'inventeur est celui
> Qui peint ce que chacun peut sentir comme lui [4].

1. Malgré l'impropriété ou la faiblesse de l'expression, il est aisé de voir que dans son *Ode sur l'enthousiasme*, Lamartine développe une idée contraire à celle d'André Chénier

> Et la lave de mon génie
> Déborde en torrent d'harmonie
> Et me consume en s'échappant
>
> . . .   . .
> Non jamais un sein pacifique
> N'enfanta ces divins élans
> Ni ce désordre sympathique
> Qui soumet le monde à nos chants

Les classiques n'admettraient ni ce désordre, ni ces effets foudroyants de l'inspiration.

2. *L'Invention* v. 25-27.

3. La plupart emportés d'une fougue insensée
Toujours loin du droit sens vont chercher leur pensée.
Ils croiraient s'abaisser dans leurs vers monstrueux
S'ils pensaient ce qu'un autre a pu penser comme eux.
                    (*Art poétique*, I. 39 et suiv.)

4. *L'Invention*, v. 46-47.

Mais il ajoute immédiatement — et tout de suite sa théorie prend un sens hautement idéaliste que n'a point la théorie un peu empirique et grossière de Boileau

[L'inventeur est celui...]
Qui fouillant des objets *les plus sombres retraites.*
Etale et fait briller leurs richesses secrètes,
Qui, par des nœuds certains, imprevus et nouveaux,
Unissant des objets qui paraissent rivaux,
Montre et fait adopter a la nature mère
Ce qu'elle n'a point fait, mais ce qu'elle a pu faire.

Voilà l'Idée platonicienne et le fondement même de l'art Tant que le poète, à travers les apparences éphémères et triviales, n'aura pas saisi l'éternelle Raison et l'éternelle Beauté des choses, Chénier nous redit avec Horace qu'il n'enfantera que des visions de malade A cette condition, tout ce qui existe a droit de cité dans l'art Telle est la conséquence dernière de la pensée de Chénier, et c'est tout l'enseignement de la *Preface de Cromwell.* Mais nous verrons tout à l'heure pourquoi Chénier n'a pu aller jusque-là.

Ce qu'il importe pour l'instant de bien établir, c'est qu'au rebours des romantiques, il répugne au sens individuel, il n'est à aucun degré un *subjectif* Voilà pourquoi il condamne si sévèrement les poètes anglais tout en reconnaissant qu'ils sont quelquefois « dignes d'être admirés par d autres que par eux » Ils sont grands et forts peut-être, mais ils ne savent que leur âme .

Les poètes anglais, trop fiers pour être esclaves,
Ont même du bon sens rejete les entraves.
Dans leur ton uniforme, en leur vaine splendeur,
Haletants pour atteindre une fausse grandeur,
Tristes comme leur ciel toujours ceint de nuages,
Enfles comme la mer qui blanchit leurs rivages,
Et sombres et pesants comme l'air nebuleux
Que leur ile farouche epaissit autour d'eux [1].

1. *Poesies diverses et fragments,* IV, 11 et suiv.

Qu'il attaque ici Shakespeare ou Burns, ou même Macpherson, peu importe Épique, lyrique ou dramatique, purement objectif ou sentimental, l'Anglais n'en répugne pas moins à l'esthétique de Chénier par la crédulité orgueilleuse qu'il attribue aux moindres suggestions du sens individuel et par son oubli ou son ignorance des vrais principes et des vraies limites de l'invention poétique.

Après les avoir ainsi établis, Chénier n'eût pas été un poète s'il n'eût passé à l'illustration de sa théorie il indique tous les sujets qui s'offrent ou lui-même il les tente. Ce sont ceux de la vie et de la pensée modernes. Il faut se mêler ardemment à la vie de son siècle comme ont fait les anciens eux-mêmes Toute poésie doit avoir été vécue . c'est ainsi qu'en matière de poésie amoureuse, Chénier professe tout autant qu'Alfred de Musset que « le cœur seul est poète ». Ce sont ses voluptés et ses souffrances d'amour qu'il a mises dans ses élégies. Sa Camille et sa Fanny n'ont pas été de vaines fictions littéraires. Ce sont encore ses enthousiasmes d'artiste et d'érudit, c'est son hérédité d'Hellène que nous retrouvons dans ses *Voyages* et jusque dans ses études et ses pastiches d'après l'antique.

En dehors de l'élégie et de la poésie lyrique, de l'expression de ses sentiments et de ses passions, le poète dira les découvertes et les idées modernes : il sera la voix du siècle comme l'ont été les plus grands, et ses vers immortels le conserveront tout entier pour l'avenir. On dirait que Chénier soupçonne déjà nos théories sur la valeur documentaire des grandes œuvres

Les coutumes d'alors, les sciences, les mœurs
Respirent dans les vers des antiques auteurs,
Leur siècle est en dépôt dans leurs nobles volumes...

De la Grèce héroïque et naissante et sauvage
Dans Homère a nos yeux vit la parfaite image [1].

Pour le poète moderne les sujets abondent, tout un
monde d'idées inconnues des anciens · pourquoi dans
un poème didactique aller reprendre servilement les
thèmes d'Hésiode et de Virgile?

Toricelli, Newton, Kepler et Galilée,
Plus doctes, plus heureux dans leurs puissants efforts,
A tout nouveau Virgile ont offert des trésors [2].

De même y a-t-il une plus « vaste épopée » et une
plus belle aussi que la conquête du Nouveau Monde?

Aux vallons de Cusco ...
Germent des mines d'or, de gloire et d'harmonie [3].

Que sont les navigations d Ulysse et des lointains
Argonautes en comparaison de l'entreprise d'un Christophe Colomb, des voyages de Magellan, de Drake, de
Bougainville, de La Peyrouse?
Dans la pensée de Chénier son *Hermes* et son *Ame-
rique* n'auraient pas été simplement des développements oratoires sur la nature ou des prouesses de
versificateur luttant contre les difficultés de la langue
scientifique On voit qu'il a comme Lucrèce la prétention d'élever un grand monument à la pensée de son
siècle et de son pays Il vise à la science et à la préci-
sion de son modèle. Il travaille pendant dix ans [4], afin
de se rendre digne d'un tel sujet Entre son voyage en

1. *L'Invention*, v 97 et suiv.
2 *Ibid.*, v. 112 et suiv
3. *Ibid.*, v. 138 et suiv.

4.   O mon fils, mon Hermes, ma plus belle espérance,
      O fruit des longs travaux de ma persévérance,
      Toi l objet le plus cher *des veilles de dix ans.*
                        (*Hermes*, epilogue p. 385)

Italie (1784) et son départ pour l'Angleterre [1], il travaille beaucoup. Il étudie Buffon pour les théories
cosmiques, Lamarck, Bonnet, Cabanis pour la physiologie, Condillac pour la psychologie, Rousseau pour
les théories sociales. C'était donc une véritable Somme
de la science moderne que projetait André Chénier.

Est-il besoin d'insister sur tout ce qu'il y a de neuf
et d'audacieux dans cette théorie de l'invention?
Malheureusement elle a pour contre-partie une théorie
de l'imitation qui en a stérilisé à peu près tous les
germes. Après avoir établi que le poète doit exprimer
les mœurs et les idées modernes, Chénier s'est posé
tout de suite une objection spécieuse qui a été funeste
à la partie originale de son système . ces mœurs
modernes sont-elles aussi poétiques que celles des
anciens? Cette science même ne répugne-t-elle pas à la
poésie? Chénier répond tout de suite que la vérité est
toujours plus belle que le mensonge, — ce qui était
une façon un peu superficielle et rapide de trancher
la difficulté. D'ailleurs plus l'œuvre est ardue, plus
elle sera méritoire ; et, reprenant l'argument de Lucrèce,
il ajoute :

> C'est là, c'est là sans doute un aiguillon de plus.

Les principes de la science ont beau se dérober :

> L'auguste poésie, éclatante interprète,
> Se couvrira de gloire en forçant leur retraite [2].

Pour les mœurs modernes l'objection est plus
embarrassante. Chénier, comme bientôt Gœthe et Schil-

---

1. La date de son séjour en Angleterre n'est pas très certaine. Becq de Fouquières, d'après une conjecture très plau-
sible, le fait remonter jusqu'à 1787. Cf. *Poésies d'André Chénier*, Introduction, xviii, édit. de 1872.
2. *L'Invention*, v. 206 et suiv.

ler, [1] est convaincu qu'elles sont contraires à l'art et que les anciens seuls ont eu des mœurs vraiment poétiques :

> Eh bien! l'âme est partout, la pensée a des ailes :
> Volons, volons chez eux retrouver leurs modèles [2].

Ici la pensée n'est pas très claire; mais en rapprochant le texte du poème de *l'Invention* de l'œuvre de Chénier, on arrive à préciser sa théorie : « Faisons-nous une âme antique, pensons, sentons comme des anciens. Alors leurs images et leurs formes nous deviendront tout naturellement familières. Nous exprimerons la réalité moderne avec « leurs couleurs »; sur des pensers nouveaux nous ferons des vers antiques. »

Il faut donc imiter les anciens; mais quels anciens? Et comment les imitera-t-on?

Notons d'abord que Chénier a une connaissance très étendue des deux littératures antiques. C'est ce qui l'apparente à Ronsard et le distingue des classiques. Il a parcouru la littérature grecque depuis Homère et les homériques jusqu'à Nonnos. Il admire Pindare, si mal compris et si méconnu. Il étudie Aristophane, — cet Aristophame que Voltaire avait tant maltraité, — il l'étudie même avec prédilection jusque dans ses scolies. Il aime Eschyle, malgré tout ce qu'il a de choquant pour le goût classique, et peut-être plus que Sophocle. Il lit Euripide, non pas seulement dans ses pièces les plus connues, mais même dans ses fragments.

---

1. Cf. Hettner, *Die romantische Schule in ihrem innerem Zusammenhange mit Gœthe und Schiller (III. Gœthe und Schiller in ihrem Verhältniss zur Antike),* — *Litteraturgeschichte des XVIII[en] Jahrhunderts (Gœthes und Schiller's antikisirende Kunsttheorie).*

Brandes, *Die Hauptströmungen der Literatur des XIX[en] Jahrhunderts (Antike Renaissance,* v. 158).

2. *L'Invention,* v. 159 et suiv.

Les alexandrins lui sont familiers Il emprunte vraisemblablement à Eratosthène le titre de son Hermès [1]
et il imite et traduit Théocrite. De même pour la littérature latine . il ne pratique pas seulement Virgile et
Horace, il fait une étude approfondie de Lucrèce, qui
est d'ailleurs son constant modèle. Après cela,
nommer Phèdre le fabuliste, Calpurnius, Oppien,
Manilius, le *Perugilium Veneris*, Pline l'Ancien et jusqu'aux poètes latins de la Renaissance, ce n'est que
relever des noms au hasard dans ses notes il faut un
commentaire minutieux comme celui de Becq de Fouquières pour donner une idée de l'étendue de ses
lectures [2]

Parmi ces auteurs, quels sont ceux qu'il imite de
préférence? C'est Homère, les alexandrins et les poètes
de l'Anthologie [3]. Mais ce sont surtout les alexandrins
qui l'attirent rien ne le prouve mieux que ses nombreuses imitations de Catulle et de Properce. Ce qui
le prouve davantage, c'est qu'il a réduit en théorie et
mis en œuvre les procédés de leur rhétorique et de
leur versification.

Et d'abord l'idée qui domine son esthétique est
alexandrine, qu'il le sache ou non Théocrite et Cal-

1. Cf. Becq de Fouquières, *Poesies d'André Chenier*, p. 356.
2. Il importe d'ailleurs de remarquer que Chenier lisait en
veritable philologue, comme le prouve une note latine écrite
par lui sur un exemplaire des *Phaenomena* d'Aratus, editès en
1672 par Fell. Cf. Becq de Fouquieres, *op cit*, introduction,
p XLVIII. Voir en quels termes il parle de Heyne, dont il
vante les « écrits pleins d'une érudition immense. d'un goût
exquis et d'une critique infaillible ». *OEuvres en prose*, p 360.
3. A propos des *Analecta*, notons que rien ne prouve que
Chenier ait connu personnellement Brunck pendant son
séjour à Strasbourg, comme on l'a trop souvent repete Becq
de Fouquieres dit fort sagement · « On aimerait à penser
qu'ils se rapprocherent, qu'ils se lierent et que ce fut Brunck
lui-même qui lui mit entre les mains ce livre qui ne devait
plus le quitter. » *Loc. cit*, XVII.

limaque n'ont pas fait autre chose que d'exprimer des idées modernes sous une forme antique [1]. Mais il va plus loin : son procédé favori consiste à fondre dans une même pièce des emprunts d'auteurs différents, — ce qui est encore alexandrin. Lui-même s'en explique et s'en fait gloire dans une Épître à Lebrun :

> Un juge sourcilleux épiant mes ouvrages
> Tout à coup à grands cris dénonce vingt passages [2].

Il traite ces emprunts de différentes façons. Voici une première manière :

> Tantôt chez un auteur j'adopte une pensée
> Mais qui revêt, chez moi souvent entrelacée,
> Mes images, mes tours, jeune et frais ornement [3].

En voici une seconde :

> Tantôt je ne retiens que les mots seulement,
> J'en détourne le sens, et l'art sait les contraindre
> Vers des objets nouveaux qu'ils s'étonnent de peindre [4].

Enfin :

> La prose plus souvent vient subir d'autres lois ..
> De rimes couronnee et legere et dansante
> En nombres mesurés elle s'agite et chante [5].

Il applique le premier procédé par exemple dans la *Jeune Tarentine*, qui vraisemblablement est inspirée d'une pièce de l'Anthologie, une épigramme de Xénocrite de Rhodes [6]. De même l'idylle de la *Liberté* est inspirée de la première églogue de Virgile. Il se sert

---

1 Cf. Aug. Couat, *La poesie alexandrine* (Conclusion). — J. Girard, *Etudes sur la poesie grecque*, p. 332.
2. *Epître à Lebrun*, IV, 98, 99.
3. *Ibid*, 116 et suiv.
4 *Ibid.*
5. *Ibid.*
6. Becq de Fouquieres, *op. cit.*, p 57

du second pour les comparaisons et les petites scènes descriptives — c'est probablement ce qu'il appelait un *quadro* il insère, il greffe, comme il le dit lui-même, sur un tronc nouveau le rameau détaché de l'antique [1]. Voici un vers de Bion qu'il note et se promet d'enchâsser un jour quelque part ·

Et les baisers secrets et les lits clandestins [2].

Ailleurs c'est un vers de Tibulle qu il fait entrer dans une pièce au Chevalier de Pange .

L'Amour aime les champs et les champs l'ont vu naître [3]

Ou bien c'est un fragment entier, comme cette épigramme de Julianus qu'il a fait entrer dans la même pièce. Il s'agit encore de l'Amour

La fille d'un pasteur, une vierge champêtre.
Dans le fond d'une rose. un matin de printemps,
Le trouva nouveau-né. .
Le sommeil entr'ouvrait ses lèvres colorées.
Elle saisit le bout de ses ailes dorées
L'ôta de son berceau, d'une timide main,
Tout trempe de rosée et le mit dans son sein [4].

---

1. Au tronc de mon verger ma main avec adresse
   Les attache. et bientôt même écorce les presse
   (*Epitre a Lebrun*, p 327 v 117)

2. λάθρια .. συλήματα. λάθριον εὐνάν
   (Bion. *Anal.* p. 390)

3. Ipse inter greges interque armenta Cupido
   Natus
   (Tibulle II 1, v 67 — *Elegies*. p 152, v 27)

4 Στέφος πλέκων ποτ' εὖρον
   εν τοῖς ῥόδοις Ἔρωτα
   καὶ τῶν πτερῶν καταχών
   ἐβάπτισ' εἰς τὸν οἶνον,
   λαβὼν δ'ἔπιον αὐτόν,
   καὶ νῦν ἔσω μελῶν μου
   πτεροῖσι γαργαλίζει
   (*Anthol. pal.*, 388. — *Elegies*, v. 28 et suiv.)

Un fragment dont la destination est inconnue offre un exemple frappant du troisième procédé :

> Hommes saints, hommes dieux, exemples des Romains,
> Divin Caton, Brutus, le plus grand des humains [1].

Tout ce passage n'est que la traduction du fameux morceau de *la Nouvelle Héloïse* . « Brutus .. Cassius et toi qui partageas avec les dieux les regrets de la terre étonnée. grand et divin Caton ».

Ailleurs c'est un mot de Montaigne dont il tire deux vers . « Je veulx qu'ils donnent une nazarde à Plutarque sur mon nez [2] ». ce qui devient chez lui :

> Le critique imprudent qui se croit bien habile
> Donnera sur ma joue un soufflet a Virgile [3]

Mais le poète, selon Chénier, ne se bornera pas à emprunter des images, des idées ou des tours aux anciens . il conservera les genres établis par eux :

> La nature dicta vingt genres opposés
> D'un fil léger entre eux chez les Grecs divisés.
> Nul genre s'échappant de ses bornes prescrites
> N'aurait osé d'un autre envahir les limites [4].

Bien plus, il conservera les formes de chaque genre · l'élégie sera l'élégie alexandrine, telle que nous la retrouvons dans Catulle, dans Tibulle et dans Properce. La satire ne sera pas la satire littéraire de Boileau ou d'Horace, mais l'invective de Juvénal, l'iambe d'Archiloque. L'ode sera pindarique ou horatienne, comme *le Serment du jeu de Paume* ou l'*Ode a Byzance*. Chénier reproduit même quelque part · la structure de l'ode

---

1 *Poèmes*, p. 124
2. Montaigne. *Essais*, II, x
3 *Epître IV à Lebrun*, v. 138
4 *L'Invention*, v 57 et suiv
5. Cf *Poesies d'André Chénier. Hymnes*, pièce V. p 118.

pindarique avec sa division en strophes, antistrophes
et épodes. Dans la poésie bucolique, il a été plus loin
encore : là ce n'est pas seulement la forme, c'est le
fond qui est antique. Il a ramené « Palès des climats
étrangers », et sa muse a chanté

> ... Pomone et Pan, les ruisseaux, les moissons,
> Les vierges aux doux yeux et les grottes muettes
> Et de l'âge d'amour les ardeurs inquiètes [1].

Peut-être même que les poèmes antiques, comme
l'*Aveugle* et le *Mendiant*, ne sont que des idylles dans le
genre de Théocrite · l'hypothèse est d'autant plus plau-
sible qu'il y a chez celui-ci des morceaux analogues,
dont le style est très voisin de celui de l'épopée.

Mais où l'imitation de l'antique eût été la plus étroite,
c'est au théâtre. Nous savons en effet qu'André Chénier
rêvait une poésie dramatique absolument calquée sur
celle des Grecs. Nous connaissions déjà depuis longtemps l'opinion de Chénier à ce sujet d'après deux
fragments qui figurent dans les œuvres en prose « Il
faut refaire des comédies à la manière antique. Plusieurs personnes s'imagineraient que je veux dire par
là qu'il faut y peindre les mœurs antiques. Je veux
dire précisément le contraire [2]. » « Les tragédies doivent être dialoguées en vers alexandrins, et les chœurs,
s'il y en a en vers mixtes. les comédies entièrement
écrites en vers de dix syllabes, et les satyres dialoguées en vers de dix syllabes et les chœurs mixtes [3]. »
Ainsi donc Chénier aurait conservé les divisions de la
poésie dramatique telles qu'elles existaient chez les
Grecs : la tragédie bien distincte de la comédie. Quant
à la satyre, il en aurait changé la matière, sinon la

---

1. *Études et fragments*, p. 144 et suiv.
2. *Œuvres en prose*, p. 345.
3 *Ibid.*, p. 190.

forme [1]. Il est à peu près certain qu'il en eût fait quelque chose d'analogue à la comédie aristophanesque l'ancienne comédie toute personnelle et poli tique.

En effet il ne se serait pas borné à la théorie. Selon les conjectures très ingénieuses de Becq de Fouquières, il avait ébauché des plans de tragédies et de satyres Nous avons un plan de tragédie dans le goût d'Eschyle, la *Bataille d'Arminius* [2] Une scène appartenant à un autre sujet est esquissée, mais il est difficile de restituer ou même de conjecturer l'ensemble : c'est la rencontre de l'empereur Théodose et de saint Ambroise après le massacre de Thessalonique Une autre tragédie aurait eu vraisemblablement pour titre *Alexandre VI*. Enfin il nous reste un certain nombre de fragments qui peut être devaient entrer encore dans des compositions dramatiques.

Pour la comédie proprement dite, il ne reste rien qu'une note sur Molière avec la mention θεση μεν ou d'après la conjecture de Becq de Fouquières, θεσπακχ‧ γενανθρεῖα‧ Dans la pensée de Chénier la comédie devait être la comédie de caractères comme chez Ménandre et chez Molière lui-même [3]

Nous avons en revanche trois projets de satyres avec des indications suffisamment explicites les *Char latans* [4] dont Chénier avait écrit le prologue, la *Liberté*, librement imitée d'Aristophane : « Le héros est emprunté aux *Chevaliers*, c'est le peuple personnifié, le vieux Δήμος, le vilain toujours berné Le dénouement, c'est le triomphe et le rajeunissement du vieux

1 Cf. Becq de Fouquières, *Documents nouveaux sur André Chénier*, p. 271
2 Cf op cit p 274.
3 Cf op cit . p 283
4 Cf op cit . p. 284

Peuple, et son mariage avec la jeune Liberté » Enfin
les Initiés, où le poète se serait inspiré des *Baptes* d'Eu-
polis et où il aurait attaqué les membres du tribunal
révolutionnaire.

Nous sommes donc en présence d'une poétique complète, plus complète même et sur certains points plus
profonde que celle de Boileau Mais sur certains autres
— en tout ce qui touche à l'imitation des anciens —
l'idéal classique s'est encore rétréci et le poème de
l'Invention marque un véritable recul par rapport à
l'*Art poétique*. Il nous reste maintenant à juger de l'application, de sa valeur et de sa portée, autant du
moins que nous pourrons le faire d'après une œuvre
inachevée.

III

André Chénier a eu l'ambition d'être un grand poète.
Son idéal, comme celui de Ronsard, c'est le poète
orphique « expédiant les mystères sacrés », « le grand
prêtre de Thrace en long sourpely blanc ». Quand on
regarde ses vers, il faut bien en rabattre. Il n'a rien
de grandiose ni de religieux, ni surtout de primitif ou
même de vraiment naïf vivant à une époque de décadence où comme on se plaisait à le dire, on était ras-
sasié de chefs-d'œuvre, il a été plus un dilettante
qu'un poète. Même son dilettantisme porte bien la
marque du siècle. Il est de cette génération qui, avec
Diderot pour chef de file, commence à se préoccuper
des choses d'art et inaugure cette union des peintres
et des littérateurs qui va triompher dans le cénacle
romantique. De même qu'il recommande aux peintres
la lecture des poètes [1], il estime que le poète doit se

1. « Aussi de tout temps y a-t-il eu peu de peintres pour ceux
qui ne louent qu'après avoir senti et qui ne sentent que

former l'œil et la main dans le commerce assidu des peintres et des sculpteurs. De sorte qu'André Chénier est déjà un véritable « artiste » au sens que les romantiques donnaient à ce mot, et que ce qui nous frappe chez lui c'est beaucoup plus le sens esthétique que le sens poétique proprement dit.

D'abord il fréquente l'atelier de David et connaît le maître personnellement Il voyage en Italie avec les Trudaine et séjourne à Rome. Il est plus que probable qu'il avait lu l'*Histoire de l'art* de Winckelmann et les luxueuses publications qui se multipliaient alors sur les fouilles d'Herculanum et de Pompéi. Il dessine et il peint, nous le savons. Gabriel de Chénier a retrouvé des épigraphes grecques destinées à des dessins érotiques que le poète avait composés à Londres[1]. Lui-même nous représente dans son cabinet « livres, dessins, crayons confusément épars[2] ». Il nous parle de ses essais de peinture :

> Tantôt de mes pinceaux les timides essais
> Avec d'autres couleurs cherchent d'autres succes.
> Ma toile avec Sapho s'attendrit et soupire,
> Elle rit et s'egaie aux danses du Satyre,
> Ou l'aveugle Ossian y vient pleurer ses yeux[3].

Ces vers nous le révèlent élève de David, cédant à la

lorsque la simplicité de la composition, la pureté des formes, la naïveté des mouvements ont produit cette *expression complète*, cette parfaite representation de la vie humaine *qui émeut l'âme et qui entraine l'esprit* L'observation de la nature physique et morale, l'etude et l'experience des passions humaines, cette sûrete et cette finesse de sensation qu'on appelle le goût, *la lecture des poètes*, voila ce qui enseigne à connaitre et à apprecier *cette autre espèce de poésie* destinee a rappeler sans cesse a l'emulation des hommes la mémoire des grands talents » (*OEuvres en prose, sur la peinture d'histoire,* p 325)

1. Becq de Fouquieres, *Documents nouveaux sur A. Chénier,* p 10.
2. *Elégies,* I, p. 260. v. 8.
3 *Elegies,* I. p. 205, v. 51 et suiv.

manière antiquisante du temps avec son mélange de
fantaisies ossianesques. Et précisément parce qu'il
aime et imite la peinture de David, il comprend d'autant mieux la sculpture, comme le prouvent mille
endroits de ses œuvres : il a des comparaisons nombreuses empruntées à la plastique. Il cite l'Apollon du
Belvédère, l'Hercule Farnèse, le Laocoon, le Moïse de
Michel-Ange[1]. Il n'est pas moins capable d'apprécier
une intaille ou un camée[2] Il aime la musique, sa mère
recevait dans son salon le musicien Lesueur[3]. A Rome,
il entend au théâtre d'Apollon Cimarosa et Paesiello :

> Ou bien dans mon oreille un fils de Polymnie
> A qui Naple enseigna la sublime harmonie
> A laissé pour longtemps un aiguillon vainqueur[4].

Peut-être même que, selon la jolie mode du temps,
il jouait de la harpe, comme tout le monde, comme
Camille elle-même[5]. Ce qu'il y a de certain, c'est qu'il
a aimé tous les arts et qu'il en a pratiqué quelques-
uns : il les célèbre avec l'accent lyrique[6] et l'on sent
dans son enthousiasme quelque chose de plus que chez
ses contemporains, quelque chose comme la ferveur
d'un culte et l'ivresse d'art de la Renaissance.

Tout cela s'est empreint profondément dans son
œuvre : chose étrange pour un disciple de David, il a
un sentiment très vif de la couleur. Ce Boucher, qu'il
méprise comme son maître, il en rappelle les carnations
ardentes et les roses triomphants. Il a d'ailleurs la
hantise de la rose, comme la plus éclatante et la plus

---

1. *L'Invention*, v. 268 et suiv.
2. *Élégies*, I, p 260, v. 8.
3. Becq de Fouquières, *Poésies d'André Chénier*, introd , XVII.
4. *Élégies*, I, p. 190, v. 10 et suiv.
5.   Ses lambris . où sa harpe se tait.
                                    (*Élégies*, p 231, v 32)
6. Voir en particulier *Poésies*, p. 918.

voluptueuse des fleurs. A l'égal de tous les poètes
paiens, de Ronsard, de La Fontaine, de Henri Heine[1],
de Théodore de Banville, il a aimé les roses, depuis
celles de Paestum jusqu'à celles de Fontenay. l'amour
naît dans une rose. La comparaison classique des
gorges, des joues et des lèvres avec la rose fleurit dans
ses vers, presque neuve à force de sincérité La nudité
de Camille, c'est encore la rose Il rêve de faire un lit de
roses à son amante et alors il contemplera

> . . . . dans la rose en feu l'albâtre confondu
> Comme un ruisseau de lait sur la pourpre épandu[2]

« Le printemps habite dans ses vers »   il aime toutes
les fleurs, surtout les fleurs antiques, la violette, l'hya-
cinthe le lys; tous les nobles feuillages, l'acanthe, le
lierre, le myrte, le laurier. Ses yeux s'arrêtent sur
« l'épi couronné d'or », le « sang du doux mûrier », sur
les colorations estivales et splendides de la pêche, de
l'abricot, du coing, sur la fleur sanglante de la grenade
et sur la pourpre des grappes.

Mais surtout, en véritable paien qu'il est il comprend la beauté du nu, aussi bien la nudité provocante
et libertine du xviiiᵉ siècle que la nudité antique Évidemment ce sont toujours les grâces un peu mièvres
de la Vénus de Médicis ou l'élégance trop parisienne
de la Diane de Houdon, qui dominent son goût : ni la
Vénus de Milo, ni la grande sculpture classique du
vᵉ siècle ne sont encore connues. On trouverait assez
exactement l'équivalent plastique de certaines descrip-

1. Henri Heine s'était composé cette épitaphe · « Il aima les
roses de la Brenta » En 1891, l'impératrice d'Autriche, dans
sa propriété de Corfou. a fait élever une statue à Henri Heine,
dominant la mer du haut d'un rocher de 800 mètres et
entourée de cinquante mille rosiers. (L'*Idée libre*, mai 1893,
p. 33.)
2 *Art d'aimer*, v 27, 28.

tions de Chénier dans les terres cuites les plus gracieuses et les plus fines de Clodion Il vante les petits
pieds et les petites mains, il surveille le fini de l'exécution, la transparence ou le grenu de l'épiderme, l'ovale
du visage, l'étroitesse de la bouche, l'expression des
yeux. Tout le détail pittoresque ou plastique du corps
humain le séduit : de grands yeux noirs profonds, le
contraste des yeux sombres et de la joue rose d'un
éphèbe, de la blancheur d'une épaule et de la masse
d'une chevelure brune Ce sont surtout les cheveux
qu'il décrit avec prédilection, les cheveux blonds épars,
en toison, comme dans Rubens Les cheveux reviennent
aussi souvent dans ses poèmes que les roses. Il
suffit d'y songer, des vers répondent aussitôt dans la
mémoire

> Et pour ses blonds cheveux les parfums prepares .
> Coupez sur mon tombeau vos chevelures blondes .

C'est pourquoi il aime à évoquer un jeune front de
nymphe couronné de lilas, ou le dieu Bacchus, toujours adolescent, avec une couronne de grappes sur
ses cheveux bouclés.

Faut-il s'étonner qu'il ait le don de la composition
picturale? On voit certains de ses poèmes par exemple
les bergers groupés autour d'Homère, le mendiant
embrassant l'autel domestique, ou, dans un genre plus
folâtre, Camille surprise, et par son trouble et son
négligé rappelant toutes les nymphes légères de Boucher et de Fragonard Mais ce qu'il possède au plus
haut degré, c'est le don de la plastique En cela,
il se montre le digne élève de David Il est capable
de comprendre la beauté violente de Michel-Ange :
du *Moïse*, la forte ossature des genoux l'a tellement frappé qu'il la copie dans son *Aveugle* : « Ils
versent à l'envi sur *ses genoux pesants* .. » Les beaux

gestes et les belles poses abondent dans ses vers : c'est
la fille de Lycus qui supplie la vieille esclave en posant
ses mains sur son *visage antique*. C'est Myrto sur la
proue invoquant les étoiles, ou « les Nymphes des
bois, des sources, des montagnes » formant une
théorie autour de son beau corps rejeté par la vague.
Ou encore la Naïade « qui dort et sur sa main, au
murmure des eaux. — laisse tomber son front couronné
de roseaux ». Il a particulièrement le sentiment de la
ligne très pure : le profil d'un berger qui joue de la
flûte ou de la syrinx, ou d'une danseuse rythmant ses
poses au son des crotales, comme sur les panneaux
de Pompéi. Il y a presque autant de flûtes dans ses
vers qu'au-dessus des cadres et des trumeaux de son
temps. Son sens artiste en fait le rival des délicats
ornemanistes de cette fin de siècle.

Ajoutons qu'il a au même degré que nos ciseleurs et
nos émailleurs parnassiens le sentiment de la beauté
des mots. Mais il en a pris le secret aux anciens, à
Homère, à Virgile, dont il copie les énumérations
euphoniques de nymphes et de divinités. Qu'on se rappelle le début de son *Hymne à Bacchus* :

> Viens, ô divin Bacchus, ô jeune Thyonée,
> O Dionyse, Evan, Iacchus et Lénée ..
> Et tout ce que la Grèce eut pour toi de beaux noms [1]...
> Salut, dieux de l'Euxin, Hellé, Sestos, Abyde,
> Et nymphe du Bosphore et nymphe Propontide [2].

Il a noté l'effet mélodique des refrains dans Théocrite et il s'en souvient dans *la Jeune Tarentine* et ailleurs. Il est tellement homme de métier qu'il copie de
sa main une épigramme de Myro la Byzantine. adressée
aux Nymphes Hamadryades. uniquement [3] à cause

1. *Etudes et fragments*, p. 120.
2 *Elegies*, II, p 193.
3 *Poesies*, p 136

de l'euphonie de ces mots : Nymphes Hamadryades[1]

C'est le sentiment de la forme et de la couleur qui a amené Chénier à la couleur locale bien plus que le sens historique qui n'existe pas encore. La beauté quelle qu'elle soit, pourvu qu'elle se révèle sous les espèces antiques, le séduit. Il rêve d'une sorte de sérail où, pour la joie de ses yeux d'artiste et de voluptueux, il aurait réuni toutes les beautés fameuses, depuis la beauté grecque jusqu'à la beauté septentrionale, ce qui a été une idée chère à Théophile Gautier[1]. Il lit la Bible pour y trouver des formes nouvelles. Dans son poème de *Suzanne* il veut mettre des « comparaisons asiatiques », il consultera l'Écriture pour les vêtements, les sandales, les aromates, les trésors, les tapisseries. Pour les mœurs babyloniennes, il consultera Hérodote, pour les chansons d'amour, le Cantique des Cantiques[2]. C'est encore ce sens de la beauté qui l'avait attiré vers Shakespeare, malgré toutes les restrictions de son goût : il avait senti tout ce que le poète anglais a de commun avec les tragiques grecs. A en juger d'après ses essais et ses plans, on peut croire que c'est surtout la mise en scène qui l'avait frappé, comme Voltaire dans le *Jules César*. En vrai hellène, la tragédie est d'abord pour lui un plaisir des yeux. Aussi, comme nous le disions, il n'y a pas à proprement parler de couleur locale chez André Chénier. Il ne la recherche pas méthodiquement et de propos délibéré. Ce n'est point une restitution exacte des mœurs du passé qu'il nous offre, mais une sorte d'éclectisme esthétique, qui consiste à reproduire les formes de l'art les mieux appropriées à un certain idéal.

---

1. Chénier, *Art d'aimer*, XIII, p. 416.
2. Cf. notes du poème de *Suzanne*, édit. Becq de Fouquières, *passim*.

Voilà le dilettante très « artiste » bien plus que le poète qu'a été André Chénier. Si sa grande ambition a été déçue, il n'en reste pas moins un amateur des mieux informés et des plus originaux, un homme de métier très travailleur et très habile. Mais il a eu une seconde prétention qui était d'être moderne, et il y a beaucoup mieux réussi.

Presque partout, sauf dans ses fragments antiques, qu'il n'a pas eu le temps de fondre ou d'ajuster, André Chénier reste l'homme du XVIIIe siècle. Il en a les sentiments, pour ne pas dire la sentimentalité, les idées et les préjugés, et comme tout cela ne laisse pas que d'être parfois fort déplaisant il en résulte que le meilleur de son œuvre en est souvent gâté. Sous la forme grecque ou latine toujours un peu laborieuse, on retrouve les polissonneries de Crébillon fils, les déclamations vertueuses de Jean-Jacques ou les admirations de Denis Diderot. Voici d'abord la louange de la nature que tous ses contemporains ont célébrée jusqu'au rabâchage. Bien que Chénier se pique d'être un disciple des anciens et d'aimer la nature comme eux, on peut dire qu'il n'en a point compris la grande idée panthéistique et religieuse, telle qu'elle se révèle dans les *Géorgiques* de Virgile. Il n'est pas davantage un réaliste ou un *objectif* à la manière de Hugo, dont l'œil est fortement impressionné par la couleur ou le relief des objets. Ce qu'il aime, c'est une nature peignée et arrangée pour le plaisir des yeux ou machinée comme un décor, c'est *la belle nature*, comme on disait alors. Vue de ce côté-là, son œuvre est comme un musée d'amateur où sont représentées, l'une à côté de l'autre, toutes les manières des paysagistes du XVIIIe siècle.

Veut-on le paysage des *Fêtes galantes* de Watteau, ou de l'*Embarquement pour Cythère*, avec quelque chose

des fadeurs de Boucher, voici un morceau qui en donne
l'illusion :

> Là tout aime, tout plaît, tout joint, tout soupire,
> *Là, de plus beaux soleils dorent l'azur des cieux*
> Là, les près les gazons, *les bois harmonieux*,
> De mobiles ruisseaux la colline animée,
> L'âme de mille fleurs dans les *zéphyrs* semée
> Là, parmi les ruisseaux l'amour vient se jouer
> *Là, sous les antres frais habite le baiser* [1]

Voici maintenant le paysage sentimental dans le
goût d'Horace Vernet et de Loutherbourg avec tout
ce qu'il a de théâtral et de déclamatoire

> Douce mélancolie, aimable mensongère,
> Des antres, des forêts, déesse tutélaire
> Qui viens, d'une insensible et charmante langueur,
> *Saisir l'âme des champs et pénétrer son cœur*
> *Quand, solitaire, le soir, des grottes reculées,*
> *Il s'égare à pas lents au penchant des vallées.*
> *Et tout des derniers feux le ciel se colore*
> *Et sur les monts lointains un beau jour expire*
> Dans sa volupté sage et pensive et muette
> *Il s'assied, sur son sein laisse tomber sa tête*

Plus loin c'est le paysage romantique tel que *la
Nouvelle Héloïse* l'avait mis à la mode avec « les
monts chevelus, les torrents et les cascades » Ailleurs,
c'est l'allégorie mythologique dans la manière de Vien.
Veut-on maintenant des *ruines* On se rappelle que
c'était la fureur de l'époque et que les *Ruines des plus
beaux monuments de la Grèce*, de Le Roy y avaient singulièrement contribué Voici donc du Pannini et de
l'Hubert Robert

> Partout de longs chemins, des temples, des cités
> Des ponts, des aqueducs en arcades voûtés,
> Des théâtres, des forts assis sur des collines,
> Des bains, de grands palais *ou de grandes ruines* [3] ...

1 *Elégies*, p 152 v 36
2 *Ibid* , I. p 158 v 39 et suiv.
3. *Ibid* , I. p 188, v 5 et suiv

Veut-on enfin quelque chose de plus classique, qui
rappelle tout à fait Le Poussin dans les *Bergers d'Arcadie?* — Un voyageur rencontre une femme sur la
tombe de son amant, à sa vue elle s'enfuit. Il s'approche, lit l'inscription, répand des fleurs sur la
tombe, puis « il remonte à cheval » et s'en va, la tête
penchée et le cœur mélancolique,

> Pensant à son epouse et craignant de mourir [1].

C'est le paysage noble, comme on recommençait à le
pratiquer autour de David ! Au fond, il n'y a rien dans
tout cela de vraiment antique si ce n'est des réminiscences confuses ou les oripeaux d'une mythologie de
décadence . nous sommes bien loin du « salve, magna
parens frugum », de Virgile ou de l'invocation à Vénus
de Lucrèce Plus tard Chénier, dans l'*Hermès*, compa-
rera bien la terre à un grand animal et il se souviendra
des noces cosmiques de Zeus et de Gaia [2], mais les
préoccupations dominantes du géologue tueront en lui
l'accent religieux et poétique

S'il comprend la nature comme ses contemporains,
il ne se fait pas non plus une autre idée de l'amour.
Encore est-ce bien l'amour qu'il faut dire? C'est la
volupté toute pure Qu'il chante des courtisanes ou
des grandes dames, le ton est à peu près le même.
Quoi qu'en dise le dévoué Becq de Fouquières [3], je
ne vois pas de différence entre le ton qu'il emploie
avec Lycoris ou Glycère et celui dont il parle à Camille.
A peine avec Fanny est-il plus respectueux (sans
compter que tous ces noms féminins qui se brouillent
sur sa lyre sont bien faits pour inspirer une sage

1. *Poesies antiques, Clytie,* p 62
2. Notes de l'*Hermès,* p. 357 et 362.
3. *Documents nouveaux sur André Chénier,* p 13.

défiance). Mais si l'on s'en tient à la volupté si l'on
ne veut pas, contre toute vraisemblance, faire de
Chénier un élégiaque sentimental, il est certain que
personne alors n'a mieux exprimé cette ardeur au
plaisir, cet épicuréisme raffiné qui est la marque
du XVIIIe siècle tout entier. Il est certain encore qu'il
y a mêlé un sentiment personnel qui est très voisin
de la volupté antique.

Rappellerons-nous qu'à l'exemple d'un Arétin, il a
composé des vers licencieux pour servir d'épigraphes
à certains dessins inspirés par des courtisanes anglaises? Dans ses *Élégies*, il chante Glycère, Amélie,
Rose « qui jamais ne lasse les désirs, — et dont la
danse molle aiguillonne aux plaisirs », Julie au rire
étincelant.

> Ses longs cheveux épars, courante, demi-nue :
> En ses ardentes nuits, Cithéron n'a jamais
> Vu Ménade plus belle errer en ses forêts

Ce qu'il rêve, c'est l'orgie antique : les courtisanes
nues ou les danseuses avec le tambourin, la robe
légère de byssus et la couronne de roses. Il se voit lui-
même, comme les jeunes hommes élégants d'alors,
drapé dans la toge de soie transparente et les bagues
aux doigts, s'en aller au festin appuyé sur un esclave
et précédé par des porteurs de torches.

> Allons jeune homme, allons, marche, prends ce flambeau,
> Marche, allons, mène-moi chez ma belle maîtresse.

L'amour est tellement la volupté pour lui, qu'il ne
se pique pas d'être fidèle ! Toutes les femmes, que ce
soit Rose ou Camille, ne sont que « les belles » de la

---

1. Voir en particulier *Élégies*, II, XXI.

chanson gauloise. Ce qu'elles évoquent en lui, c'est la
vision de la beauté de leur chair

> Je vis de ses beaux flancs l'albâtre ardent et pur,
> Lys, ébène, corail, roses, veines d'azur,
> Telle enfin qu'autrefois tu me l'avais montrée
> De sa nudité seule embellie et parée.

Ou bien c'est l'image du plaisir

>   . .   . . . Vole, dis a Camille
> Que je l'attends, qu'ici, moi, dans ce bel asile
> Je l'attends Qu'un berceau de platanes épais,
> Le même, en cette grotte, ou l'autre jour au frais
> Pour nous, s'il lui souvient, l'heure ne fut point lente

Il n'est pas étonnant qu'il retrouve tout naturellement les accents de Catulle qu'il ait l'air de reprendre
son bien en l'imitant Il paraphrase le « Vivamus mea
Lesbia atque amemus » .

> Nous n'avons qu'un seul jour et ce jour précieux
> S'éteint dans une nuit qui n'aura point d'aurore
> Vivons, ma Lycoris, elle vient a grands pas,
> Et dès demain peut-être elle nous environne

Comme chez Catulle, cette évocation de la mort n'est
qu'un excitant au plaisir tant il est vrai que pour
Chénier le tout de l'amour est la volupté.
Il ne faut pas s'étonner davantage que cette sensualité dégénère vite en grossièreté En cela encore Chénier est bien de son siècle il est grossier comme
Montesquieu dans les *Lettres persanes* comme Voltaire
dans la *Pucelle* comme Diderot un peu partout S'il ne
nomme pas les choses par leur nom il les indique, il
les souligne complaisamment

> Jamais de vos bontés la confidente amie
> Ne vint m'ouvrir la nuit une porte endormie
> Et jusqu'au lit de pourpre, en cent détours obscurs,
> Guider ma main errante a pas muets et sûrs ..

Je l'ai cru, pardonnez, mais ce sera, je pense,
Oui, c'est qu'en mon sommeil plein de votre présence,
Un songe officieux, enfant de mes désirs,
M'apporta votre image et de vagues plaisirs [1].

Il y aurait malheureusement d'autres passages à
citer, et même une pièce entière — l'idylle de *Lyde* —
dont le sujet est simplement indécent. L'imitation de
l'épisode de Salmacis et d'Hermaphrodite, dans les
Métamorphoses d'Ovide, n'est certainement pas une
excuse ou même une explication suffisante : les seuls
coupables c'est Chénier et son siècle

Cette merveilleuse époque de raffinements voluptueux et d'art délicat et fragile, il l'adore jusque dans
ses inventions les plus éphémères et les plus menues :
en artiste qu'il est, il en aime le luxe et la richesse. Il
en aime les festins et les fêtes c'était un convive des
fameux soupers de Grimod de la Reynière [2]. Les sur-
touts, les cristaux, les fleurs l'éblouissent Il note
l'éclair des vins dans une coupe, la profusion des
fruits en pyramides croulantes, mais il célèbre surtout les vins avec le lyrisme et les mots d'Horace les
vins d'Espagne et les vins de France, le madère, le
malaga, le champagne et le bourgogne Ce n'est plus
le « piot » vulgaire de Rabelais, c'est le sang même
de la terre natale Avec cela, il n'oublie pas la suprême
parure de ces fêtes, les femmes et leurs toilettes et les
élégances de leurs boudoirs Les glaces, — ces belles
glaces Louis XVI tout enguirlandées de fleurs et cou-
ronnées d'attributs, — les vases et les bouquets sur
les consoles, les « coussins odorants d'aromates remplis » Il remarque même les jolies modes de la veille
de la Révolution, si gracieuses et si fraîches. Les robes

1. *Élégies*, II, v 83 et suiv.
2 Cf. G. Desnoiresterres, *Grimod de la Reynière et son
groupe*, p 112.

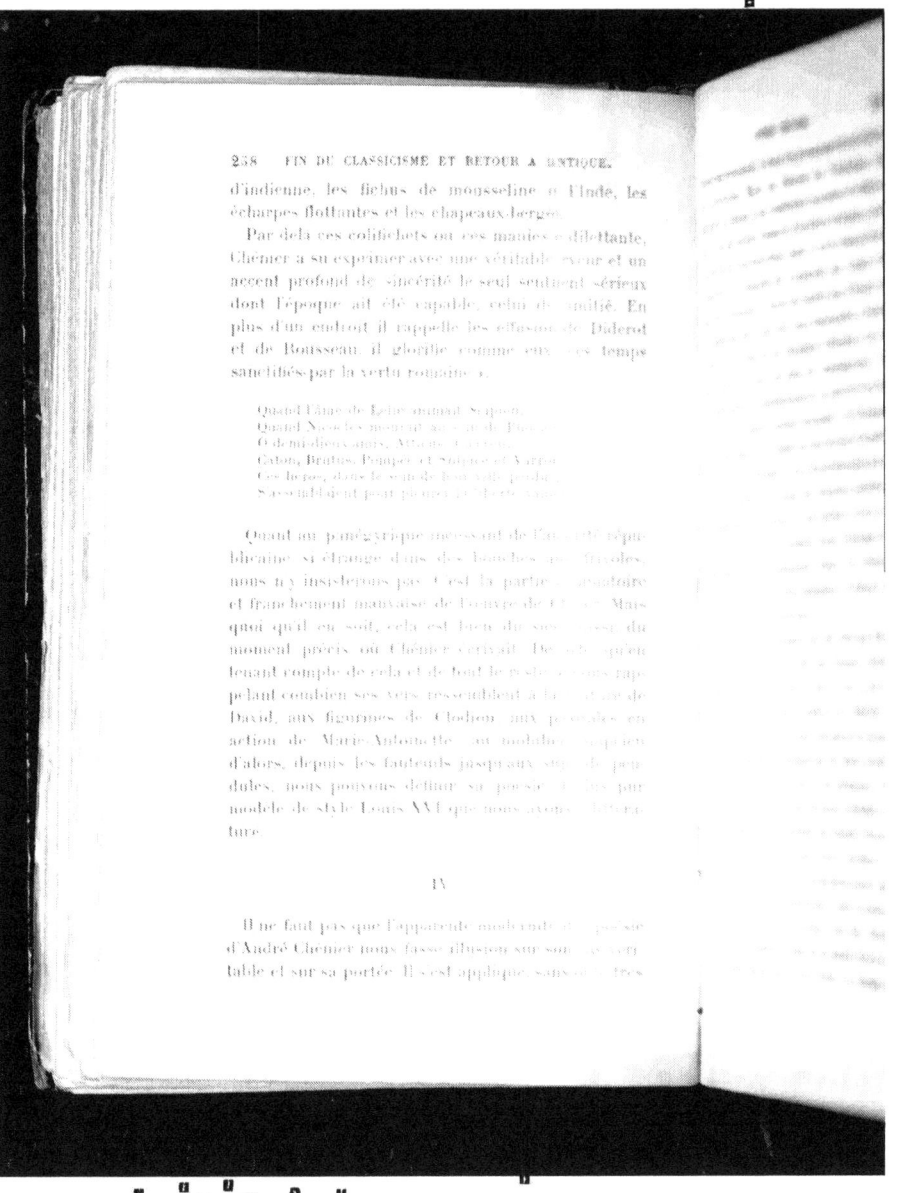

d'indienne, les fichus de mousseline o l'Inde, les
écharpes flottantes et les chapeaux-bergers.

Par delà ces colifichets ou ces manières dilettante,
Chénier a su exprimer avec une véritable cœur et un
accent profond de sincérité le seul sentiment sérieux
dont l'époque ait été capable, celui de l'amitié. En
plus d'un endroit il rappelle les effusions de Diderot
et de Rousseau, il glorifie comme eux ces temps
sanctifiés par la vertu romaine ».

> Quand l'âme de Zélie mourut Scipion,
> Quand Nicole mourut avec un de Pierre,
> O de mes doux amis, Aétius, et autres,
> Caton, Brutus, Pompée et Sulpice et Varus
> Ces héros, dans le sein de leur vie pendant,
> S'assemblaient pour pleurer la liberté

Quant au panégyrique incessant de l'antiquité républicaine, si étrange dans des bouches si frivoles,
nous n'y insisterons pas. C'est la partie fâcheuse
et franchement mauvaise de l'œuvre de Chénier. Mais
quoi qu'il en soit, cela est bien du ... du
moment précis où Chénier écrivait. De là ... qu'en
tenant compte de cela et de tout le reste ... nous rappelant combien ses vers ressemblent à ... de
David, aux figurines de Clodion, aux ... en
action de Marie-Antoinette, ... d'alors, depuis les fauteuils jusqu'aux ... pendules, nous pouvons définir sa poésie ... par
modèle de style Louis XVI que nous avons ... littérature.

IV

Il ne faut pas que l'apparente modernité ... poésie
d'André Chénier nous fasse illusion sur son ... véritable et sur sa portée. Il s'est appliqué, sans ... très

consciencieusement, à tenir les promesses de sa théorie
de l'invention. Mais sa théorie de l'imitation des
anciens l'a amené à se contredire lui-même et obligé à
une foule de petites ruses et d'artifices mesquins pour
pallier cette contradiction, dont il avait obscurément
conscience. Il importe de s'entendre une bonne fois
sur cette question, à force de répéter que Chénier est
un classique, on a fini par tout embrouiller. Chénier
n'est pas un ancien, ni un classique véritable, c'est un
alexandrin, et le mot est gros de conséquences. Il a
des alexandrins le dilettantisme et ce procédé de décadence que Théophile Gautier nommait « la transposition d'art », qui fait du poète un descripteur d'intailles,
de vases et de figurines. Il en a les prétentions scientifiques, le fatras d'érudition, les minuties puériles de
grammairien, de métricien et de styliste. Il en a enfin
le mélange suspect et d'ailleurs voulu d'antique et de
moderne. Cet alexandrinisme réduit en théorie a
entravé ses efforts les plus originaux et donné à son
œuvre un faux air de pastiche.

Notons d'abord l'étrangeté de cette idée qui domine
toute son esthétique : « Sur des pensers nouveaux
faisons des vers antiques. » Elle ne lui a pas plus
réussi qu'à Ronsard ou à Gœthe et à Schiller. Ces
idées, ces mœurs modernes costumées à la grecque
ou à la romaine, ou quelquefois les deux ensemble,
ont quelque chose de faux et de grimaçant. On en
arrive, comme Gœthe dans *Hermann et Dorothée*, à célébrer dans le style d'Homère les amours d'un aubergiste de village, ou, comme Chénier lui-même, on en
est réduit à de ridicules périphrases pour exprimer
des choses que l'accoutumance nous a rendues triviales ou familières. Pourtant, chez lui, l'erreur est
moins choquante à cause de la nature de ses sujets :
ce sont des élégies et des idylles où certains senti-

d'indienne, les fichus de mousseline de l'Inde, les écharpes flottantes et les chapeaux-bergère.

Par delà ces colifichets ou ces manies de dilettante, Chénier a su exprimer avec une véritable ferveur et un accent profond de sincérité le seul sentiment sérieux dont l'époque ait été capable, celui de l'amitié. En plus d'un endroit il rappelle les effusions de Diderot et de Rousseau, il glorifie comme eux « ces temps sanctifiés·par la vertu romaine »,

> Quand l'âme de Lélie animait Scipion,
> Quand Nicocles mourait au sein de Phocion...
> O demi-dieux amis, Atticus, Ciceron,
> Caton, Brutus. Pompée et Sulpice et Varron!
> Ces héros, dans le sein de leur ville perdue,
> S'assemblaient pour pleurer la liberte vaincue.

Quant au panégyrique incessant de l'austérité républicaine, si étrange dans des bouches aussi frivoles, nous n'y insisterons pas. C'est la partie déclamatoire et franchement mauvaise de l'œuvre de Chénier. Mais quoi qu'il en soit, cela est bien du siècle aussi, du moment précis où Chénier écrivait. De sorte qu'en tenant compte de cela et de tout le reste, en nous rappelant combien ses vers ressemblent à la peinture de David, aux figurines de Clodion, aux pastorales en action de Marie-Antoinette, au mobilier pompéien d'alors, depuis les fauteuils jusqu'aux sujets de pendules, nous pouvons définir sa poésie · le plus pur modèle de style Louis XVI que nous ayons en littérature.

IV

Il ne faut pas que l'apparente modernité de la poésie d'André Chénier nous fasse illusion sur son sens véritable et sur sa portée. Il s'est appliqué, sans doute très consciencieusement. à tenir les promesses de sa théorie de l'invention. Mais sa théorie de l'imitation des anciens l'a amené à se contredire lui-même et obligé à une foule de petites ruses et d'artifices mesquins pour pallier cette contradiction, dont il avait obscurément conscience Il importe de s'entendre une bonne fois sur cette question : à force de répéter que Chénier est un classique, on a fini par tout embrouiller Chénier n'est ni un ancien, ni un classique véritable, c'est un alexandrin, et le mot est gros de conséquences Il a des alexandrins le dilettantisme et ce procédé de décadence que Théophile Gautier nommait « la transposition d'art », qui fait du poète un descripteur d'intailles, de vases et de figurines Il en a les prétentions scientifiques, le fatras d'érudition, les minuties puériles de grammairien, de métricien et de styliste. Il en a enfin le mélange suspect et d'ailleurs voulu d'antique et de moderne. Cet alexandrinisme réduit en théorie a entravé ses efforts les plus originaux et donné à son œuvre un faux air de pastiche.

Notons d'abord l'étrangeté de cette idée qui domine toute son esthétique : « Sur des pensers nouveaux faisons des vers antiques » Elle ne lui a pas plus réussi qu'à Ronsard ou à Gœthe et à Schiller Ces idées et ces mœurs modernes costumées à la grecque ou à la romaine, ou quelquefois les deux ensemble, ont quelque chose de faux et de grimaçant On en arrive, comme Gœthe dans *Hermann et Dorothée*, à célébrer dans le style d'Homère les amours d'un aubergiste de village. ou, comme Chénier lui-même, on en est réduit à de ridicules périphrases pour exprimer des choses que l'accoutumance nous a rendues triviales ou familières Pourtant, chez lui, l'erreur est moins choquante à cause de la nature de ses sujets : ce sont des élégies et des idylles où certains sentiments antiques pouvaient entrer sans trop de peine. Ensuite il y a pour nous Français une sorte d'hérédité gallo-romaine qui nous permet plus facilement qu'aux races germaniques de renouer la tradition des anciens. Comme Ausone qui chante la Moselle et la Garonne couronnée de pampres, Chénier peut célébrer la Seine ou la « Marne lente avec ses îles », à condition de ne voir que les aspects éternels du paysage. Versailles ou Saint-Cloud se laissent déjà plus difficilement travestir et, malgré les efforts du poète ils ne nous rendent ni Blandusie, ni Tibur, ni les bords de l'Anio Quoi qu'il en soit, la théorie est fausse. Jamais les vrais classiques n'auraient admis qu'il existe une forme indépendante de sa matière : leur gloire a été de sentir que la forme, en art, sort tout naturellement du fond, et par conséquent de se créer une forme à eux, qui n'a plus rien d'antique.

L'inconvénient du système éclate tout de suite dans l'*Hermes* Il est d'usage de se lamenter sur l'inachèvement de ce poème. Malgré l'ambition et le travail de Chénier, nous ne pouvons croire cependant que sa mort nous ait privés d'un chef-d'œuvre Le pire malheur qui pût arriver à ces idées scientifiques et à ces découvertes modernes, c'était d'être coulées dans le moule alexandrin du poème didactique. Nous avons déjà fait voir ailleurs la fausseté du genre Ici l'entreprise était vraiment impossible. Dominé par le souvenir de Lucrèce, Chénier voulait écrire, lui aussi, le *De natura rerum* du XVIII⁽ᵉ⁾ siècle. Mais il a oublié que si le système de Lucrèce forme un tout, la science moderne est, par sa nature, fragmentaire : nous aurions eu côte à côte une mécanique de Newton, une cosmologie de Buffon, une psychologie de Condillac, une physiologie de Cabanis. Il est peu probable en effet que Chénier, quittant le terrain

solide de la science pour celui des hypothèses générales, eût tenté une grande synthèse que l'état de nos
connaissances, même aujourd'hui, rend si difficile.
Ses notes nous le montrent allant de l'un à l'autre,
d'un géologue à un physicien, d'un chimiste à un
astronome avec une mémoire surchargée de souvenirs
classiques, d'où se dégageait peut-être l'idée vague,
mais plus philosophique que scientifique, de l'unité
des choses et de la vie de la nature. — Ce qui revient
à dire que Chénier, non plus qu'aucun de ses contemporains, n'a eu conscience, — sinon absolument de la
contradiction, — au moins de la disconvenance qu'il y
a entre la forme antique du poème didactique et les
données de la science moderne [1]

On voit avec quelles réserves il faut accueillir l'idée
mere du système. La théorie de l'imitation des anciens
n'est pas moins sujette à caution. On se rappelle
que le principal procédé de Chénier consiste à coudre
ensemble des morceaux de toute provenance : de là
tout de suite quelque chose de pénible et d'artificiel dans sa manière Peut-être objectera-t-on que
ç'a été le procédé des plus grands parmi les classiques, de Virgile, qui dans son *Énéide* sait fondre des
imitations d'Homère, des cycliques, ou d'Apollonius
de Rhodes. D'abord on ne voit pas bien ce que Virgile

1. Nous avons fait remarquer ailleurs que la science des
anciens étant a demi poétique, se prêtait assez bien a la forme
du poème didactique. Mais aujourd'hui la science positive
s'étant constituée en contradiction avec la metaphysique et la
poesie, le poeme didactico-scientifique est devenu impossible.
Mettre en vers des formules ou des experiences de biologie
est souverainement ridicule et anti-poétique. C'est le procede
de l'abbé Delille. On peut s'etonner que les parnassiens
soient revenus à cette vieille erreur Louis Bouilhet (*Les
Fossiles*), Sully-Prudhomme (*Le Zénith*, etc.). Aussi bien il y a
une grande analogie entre les parnassiens et les decadents
classiques du xviii° siècle

y a gagné, et ensuite c'est un ancien qui imite des anciens, de sorte que la disparate est moins choquante. Chez Racine, il y a déjà quelque chose de plus inquiétant. comme par exemple dans sa *Phèdre* où se superposent deux antiquités bien différentes, celles d'Euripide et de Sénèque [1]. Si habile que soit la suture, on la sent toujours . il y a là une sorte de duperie qui indispose. Mais il faut avouer que les classiques usent en somme très sobrement de cet artifice, et surtout se rappeler que chez eux l'imitation porte essentiellement sur le fond. C'est le contraire chez André Chénier. Il multiplie les traductions littérales et les adaptations presque toutes ses pièces sont des marqueteries plus ou moins habilement exécutées, de sorte qu'à la longue on a la sensation de lire un centon. Ce qu'il y a de plus fâcheux, c'est qu'on s'aperçoit que souvent dans la fable d une pièce, il est guidé uniquement par le désir de *placer* un fragment ou une réminiscence Le plus bel exemple nous serait fourni par une ébauche intitulée *Pannychis* [2]. Elle débute par une imitation de Gessner, mais comme le poète veut absolument tirer parti d'une épigramme d'Anyté, il prolonge son récit contre toute vraisemblance, et l'on a ainsi deux actions qui n'ont presque rien de commun l'une avec l'autre.

C'est principalement en matière de langue, de style et de versification que la théorie alexandrine de l'imitation des anciens a été funeste à Chénier. Bien que tout cela ait paru très neuf chez lui et même téméraire aux critiques contemporains de la première

1. Cf Jules Lemaitre, *Impressions de théâtre*, t. I, p. 78.
2. Nous ne parlons pas de la conduite ni du style de cette petite pièce qui n'est qu'un laborieux enfantillage, avec bien des banalités et des détails d'une sentimentalité un peu niaise, o i l'on retrouve « ce bon suisse » de Gessner.

édition de ses œuvres, ses innovations sont en somme
fort prudentes. C'est le système de Ronsard mitigé par
celui de Racine un petit nombre de mots calqués sur
le grec ou sur le latin, quelques archaïsmes et quelques tours familiers, mais des latinismes, des sens
dérivés et surtout des alliances de mots nouvelles. Il
part de la même erreur fondamentale que Ronsard et
les grammairiens de la Renaissance, qui s'imaginent
que le français issu du latin, doit avoir la même
morphologie et la même syntaxe. Il croit qu'on peut
créer des mots en prenant une racine et en ajoutant
un suffixe. Il dira comme Ronsard « une rive aréneuse », une « couche matineuse ». Pour étendre ou
renouveler les moyens d'expression sans enrichir le
vocabulaire, il se livrera à de pénibles tours de force
pour aboutir à de minuscules découvertes. Il aura des
alliances de mots comme celles-ci :

> Si vous (car c'était vous) .
> N'eussiez armé pour moi les pierres et les cris... [1]
> — Le toit s'égaie et rit de mille odeurs divines. . [2]

Ou bien des latinismes

> C'est du vieillard troyen la mort *envenimée* .. [3]

moyennant quoi il ne parlera plus français. Déjà chez
Racine [4], Hugo avec son grand sens de la langue, avait
remarqué tout ce que l'application du précepte hora-
cien des alliances de mots introduit d'incorrect et de
forcé. D'ailleurs ces petits raffinements d'expression,
ces petites inventions de détail sont indignes d'un
artiste sérieux et vraiment fort. Quand on lit Chénier

1. *L'Aveugle*, v. 100
2. *Le Mendiant.*
3. *L'Invention.*
4. Cf. Paul Stapfer, *Racine et l' Hugo*, p 2.

avec quelque attention, on sent toujours chez lui quelque-chose de pénible, de méticuleux et d'un peu vain [1].

La langue n'est pas très sûre, le style souvent 'ne vaut guère mieux : comme Ronsard, il imite de trop près la rhétorique latine dans ce qu'elle a de pire : les apostrophes, les exclamations sont prodiguées dans les *Elégies* : ce sont des « beautés » :

[1]. Voici un résumé des innovations grammaticales d'André Chénier :

I. *Néologismes tirés des langues anciennes.* — Ils sont en très petit nombre : avec les deux exemples cités : *aréneuse, matineuse (Documents nouveaux sur André Chénier,* 'fragments de l'*Amérique,* p. 315. — *Élégies,* p. 260, v. 14), il faut noter *ambrosie* qui est d'un usage constant.

II. *Sens dérivés, tirés du latin* :

La *mielleuse* abeille. (P. 135, v, 10.)
L'onde *maritime* [pour l'*onde marine*]. (P. 10, v. 74.)

·Le mot *fertile* est souvent employé là où nous emploierions de préférence le mot *fécond,* comme en latin *fertilis* :

. . . Sur ce bois *fertile* en agréables sons. (P. 71, v. 25.)
Les *fertiles* pinceaux. (P. 187, v. 25.)
Les *hurlements* de femme. (P. 23, v. 254) : *femineos ululatus.*
Des jeux, tous les cinq ans, rendront saint et *prospère*
Le jour où nous avons reçu le grand Homère. (P. 25, v. 270.)
Ces héros, dans le sein de leur ville perdue (sens du latin *perditus*).
(P. 197, v. 157.)
C'est l'amour *insensé* (qui rend insensé, *insanus*). (P. 53, v. 83.)
Une vierge *champêtre* (sens latin d'*agrestis*).
Devant lui l'herbe *jette* des fleurs [sens latin de *jacere*].(P. 152, v. 28.)

III. *Alliances de mots inusités.* — Elles sont extrêmement fréquentes; il en a surtout abusé dans le *Serment du Jeu de Paume* : .

. . . ta grâce auguste et fière
De nature et d'éternité
Fleurit. . . . *(J. de P.,* v. 27.)
A son seul nom pétille un rire âcre et jaloux (v. 82).
Berceau des lois, *sainte masure* (v. 111).
. . . . . Et quand sa bouche avec effort
Crie, il y plonge ensemble et la flamme et la mort. (P. 23, v. 251.)
De baisers maternels *entremêlés* de pleurs. (P. 55, v. 152.)

IV. *Tours calqués sur le latin.* — Ils sont en assez petit nombre.

Voici par exemple une inversion très forte :

Parricides, tremblez, tremblez, indignes rois !!
De quoi rit ce troupeau d'eunuques du palais ?
Riez, lâche et perfide engeance ²!
— .. Non, non, il n'y faut plus songer
Quoi! toujours un soupir vers elle me ramene !
Allons! haïssons-la, puisqu'elle veut ma haine
Oui je hais, je jure Eh! serments superflus,
N'ai-je pas dit assez que je ne l'aimais plus ³ ?

Il imite les antithèses à la Lucain

J'aurais su, finissant comme j'avais vécu,
Sur les bords africains, *défait, mais non vaincu* ⁴.

De même que Ronsard, les classiques français et les anciens eux-mêmes il ne sait pas ce que c'est qu'une langue et qu'un style poétiques, ou plutôt il s'imagine que la poésie est une question de langue et de style, qu'il y a des alliances de mots et des formules qui sont poétiques en elles-mêmes ⁵. De là l'emploi trop

Sur la terre étendue
Sauva te préserver cette molle toison (P 84, v 71.)
Mais « faisant de vous mes Pénates, mes Lares ʼ (P 156, v 189

C'est le « quanquam, o » de Virgile
Il décline les participes présents

Autrefois je l'ai vue
Ses longs cheveux épais *couvante*, demi-nue (P 239, v 30-31.

A l'imitation du latin, il emploie l'infinitif comme complément

.   ayant pour tout emploi
Donner et ne rien faire (P 156, v 20

En somme, les procédés favoris d'André Chenier sont : les *alliances des mots* et les *sens derives calqués sur le latin* Il ajoute un certain nombre d'archaïsmes et de mots ou de tours familiers Mais ceci n'a plus rien à voir avec l'imitation de l'antique.

1 *Le Serment du Jeu de Paume*, v 103.
2 *Ibid.*, v. 189 et suiv
3 *Elegies*, p 270, v, 60.
4. *Ibid*, p 194, v 22-23
5 Ronsard recommande expressément l'emploi de la périphrase comme ornement poétique il montre le bon artisan

fréquent de la périphrase, bien que Chénier s'efforce
de réintroduire dans le vocabulaire poétique un certain nombre de mots familiers. Il y a chez lui des
périphrases tout à fait divertissantes Voici par
exemple comment il désigne le beurre et le fromage
de Gruyère

> Le lait, enfant des sels de ma prairie humide,
> Tantôt breuvage pur et tantôt mets solide,
> En un globe fondant sous ses mains épaissi,
> En disque savoureux a la longue durci [1]. .

Le vice le plus choquant du style de Chénier comme
de celui des classiques, c'est la métaphore incohérente, qui dérive de la même erreur sur la langue et
sur le style Pour lui le mot n'est qu'un signe, alors
qu'il doit être pour le poète une chose vivante. C'est
l'éternel honneur de Hugo d'avoir découvert la puissance du mot et de Théophile Gautier d'avoir senti
qu'il n'y a que les *métaphores qui se suivent* qui soient
poétiques, ce qu'il ne faut pas confondre avec les
métaphores qui se continuent, lesquelles sont un simple
jeu d'esprit et la marque même de la préciosité Chez
André Chénier, les métaphores incohérentes sont d'un
emploi perpétuel Quelquefois même, — chose plus
grave, — elles sont voulues. Elles se rencontrent si
souvent qu'elles finissent par rendre injuste pour les
parties vraiment saines de son style. Il écrit couramment

en vers « *les ornant et les enrichissant* de figures, schèmes,
tropes, metaphores, phrases et *périphrases* eslongnees presque
du tout ou pour le moins separees de la prose triviale et vulgaire (car le style prosaïque est ennemy capital de l'éloquence
poetique) et les illustrant de comparaisons bien adaptees, de
descriptions florides, c'est-à-dire enrichies de passements,
broderies, tapisseries et entrelassements de fleurs poétiques ».
(Preface de la *Franciade*.) Rien ne prouve mieux combien le
style etait pour lui chose exterieure, affaire de placage.

1 *Elégies* p 280, v 39 et suiv.

Daigne du haut des cieux goûter *le libre encens*
D'une lyre au cœur chaste, aux transports innocents[1].
Une bouche où la rose, où le baiser respire
Peut cacher un serpent à l'ombre d'un sourire [2]

Ailleurs ce sont des « beautés » laborieusement cherchées, à l'imitation du grec

La patrie *allume ma voix* [3].

Il y a bien à dire encore sur la versification dont Sainte-Beuve a singulièrement exagéré l'originalité Très frappé de la grande liberté des coupes dans l'hexamètre grec Chénier a l'air de s'imaginer qu'on peut couper le vers comme on veut, suivant les nécessités du sens [4]. La question est sans doute extrêmement délicate et il faut se garder, en matière de métrique de toute affirmation trop absolue Cependant nous croyons pouvoir avancer qu'en français toute coupe qui ne coïncide pas avec le rythme du vers est fausse. Voici par exemple un vers de Hugo dont la coupe n'est point classique, mais n'en est pas moins très correcte parce qu'elle tombe juste sous le temps marqué

Ailes au vent, l'essaim des victoires chantantes..

Au contraire les vers suivants de Chénier donnent deux lignes de prose pour la raison inverse

La des muscles nerveux, la de sanglantes veines
Serpen|i tent: la des flancs invaincus aux travaux [5] .

1. *Hymnes et Odes*, p 44, v. 131-132.
2. *Elegies*, p 277, v. 15-16. — Les grands classiques sont pleins de fautes semblables, ainsi Racine

Savez-vous quel *serpent inhumain*
Iphigenie avait retiré dans son sein '
Iphigénie, V iv)

3 *Hymnes et Odes*, p 154, v. 14
4. Voir la-dessus notre chap iv, p 389.
5. *L'Invention*.

Notons d'ailleurs que dans la seconde partie du dernier vers, le rythme fait totalement défaut.

Il serait injuste pourtant de méconnaître qu'il est un de ceux qui ont le plus contribué à répandre la coupe ternaire, si rarement employée des classiques, et qu'il en a d'autres d'un effet très heureux. Mais il ne faut pas aller plus loin. Il serait inexact de dire qu'il a retrempé l'alexandrin français, qu'il lui a donné une solidité et une sonorité nouvelles. Justement parce qu'il ignore la loi de l'accent, il néglige de renforcer les syllabes marquées de l'accent rythmique, et son vers conserve généralement l'allure sautillante ou la cadence monotone et sèche de l'alexandrin abâtardi du xviiie siècle. C'était d'ailleurs un art extrêmement difficile, où l'instinct a plus de part que le raisonnement, et il a fallu à Hugo lui-même bien des tâtonnements avant de le posséder. Chénier s'est consumé inutilement dans ces questions de technique et l'on peut dire que son érudition classique lui a plus nui en cela qu'elle ne lui a servi.

C'est précisément parce qu'il est trop grammairien et trop styliste, parce qu'il étudie trop par le dehors, que son imitation des anciens est si incomplète. Comme un écolier qui fait un pastiche, c'est la forme qui le préoccupe et ainsi il est peu scrupuleux sur la qualité du fond. Il accepte et il traite sans distinction tous les lieux communs des anciens, en y mêlant la sentimentalité toujours un peu grossière du xviiie siècle. C'est un monde invraisemblable que celui qu'on rencontre dans ses vers : tous les jeunes gens y ont le respect des vieillards, qui sont invariablement vénérables. Les riches sont toujours généreux et hospitaliers. Les époux sont dévoués par delà la tombe. Les belles sont toujours sensibles autant que perfides et charmantes, les amoureux toujours timides, déses-

pérés, ou pleins de reproches et d'invectives. les amis
d'une fidélité sublime et les voyageurs méditatifs.
Enfin tous les humains seraient bons s'ils n'étaient
esclaves et malheureux, et les villageois les plus for-
tunés des hommes s'ils connaissaient leur bonheur et
s'ils n'étaient rançonnés par « l'avide publicain »
Veut-on savoir le rêve d'André Chénier? vivre au vil
lage

> Avoir un humble toit, une source d'eau vive,
> Qui parle et dans sa fuite et féconde et plaintive,
> Nourrisse mon verger, abreuve mes troupeaux .
> Avoir amis, enfants, épouse belle et sage,
> *Errer, un livre en main, de bocage en bocage* [1]

Veut-on connaître sa philosophie? C'est encore le
lieu commun antique ·

> Humains nous ressemblons aux feuilles d'un ombrage
> Dont au faîte des cieux le soleil remonte
> Rafraîchit dans nos bois les chaleurs de l'été [2].
> Mais l'hiver accourant d'un vol sombre et rapide
> Nous sèche, nous flétrit .
> La mort est désirable, et vaut mieux que la vie
> .   car, hélas! nul mortel
> Ne vit exempt de maux sous la voûte du ciel [3].

Il est curieux de voir qu'André Chénier, pour les
mêmes raisons que Ronsard. parce qu'il n'est attentif
qu'à la forme est d'une extrême banalité d'idées, ce
qui revient à dire qu'il n'en a pas C'est d'ailleurs ce
qui manque à tout le XVIII° siècle chose bizarre, ces
hommes ont renversé les anciennes croyances. remué
toutes les littératures et toute l'histoire, depuis celle
de la Chine et du Japon jusqu'à l'histoire contempo-

---

1 *Elégies*, p. 157, v. 37.
2. Nous n'insistons pas sur ce qu'il y a de pénible et d'obscur
dans ces vers.
3. *Elégies*, p. 169, v. 24 et suiv.

raine, ils ont fondé la science moderne depuis la mécanique jusqu'à la sociologie, et ils ont sur la nature morale de l'homme les idées les plus enfantines et les plus anti-scientifiques. Il y a là un véritable recul par rapport au xviiᵉ siècle. Prenez-les tous, depuis Voltaire jusqu'à Chénier, c'est toujours la même conception simpliste de l'homme abruti par la superstition et qui n'attend que les lumières de la raison pour devenir un sage.

Qu'on étudie d'un peu près son *Jeune malade* [1], le

1. Ce poème ne résiste pas à une analyse un peu approfondie : d'abord une Invocation où des épithètes homériques se mêlent à des détails pris de l'Anthologie. Puis une réminiscence de Virgile, IXᵉ livre de l'*Énéide*, où l'on retrouve quelque chose des plaintes de la mère d'Euryale, mais sans rien de la mélancolie profonde du « tela curas solabar aniles », ni surtout de l'emportement final de l'amour maternel (Figite me, ô Rutuli...). Ensuite les plaintes du fils, qui sont un mélange d'Euripide, de Sophocle et de Racine (voir les notes de Becq de Fouquières). La réponse de la mère, où Théocrite coudoie de nouveau Homère et Racine. Un joli passage imité de Virgile, qui se termine malheureusement par une note sentimentale dans le goût xviiiᵉ siècle :

Je la vis, à pas lents, en longs cheveux épars,
Seule, sur un tombeau, pensive, inanimée,
S'arrêter et pleurer sa mère bien-aimée,

ce qui détonne singulièrement au milieu de toute cette phraséologie antique.
La mère répond :

Ah! mon fils, c'est l'amour, c'est l'amour insensé
Qui t'a jusqu'à ce point cruellement blessé.
Ah! mon malheureux fils! oui, faibles que nous sommes,
C'est toujours cet amour qui tourmente les hommes,
S'ils pleurent en secret, qui lira dans leur cœur
Verra que cet amour est toujours leur vainqueur.

Il me paraît impossible de ne pas trouver ce couplet extrêmement banal. Après cela, l'aveu, imité encore de la *Phèdre* de Racine, et les petits détails mignards empruntés de l'Anthologie :

Prends notre amour d'ivoire, honneur de ces hameaux,
Prends la coupe d'onyx...

Et encore ceci : « tombe au pied du vieillard ». Ce vieillard

plus vanté de tous ses poëmes, on y trouvera un véritable pot-pourri de souvenirs classiques; on verra que
Chénier y est préoccupé uniquement du souci de
placer des réminiscences et des expressions. D'idée
intéressante, il n'y en a pas. Et pourtant le sujet était
beau : c'est l'amour dans ce qu'il a de plus violent et
de plus terrible. Il suffit de songer à Virgile et à
Racine, les deux modèles de Chénier, pour sentir la
banalité de son développement. Il en est exactement
de même dans les autres pièces, l'*Aveugle* ou le *Mendiant*. Chénier s'y montre précisément le contraire d'un
classique. Rien n'égale l'ingéniosité et la grâce mièvre
et un peu tourmentée de la forme, si ce n'est le vide
absolu du fond.

Peut-on dire au moins que Chénier ait mieux compris la beauté antique que Ronsard? Cela est certain.
Il en a un sens plus juste sinon plus vif; mais il ne
faut pas aller plus loin : Chénier ignore l'art grec classique et archaïque Pour lui comme pour Winckelmann, l'idéal plastique, c'est toujours l'Apollon du
Belvédère ou le Laocoon. On ne connaît encore ni la
Vénus de Milo, ni les frises du Parthénon, ni la sculpture d'Égine. Qu'on songe combien nos idées sur l'art
antique se sont modifiées depuis la première mission
de Morée jusqu'aux fouilles d'Olympie, de Myrrhina et
de Tanagra [1]. Chénier en est resté à l'art alexandrin
et romain d'Herculanum et de Pompéi. — aux danseuses et aux marchandes d'amours.

---

fait sourire « qui n'a pas dit son nom » Enfin le denouement
prodigieux, invraisemblable. la jeune fille arrive tout de suite.
suivie du « vieillard », et nous tombons dans le Greuze de
l'*Accordée de village* :

> Viens et formons ensemble une seule famille .
> Que mon pere ait un fils et ta mère une fille '

1. Cf. Perrot et Chipiez, *Histoire de l'art dans l'antiquité*, I,
Introduction.

Si encore c'était le pur alexandrinisme! Mais nous avons déjà signalé le mélange du goût antique et du goût XVIIIe siècle chez André Chénier. C'est d'ailleurs une tendance à laquelle il est très difficile d'échapper, même dans la gravure, qui vise à la traduction littérale : les marbres antiques dans Montfaucon ont un air théâtral qui rappelle le Bernin.

Pour ce qui est des mœurs, c'est-à-dire de la vraie couleur locale, nous avons vu que Chénier ne s'en préoccupe guère. Son antiquité rappelle à la fois Florian, Fénelon et Jean-Jacques. C'est la différence qu'il y a entre cette poésie antiquisante qui vit de réminiscences classiques mal digérées et celle de Leconte de Lisle, qui repose sur l'histoire et la philologie. On peut en dire autant de l'antique de Flaubert dans *Salammbô* et dans *Hérodiade*. Peu nous importent chez eux les inexactitudes et les intrusions du goût moderne, il reste quelque chose de solide, c'est l'idée historique élaborée par la critique et ranimée par la poésie. Dans les épithètes où Chénier ne voit que des effets euphoniques, Leconte de Lisle retrouve la trace des cultes naturalistes primitifs. A travers les descriptions fastueuses, les phrases éclatantes et sonores de Flaubert, on découvre la rapacité punique, la mobilité et la perfidie du Numide, et par-dessus tout la grande force aveugle et la stupidité du monde barbare

Si l'on étudiait par le menu un poème d'André Chénier, on sentirait tout de suite la mesquinerie du procédé. Les mauvaises langues disaient que l'abbé Barthélemy, dans son *Jeune Anacharsis*, avait mis l'antiquité en petits carrés de papier. Chénier a fait la même chose et avec beaucoup moins de critique. Il ne distingue pas entre les mœurs et les usages de l'époque homérique et ceux de l'époque virgilienne, ou alexandrine : c'est la confusion qu'on a tant reprochée à nos vers latins modernes. Il prend de toutes mains; il amalgame les éléments les plus disparates, pourvu qu'ils soient antiques, et sur tout cela il répand la même élégance un peu fade qu'on va voir bientôt dans la sculpture de Thorwaldsen et de Canova. Si bien qu'au milieu de tous ces anachronismes entrelacés et enguirlandés, de tout ce tohu-bohu de souvenirs classiques depuis Homère jusqu'à Claudien, on songe à ces églises hybrides, commencées au xie siècle et à peine achevées au xviie, où l'on trouve des traces de tous les styles, depuis le roman jusqu'au pseudo-antique de Vignole, en passant par le gothique pur et le gothique flamboyant, et que finalement les Jésuites ont peuplées de leurs têtes d'anges, de leurs triangles et de leurs gloires en bois doré.

V

Nous essaierons plus loin de déterminer la nature et l'étendue de l'influence qu'André Chénier a exercée sur l'école romantique. Nous voudrions maintenant dégager de tout ce qui précède les principaux traits de sa physionomie littéraire et résumer le sens de son œuvre.

André Chénier est un dilettante à qui le don de l'invention a manqué. C'est un érudit et un humaniste opprimé par ses souvenirs classiques et gêné par une théorie étroite et fausse. C'est un homme du xviiie siècle, qui en a partagé tous les préjugés, toutes les erreurs et tous les ridicules, mais il en a gardé aussi toutes les grâces et il reste un amateur délicat et fervent, dont il subsistera quelques fragments très purs, parce qu'il les a fidèlement copiés de l'antique. Par définition son œuvre ne pouvait être que fragmentaire, et une vie plus longue ne lui aurait pas conféré l'achèvement suprême.

Pour toutes ces raisons donc, on ne saurait faire d'André Chénier un novateur et un chef d'école. Le poème de l'*Invention* n'est pas un manifeste gros d'avenir. C'est comme le testament de la poésie classique tout entière, en remontant jusqu'à Ronsard. Comme les régimes et les religions qui meurent, le classicisme avec lui a encore exagéré l'étroitesse de son principe, qui est le principe d'autorité. En prêchant l'imitation exacte des anciens, plus exacte que celle des grands classiques et plus exclusive, il a creusé davantage l'abîme qui sépare la réalité moderne de la forme antique C'était contraindre cette réalité à un travestissement qui ne peut se réaliser qu'aux dépens de la vérité. Enfin, comme une forme antique appelait logiquement un fond également antique, c'était s'exposer à démentir soi-même son principe et à en venir comme Gœthe. a une poésie antique par le fond comme par la forme C'était isoler l'artiste de son siècle et en faire un simple dilettante. Pour tout cela donc, parce qu'il est parti du principe d'autorité, parce que le grand moyen de l'art est pour lui l'imitation, André Chénier se condamnait à une œuvre stérile. Au fond il ne renouvelle pas le classicisme, il l'affirme une dernière fois et avec plus d'intransigeance avant de mourir Le mot d'ordre de l'avenir ne sera donné que bien plus tard C'est la *Préface de Cromwell* qui le donnera, en faisant justement le contraire de ce qu'a fait André Chénier, en effaçant le principe d'autorité du code poétique et en le remplaçant par la liberté absolue de la forme et du fond.

CHAPITRE VII

L'ECOLE DE DAVID ET L'IMITATION DE L'ANTIQUE

I. L'engouement du XVIII° siècle pour les arts plastiques — Les amateurs — Rapprochement des peintres et des gens de lettres. La peinture tend a se confondre avec la poésie. — Les salons et les expositions de peinture — La critique d'art. — Le mouvement antiquisant surtout propagé par les gens de lettres. — Influence de Diderot — Les fouilles d'Herculanum et de Pompei — Les voyages en Italie — Raphael Mengs, les pensionnaires de l'Ecole de Rome — Influence de Caylus, ses ouvrages theoriques — Que vraisemblablement Caylus n'aurait pas conçu l'antique comme David — Originalité de l'art *Louis XVI* c'est la première forme de l'art antiquisant

II. Retour a l'antique dans les modes pendant les dernières années du regne de Louis XV — Ce sont les arts somptuaires qui en ont le plus profité. — L'ameublement, les imitations pompeiennes. — La decoration des appartements. Versailles, Trianon, Fontainebleau — Le goût « Empire » s'annonce deja. — L'architecture, reaction contre le style « rocaille » — Le livre de Langier — Le style français, la place de la Concorde, le Panthéon, le Grand-Théâtre de Bordeaux, le château Borely a Marseille, le Petit-Trianon — Le « style severe », la coupole du Panthéon, l'Odeon, les Barrieres de Ledoux, les imitations de l'architecture de Paestum — La sculpture, les figurines de Clodion, les tendances de l'ecole française, en quoi elle se separe de l'antique — La peinture, Fragonard et Hubert Robert, les *Ruines*. — Ce qu'il faut entendre par le *Louis XVI* dans les arts plastiques — Combien la duree en a ete ephemere

III. La peinture de David, son originalité son temperament. — Desequilibre de son genie, de la les incoherences de sa

conduite et de ses tentatives en art. — Le vrai fond de
David, c'est un réalisme robuste; ses sympathies, son goût
pour la nature et la vérité — Originalité des dessins de
David. — Le portraitiste, le poete lyrique, le peintre décorateur. — Ce qui a perdu David, c'est la chimere de l'imitation de l'antique — Comparaison avec André Chénier. — Que
David n'est venu qu'assez tard a l'antique. — Il faut distinguer des époques dans l'histoire de ses théories antiquisantes. — Leur incohérence, le Recueil de dessins de
David — Ses lacunes, comme peintre d'histoire et comme
imitateur de l'antique, stérilité d'invention, prosaïsme —
Absence de composition, la mosaïque — Il conçoit la peinture comme une transposition de la sculpture antique, la
« grisaille ». — Ce qu'il y a de lyrique et de romantique,
même dans l'œuvre antiquisante de David.

IV. Ses emules et ses eleves — La secte des *Primitifs*. —
Influence de David sur l'ameublement, les modes et la décoration.

I

Le XVII° siècle avait eu ses collectionneurs et ses
amateurs à la tète desquels il faut placer Colbert.
Mais c'est seulement au XVIII° siècle que le goût et
l'intelligence des choses d'art commencent à se répandre dans le grand public Chez les financiers surtout,
c est plus qu'une mode · quelques-uns sont de tres fins
connaisseurs D'ailleurs c'est avant tout pour eux que
les artistes travaillent, puisqu'ils sont à peu près les
seuls qui puissent les soutenir ou les payer. Non seulement Crozat donne le vivre et le couvert à Watteau,
mais il réunit une collection de dix-neuf mille dessins
originaux et en particulier des maîtres italiens. D'Holbach achète une des premières œuvres de Raphael
Mengs qu'on ait vues à Paris [1]. Grimod de la Reynière
le père et Watelet sont membres honoraires de l'Aca-

1. Cf. *Corresp. litt.*, III, 234.

démie de peinture. Parmi les grands seigneurs, le duc
d'Antin, le comte de Caylus, le marquis de Croismare
sont des amateurs passionnés, vivant au milieu d'artistes, ou même, comme Caylus, leur demandant leurs
leçons. Il faut se souvenir aussi de tous ces collectionneurs plus obscurs, riches bourgeois, commerçants
ou gens de robe, qui patiemment, avec des ruses et
une diplomatie inimaginables, arrivaient à se créer
pièce par pièce de véritables musées [1].

Mais ce qui distingue vraiment en cela le xviiie siècle,
c'est que l'art ne sort pas seulement des Académies,
pour se répandre dans un petit monde d'amateurs :
les gens de lettres y viennent de plus en plus. On a
fait grand bruit plus tard de la liaison de Hugo et des
poètes du Cénacle avec les peintres et les sculpteurs
romantiques : il y avait longtemps que ce rapproche
ment était commencé. Jamais même la communauté
d'idées et de principes n'a été plus étroite qu'au
xviiie siècle entre les arts plastiques et la littérature.
Dès 1719, l'abbé Dubos, dans ses *Reflexions critiques sur
la poésie et sur la peinture*, s'efforce d'établir que l'esthétique du peintre est la même que celle du poète. Plus
tard l'abbé Batteux, dans ses *Beaux-Arts réduits à un
même principe* (1746), reprendra cette thèse. Caylus lui-
même, qui a si fort le dédain des amateurs et qui
n'admet d'autre critique en art que celle qui est faite
par les gens du métier — Caylus semblera autoriser
cette confusion dans ses *Nouveaux sujets de peinture et
de sculpture*. C'est grâce à ces idées que la poésie
descriptive pénétrera si facilement chez nous, que le

1. Le Cousin Pons de Balzac est un des derniers spécimens
de cette race d'antiquaires. — Notez que certains Musées de
province, comme par exemple le Musée d'Aix, se sont cons-
titués avec les débris de collections de parlementaires. Cf.
Clément de Ris, *les Musées de province*.

poète se croira l'émule du peintre et réciproquement.
On ira même si loin en ce sens que Lessing écrira son
Laocoon pour rappeler ou pour fixer les limites respec-
tives de la peinture et de la poésie [1].

Dans ces conditions, on comprend que les gens de
lettres aient abordé la critique d'art avec infiniment
moins de scrupules. Peinture et sculpture, — ils en
étaient persuadés, — faisaient partie de la grammaire
de leur métier. Voltaire écrit, d'après Plutarque, que
« la peinture est une poésie muette et la poésie une
peinture parlante ». C'est l'éternelle paraphrase du
mot d'Horace, traduit à contresens . « Ut pictura
poesis » D'autre part Caylus estime qu'un poète est
d autant plus grand qu'il fournit plus de sujets à la
peinture [2]. — Rien n'était plus simple La même rhétorique pouvait suffire pour juger un tableau d'histoire et un poème épique. Mais ce qui vraisemblablement dut pousser surtout les gens de lettres dans cette
voie, ce fut l'institution des Salons à partir de 1737,
il y eut une exposition annuelle dans le Grand Salon
carré du Louvre, puis à partir de 1758, elle n eut plus
lieu que tous les deux ans. Il ne faut pas oublier non
plus que l'Académie de Saint-Luc, — la petite Académie, comme on disait, — avait, elle aussi, ses expositions, sans parler de celles de la place Dauphine, le
jour de la Fête-Dieu. Le moyen, quand on tenait une
plume, de ne pas dire son avis sur des œuvres qui
sollicitaient ainsi d'elles-mêmes la curiosité et le jugement du public? Ajoutons que si les littérateurs, dans

1 Lessing attaque en particulier les *Tableaux tirés de l'Iliade
d'Homère*, etc., de Caylus (*Laocoon*, chap. xi) — Et cependant
on a pu voir dans cet ouvrage le germe du livre même de
Lessing; la distinction de la poésie et de la peinture y est
indiquée. Cf Crousle, *Lessing, ou le goût en Allemagne*,
p 441 — S. Rocheblave, *op. cit* p 218.

2. *Tableaux tirés d'Homère et de Virgile*.

leur fatuité, avaient cru devoir prendre les conseils
des artistes, ils le pouvaient alors plus que jamais.
Sans parler des relations qui pouvaient se nouer au
hasard des rencontres dans la vie mondaine, il y avait
un salon à Paris, celui de Mme Geoffrin, où une fois
par semaine artistes et gens de lettres se trouvaient
réunis tous les lundis [1] Marmontel, Diderot, Caylus,
dînaient avec Boucher, Latour, Vernet, Vanloo,
Lemoyne Diderot aura bientôt des relations suivies
avec Cochin et Falconnet, avec Greuze, qu'il appelle
« son homme », — on peut dire avec tout ce qui compte
alors comme peintres, sculpteurs ou graveurs. À
mesure qu'il se rendra compte des différentes parties
de la technique de l'art et de leurs difficultés, il
recherchera davantage la société et les leçons des
gens du métier Autour de lui, il en est un peu de
même pour tous ceux qui se sont improvisés critiques d'art L'espèce pullule c'est l'abbé Leblanc,
La Font de Saint-Yenne Bachaumont, l'ex-jésuite
Laugier, pour ne parler que des plus considérables [2].
Au-dessous d'eux s'agite toute une tourbe de critiques
minuscules race hargneuse et méchante, qui cherche
avant tout le scandale à propos de l'exposition de
1763. Grimm disait « Le salon n'était pas sitôt ouvert,
que les peintres se sont vus accablés de brochures.
Cette licence est d'autant plus odieuse qu'elle fait
une impression singulière sur les artistes, qu'elle
décourage S'il y a une occasion où il faille gêner la
liberté de la presse, ce serait sans doute dans le cas

---

1. Sainte-Beuve, *Causeries du Lundi*, II, p. 315.
2 La Font de Saint-Yenne est l'auteur de *Réflexions sur
quelques causes de l'état présent de la peinture en France* (1747),
qui furent très appréciées — Sur l'abbé Leblanc, cf. E et J de
Goncourt, *Portraits intimes du XVIIIᵉ siècle*. Nous reviendrons
plus loin sur l'abbé Laugier.

où des auteurs faméliques, obscurs et méprisés, tra-, vaillent à nuire au vrai talent » [1]

Bientôt la manie de l'art gagne le grand public La théorie de la peinture devient un sujet de poème didactique : Watelet écrit son *Art de peindre* (1760), Lemierre son poème de la *Peinture* (1769) L'éloge des Beaux-Arts est un lieu commun qu'on développe avec le lyrisme de M. Homais . les Beaux-Arts prêchant la vertu et propageant des vérités utiles, voilà le thème ordinaire Notons que les artistes s'y prêtent et qu'il y a entre eux et les littérateurs comme un pacte tacite. Tous plus ou moins enrôlés dans le bataillon encyclopédique, leur programme est le même. Vers la fin du siècle, il semble que toutes les barrières soient rompues et qu'il n'y ait d'autre différence entre le peintre et l'écrivain que la plume ou le pinceau Certains même prétendent réunir les deux arts : Chénier dessine et peint, il fréquente l'atelier de David; Népomucène Lemercier est au nombre de ses élèves [2] On comprend ainsi que les amateurs et les gens de lettres aient exercé sur les artistes une influence si considérable et que le mouvement antiquisant, qui est avant tout un mouvement littéraire, ait gagné irrésistiblement les arts plastiques comme tout le reste.

Évidemment on aurait pu concevoir cette rénovation par l'antique comme un retour à l'esthétique entousiaste et libre de la Renaissance Déjà les artistes de la première moitié du siècle avaient montré par leur entente toute moderne de la mythologie ce que l'on pouvait faire en ce sens [3] Il ne restait plus, sans se

---

1. *Corresp. litt*, III, p. 97.
2. Cf. Delécluze : *Louis David, son école et son temps*, p 414.
3. Voir les pages des Goncourt sur Lemoyne et Boucher, *l'Art du XVIIIᵉ siècle*, 1ʳᵉ serie.

dégoûter du joli, qu'à retrouver la beauté vraie avec
la probité et la sévérité du métier. Malheureusement
il n'en fut pas ainsi : le pédantisme encyclopédique
et l'abus de l'archéologie gâtèrent tout ; et l'on eut en
art l'équivalent de la littérature   les peintres firent
des pastiches, tandis que les poètes faisaient des traductions; David copia des bas-reliefs et des intailles,
comme Lebrun copiait des métaphores. Le classicisme, dans les arts plastiques, traîna la même longue
décadence que dans les arts littéraires et cette décadence s'y affirma par les mêmes caractères et les
mêmes défauts.

Cependant il convient d'attribuer à Diderot une
influence qui, pour être indirecte, n'en a pas moins été
considérable. Évidemment, il ne conçoit l'art ni
comme Vien, ni comme David. Il n'entend en aucune
façon faire de l'antique le modèle unique, il estime
même que l'antique a plus nui aux modernes qu'il ne
leur a servi[1]. Mais en rappelant l'artiste à l'étude de la
nature et en insistant sur la nécessité du modèle, en
combattant de toutes ses forces les tendances de
l'École de Vanloo et de Boucher, il a déblayé le terrain
et préparé l'avènement d'une forme nouvelle, qu'il
aurait sans doute condamnée, comme trop exclusive
et trop étroite, mais qui enfin répondait déjà mieux à
son idéal de simplicité et de naturel et en même temps
de grandeur un peu déclamatoire. Qu'on ajoute ses
improvisations sur la poésie antique, en particulier
sur Homère, qu'il commentait avec une si pénétrante
intelligence et un sens si vif de la beauté plastique ou
picturale.

Mais, comme nous l'avons dit de l'archéologie, le
grand fait qui domine l'histoire de l'art, à cette épo-

1. Cf. XI, p. 116 (édit. Assézat).

que. c'est la reprise régulière des fouilles d'Herculanum et de Pompéi On sait quelle curiosité et, chez certains, quel enthousiasme elles excitèrent toute l'érudition en fut renouvelée La révolution de l'art à la fin du siècle s'en ressentit profondément.

Les pensionnaires de l'École de Rome subissent plus ou moins l'entraînement général Fragonard et Hubert Robert font des études d'après l'antique : celui-ci dessine les ruines du temple de Pæstum, en attendant qu'il se fasse une spécialité du genre [1]. A Rome, il y a toute une petite chapelle d'antiquaires et d'amateurs, où le culte de l'antique devient un véritable fanatisme. Au premier abord, on pourrait croire à une reprise de l'effervescence du xve siècle Mengs professe à l'École Capitoline depuis 1754 Son atelier devient le rendez-vous de tout ce qu'il y a de plus considérable en Italie ou à l'étranger, parmi les artistes et les amateurs il disserte, il impose ses théories sur l'art et en fixe l'idéal au siècle d'Alexandre. Ses œuvres se répandent en France, en Angleterre, en Allemagne. Son plafond de la villa Albani passe pour aussi beau que les plus fameuses fresques de Raphael Pour certains de ses contemporains, il a réalisé toutes les ambitions de son père [2], qui en l'appelant Antoine-Raphael, entendait faire de lui à la fois l'émule de Raphael et du Corrège

Pourtant l'influence de Mengs sur les artistes français fut beaucoup moins considérable qu'on ne pour-

---

1. Cf E Gabillot, *Hubert Robert et son temps* (collection Quantin)
2. Pour l'admiration qu'inspirait l'œuvre de Mengs, voir la préface de Jansen dans sa traduction des *OEuvres de M. le Chevalier Antoine Raphael Mengs*, Amsterdam, 1781 — *Éloge historique de M. Mengs, premier peintre du roi d'Espagne*, etc. S. l. 1781.

rait le croire [1] Ses œuvres en somme sont peu connues chez nous et on l'admire plutôt de confiance. Les
artistes qui reviennent de Rome ont à compter avec
l'école de Boucher toujours vivante et avec les habitudes du public. Enfin les théories de Mengs, par ce
qu'elles avaient d'abstrus, répugnaient à la clarté de
l'esprit français [2], et d'ailleurs il se proposait tout
autre chose que nos peintres. en particulier David

Ce retour à l'antique, nous ne saurions trop le
redire, a été avant tout en France une conséquence
naturelle de l'évolution des mœurs et de l'esprit
public, interprétés par la littérature. Mais cette réserve
faite, il convient d'attribuer à Caylus [3] la plus grande
part d'initiative dans cette révolution qui, vers la fin
du siècle, va bouleverser l'art de fond en comble.

Membre honoraire de l'Académie de peinture depuis
1731, son autorité sur la compagnie et par conséquent
son action sur les élèves était immédiate on a même
dit qu'elle avait été tyrannique c'est seulement à
partir de 1716 environ que cette action commence à se
faire sentir Nous n'insistons pas sur tout ce qu'il a
fait pour relever la technique du peintre   non seulement il proclame la nécessité des *conférences*, qui ne
sont que des discussions sur les procédés et le style
des maîtres mais il fait lui-même des conférences, il
lit des vies de peintres, il fonde un prix d'expression,
un prix d'ostéologie, un prix de perspective. Probablement sous son influence, l'Académie fait figurer
dans ses programmes l'étude des antiques Il va plus

1. Cf. a ce sujet notre thèse latine.
2. Les Allemands eux-mêmes blâment le style métaphysique
de Mengs. Justi trouve que dans ses dissertations en allemand
il donne l'impression d'une traduction pénible. Cf. *Winckelmann*, II, p. 34.
3. Sur tout ce rôle de Caylus a l'Académie de peinture, cf.
Rocheblave, *op. cit.*

loin : ses tendances antiquisantes s'affirment déjà
dans un livre, où il s'attache à montrer toutes les res-
sources pittoresques de la fable et de l'histoire
ancienne, — dans ses *Nouveaux sujets de peinture et de
sculpture*, davantage encore dans ses *Tableaux tirés d'Homère et de Virgile* et dans son *Histoire d'Hercule thébain* [1].
Ce qui nous intéresse particulièrement ici c'est l'importance qu'il attribuait au *costume* : sans doute l'antique, tel qu'il le conçoit, est encore très différent du
nôtre, mais il avait mis sur la voie de l'antiquité véritable : faire entrer de plus en plus dans l'éducation de
l'artiste l'étude des auteurs anciens et de l'archéologie,
telle est bien la tendance qui domine dans tous ces
ouvrages de Caylus. Qu'on ajoute l'enseignement très
précis et très détaillé qu'on pouvait trouver dans son
Recueil d'antiquités; qu'on songe surtout à son projet
de ressusciter la peinture à l'encaustique des anciens,
à la *Minerve* qu'il fit exécuter par Vien d'après ce procédé, à tout le bruit qui se fit autour de ce tableau : il
sera bien difficile de ne pas voir en Caylus celui qui a
le plus contribué à ramener l'art de son temps à l'imitation de l'antique.

Pourtant on peut se demander ce qu'il aurait pensé
de la peinture de David : il est probable qu'il n'y
aurait pas trouvé ce qu'il cherchait. Ce n'était pas à
pasticher l'antique qu'il voulait conduire, mais à
renouer la tradition du Poussin, voire des grands
maîtres de la Renaissance, qui avaient eu ses premières
admirations [2]

Malheureusement les conditions étaient bien diffé-

1. Caylus n'est pas le seul qui ait publié au xviiie siècle de
ces recueils de sujets. Les Goncourt signalent un recueil analogue de Lagrenée et un autre de Dandré-Bardon : *L'histoire
universelle traitée relativement aux arts de peindre et de
sculpter*. Cf. E. et J. de Goncourt, *l'Art au XVIIIe siècle*, p 323.
2. Cf. Rocheblave, *op. cit.*, p. 200

rentes . au XVIII siècle, on revenait à une antiquité
déjà connue, on y revenait par l'érudition et l'archéologie et peut-être aussi par lassitude de ce qu'on
avait aimé jusque-là. On ne pouvait plus avoir, comme
au XVI siècle, la joie de la découverte les illusions
d'un monde tout jeune et tout neuf qui aspirait à
la vie. Surtout on avait derrière soi toute une longue
culture extrêmement raffinée . ainsi on ne devait
d'aucune façon s'attendre à revoir cette exubérance de
sève poétique, cette vigoureuse poussée de génie, qui
avait fait de la Renaissance une époque si grande
dans l'histoire de l'art. Et cependant, il y avait dans
cette société à demi païenne du XVIII siècle un dilettantisme si intelligent un goût si franc de la volupté
et de la poésie du plaisir. des traditions d'art si aristo-
cratiques qu'on vit encore de belles œuvres certainement des plus vivantes et des plus originales qu'ait
produites l'École française De 1750 environ, jusqu'à
David, il y a comme une velléité de concilier l'imitation
de l'antique avec les habitudes du génie national. tel
qu'il s'était formulé dans la première moitié du siècle.
Ce fut plutôt une inspiration libre qu'une imitation,
sans rien de pédantesque ni de forcé, quelque chose
comme une Renaissance affaiblie. Cette première
manière forme la transition entre l'école de Boucher
et l'école de David . elle est tout à fait charmante et
mérite que nous nous y arrêtions

II

« Mes belles dames, voulez-vous des éventails à la
grecque? » Voilà ce qu'on entend sur les boulevards
vers 1770, dans les boutiques des revendeuses Ces
éventails à la mode sont étalés pêle-mêle avec des

« bonnets à la chancelière, des montauciels, des
plumes de hérons à vingt-quatre sols, des savonnettes
qui blanchissent la peau comme un lys » [1]. On est un
peu surpris de rencontrer des éventails à la grecque au
milieu de tous ces colifichets sentant leur rococo; et
pourtant il suffit de se rappeler le mobilier et l'ornementation du temps, pour voir qu'en somme ils
n'étaient pas trop dépaysés Déjà en 1763 Grimm écrivait : « Depuis quelques années, on a recherché les
ornements et les formes antiques, le goût y a gagné
considérablement et la mode en est devenue si générale que tout se fait aujourd'hui à la grecque La décoration intérieure et extérieure des bâtiments, les meubles, les étoffes, les bijoux de toute espèce, tout est à
Paris à la grecque, nos petits-maîtres se croiraient
déshonorés de porter une boîte qui ne fût pas à la
grecque [2] »

Il ne faudrait pas prendre sans doute ces déclarations au pied de la lettre Je m'imagine que ces boîtes
à la grecque devaient l'être juste autant qu'une tragédie de Guimond de la Touche mais toujours est-il que
dans les arts somptuaires d'abord, puis dans l'architecture la sculpture, la peinture elle-même, on assiste
à une curieuse évolution dans le sens de la simplicité
relevée par de très heureux emprunts à l'antique. Le
stume lui-même devient plus simple et plus raison-
able Mais ce sont les arts somptuaires à qui cette
mode nouvelle a le mieux réussi. Cela tient sans doute
ce qu'ils sont plus que les autres indépendants des
raditions d'école et en même temps plus soumis aux
aprices de la mode

Il ne faut pas y chercher d'imitation méthodique et

1. Cf Dialogue copie d'après nature, ou de l'amitié de deux
jo ies femmes, par Mme d'Epinay.
2 Corresp. litt . V, p 282

exacte de l'art antique. C'est justement ce qui fait la grâce de ces œuvres fragiles. La liberté de l'artiste reste entière, il choisit, parmi les motifs de décoration et les formes antiques. celles qui lui semblent les plus belles et les plus capables de s'allier au goût français et parisien. Mais quelles que soient l'indépendance et l'originalité de ces merveilleux ouvriers, on reconnaît en eux des gens qui ont encore dans les yeux les imitations pompéiennes de Vien ou les paysages d'Hubert Robert, qui ont feuilleté le *Recueil d'antiquités* de Caylus et toutes ces publications illustrées sur Herculanum, et Pompéi que le XVIIIe siècle éditait avec un si grand luxe.

Dès 1760 environ, — car le style Louis XVI date en réalité de Louis XV, comme le style empire des dernières années de Louis XVI. — toute une révolution s'opère dans le mobilier et l'ornementation, et l'art y trouve un véritable rajeunissement. D'abord on délaisse les laques et les vernis Martin de l'époque précédente pour employer le marbre ou le bronze, à l'imitation du mobilier antique. Le bois est très souvent peint en blanc, ou d'une couleur grise mouchetée de vert, de bleu et de rouge. qu'on appelait « Céladon », ce qui est encore une façon de rappeler le marbre. Pour la même raison, on commence à se servir de l'acajou [1] qui va décidément triompher sous le Directoire et l'Empire. Le rococo avait horreur de la ligne droite, il recherchait les courbes, les formes chantournées et ventrues, de même que la peinture recherchait le *fouillis* : il s'appliquait manifestement à éviter l'ordonnance symétrique [2]. Le Louis XVI au contraire

---

1. Cf. Henri Penon, *étude du mobilier national a l'exposition de l'Union centrale des arts décoratifs.* Paris, A. Leroy, p. 51.

2. Cf. P. Rouaix, *Les styles,* p. 275. — Paul Mantz, *Les meubles au XVIIIe siècle (Revue des arts décoratifs,* 1884).

s'efforce de reproduire les lignes sévères de l'architecture gréco-romaine et, tandis qu'autrefois il était impossible de diviser un meuble ou une composition quelconque en deux parties répétées, maintenant on obtiendrait deux fragments qui se répondent membre à membre [1].

Mais ce n'est encore rien . les pieds des tables, des commodes, des bureaux, des armoires à bijoux reproduisent les formes des lits et des escabeaux antiques Ils se terminent en pieds de chèvre. en pieds de bœuf, en griffes de lion Ils affectent la forme de carquois [2] avec des applications de cuivre imitant les flèches. Ils empruntent à l'antique les collerettes et les boutons tournés Les consoles ovales ou rondes rappellent les trépieds [3]. Dans le détail de l'ornementation l'influence du goût pompéien est encore plus sensible : on voit reparaître sur les panneaux des meubles — en peinture en ciselure en mosaïque et en marqueterie — tous les jolis motifs des peintures murales de Pompéi. Les palmettes antiques règnent tout le long des corniches, des branches de chêne. des guirlandes de roses sauvages, des guirlandes de fruits. de poires, de pommes se déploient entre les montants. Voici les

1. « Dans le rococo, l'absence de symétrie, l'impossibilité de diviser la composition en deux parties repetees la ligne verticale que l'on tracerait au milieu serait toujours enjambée par quelque élément ornemental. » Paul Rouaix. *Les styles*, p. 239.

2. Il importe de noter que le carquois est déjà employé comme motif ornemental dans le style Louis XIV et dans le style Louis XV, mais c'est un carquois de fantaisie aux formes courtes et rondes (Voir, par exemple, a Versailles, une porte des Grands Appartements)

3 Comparer une console Louis XVI soutenue par des pieds de bœuf surmontés de sphinx, dans Champeaux, *Le meuble* p 285. a un trepied antique sur lequel elle est probablement copiée, dans Roux. *Herculanum et Pompéi*, Paris, Didot ainé, MDCCCLXII, t. VII, planche 90

vases de fleurs qui, à Pompéi, se détachaient sur les
fonds noirs ou rouges de la fresque. En voici les arabesques avec leur luxuriance et leur complication,
leur flore et leur faune chimériques, les colombes se
becquetant et les combats de coqs. Voici les attributs
bachiques et éleusiniens, les grappes de raisin, les
thyrses noués par des rubans, les amphores, les tympanons, les râteaux et les bêches, les gerbes d'épis et
les corbeilles. — Les corbeilles, comme les amphores
et les urnes, sont prodiguées : on les retrouve non
seulement sur les panneaux, mais — en bois ou en
bronze — aux entrejambes des consoles et des cabinets. Puis ce sont les têtes de lion, les têtes de pan-
thère, les têtes de bouc, les masques tragiques ou
comiques qui s'appliquent sur les serrures, qui soutiennent les anneaux des tiroirs ou les rubans des
médaillons, qui s'enchâssent dans les montants ou
qui forment les centres des arabesques. On va même
jusqu'à emprunter aux peintres de Pompéi leur
rococo égyptien, les sphinx et les sistres, les têtes
coiffées du klaft.

Mais la grande originalité du Louis XVI, c'est le
médaillon, surtout le médaillon de porcelaine peinte
enchâssé dans les panneaux, avec une bordure d'oves
et de perles, et ceci est encore une imitation du style
pompéien [1], où le médaillon se rencontre si souvent
soit dans les peintures murales, soit dans le mobilier.
On y reproduit naturellement les sujets chers aux
artistes de Pompéi, — les paniers de fleurs, les sujets
de mythologie galante, surtout ces jolies danseuses
aux draperies envolées, qui sèment des fleurs ou qui
rythment leurs mouvements avec des tympanons.

La décoration intérieure des appartements est dans

1. Cf. Overbeck, *Pompeji*, etc.

le même goût : c'est dommage que la Révolution ait
détruit la plupart de ces délicates boiseries où se
jouait la fantaisie des ornemanistes de cette fin du
xviii° siècle. Une foule d'hôtels particuliers auraient
pu nous fournir des échantillons de leur talent. Pourtant, à Versailles, à Trianon, à Fontainebleau [1], on
peut encore en retrouver le souvenir. On a là un art
très jeune et très frais, quelque chose de léger et de
printanier, — le vrai cadre qu'on rêve à Marie-Antoinette pour l'idylle élégante qu'elle se plaisait à jouer.
On dirait une fête des fleurs les fleurs sont partout,
non plus des fleurs copiées de l'antique, mais celles
de nos jardins, souvent même avec leurs couleurs
naturelles [2]. ce sont des lys [3] en branches, des touffes
ou des couronnes de roses, des bluets, des fleurs de
chardon, des œillets, des anémones, des héliotropes.
Au milieu de tout cela, des motifs de décoration tout
modernes se mariant sans effort à des motifs antiques, comme dans les panneaux du Pavillon des Con-
certs où une table servie fait pendant à un trépied et
un chapeau de polichinelle à un faisceau de licteur [4].
Qu'on ajoute, pour parfaire l'ensemble, tout le détail

1. A Versailles, le grand cabinet de Marie-Antoinette ; a
Trianon, les panneaux du grand salon, la chambre a coucher
et le boudoir de la Reine; a Fontainebleau, le boudoir de
Marie-Antoinette.
2. Cf. R Pfnor, *Architecture, decoration et ameublement,
Epoque Louis XVI*, Paris, Morel, 1865, p 36. Voir aussi la description des panneaux du salon de la Guimard dans E. de
Goncourt, *La Guimard*, p 54.
3. Les lys en branches apparaissent déjà dans les panneaux de la porte de la chapelle de Versailles, mais l'emploi
n'en devient reellement constant que dans le style de Louis XVI.
Voir par exemple, comme un des plus jolis echantillons de cette
mode, le fleuron de dedicace a la reine Marie-Antoinette composé par Fragonard, dans le *Voyage pittoresque des royaumes
de Naples et de Sicile* de l'abbé de Saint-Non.
4. Cf. R. Pfnor, *op. cit.*, planche XXI.

du mobilier, les pendules. les candélabres, les bras
de lumière, où l'ornementation florale reparaît encore.
Ce sont des vases en forme d'urnes — porcelaine
blanche ou bleu turquin, — d'où jaillissent des
touffes de fleurs en cuivre doré d'un travail excessive-
ment léger et gracieux · ainsi dans la chambre à
coucher de la reine, à Trianon, ces jolis petits candélabres en forme de vases, d'où s'échappent des bouquets d'œillets, avec leurs tiges minces et sveltes et
leurs feuilles délicates [1].

Peut-on dire qu'il y ait là réellement une manière et
que nous soyons en présence d'une école nouvelle
d'ornemanistes ? On ne saurait le soutenir un instant
Ce ne sont que des fantaisies individuelles, des inspirations très heureuses, mais isolées et éphémères, —
à peine un instant dans l'évolution de cet art qui se
précipite de plus en plus vers l'antique. Le style impérial se fait déjà sentir avec sa lourdeur et son affectation de sévérité, comme par exemple dans le grand
cabinet de Marie-Antoinette, au château de Versailles,
où apparaissent des sphinges et des trépieds encadrés
de rinceaux parcimonieux et raides. Déjà même cette
tendance était très visible dans la salle de spectacle
inaugurée en 1770. Sans parler de l'ordonnance archi-
tecturale, on avait ·prodigué dans l'ornementation
tout un lourd attirail de couronnes de chêne et de
carquois, et la profusion des dorures ne faisait

1. Pour mieux comprendre l'originalité et surtout le goût
des ornemanistes, des peintres décorateurs et des ébénistes
de ce temps, il suffit de comparer leur œuvre aux imitations
pompéiennes qui ont été tentées depuis, par exemple, les
fresques du petit musée de peinture de l'Escurial, qui sont de
véritables contresens dans un edifice d'un caractère aussi
sombre et aussi religieux, celles du palais d'Aranjuez (cabinet
de toilette de la reine), ou celles du salon d'Isabelle II, au
Musée du Prado. Rien de plus criard et de plus faux que ces
imitations.   .

qu'augmenter cette impression de gros luxe massif
et sans grâce [1].

En dehors des arts somptuaires, il faut accorder
une mention spéciale à l'architecture, où l'originalité
est peut-être encore plus frappante : ce sont les bâtiments de cette époque qui sont demeurés les plus
purs échantillons de la manière dite « française »,
tellement les qualités de goût et d'élégance propres
à la race s'y étaient affirmées au milieu des réminiscences antiques.

A partir de 1750 environ, on avait commencé à se
dégoûter du style « rocaille », qui pourtant avait
produit bien des œuvres charmantes : tout le Nancy
de Stanislas en est la preuve, sans compter les nombreux hôtels bâtis à Paris pendant le xviiie siècle et
dont un des architectes les plus en vogue fut Boffrand.
D'où partit la réaction? Là, comme ailleurs, quand il
s'agit d'un mouvement général, il est bien difficile de
préciser le point de départ. On voudrait voir l'initiateur de la réforme dans Jacques-François Blondel [2],
avec son livre De l'Architecture Française, qui parut à
partir de 1752. Mais l'ouvrage qui fut certainement le
plus lu et qui détermina davantage les préférences du
public fut celui de l'ex-jésuite Laugier, publié l'année
suivante [3] (1753). Il avait peut-être pour seul mérite
de mettre à la portée des gens du monde des questions toutes techniques et d'être d'une lecture facile
et agréable.

1 Les contemporains eux-mêmes en avaient ete frappés. Cf.
Corresp litt., IX, p. 75.
2 On le confond generalement avec François Blondel, l'architecte de la porte Saint-Denis, qui est par consequent de
beaucoup anterieur. (Cf Lance, *Dictionnaire des architectes
français.*)
3 Le titre de l'ouvrage est : *Essai sur l'architecture.* En
1765, Laugier publia un autre ouvrage intitulé : *Observations
sur l'architecture.*

L'auteur commençait par affirmer la nécessité de revenir aux anciens, comme aux plus parfaits modèles : « L'architecture, disait-il, doit ce qu'elle a de plus parfait aux Grecs, nation privilégiée, à qui il était réservé de ne rien ignorer dans les sciences et de tout inventer dans les arts. Les Romains, dignes d'admirer, capables de copier les modèles excellents que la Grèce leur fournissait, voulurent y ajouter du leur et ne firent qu'apprendre à tout l'univers que, quand le degré de perfection est atteint, *il n'y a plus qu'à imiter ou à déchoir* [1]. » Notons cette profession de foi strictement classique : *les Ruines des plus beaux Monuments de la Grèce*, de Leroy, allaient paraître (1758), et la tentation allait être bien forte de suivre le conseil de Laugier. Heureusement qu'on y mit du temps, que les architectes comptèrent avec les traditions de leurs devanciers : on eut ainsi un art vraiment neuf qui sut s'inspirer de l'antique sans tomber dans le pastiche ou l'imitation servile et pédantesque.

Mais si exagérée que fût la thèse de Laugier, il y avait dans son livre d'excellentes critiques de détail, dont les architectes purent faire leur profit. Il signalait très vivement les défauts de l'architecture du temps, avec son goût excessif pour l'ornementation factice, et il donnait « la cabane rustique » comme le type primitif de tout bâtiment. C'est au nom de ce rationalisme, renouvelé de l'antique, qu'il attaquait toutes les superfluités ou toutes les extravagances du style rocaille et des modernes en général [2], les pilastres, les colonnes fuselées, les colonnes en bossage, comme celles du Luxembourg, les frontons superposés ou

---

1. Cf. *Essai sur l'architecture*, p. 3. (Tout ce passage contient une critique très vive du gothique.)
2. Cf. *Essai sur l'architecture*, p. 8, 13 suiv., 35.

cintrés, les porte-à-faux, tout ce qui contredisait la raison, la commodité ou l'utilité.

Évidemment Laugier ne faisait qu'exprimer des idées et des tendances qui étaient dans l'air. Soufflot, à cette époque, était déjà célèbre, Servandoni, dans sa façade de Saint-Sulpice, avait donné l'exemple d'un style plus noble et plus sévère. Toujours est-il que, plus on avance vers la fin du siècle, plus les frivolités architecturales tendent à disparaître : les colonnes isolées, supportant réellement quelque chose, deviennent d'un emploi plus fréquent et on les préfère au pilastre. Dans les soubassements, les refends qui marquent les assises rappellent la solidité de l'édifice antique Les surfaces se dénudent ou n'admettent plus qu'une ornementation très sobre, des médaillons avec des rubans plissés, des couronnes de chêne ou de laurier, des guirlandes, des draperies reposant sur de petites consoles à cannelures On voit reparaître les triglyphes et les gouttes carrées . de tout cela résulte un style un peu grêle et un peu maigre sans doute, mais très léger à l'œil et d'une grâce vraiment française

On en trouve l'expression la plus heureuse dans cette place de la Concorde, qui est certainement le chef-d'œuvre du siècle et sans doute de l'École française moderne Aussi bien l'architecte était ce Gabriel qui peut être considéré comme un des créateurs du Louis XVI monumental et à qui l'on doit quelques-uns des plus beaux édifices de cette seconde moitié du xviiie siècle. Outre le Garde-Meuble, il est l'auteur de l'École militaire, du Petit-Trianon, du théâtre de Versailles, il acheva la Douane et la Bourse de Bordeaux, commencées par son père. A Bordeaux encore il faut mentionner le grand Théâtre, construit par Pierre Louis et inauguré en 1780; à Paris, l'Hôtel de la Monnaie par Antoine. l'intérieur du Panthéon

par Soufflot [1]; à Marseille, le château Borély. Aucune
de ces œuvres ne révèle le parti pris du pastiche : c'est
assurément depuis la Renaissance ce que nos architectes ont fait de plus élégant sous l'influence de l'antique. Peut-être faudrait-il voir la plus fidèle, sinon la
plus haute expression de cet art dans le Petit-Trianon,
dont la silhouette gracieuse s'harmonise si bien avec
la douceur du paysage français

Par malheur on ne s'en tint pas là : Soufflot, tout le
premier, pousse à l'imitation plus précise de l'antique.
Sainte-Geneviève est inspirée des modèles classiques
de Rome — le temple de San Pietro in Montorio et le
Panthéon d'Agrippa, — et la massiveté et la tristesse du
« style sévère » commencent à s'y affirmer. Il en est
de même du théâtre de l'Odéon, construit par Peyre et
Dewailly, et qui peut être considéré comme le dernier
mot du Louis XVI sérieux et tournant déjà au
farouche. Mais celui qui alla le plus loin en ce sens,
le vrai créateur du style empire, c'est Ledoux, l'auteur
de la Barrière de Paris. Il en reste encore aujourd'hui
des portes à la place du Trône, à la place Denfert-
Rochereau et au Parc-Monceau . le style de Pæstum
y domine comme une véritable obsession, avec des
réminiscences de Piranesi, et rien n'est plus lourd et
plus *voulu* que cette architecture.

On retrouve les mêmes dissonances dans la peinture et dans la sculpture, mais on y retrouve aussi
tous les caractères du pur Louis XVI, cet art de transition qui, très respectueux ou plus soucieux de l'antique que l'âge précédent, sait néanmoins rester de
son temps et de son pays.

1. Il faut remarquer qu'au Panthéon les quatre gros piliers
du dôme ont été ajoutés après coup . c'étaient d'abord quatre
groupes de colonnes, combinaison audacieuse et d'une *ele-
gance* excessive, comme on l'a bien vu par la suite, puisque
la coupole se lézarda et dut être soutenue.

Pour la sculpture au moins, le retour à l'antique
était, à ce que l'on croyait, une sorte de nécessité
dérivant des conditions mêmes de la vie moderne Où
l'artiste d'aujourd'hui pourrait-il, comme les anciens,
étudier le corps humain dans toute la liberté et le
naturel de ses mouvements, lui qui n'a plus la res-
source des gymnases? Aussi, comme disait Falconet
dans l'Encyclopédie : « De toutes les figures antiques
qui ont passé jusqu'à nous, les plus propres à donner
le grand principe du nu sont le *Gladiateur*, l'*Apollon*,
le *Laocoon*, l'*Hercule-Farnèse*, le *Torse*, l'*Antinoüs*, le
groupe de *Castor et Pollux*, l'*Hermaphrodite* et la
Vénus de Médicis, ce sont aussi les chefs-d'œuvre que
les sculpteurs modernes doivent sans cesse étudier [1] »
Tous pensent à peu près de même mais tous aussi
sont convaincus que les anciens ne doivent pas être le
modèle unique, qu'après eux il y a encore à inventer
et qu'il n'est que de regarder la vie Le même Falconet disait ailleurs   « *C'est la nature vivante, animée,
passionnée, que le sculpteur doit exprimer sur le
marbre, le bronze, la pierre* [2]. » Et plus loin, à propos
de Puget . « Dans quelle sculpture grecque trouve-t-on
le sentiment des plis de la peau, de la mollesse des
chairs, de la fluidité du sang aussi supérieurement
rendu que dans les productions de ce célèbre moderne [3] » Pigalle lui-même, si épris de l'antique,
« croyait qu'il n'y avait pas de vraie beauté dont on
ne pût trouver des modèles dans la nature qui s'offrait
à nous, que c'était bien assez pour l'artiste de les
observer et de les rendre et qu'en prétendant embellir
la vérité, on finissait par n être ni beau ni vrai [4] » Cette

1. *Encyclopédie* (art Sculpture).
2. *Réflexions sur la sculpture lues dans l'Académie de peinture et de sculpture*. 1776, in-8.
3. *Loc cit.*
4. Éloge de Pigalle, par Suard, *Mélanges littéraires*, III. p. 304.

tendance, c'est celle des plus originaux de nos maîtres classiques, depuis Jean Goujon jusqu'à Clodion, et c'est celle de la jeune école moderne qui s'efforce d'égaler les autres arts plastiques et même les arts littéraires pour l'énergie, l'exactitude et la complexité de l'expression [1].

Parmi tous ces artistes, et en laissant de côté le mérite intrinsèque des œuvres, celui qui doit nous arrêter de préférence ici, c'est Clodion, parce qu'avec la libre imitation de l'antique, c'est chez lui qu'on rencontre au plus haut degré tous les caractères du Louis XVI, tel qu'il cherchait à se définir : la grâce le sentiment de la chair et de la volupté, l'intelligence spirituelle et la passion des visages. On peut dire qu'il a fait pour la mythologie ce que faisait vers le même temps André Chénier dans sa poésie il l'a renouvelée et rajeunie Il a ramené d'Italie tout un cortège de Nymphes, de Faunes et de Bacchantes qui, si elles rappellent ce qu'il y a de plus aimable dans la sculpture antique, ont cependant des physionomies toutes françaises. Il y a tel morceau de lui, comme par exemple le *Baiser du Satyre* [2], qui n'est qu'une illustration plastique de la poésie contemporaine · cette nymphe qui s'élance vers les lèvres du Satyre avec ce désir éperdu et cet abandon de tout son corps c'est une nymphe de la Seine on la reconnaît à l'élégance nullement académique et à la coquetterie de son profil, à la gracilité douillette de son petit corps, à ses petits pieds et à ses petites mains Mais le plus frappant, c'est l'intensité de volupté que l'artiste a su y mettre, ces yeux égarés de la nymphe, ce pied de bouc

1. Cf *Mercure de France*, mars 1895, art de G. Sainte-Croix sur *Medardo Rosso*.

2 Cf. *Les Adam et Clodion*, Paris, Quantin, 1885, par H. Thirion, p. 240 (planche).

du satyre qui remonte et qui se crispe. Ailleurs il
s'attaque aux plus difficiles problèmes de la plastique :
dans une scène marine, il essaie de traduire non seulement l'écume et les volutes de la vague, mais la
souplesse des cheveux des Néréides et jusqu'à l'humi-
dité luisante de leur corps et l'élasticité des vapeurs
qui montent de la mer.

C'est par là que Clodion rejoint Fragonard dans
toute une partie de son œuvre l'un a modelé comme
l'autre a peint, dessiné ou gravé ce « poème du
Désir » dont parlent les Goncourt. Il a beau avoir
été l'élève de Boucher, on sent chez lui l'ancien pensionnaire de l'école de Rome, le compagnon de
voyage de l'abbé de Saint-Non, dont le crayon et la
pointe ont fixé les ruines et les bas-reliefs antiques.
Les planches qu'il a rapportées d'Italie, certaines
de ses compositions mythologiques ou allégoriques
révèlent tout autre chose que le peintre libertin
qu'on est accoutumé de voir en lui . le grand souffle
de l'antiquité est passé par là. Par exemple, dans
son fameux tableau de la *Fontaine d'amour* [1], quelle
différence avec Boucher ! Il y a quelque chose de profondément sérieux et de presque tragique dans les
ténèbres mystérieuses du paysage, dans l'élan furieux
de la course qui emporte les deux amants, dans
l'avidité des lèvres béantes qui se tendent vers la
coupe extatique puisée à la Fontaine d'amour : ce
n'est plus la galanterie romanesque, c'est le Désir
dans tout son emportement L'idée de la composition,
tout en restant gracieuse et jolie, est cependant assez
forte pour faire songer à Lucrèce et a Virgile.

---

1 Les Goncourt en ont donné une très jolie description
dans *l'Art du XVIII* siècle, t. III, p. 208 On en trouvera des
reproductions dans Ch Blanc, *Ecole française*; P. Naquet,
Fragonard (collection Quantin), etc.

A côté de Fragonard se place tout naturellement son camarade d'école Hubert Robert, dont le talent facile est encore un des plus curieux échantillons de l'art de cette époque. Il a eu un étonnant succès [1] et il a certainement contribué pour beaucoup à mettre les ruines à la mode. En 1768, un an après sa première exposition, l'Académie française accordait une mention honorable à une épître en vers, intitulée les Ruines, par un M. de Cœuilhé [2], et l'on sait si plus tard l'abbé Delille exploitera la matière. Sans parler ici des mérites de son œuvre, ce qu'il importe de noter c'est qu'il ne vise nullement à des restitutions archéologiques comme on fera bientôt dans l'école de David. Il se borne à rendre ce qu'il y a de pittoresque et surtout de décoratif dans les ruines, et encore il leur prête une gaieté toute française [3]. D'ailleurs les ruines modernes se mêlent constamment chez lui aux ruines antiques. Comme dans son *Pont du Gard*, ce sont les costumes, ce sont les hommes, c'est la vie d'aujourd'hui qui anime ses paysages. Dans tous les cas, et si pénétrée du goût contemporain que soit son œuvre, elle n'en atteste pas moins une mode toute nouvelle, un goût de plus en plus vif du public pour tous les monuments de l'antiquité, qu'il s'agisse d'art ou de littérature.

Il faudrait joindre à Hubert Robert les nombreux auteurs de publications illustrées sur l'Italie, dont quelques-unes se recommandaient par des qualités artistiques de premier ordre, comme par exemple le livre de l'abbé de Saint-Non [4], auquel Fragonard et Hubert Robert lui-même avaient collaboré.

1. Voir *Hubert Robert et son temps*, par E. Gabillot, p. 10s; *Salons* de Diderot, *passim*.
2. Cf. *Corresp. litt.*, VIII, 170.
3. Cf. E. et J. de Goncourt, *op. cit.*, p. 252.
4. *Voyage pittoresque des royaumes de Naples et de Sicile*

En somme. si l'on veut avoir de cet art Louis XVI
une idée plus complète et en même temps plus une,
qu'en suivant strictement l'histoire, il faut grouper
artificiellement les principales œuvres qui en ont le
mieux exprimé l'esprit Nous ne saurions trop le redire,
nous ne sommes point ici en présence d'une école qui
développe régulièrement ses principes : trop de tendances contradictoires ou différentes s'affirmaient au
même moment. Il faut se représenter une sorte de
musée idéal construit par Gabriel ou Pierre Louis, un
Petit-Trianon ou un château Borély, dont les appartements auraient été décorés, comme à Fontainebleau,
avec de très discrètes réminiscences du style pompéien : dans le vestibule, sous la lanterne ronde surmontée d'attributs astronomiques [1], se dresserait la
silhouette élégante de la *Diane* de Houdon ; on verrait aux
murs des appliques de Gouthière, sur les meubles des
ciselures de Caffieri, sur les cheminées des terres cuites
de Clodion. Fragonard aurait peint les plafonds et les
dessus de porte de quelque allégorie mythologique,
comme à l'hôtel de la Guimard. Et pour compléter le
décor, il y aurait dans le salon tout un groupe de
jeunes femmes en robes d'indienne et en fichus croisés,
avec des écharpes bleues flottantes ; près du clavecin,
l'une d'elles, les doigts posés sur une grande harpe
dorée, accompagnerait un air de Gluck et on attendrait,
pour couronner la soirée, un épisode des *Jardins* de
l'abbé Delille.

Par malheur, il y a quelque distance de ce salon
rêvé au salon de la réalité. Dans celui-ci le gros mobilier *Empire* s'étale à côté des plus délicates inventions

---

(1786). Sur l'abbé de Saint-Non et ses autres publications
illustrées, cf. Gabillot, *op. cit.*, p. 77, 138 et suiv.

1 Se rappeler par exemple la lanterne qui est dans le vestibule du Petit-Trianon.

des ébénistes Louis XVI. On y écoute, avec des lectures
de *Paul et Virginie*, les lourdes harangues de Thomas
ou les odes pédantes de Lebrun David commence à y
introduire sa peinture austère et républicaine [1], et
bientôt la révolution va détruire ou disperser dans les
ventes les restes de ce joli art qui aura eu tout juste le
temps de naître et de mourir.

III

On a dit que Caylus avait formé Vien et que Vien
avait formé David [2]. La formule est peut-être juste
pour le premier, elle ne l'est plus pour le second. L'antique tel que David l'a conçu est très différent des
timides imitations pompéiennes de Vien et il n'y a
presque rien dans la manière de celui-ci qui rappelle
celle de David. Tout au plus lui a-t-il appris à dessiner
correctement et, en l'assujettissant au modèle, a-t-il
favorisé en lui cet instinct de réaliste auquel il devra
presque toute son originalité

En réalité, David s'est formé tout seul, il ne relève
que de lui, même lorsqu'il semble vouloir continuer en
France la prétendue réforme de Raphaël Mengs [3]. C'est
qu'au fond il est un tempérament très original et cela
uniquement pour avoir porté à un degré extraordinaire certaines qualités techniques et spéciales. Je ne
connais pas d'artiste dans toute l'école française qui ait
été plus entièrement l'homme de son métier, — peintre

1. C'est le comte d'Artois qui commanda à David son tableau
de *Paris et Hélène*; et c'est le comte d'Angivilher, au nom de
Louis XVI, qui lui commanda son tableau de *Brutus*. Delécluze, *op. cit.*, p. 122.
2. S. Rocheblave, *op. cit.*, p. 227.
3. Cf. notre thèse latine, p. 63 et suiv.

et rien que peintre. Quand on cherche un disciple digne
de comprendre ce grand et inimitable Vélasquez,
pour la probité de la technique et l'étude minutieuse
et pénétrante du réel, on ne trouve que David.

Sa vocation fut impérieuse et exclusive · dès le collège, il n'annonçait de dispositions que pour le dessin [1].
On constate tout de suite chez lui une impuissance radicale à comprendre tout ce qui n'est pas la peinture et encore une certaine peinture Il n'arrivera jamais à écrire
une lettre en français [2] et, plus tard, à la Convention, ces
ridicules discours qu'il prononce, il sera obligé de se
les faire rédiger par un autre [3]. Il ne lira jamais un
livre d'archéologie, tout ce qu'il connaîtra de l'art et
des mœurs antiques c'est ce que lui même en aura
vu de ses yeux à Rome ou à Naples, ou les dessins
qu'il aura pris dans les publications illustrées [4] Même
pour les choses de son métier il a d'incroyables lacunes C'est ainsi qu'il ne connaîtra jamais la perspective, et qu'il sera toujours obligé de recourir à un
élève pour déterminer les plans successifs de ses
tableaux [5]. parce qu'il y a dans la perspective un élément géométrique et abstrait qui répugne au réalisme
vigoureux de son génie.

Il est entier, radical en toutes choses, en art comme
en politique Il a des idées carrées et absolues comme
un homme du peuple. Il exècre les académies [6], il ne
peut pas sentir Boucher, ni même aucun de ses devanciers. Il a pour l'art du moyen âge, un mépris voisin

1. Cf. J.-L.-Jules David, Le peintre Louis David, p 2.
2 Voir les lettres de lui qui sont reproduites dans l'ouvrage
précedemment cité
3. Cf. Delecluze, op cit , note de la page 168.
4. Ibid , p 132.
5. Ibid., p. 223
6 Cf. ibid., p 145, pour la reponse insultante de David à
l'Academie de peinture, qui lui demandait de venir reprendre
ses fonctions de professeur.

de la démence et de la frénésie [1]. Avec cela — et quoi
qu'on en ait pu dire, — foncièrement honnête et bon,
mais d'une honnêteté et d'une bonté un peu grosses,
absolues et sans nuances, qui se fient aux élans ins-
tinctifs et irraisonnés des sympathies [2]. Comment se
fait-il qu'avec un tempérament comme celui-là David
ait été l'homme le plus déséquilibré, le plus accessible
aux suggestions de toute espèce? Élève de l'École des
Beaux-Arts il veut se laisser mourir de faim parce
qu'il est mécontent de son tableau de concours [3]. A
Rome, les inégalités de son humeur rendent sa société
impossible pour ses camarades et il faut lui donner une
chambre à part. Il tombe dans des découragements
tels que sa tête se dérange et que Vien son directeur
et son protecteur, songe à le renvoyer en France [4]. C'est
ce déséquilibre qui explique les variations de sa conduite politique, comme l'incohérence de ses tentatives
en art. Il s'éprendra tout aussi passionnément de
Pie VII et de Bonaparte que de Robespierre, et il sera
aussi résolument réaliste et moderne à de certains
moments qu'idéaliste et antiquisant à outrance à de
certains autres. De là viennent ses inspirations les plus
heureuses Dès qu'une idée s'est emparée de lui. il ne
voit plus qu'elle, il est incapable de la conduire. Elle
l'hallucine et elle le tourmente, et si cette idée est
vraiment belle ou même intéressante, il y a des chances
pour que David produise un chef-d'œuvre. Le lyrisme

1. Voir le discours où il propose de mutiler les statues des
rois de la façade de Notre-Dame pour en former un piédestal
a la statue du peuple français. Delecluze, *op. cit.*, p. 156.
2. Cf. J.-L.-Jules David, *op cit.*, p. 6.
3. On ne s'expliquerait pas autrement l'attachement qu'il
inspira a quelques-uns de ses élèves, comme Drouais, ou surtout comme Delecluze, qui a raconté sa vie avec une sorte de
piété filiale.
4. *Ibid.*, p. 13.

inattendu de quelques-unes de ses toiles n'a pas d'autre source.

Mais le vrai fond de David, comme peintre, c'est le réalisme le plus robuste et le plus pénétrant qui se soit manifesté dans l'école française. A peine arrivé en Italie, il se débarrasse de la routine académique et, chose surprenante chez un élève de Vien, ses admirations vont tout d'abord au Valentin, un disciple des Caravage [2] Il avoue ne rien comprendre à Raphaël, ni en général à aucun des grands artistes italiens et classiques de la Renaissance [1]. « Mes yeux, dit-il, étaient alors tellement grossiers que loin de pouvoir les exercer avec fruit en les dirigeant sur des peintures délicates comme celles d'Andréa del Sarto, du Titien, ou des coloristes les plus habiles, ils ne saisissaient vraiment et ne comprenaient rien que *les ouvrages brutalement exécutés*, mais pleins de mérite d'ailleurs, des Caravage, de Ribeira et de ce Valentin qui fut leur élève [2]. » — La seule chose qui le frappe chez les Italiens [3], c'est la vigueur du modelé et la forte opposition des clairs et des ombres, une qualité que la peinture française du XVIIIe siècle et en particulier celle de Boucher avait totalement perdue. Ces premières affirmations vraiment sincères du goût de David, nullement influencé encore par les idées antiquisantes, sont extrêmement significatives. Le jeune admirateur du Valentin se retrouvera plus tard dans le *Marat* et dans les œuvres les plus personnelles de David. Jusque dans son culte pour Bonaparte, reparaît cette adoration de la force, ce goût de la nature vraie sans atténuation et sans déguisement, qui a été la plus éminente

1 Il faut en excepter le Corrège, qu'il admira beaucoup a la cathédrale de Parme. *Ibid* , p. 9.
2 Delecluze, *op. cit.*, p 114.
3. *Ibid.*, p 113.

de ses qualités Encore à la fin de sa carrière, alors
qu'il s'enfonçait de plus en plus dans une manière
antiquisante aussi fade que conventionnelle. ce respect du vrai lui était resté. comme une dernière illusion de vieillesse. Il écrivait à Gros, en lui recomman-
dant un jeune peintre   « Vous lui ferez sentir qu'il
faut être *bien respectueux devant la nature* et ne pas prétendre la réduire à nos caprices [1] ».

Quand on feuillette ses dessins, on s'aperçoit que le
premier crayon chez lui est toujours étonnant de
vérité et de franchise Malheureusement David réfléchit, il songe à ses théories il veut les appliquer quand
même et lorsqu'il arrive à la forme définitive. il se
trouve que de correction en correction il ne reste plus
rien de l'idée première. Il n'académise jamais (il a
horreur de la « manière » académique) mais il fait
raide et pompeux [2] Un des exemples les plus frappants
qu'on trouve de cette tendance. c'est une esquisse de
la figure de Napoléon pour le tableau du *Couronnement.*
Certainement il y a bien de la noblesse dans le geste
et dans l'attitude à laquelle il s'est arrêté en dernier
lieu, on peut même dire qu'elle s'harmonise davantage
avec l'expression officielle des autres personnages et
la tonalité majestueuse de l'ensemble, mais le premier
crayon est autrement vivant et autrement vrai Ce
Napoléon à la figure brutale de soudard qui se couronne lui même le poing sur la garde de son épée.
dans un mouvement superbe de défi. je ne sais s'il est
plus historique que l'autre mais il est à coup sûr
d'une vérité idéale plus profonde

1. Lettre à Gros (2) décembre 1820) Cit par J.-L. Jules
David, *op cit* p 57)
2 Voir par exemple le premier crayon de *la Douleur d'Andromaque;* celui du *Leonidas aux Thermopyles,* qui est certain
nement plus animé et même mieux composé que le tableau
définitif

C'est ce perpétuel souci de la vérité qui a fait de David un si grand peintre de portraits. En regardant simplement les lignes, ce David, tout à fait dépourvu de culture littéraire et qui devait, comme ses contemporains, avoir sur l'homme les idées les plus déraisonnables, — ce peintre vraiment peintre est arrivé à donner l'impression dans ses toiles de la plus pénétrante intuition psychologique Evidemment il ne va pas, comme un Vélasquez, jusqu'à récréer l'atmosphère où baignent ses personnages et, en révélant dans leurs yeux le secret même de la Vie, jusqu'à les couronner d'une poésie qu'ils n'eurent point dans l'histoire Mais il est bien dans la tradition française qui s'intéresse davantage au mécanisme psychologique et au conflit tragique des passions qu'au mystère intime des êtres David pénètre jusqu'à la physionomie morale en étudiant les corps et les visages, en analysant la couleur et le grain de l'épiderme, en suivant les contractions des muscles et les sinuosités des rides. A cet égard je ne connais pas de plus parfait chef-d'œuvre, — de plus révélateur surtout, — que son *Portrait de Mme Morel de Tengry et de ses deux filles*, qui est une merveille de conscience et d'exactitude et où il a poussé, je crois, à ses dernières limites le sentiment de la chair [1]. Toute la société de l'Empire revit dans ses toiles avec une illusion de vie qui est bien proche de la réalité [2]. Est-ce même forcer les mots que de voir dans ses grandes machines officielles tout uniment des collec-

1. Voir aussi le portrait de M. et de Mme *Pécoul*, de M. et Mme *Mongez*, les portraits de l'abbé Grégoire, de Prieur de la Marne, qu'il avait faits pour son tableau du *Jeu de Paume*. (Planches du livre de J.-L. Jules David, *op cit.*)

2 Rien ne donne mieux l'impression de cette société a demi bourgeoise et a demi militaire que les portraits de la famille de David (Voir celui de ses deux filles, de ses gendres, de son fils et de sa bru. *op. cit.*)

tions de portraits? En tout cas son tableau inachevé
du *Serment du Jeu de Paume* n'annonce guère autre
chose. ·

Et cependant cet artiste laborieux, si esclave de son
œil et de son modèle, quand une grande émotion
échauffe sa tête, il s'élève jusqu'au lyrisme et jusqu'au
pathétique le plus poignant. Son dessin de la tête de
Marat est peut-être encore plus beau que cette toile si
tragique où il l'a représenté poignardé dans sa bai-
gnoire. Soulevé par l'émotion patriotique, il a su
donner à ce visage sinistre une expression de douceur
et de résignation ineffables. Le pardon sublime semble
couler de ses lèvres. Ce n'est plus le pourvoyeur de la
guillotine, c'est la pure victime offerte en holocauste
pour_le salut du peuple. Cette exaltation poétique, ce
sursaut de l'imagination, il l'a éprouvé plus d'une fois
pendant cette ardente période révolutionnaire. Son
Lepelletier de Saint-Fargeau, son *Jeune Bara*, son *Bonaparte au Mont Saint-Bernard*, avec des qualités diverses,
attestent la même émotion chez ce peintre d'ordinaire
si calme. Un souffle de *Marseillaise* a passé dans ces
toiles.

En même temps, il a eu un sentiment très vif de la
grandeur et de l'héroïsme de cette époque. Sous l'Empire, il a aimé la magnificence de la représentation
officielle, il a deviné le rêve du maître à l'imagination
hantée par le souvenir des triomphateurs et des Césars
de l'ancienne Rome, et il a essayé d'y égaler sa peinture. Lorsqu'il eut terminé son tableau du *Couronnement*, l'Empereur accompagné de l Impératrice vint lui
rendre visite dans son atelier et, après avoir examiné
la toile : « C'est très bien, très bien. David. Vous avez
deviné ma pensée. *Vous m'avez fait chevalier français* [1]. »

1. Delécluze, *op. cit.*, p 313.

Le compliment de Napoléon n'est pas seulement vrai du *Couronnement*. La *Distribution des Aigles* exprime peut-être davantage encore la pensée impériale Il y a dans le groupement et l'élan des masses, dans la pose et le costume du César, dans la chaleur inaccoutumée de la couleur, quelque chose d'extraordinairement grandiose et belliqueux Qu'on se rappelle encore son portrait en pied de Napoléon revêtu des insignes impériaux, avec la dalmatique de satin blanc, le manteau de velours violet semé d'abeilles d'or et la couronne de laurier, se détachant sur le fond rouge d'un dais somptueux dont les étoffes retombent à larges plis, et l'on avouera qu'il y avait en David l'instinct d'un grand peintre-décorateur

Avec des dons pareils, il est tout au moins étonnant que David n'ait laissé en somme qu'une œuvre manquée Notons qu'il est avec Gluck le seul grand artiste, vraiment passionné pour son art et n'aimant que lui, qu'ait connu la France du XVIIIᵉ siècle Du côté des poètes je ne vois guère qu'André Chénier qui soit digne de les approcher, et encore il en est très loin. L'originalité de Chénier est bien petite à côté de celle de David. Mais c'est la même erreur d'art qui les a empêchés l'un et l'autre de donner ce qu'ils auraient dû. C'est cette stérile et pédantesque chimère de l'imitation de l'antique qui a perdu David comme elle avait perdu Chénier

Cependant, tandis que celui-ci était allé d'instinct aux œuvres grecques et latines, David ne se mit qu'assez tard à l'antique. Élève de Boucher d'abord, puis élève de Vien, ses premiers essais ne témoignent pas autre chose qu'une tendance déjà sensible au réalisme mitigée par des réminiscences d'école bien naturelles et bien excusables chez un débutant [1]. Lorsqu'il

1. Voir p. ex un *Combat de Minerve contre Mars* (1771) qui

arrive en Italie, ses premières admirations, nous
l'avons vu, vont tout d'abord aux talents les plus fou-
gueux et les plus éloignés du goût antique, les Caravage, les Pietre de Cortone et les Valentin. C'est Vien,
paraît-il, qui lui aurait conseillé de dessiner d'après
l'antique [1] pour se former le goût et la main. Voilà à
quoi se réduit l'influence de Vien sur David. Son travail obstiné et son entêtement vont faire le reste [2].

Il faut distinguer plusieurs époques dans l'histoire
des théories antiquisantes de David. D'abord il se
borne à de discrètes inspirations du Poussin entremêlées de réminiscences pompéiennes. Le *Bélisaire* est
comme le type de cette première manière. Puis l'influence du Poussin s'accuse davantage en même temps
qu'un souci de restitutions archéologiques de plus en
plus exactes : le *Serment des Horaces* est le chef-d'œuvre
de cette seconde manière. Enfin il se lance résolument
dans la spéculation esthétique. Il veut retrouver le
« beau idéal » des Grecs, il subordonne l'archéologie
et l'histoire à l'expression d'une théorie toute personnelle et il compose les *Sabines* et le *Leonidas aux Thermopyles*.

Essayer de déterminer les théories de David est absolument impossible, par la raison que lui-même d'abord
a souvent changé d'idées, ensuite qu'il ne nous reste
guère que des traces tout à fait insuffisantes de son enseignement oral dans les souvenirs de ses élèves. Tout ce
que l'on peut affirmer, c'est qu'il avait réuni une collection de dessins d'après l'antique formant cinq gros
volumes in-folio où il allait chercher ses inspirations

accuse très fortement l'influence de Boucher: ses études académiques comme son *Hector* et son *Patrocle*, où la tendance
réaliste est plus sensible. (Planches du *Peintre Louis David*.)

1. J.-L. Jules David, *op. cit.*, p. 10
2. Sur l'originalité de David et son indépendance de Raphael
Mengs, cf. notre thèse latine.

et sur lesquels il méditait sans cesse [1]. C'était là sa
Bible et ses prophètes Mais si nous ne savons pas très
bien ce qu'il a voulu, nous avons son œuvre et nous
pouvons essayer de voir ce qu'il a fait.

Tout d'abord David, comme presque tous ses contemporains, est entièrement dénué d'invention. Nous
avons vu que c'était le vice le plus grave du classicisme
finissant Le défaut est d'autant plus choquant dans
les sujets antiques, que la matière était plus usée et
qu'il aurait fallu pour la rajeunir une imagination toute
fraîche. Le sens poétique des sujets, David ne l'a eu
que par accident, et dans des circonstances particulières. En général, c'est le plus prosaïque, ou, si l'on
aime mieux, le plus *oratoire* des peintres. Lui-même
d'ailleurs se reconnaissait impuissant à comprendre la
poésie des mythes « Je n'aime ni sens le merveilleux,
disait-il, *je ne puis marcher à l'aise qu'avec le secours d'un
fait réel* [2] » Nouvelle raison d'infériorité, David est
platement utilitaire Il professe comme tous les
hommes du XVIIIᵉ siècle que l'art a une mission sociale
et que son premier objet est d'instruire et de moraliser [3] Comme ses idées et sa morale se réduisent aux
lieux communs vulgaires du catéchisme révolutionnaire, on ne s'explique que trop tout ce qu'il a mis de
froidement déclamatoire et de banal dans ses toiles
antiquisantes. Ajoutons enfin que cette perpétuelle
affectation d'austérité était bien le sentiment le plus
hostile à l art dont il pût s'inspirer.

Ainsi que chez les petits poètes de son temps et chez
André Chénier lui-même, cette stérilité d'invention
produit chez David l'incohérence de la composition,

---

1. Cf Delécluze, *op. cit* , p. III. J.-L. Jules David nous parle
de *douze* volumes, cf. *op. cit.*, p. 11
2 Delécluze, *op. cit* . p. 338
3. *Ibid* , p 158

qui n'est plus qu'un arrangement tout extérieur et
voulu. Même dans ses grandes toiles modernes. on
sent qu'il n'a été soutenu pour la composition que par
le souvenir tout récent des scènes réelles, et encore
chaque personnage, pour peu qu'on l'étudie, a-t-il l'air
de poser tout seul. Cette absence de composition, quoi
qu'en aient pu dire les contemporains [1], n'est pas trop
choquante dans ses premières œuvres, parce qu'il a
choisi des sujets extrêmement simples où les personnages peu nombreux se groupent en quelque sorte
d'eux-mêmes [2] Mais dans les *Sabines* et le *Leonidas* ce
défaut éclate avec une évidence qui valut à David les
critiques les plus vives. Lui aussi, il fait des mosaïques
de figures. Dans le *Leonidas*, par exemple, voici d'abord
la pose du héros qui a été copiée dans les *Monuments
inédits* de Winckelmann [3]; le jeune homme qui est assis
à sa gauche n'est pas autre chose que le portrait d'un
de ses élèves [4] . c'est une tête méridionale toute
moderne, tandis qu'au contraire le guerrier qui lui
fait pendant à droite est strictement antique. Au
second plan, l'homme qui tient un arc est une réminiscence mal déguisée de l'Apollon du Belvédère, mais
ces figurants à tête vulgaire qui le suivent ont l'air de
sortir des coulisses de l'Opéra. Il est vrai que parmi
ces figurants, il y en a un qui a une tête de Fleuve
antique. Ce qu'il y a de plus désagréable, c'est l'éparpillement et l'insignifiance de toutes ces figures, sauf

1. Voir p. ex. les critiques de Pierre a propos de *Brutus*.
J.-L. Jules David, *op. cit.*, p. 57.
2 Cependant il n'y a guère que la *Mort de Socrate* qui soit
véritablement composée
3 Delécluze, *op cit.*, p. 337.
4. Delécluze raconte que David, pour certaines figures du
Leonidas, s'inspira de quelques-uns de ses élèves « remarqua-
blement beaux et agiles » (cf p. 229). La figure en question me
paraît être sûrement du nombre.

le groupe des trois jeunes gens qui tendent des couronnes. Pas la moindre cohésion dans toute cette scène. David se réclamait, pour justifier ce décousu de la composition, de certaines œuvres de l'Angelico ou du Pérugin, où les différents personnages existent pour ainsi dire isolément [1]; mais tandis que chez ces maîtres le sujet est si exclusivement plastique qu'il se réduit à peu près à un arrangement harmonieux des lignes, David a choisi le sien si théâtral qu'il requiert absolument les qualités ordinaires de composition de nos peintres d'histoire. En admettant même qu'il ait voulu rompre avec ce qu'il y a d'artificiel dans une scène ainsi conçue, il faut avouer encore qu'il ne donne à aucun degré le sentiment de la vie des foules, de leur pêle-mêle, des explosions contradictoires de leurs fureurs ou de leurs enthousiasmes : ses personnages ne sont que des statues juxtaposées.

Telle était d'ailleurs l'intention de David. Si lui-même ne l'avait pas dit, on pourrait le deviner, rien qu'à regarder attentivement ses toiles. Transposer dans la peinture la sculpture antique, voilà en somme à quoi il aboutit. Quand il parlait de remettre en honneur ce qu'il appelait « le grec pur » [2], il ne voulait pas dire autre chose : de là ces personnages complètement nus comme dans la statuaire des anciens, et ces chevaux sans bride qui prêtèrent tant à rire lors de l'exposition des *Sabines* [3] : « Je me nourris les yeux, disait-il, de statues antiques, *j'ai l'intention même d'en imiter quelques-unes* : les Grecs ne se faisaient nullement scrupule de reproduire une composition, un mouvement, un type déjà reçus et employés [4] ». En consé-

1. Delécluze, *op. cit.*, p. 219.
2. Cf. Delécluze, *op. cit.*, p. 62.
3. *Ibid.*, p. 215.
4. *Ibid.*, p. 62.

quence, il emprunte à un médaillon reproduit dans
l'*Antiquité expliquée* de Montfaucon l'ordonnance générale de son tableau des *Sabines* [1], de même que plus
tard il prendra dans les *Monuments inédits* de Winckelmann l'idée de son *Léonidas*. C'est ainsi que chez lui
la ligne devient de plus en plus conventionnelle et que
la couleur se réduit à n'être plus qu'un accessoire tout
à fait secondaire. On sent déjà cet abâtardissement du
sens pittoresque chez David, même avant les mauvaises
toiles qu'il exécuta à Bruxelles, vers la fin de sa vie
par exemple dans la couleur si faible de ses *Sabines*,
qui donnent l'impression d'un bas-relief polychromé.
Il en était arrivé à cet axiome : « Ce sont les gris qui
font la peinture ». On sait avec quelle énergie les
romantiques protestèrent contre ces théories encore
exagérées par ses élèves [2].

En somme il y a une ressemblance singulière entre
les procédés de la peinture antiquisante de David et
ceux de la littérature contemporaine. De même que
Lebrun et Chénier aboutissent au centon, David aboutit
au décalque. D'un côté comme de l'autre on a perdu
le sens de la vie et de la poésie des choses. On ne sait
plus composer, parce qu'on ne sait plus voir, ni sentir,
ni penser. Et cependant à travers cette peinture de décadence on sent déjà percer l'art de l'avenir. Même dans
ses œuvres les plus directement inspirées de l'antique,
David rompait avec les habitudes de l'art classique
français. Aux effets dramatiques, il voulait substituer
les effets purement lyriques [3]. Dans le *Leonidas*, par

1. J.-L. Jules David, *op. cit.*, p. 47.
2. On sait que l'épithète de « grisâtre » était la suprême
injure pour les romantiques. Th. Gautier, *Histoire du romantisme*, p. 93.
3. « Je veux essayer de mettre de côté ces mouvements, ces
expressions de théâtre, auxquels les modernes ont donné le
titre de peinture d'expression. » Cf. Delécluze, *op. cit.*, p. 226.

exemple, le groupe des trois jeunes gens enlacés qui
élèvent des couronnes, accuse très nettement cette
tendance · l'élan rythmé de leur course, l'enthousiasme qui éclaire leurs visages et qui soulève leurs
bras, tout cela rappelle, avec quelque chose de plus
religieux, le beau mouvement du tableau des *Aigles*.
Mais il suffit de songer au *Marat* pour s'apercevoir non
seulement de ce qu'il y a de contradictoire dans l'œuvre
de David, mais des côtés tout modernes et déjà romantiques de son génie [1]

IV

Il ne faut pas oublier que David est loin d'être une
exception parmi ses contemporains. Si les autres
artistes. ses émules, n'ont pas sur l'art des idées aussi
personnelles que lui. ils n'en montrent pas moins le
même goût exclusif pour les restitutions archéologiques
et les sujets républicains de l'histoire grecque ou
romaine Les livrets des *Salons* en sont pleins [2] Le
Salon de 1789, avec d'abondantes illustrations des
événements récents , n'est rempli que de scènes
empruntées à l'antiquité [3] Rappelons d'ailleurs qu'à
ce moment David n'est pas encore devenu le dictateur
des arts qu'il sera sous la Convention Ses confrères
Vincent et Regnault, qu'il déteste, ont un atelier aussi

1 Noter que la peinture moyenâgeuse est déja representee
dans l'atelier de David, surtout par Granet, que ses camarades appelaient le « moine ». On trouve un grand nombre de
ces toiles au Musee d'Aix-en-Provence Il s'etait fait une spe-
cialité des interieurs de monastere
2. On peut voir aussi dans les *Salons* de Diderot que cette
mode avait commence avant 89.
3. E. et J. de Goncourt, *la Societe française pendant la Revo-
lution*, p. 43

fréquenté que le sien et leurs tableaux obtiennent
tout autant de succès

Mais plus on se rapproche de 93, plus l'influence de
David devient tyrannique. Il forme toute une école de
disciples enthousiastes, qui le vénèrent comme le sau-
veur de l'art. Parmi eux, il convient de distinguer un
petit groupe d'indépendants, qui sans doute n'eurent
pas grande influence, mais dont les tendances sont
curieuses à connaître comme exagération des propres
doctrines de David : nous voulons parler de la secte
des *Penseurs* ou des *Primitifs* [1], dont le chef était un
jeune homme mort prématurément, — Maurice Quaï,
ou plus simplement Maurice, comme l'appelaient ses
camarades. On les voyait passer dans la cour du
Louvre, vêtus à la grecque et drapés comme des statues antiques   le costume de Maurice consistait « en
une grande tunique descendant jusqu'à la cheville du
pied et un vaste manteau, dont il couvrait sa tête en
cas de pluie ou de soleil [2] ». Talma lui-même, nous
dit-on, ne portait pas ce costume avec plus de grâce
et d'aisance. Si l'on entrait dans son atelier, « on
voyait une toile de trente pieds de long, où était dessiné seulement le sujet de Patrocle renvoyant Briséis
à Agamemnon [3] ».

---

1. C'est E Delécluze et Ch Nodier qui l'ont remise au jour :
le premier, dans son livre, *Louis David, son école et son temps*
(1849), et dans une notice parue en 1832 sous ce titre   *Les
Bardes d'a présent et les Bardes de 1800*, dans le 7ᵉ vol. des
Cent-un; le second, dans un article du journal le *Temps*
(15 octobre 1832). Ces deux dernières pièces forment l'appendice du livre d'E Delécluze, cité plus haut. On trouvera aussi
des allusions aux *Primitifs* dans les *Mémoires* de la duchesse
d'Abrantes. — Ch. Nodier a consacré un morceau dithyram
bique a la mémoire de Maurice Quaï dans les *Essais d'un jeune
barde* Ce morceau a été reproduit également dans l'ouvrage
de Delécluze, p. 74.

2. E. Delécluze, *op. cit.*, p. 123

3. *Ibid*, p. 124.

Mais, petit à petit, les *Primitifs* en vinrent à se
séparer de David. On le traita, — suprème injure, —
de *Vanloo*, de *Pompadour*, et de *rococo* [1]. Le désaccord
avait commencé avec l'exposition du tableau des
Sabines (nivôse, an VIII), que Maurice Quaï et ses amis
ne trouvèrent ni assez grec, ni assez primitif. Pour
eux, Phidias était déjà trop moderne, « Périclès était
un autre Louis XIV et son siècle sentait la décadence [2] » Les vrais modèles, c'étaient les figures
rudimentaires des vases étrusques, avec leurs traits secs
et heurtés et leurs barbes pointues. De là une première
modification dans le costume des adeptes de l'art nouveau : il fut convenu qu'on laisserait croître sa barbe
et ses cheveux, afin de mieux ressembler aux vrais
primitifs, — et dès lors Maurice Quaï se travestit en
Agamemnon.

Il est difficile sans doute de réduire en corps de doctrine les idées de la secte Mais ce qui ressort des
souvenirs qu'on nous en a laissés, c'est que, par delà
les formes canoniques de l'art classique, ils voulaient
remonter aux sources mêmes de la nature et de l'art,
d'où leur nom de primitifs. A cause de cela, ils avaient
un culte pour Homère et la Bible, mais par-dessus
tout pour Ossian [3], qu'ils considéraient comme le plus
primitif de tous Le Nouveau Testament les attirait
aussi, à cause de sa douceur mystique. Un jour, Maurice, agacé par les plaisanteries d'un camarade, fit cette
déclaration en plein atelier « Vous n'avez donc jamais
lu l'Évangile, tous tant que vous etes? C'est plus beau
qu'Homère, qu'Ossian. Jésus-Christ au milieu des blés,
se détachant sur un ciel bleu' Jésus-Christ disant :
« Laissez venir à moi les petits enfants ' » Cherchez

---

1. E Delecluze, *op cit.*, p 421.
2. *Ibid*, p. 422.
3. *Ibid.*, p 428.

donc des sujets de tableaux plus grands, plus sublimes que ceux-là ¹ ! » — Et Maurice se fit une tête de Christ malgré son costume d'Agamemnon : la ressemblance était si frappante que ses camarades voulaient l'appeler Jésus-Christ ². Ce sont là peut-être des enfantillages, mais y a-t-il bien loin de cette vague religiosité d'artiste à celle que va faire triompher Chateaubriand? En tout cas, ce qu'il est intéressant de constater, c'est que chez les *primitifs*, comme chez David, il n'y a d'antique que la forme. En réalité et d'une façon plus ou moins consciente, ils tendent au romantisme : ils exagèrent à la fois le dilettantisme antiquisant et la modernité du maître ³.

Mais ce n'est pas seulement sur la peinture et les artistes que s'exerça la dictature de David. Tout ce qui touche à l'art, — ameublement, costume, décoration, — tout cela est profondément marqué à l'empreinte de son style. La réforme du mobilier était depuis longtemps commencée ; mais, grâce à sa peinture, elle s'accentue dans le sens de la lourdeur et de l'austérité   cette table massive recouverte d'un tapis

1. E. Delécluze, *op. cit.*, p. 78.
2 Nodier, article du *Temps* reproduit par Delécluze, *ibid.*, p 443
3. La secte eut son poète dans la personne de Nodier, qui nous a laissé d'abord dans ses *Essais d'un jeune barde*, quelques pages étranges à la mémoire de Maurice, et qui, dans un autre ouvrage de jeunesse, *Apothéose et imprécations de Pythagore*, à Crotone (Besançon), 1808, a essayé de rendre quelque chose de ce mysticisme à l'antique, et de ces airs d'hiérophante qu'on affectait dans l'entourage de son ami Agamemnon. Le morceau est écrit d'un bout à l'autre en style lapidaire, dont voici un échantillon :

CROTONIATES
HONOREZ LE SOUVENIR
D'HERCULE
IL NE S'ARMA D'UNE MASSUE
QUE POUR PROTÉGER LA JUSTICE

à franges, ces fauteuils en galbe de lyre qu'on voit dans le tableau de *Brutus*, ils vont envahir les salons et les salles à manger. Le grand candélabre pompéien de la *Mort de Socrate*, on le retrouvera dans la chambre à coucher de Mme Récamier [1], et le lampiste Quinquet s'en inspirera pour les fameuses lampes à qui il donnera son nom. Les modes sont à l'avenant : « Dans les jardins publics, les femmes vêtues à la grecque allaient faire admirer la grâce et la beauté de leurs formes. Tous les jeunes gens, depuis les plus pauvres jusqu'aux plus riches, exposaient journellement leurs membres nus sur les bords de la Seine et rivalisaient de force et d'adresse en nageant.. Les jours de fête, on faisait au Champ de Mars des courses à pied, à cheval et en chars, le tout à la grecque. Dans les cérémonies publiques, on apercevait des grands prêtres en façon de Calchas, des canéphores, comme sur les frises du Parthénon et, plus d'une fois, j'ai vu brûler. dans les grands carrés des Champs-Élysées, de la poix-résine, au lieu d'encens, devant un temple de carton copié d'après ceux de Pæstum [2]. » - Que dire après cela des fêtes républicaines, dont David a été le grand organisateur? C'était la mascarade officiellement consacrée : l'antiquité tombait dans le carton peint et dans le papier doré.

Une fois cependant David eut une heureuse inspiration . ce fut aux funérailles de Marat. qui décidément lui portait bonheur. Se rappelant sans doute les funérailles de César, il imagina de faire porter sur un brancard le cadavre nu jusqu'à la ceinture et montrant sa blessure béante . cette pompe funèbre se déployant la nuit, à la clarté des torches, dut être un des spec-

1. Cf E. et J de Goncourt, *op. cit.*, p. 50
2 Delecluze, *op cit* , p 129.

tacles les plus émouvants de cette terrible époque —
Mais à quoi bon insister sur ces erreurs trop connues
et dont il est trop facile de se moquer? Il vaut mieux
se rappeler avec quelle puissance David a fixé la
grande figure de Napoléon et avec quelle poésie hau-
taine et grandiose il a immortalisé quelques-unes des
scènes de l'épopée impériale. Sa peinture d'histoire et
surtout ses portraits ne nous feront jamais assez
regretter que cette vaine poursuite de l'antique ait
ainsi égaré le plus vigoureux génie qu'ait produit l'art
français du xviiiᵉ siècle

CHAPITRE VIII

L'IDÉE ANTIQUISANTE DANS LA LITTÉRATURE
DU DIRECTOIRE ET DE L'EMPIRE

I. La parade gréco-romaine — Travestissement a l'antique sous
le Directoire et l'Empire — Les embellissements de Paris.
— L'archéologie, l'organisation du Musée des antiques, Visconti. — Faiblesse de la philologie — Relèvement des huma-
nités dans l'Université impériale — La critique conservatrice : Boissonade, Geoffroy, Dussault, de Feletz, Hoffman.
— M.-J. Chénier et Nepomucène Lemercier. — Le *Cours
analytique de littérature* — Décrépitude et intransigeance

II La littérature antiquisante sous l'Empire. — Le *Misonéisme*,
Fontanes le lettré de décadence — C'est Delille qui donne
le ton — La poésie didactique — Les traductions en vers.
— La littérature « manufacture de versions latines ». —
Parceval-Grand'Maison, Luce de Lancival — La *Grèce sauvée*
de Fontanes — L'*Agamemnon* de Lemercier. l'*Hector* de Luce
de Lancival — L'opéra, les cantates officielles — La poésie
légère . Dorat-Cubières et Parny « le Tibulle français » —
Les poésies antiquisantes de Millevoye — Le classicisme a
sa dernière période.

III. Les *Martyrs* de Chateaubriand et le « style empire », c'est
la dernière et plus brillante manifestation du classicisme
épuisé — Chateaubriand n'est qu'un *amateur* en littérature
— Ses débuts classiques. — Ses admirations littéraires,
insuffisance de sa critique — Profession de foi toute classique de la préface des *Martyrs*. — Faiblesse de sa mythologie et de son merveilleux — Chateaubriand classique de
décadence comme André Chénier, pêle-mêle des imitations
et des rapprochements, confusion des époques, érudition
mal digérée. — Intrusions du goût moderne — Le lyrique

reparaît à travers le fatras du poème épique manqué — Analogie avec M⁽ᵐᵉ⁾ de Staël et Talma — David. Talma et Chateaubriand, limite de l'art impérial

IV. Bariolage de la littérature de l'Empire — Le goût et les livres romantiques — La chevalerie, le gothique et l'archéologie du moyen âge — La couleur locale au théâtre — Tous les éléments du romantisme existent déjà sous l'Empire — Le romantisme ne sera pas autre chose que l'avènement d'une *forme* nouvelle

I

À première vue, on pourrait croire à toute une résurrection de l'ancien monde gréco-romain. La Révolution apparaît d'abord comme une revanche de la conquête germaine — suivant un mot connu, on dirait que la France n'aspire qu'à se « défranciser » et à se « débaptiser ».

Ce sont les Phocéens de Marseille qui apportent à la Révolution son hymne et c'est cette même terre de Provence, où les souvenirs de Rome vivent toujours, qui lui donne son grand orateur. Les noms des institutions et des magistratures antiques reparaissent. On s'appelle maintenant *Brutus* ou *Casca*. Costume et mobilier, tout devient maintenant à la grecque et à la romaine [1]. L'athlétisme renaît. Sous le Directoire, on voit des jeunes gens s'exercer à traverser la Seine à la nage, comme les jeunes Romains traversaient le Tibre, après les exercices du Champ de Mars [2]. Paris a lui-même son Champ de Mars, où l'on couronne les vainqueurs de la course à pied ou de la course équestre [3].

---

1. Cf. E. et J. de Goncourt, *Histoire de la Société française pendant la Révolution*, *Histoire de la Société française pendant le Directoire*, passim.
2. E. Delécluze, *Louis David, son école et son temps*, p. 429.
3 E et J de Goncourt, *Le Directoire*, p. 181.

Il a aussi ses triomphes, comme la Rome républicaine ou la Rome impériale · le jour de la fête du 9 thermidor an VI, on vit défiler sur des chars toutes les dépouilles artistiques prises à l'Italie pendant la dernière campagne : la *Transfiguration* de Raphael, le *Christ* du Titien, l'*Apollon du Belvedere*, les *Neuf Muses*, l'*Antinous*, le *Laocoon*, le *Gladiateur* et combien d'autres œuvres fameuses [1]

Bientôt avec Bonaparte ce mirage antique va se rapprocher encore de la réalité. C'est César qui revient d'Italie pour gouverner la Gaule. Italien d'origine, il est le trait d'union entre les deux pays Il renoue les traditions, il fonde là-bas des républiques sœurs de la nôtre. A Mantoue, il fait élever un monument à Virgile Puis plus tard, lorsque l'Italie et la France ne seront plus qu'un même empire, son rêve sera de fondre Rome dans Paris, ou même, selon le mot de Hugo, d'accoupler en lui les deux Rome. la Rome catholique et la Rome païenne. Le jour du couronnement il apparaîtra comme l'antique Imperator à la fois Pontife et Roi, éclipsant la papauté écrasée, la tête ceinte du laurier impérial et élevant entre ses mains la couronne avec le geste qui consacre.

L'illusion descend dans la rue. L'arc de Titus se répète dans l'arc de triomphe du Carrousel, la colonne Trajane dans la colonne Vendôme. Le Temple de la Gloire, qui deviendra plus tard la Madeleine fait songer au Parthénon et au temple de Paestum On commence la rue des Colonnes, toujours dans le style de Paestum on construit des quais et des égoûts. Et les poètes officiels de chanter :

> Dressez les portes triomphales,
> Taillez les marbres de Paros,

---

1. E Delecluze, *op. cit.*, p. 203 et suiv.

Artistes! que vos mains rivales
Y gravent les traits d'un héros
L'airain conquis fond et bouillonne.
Déjà s'érige la colonne
Qui redit nos travaux guerriers ;
Cédez, obélisques de Rome,
Et qu'à l'aspect d'un plus grand homme
Trajan abaisse ses lauriers [1].

C'est aussi le temps où David expose ses *Sabines*
(1799) Gérard sa *Psyché* (1797) Guérin son *Marius Sextus*
(1799) Gros sa *Sapho à Leucade* (1802), Prudhon son
Andromaque et son *Aurore et Céphale* (1810) Canova, le
vrai disciple de Raphaël Mengs en sculpture, vient à
deux reprises à Paris [2] On peut admirer chez Murat une
réplique de son fameux groupe de *l'Amour et Psyché* [3].
Il exécute un buste de Marie-Louise [4] et travaille à une
statue colossale de Napoléon [5] qu'il voulut représenter absolument nu comme un héros antique

En même temps, l'enrichissement de notre Musée du
Louvre après la campagne d'Italie ranime l'ardeur des
archéologues On publie la traduction du *Laocoon* de
Lessing [6] et dans l'entourage de David les jeunes
peintres ne feuillettent plus que les *Antiquités d'Athènes*
de Stuart et Revett [7] Ils s'éprennent de plus en plus
des peintures des vases dits *étrusques* dont ils trouvent
des reproductions dans l'ouvrage de d'Hancarville [8]
En 1799, l'Institut met au concours la question de la

1. Fontanes · *Ode sur les embellissements de Paris.* I, p 112
2 Cf Quatremère de Quincy, *Canova et ses ouvrages.* p 117
et 189
3 *Op cit.* p 118
4. *Op. cit*, p 200
5 *Op. cit*, p 199
6. Traduit par Vanderbourg. Paris, Renouard, 1812.
7. *Les antiquités d'Athènes mesurées et dessinées* par J. Stuart
et Revett, peintres et architectes, ouvrage traduit de l'anglais
par L. F. Feuillet. Paris. Didot, 1808-1824.
8. Delécluze, *op cit.*, p 71

perfection de la statuaire chez les anciens, et c'est
Emeric David qui remporte le prix (1801). Seroux
d'Agincourt donne une *Histoire de l'art par les monuments*
(1810-1823) Visconti, appelé en France après la trans-
lation à Paris des principales richesses du Musée du
Vatican, publie une *Notice des antiques du musée Napoléon*; puis son *Iconographie grecque* (1811), complétée par
une *Iconographie romaine*, en collaboration avec Mongez
(1817-1826).

Évidemment la philologie proprement dite est toujours en décadence, et les survivants de l'ancienne
Académie des Inscriptions s'en plaignent avec amertume [1]. Il y avait eu une brusque interruption de la
culture pendant la période révolutionnaire, qu'il était
difficile de réparer Mais à défaut d'érudition, on fait
de la pédagogie. On se met bravement à rapprendre
le grec et le latin Les rudiments et les traductions se
multiplient comme à la fin du xviii° siècle · une traduction est un événement littéraire [2]; et nous ne parlons pas ici des innombrables traductions en vers. Le
plus clair résultat de ces modestes travaux fut le relèvement des études dans l'Université impériale. On
revient à Rollin en esprit de réaction contre les
méthodes des idéologues Le discours latin reprend
sa première place dans les palmarès comme dans les
classes et la rhétorique redevient le couronnement des
études classiques. On veut faire renaître les lettres
latines. Burnouf prenait pour texte de son discours
à la distribution des prix du concours général de 1812 :
« *Ergo renascitur lingua romanorum* [3], » En 1810, « pour

---

1. Cf Dacier, *Rapports sur les progrès de l'histoire et de la
littérature ancienne depuis 1789*, p 25.
2. Voir Merlet, *Tableau de la littérature française sous l'Empire*, III, p. 34 et suiv.
3. Cité par Picavet, *les Idéologues*, p. 62.

célébrer solennellement l'alliance auguste qui se
fonde. . et *rétablir l'usage de la langue latine, qu'il sied
peut-être de parler* quand nos lois et nos armes s'éten-
dent au loin », les professeurs de rhétorique furent
invités à prononcer le 1ᵉ jeudi du mois de juin un discours latin sur le mariage de Sa Majesté l'Empereur et
Roi avec S. A. I. et R. l'archiduchesse Marie-Louise.
Luce de Lancival obtint le prix [1]. Ce fut son chant du
cygne : la médaille d'or et la couronne furent déposées
sur son lit de mort.

La critique, autant qu'elle le peut, encourage ce
retour à l'ancienne culture, et cela avec des arrière-
pensées non moins réactionnaires. Dans ses articles
du *Journal de l'Empire* signés modestement d'un Ω,
Boissonade lui-même est visiblement préoccupé de
redresser les erreurs des philosophes du xviiiᵉ siècle
sur tout ce qui touche aux littératures antiques. Il
n'épargne pas même Voltaire, mais c'est La Harpe
surtout qui est sa bête noire : il le réfute et lui fait la
leçon chaque fois qu'il en trouve l'occasion [2]. C'est
dans le même esprit — mais avec le pédantisme et
l'étroitesse en plus — que sont conçus les articles de
Geoffroy dans le même journal. Il rejette toutes les
innovations dramatiques de Voltaire et en général
il condamne la littérature du xviiiᵉ siècle tout entière .
Montesquieu et J.-B. Rousseau « sont du siècle de
Louis XIV, il ne reste au xviiiᵉ que Buffon et Jean-
Jacques Buffon qui a déplacé l'éloquence pour la
transporter dans une science où elle est inutile et tout
à fait étrangère, Jean-Jacques qui a prostitué cette
même éloquence à des romans de métaphysique [3] ».

1. Cité par Picavet, *op. cit*, p. 63.
2. Voir en particulier un article sur Orphée et un autre sur
Babrius, p. 16 et 121, *J. F. Boissonade, critique littéraire sous
le premier empire*, Paris, Didier, 1863.
3. *Cours de littérature dramatique*, I, p. 504.

Et ainsi il n'y a que le xvii° siècle comme modèle suprême. Il est incontestable que Geoffroy a mis beaucoup de bon sens et d'exactitude dans ses critiques; que ses contemporains avaient besoin de refaire une rhétorique reprise de très haut; mais ce xvii° siècle qu'il prêchait, il est fâcheux qu'il en ait eu si médiocrement l'intelligence, qu'il n'en ait vu que les côtés solides et pratiques [1] et non la poésie et la forte originalité. C'est tout autre chose qu'il aurait fallu pour relever le théâtre de sa médiocrité. Pourtant, à force d'abîmer les tragédies bâclées du xviii° siècle, ou celles des dramaturges de son temps, qui étaient plus ou moins de l'école de Voltaire, il a peut-être entretenu la notion de la sévérité et de la grandeur de l'art à une époque qui en avait perdu le sentiment et ainsi, malgré tout ce qu'il y avait de rétrograde et de stérilisant dans sa critique, il a peut-être été utile à quelque chose.

Peut-on en dire autant des Dussault, des Féletz et des Hoffman? Ce qu'il y a de sûr, c'est qu'ils professaient le même culte des anciens et de la littérature du grand siècle, avec plus ou moins de goût et d'érudition, avec un libéralisme plus ou moins éclairé, cela ne change pas grand'chose à l'affaire.

De leur côté, les idéologues, comme Chénier et Népomucène Lemercier, peuvent être plus intelligents ou plus curieux, ils n'en appartiennent pas moins au passé. Successeurs de La Harpe à l'Athénée de Paris, ils continuent, comme lui, à promulguer les dogmes classiques. On se rappelle de quelle façon Chénier avait parlé de Chateaubriand dans son *Rapport*. Il concluait ainsi : « Un jour sans doute, on pourra juger

1. Cf. spécialement un passage où il se montre si sévère pour les modernes, I, p. 43.

de ses compositions et de son style d'après les principes de cette poétique nouvelle qui ne saurait manquer d'être adoptée en France du moment qu'on sera
convenu d'oublier complètement la langue et les
ouvrages classiques [1] » C'est encore lui qui avait
blâmé les innovations prosodiques de Delille « Il se
permet *jusqu'aux enjambements* que Malherbe avait
bannis du vers français, il prodigue aussi les coupes
singulières et les effets d'harmonie imitative [2] ».

Népomucène Lemercier, malgré ses jugements favorables sur Shakespeare son enthousiasme pour Dante [3],
— est peut-être encore plus classique et plus intransigeant que tous les autres parce qu'il prétend fonder
sur la raison des axiomes esthétiques et qu'il essaie
de rattacher la critique littéraire à la science comme
les idéologues qui appliquaient l'analyse aux opérations de l'entendement, il prétend l'appliquer aux
productions littéraires et arriver à formuler des lois
aussi positives que celles de la physique ou de la physiologie. De là le titre qu'il donne à ses leçons de
l'Athénée cours *analytique* de littérature

Il commence par poser la supériorité de l'art grec
sur tous les autres « Ces chefs-d'œuvre de la Grèce en
éloquence et en poésie ne sont-ils pas reconnus de
toutes les nations *comme les types invariables de la perfection de l'art* Qu'importe donc aux préceptes les suffrages capricieux que l'ignorance accorde à de mauvais genres en tel temps ou en tel lieu*? Revenons aux
vrais modèles* et de leur examen découleront les lois du
goût qui ne semblent arbitraires qu'aux esprits qui

1 Cf *Tableau historique de l'état et des progrès de la littérature française depuis 1789*. 3ᵉ éd . Paris Maradan, 1818,
p 212 Cet ouvrage n'est que le *Rapport* refondu
2. *Op cit* p 283
3 Voir son *Épître à Dante* en tête de la *Panhypocrisiade*.

les méconnaissent [1] ». En conséquence Lemercier,
s'appuyant sur la littérature des Grecs, va formuler
« les trois qualités nécessaires à l'écrivain », puis les
lois de chaque genre, et il prouvera que les maîtres
eux-mêmes n'ont failli que pour y avoir manqué. Le
genre tragique ne comporte pas moins de vingt-six
« règles ou conditions », parmi lesquelles la règle des
trois unités. Celle-ci est affirmée avec autant de
rigueur que chez La Harpe : « Rien ne démontre mieux,
dit Lemercier, à quelle perfection supérieure les trois
unités conduisent, que l'examen de l'*OEdipe* grec et
d'*Athalie*, modèles aussi purs dans le genre tragique
que le sont le Laocoon et l'Apollon du Vatican dans
la sculpture, et conséquemment les types véritables
du beau idéal en poésie dramatique [2] ». Rien n'est
pénible et faux comme cette scolastique idéologique,
et c'est d'autant plus regrettable que Lemercier a parfois ce qui manque à ses émules dans la critique, —
l'intelligence poétique des œuvres, et aussi l'instinct
de ce que deviendra plus tard la méthode historique
appliquée aux littératures. Mais par malheur son point
de vue est tout dogmatique, plus dogmatique même
que le classicisme ne l'avait jamais été.

Ainsi donc dans la littérature comme dans les
mœurs et partout, c'est le même besoin de revenir aux
anciens comme à la règle suprême. Les circonstances
politiques y poussent. Pour les imaginations, le rêve
de Napoléon est une réalité : l'empire romain va
se reconstituer au profit des Gaulois. Tous les vœux
appellent des Virgile pour célébrer le nouveau César [3].

1. *Cours analytique de littérature générale*. Paris, Nepveu,
1817, p. 18.
2. *Op. cit.*, p. 225.
3. Voir en particulier Fontanes, *Ode sur les embellissements de
Paris, passim*.

— Malheureusement si le décor impérial est bien fragile, l'art n'est plus qu'un simulacre. Les affirmations hautaines de la critique, ses prétentions à n'admettre plus que les formes sévères du XVII° siècle ressemblent à ces déclarations superbes des monarchies prêtes à sombrer. D'une part une sorte de mascarade antique des institutions et des mœurs, de la littérature et de l'art, et au service de cette illusion la décrépitude sénile ou la médiocrité prétentieuse. De l'autre, des aspirations confuses, contradictoires même, — tout ce qui sera demain le romantisme et qui n'attend que l'occasion pour éclater et des talents assez robustes et assez jeunes pour se faire valoir.

II

Il y a pourtant une excuse à cette médiocrité, mais il ne faudrait pas en exagérer la valeur : c'est que jamais écrivains n'ont travaillé sous un maître plus dur et plus susceptible. L'Empereur prétend faire d'eux des instruments de règne. Il a ses idées en littérature. Écoutez-le dans une conversation avec Fontanes : « Vous aimez Voltaire, vous avez tort, c'est un brouillon, un boute-feu, un esprit moqueur et faux. — Vous vous retranchez sur ses tragédies. Il n'en a fait qu'une bonne, *Œdipe*. Défendrez-vous son *Oreste* et son *Brutus*? Est-ce ainsi qu'on doit peindre les changements de dynastie et de gouvernement? C'étaient pourtant deux beaux sujets. — Je veux les refaire, eût été j'aurai du loisir, je ferai la prose et vous les vers [1]. » Ailleurs il

1. Cité par Sainte-Beuve, *Notice historique sur M. de Fontanes*, en tête de l'édition de ses œuvres. Paris, Hachette, 1839.

faut l'entendre juger Tacite avec Wieland[1]. Une
autre fois, il apprend qu'on commente à l'École normale l'*Éloge de Marc-Aurèle* de Thomas et le *Dialogue de
Sylla et d'Eucrate* de Montesquieu, et il ne cache pas
son mécontentement. Là-dessus, il développe ses idées
sur l'enseignement, il indique Corneille et Bossuet
comme les grands maîtres de la jeunesse[2]. Une autre
fois encore il esquisse toute une méthode de l histoire
de France, telle qu'il l'entend[3]. S'il eut duré davantage
c'était la littérature tout entière disciplinée comme
un régiment.

Mais si étouffante qu'ait été la tyrannie impériale,
elle eût échoué contre des talents vraiment forts et originaux Et c était là justement ce qui manquait le plus.
La plupart des écrivains de cette époque sont des
survivants de l'ancien régime, — les Delille, les
Lebrun, les Chénier, les Fontanes, c'est l'école des
vieillards tout entière aux regrets du passé. Ils ont
beau écrire le contraire, au fond ils sont convaincus
que tout a été dit Ils sont tous, plus ou moins, comme
ce Royer-Collard disant à Alfred de Vigny : « Je ne
lis plus, monsieur, je relis ». C'est le *misoneisme*, dans
toute son intransigeance, malgré l'ironie ou les politesses dont il s'enveloppe En Fontanes, homme de
cour et poète, nous apparaît le type du lettré de ce
temps, à l'imagination vaguement catholique, comme
Chateaubriand mais épicurien dans le fond et classique
de la vieille roche, comme les plus purs descendants
littéraires du xviiie siècle. Il faut se le représenter
dans son petit cabinet de Courbevoie : « Tout y était

1 Cf. *Mémoires* de Talleyrand, Calmann Levy, Paris, 1891,
t I, p. 442
2 Cf. Villemain. *Souvenirs contemporains d'histoire et de litterature (Une visite à l'École Normale en 1812)*, t. I, p. 137 et suiv
3. Sainte-Beuve, *Notice historique sur M de Fontanes*

simple et brillant, dit Sainte-Beuve, qui avait l'instinct
de ce genre d'élégance — Les murs se décoraient
d'un lambris en bois des îles,.. une glace sans tain
faisait porte au grand cabinet, la fenêtre donnait sur
les jardins, et la vue libre allait à l'horizon saisir les
flèches élancées de l'abbaye de Saint-Denis En face
d'*un canapé*, *seul meuble* du gracieux réduit se trouvait
un buste de Vénus elle était là, l'antique et jeune
déesse, pour sourire au nonchalant lecteur, quand il
posait son Horace au *Donec gratus eram*, quand il
reprenait son Platon entr'ouvert à quelque page du
Banquet [1] » Et c'est le même Fontanes qui laissait
échapper ce mot « Je ne sais rien de plus agréable
qu'un ballet bien indécent après un bon dîner [2] ». Une
pointe de sensualité [3]. — mais surtout quelque chose
de correct (au sens scolaire du mot), de propre, de soigneusement épousseté, de nu, d'abstrait et de brillant voilà l'impression que donne cette poésie de
Fontanes, dont Joubert disait très finement que c'était
« une pâte colorée appliquée sur du papier blanc [4] ».
C'est le lettré de décadence, à la Pline le Jeune, ado-
rant les *commodités* de la campagne beaucoup plus que
la campagne elle-même passant sa vie entre un Horace
et un Virgile. très paresseux, et. à cause de cette
paresse même, d'un goût de plus en plus étroit et
dédaigneux, écrivant quand il le faut son *Panégyrique
de Trajan*, et rimant des vers par passe-temps, comme

1. Cf. Notice de Sainte-Beuve sur Fontanes en tête de l'édition de ses œuvres Cette petite description du cabinet de
Fontanes est très habilement faite . les *flèches de Saint-Denis*
rappellent sa pièce sur les *tombeaux de Saint-Denis*, et le
dernier détail, son ode sur un *Buste de Vénus*
2 Sainte-Beuve, *Chateaubriand et son groupe littéraire*, II,
p. 130 (note).
3. Voir en particulier l'ode *Où vas-tu, jeune beauté?* I, p. 135.
4 Cf. Sainte-Beuve, *op cit* , II, p. 136.

d'autres jouent au trictrac ou aux échecs. Peu de
lectures, peu de curiosité rien de ce qui fait le poète
ou l'artiste la foi ardente, les grand élans d'enthousiasme, mais une assiette tranquille dans de petites
admirations établies et vérifiées une fois pour toutes.
La conclusion — et elle est de lui, — c'est qu'il faut se
tenir en repos, puisque « tous les vers sont faits [1] ».

Avec des juges ou des émules comme ceux-là, il est
tout naturel que Delille ait passé pour le grand poète
de l'école impériale Il revient grandi par son exil, on
salue en lui le dernier représentant d'un grand siècle.
Chénier lui-même, qui appartient au parti philosophique, n'a que des éloges pour lui dans son *Rapport.*
Bien qu'il en ait fait depuis longtemps de nombreuses
lectures, ses poèmes sont accueillis avec enthousiasme,
et consacrent sa réputation. On dirait qu'il n'a jamais
été plus fécond *L'Homme des champs* paraît en 1800, *La
Pitié* en 1803, la traduction de l'*Énéide* en 1804, celle
du *Paradis perdu* en 1805, l'*Imagination* en 1806, les *Trois
Règnes* en 1809, la *Conversation* en 1812. Tout le monde
le lit et l admire, Napoléon cherche à le gagner Quand
il meurt, on lui fait de magnifiques funérailles Son
corps reste exposé plusieurs jours, dans une salle du
Collège de France, la tête ceinte du laurier. Plus tard
encore, les romantiques eux-mêmes, à leurs débuts,
comptent avec lui et s inclinent devant son talent.

Aussi comme les poèmes didactiques et descriptifs
abondent à l imitation des siens Mais qu'il s agisse de
la *Navigation* d'Esménard ou du *Génie de l homme* de
Chênedollé, des *Oiseaux de la ferme* de Lalane, ou du
Printemps du Proscrit de Michaud, on chercherait vainement dans tous ces poèmes, je ne dis pas un peu

1. Le mot est de Fontanes . il a été dit a propos des *Méditations* de Lamartine Cf Sainte-Beuve, *op cit.*, II, p. 133.

d'originalité (Chènedollé par exemple a des parties de vrai poète) mais quelque chose de vraiment neuf et qui prépare la poésie de l'avenir. C'est toujours la raison oratoire qui domine, avec un placage de tirades philosophiques, d'imitations de l'antique et d'épisodes de sentiment (voir en particulier l'épisode du *Jeune Léon* au III⁰ chant du *Génie de l'homme* de Chènedollé). Si l'on veut avoir une idée de la platitude et du prosaïsme du genre, il faut descendre jusqu'à ces petits poèmes moraux ou philosophiques qui s'y rattachent. et dont le xviii⁰ siècle avait légué le goût à la poésie de l'Empire. Chénier discourt sur *La calomnie* ou *L'intérêt personnel* Legouvé sur *Les avantages de la mémoire*, Millevoye sur *L'Indépendance de l'homme de lettres* Encore en 1815, l'Académie mettra au concours pour le prix de poésie, ce beau sujet qui inspira ses premiers vers à Victor Hugo *Du bonheur que procure l'étude dans toutes les situations de la vie* [1] Ce qu'il y a d'effrayant, c'est que malgré le ridicule de ces titres, personne n'y entendait raillerie et qu'on cherchait de bonne foi de la poésie dans ces rapsodies de collège

Mais les traductions de Delille ont été non moins imitées et admirées que ses poèmes didactiques Son *Enéide* met de plus en plus Virgile à la mode, au point qu'il restera encore quelque chose de cet engouement chez les jeunes romantiques (Michelet, Hugo [2]).

Comme nous l'avons fait voir ailleurs, la poésie didactique, qui est par excellence la poésie de la *difficulté vaincue*, conduisait tout droit à la traduction en

---

1. Cf Bire, *Victor Hugo avant 1830*, p. 96
2. Sur ce culte de Virgile, cf Michelet, *Souvenirs de jeunesse* Quant à Hugo il n'est que de se rappeler les pieces de ses premiers recueils, et surtout dans les *Voix intérieures*

    O Virgile, ô poète, ô mon maître divin .

sans parler des traductions en vers qu'il en a faites au collège.

vers. Déjà sous le Directoire « la république des lettres
n'est plus qu'une manufacture de traductions[1] ». Sans
reparler de celles de Delille, la traduction des *Méta-*
morphoses d'Ovide de Saint-Ange est toujours en vogue.
Elle obtient « un succès qui s'accroît chaque jour et
que le temps doit augmenter encore[2] » Daru traduit
Horace. Ginguené l'*Epithalame de Thetis et de Pélee*, l'abbé
de Cournand et Roux, les *Géorgiques*, Tissot, les *Bucoli-*
ques, Legouvé, des fragments de la *Pharsale*, Fontanes,
le Ve *chant* de Lucrèce [3]. Lebrun le Pindarique laisse,
sous le titre de *Veillées du Parnasse*, des traductions de
Virgile et d'Ovide. Les œuvres posthumes de Chénier
contiennent un gros bagage de traductions, en vers
ou en prose : l'Épître aux Pisons, le début du poème
de Lucrèce, imitations des *Géorgiques* et du IVe livre de
l'*Énéide*, traduction du *Dialogue des orateurs*, de la *Poe-*
tique d'Aristote, etc.

Le penchant à la traduction avait toujours été le vice
secret du classicisme, même à ses époques les plus
brillantes. Dans son extrême décadence ce défaut ne
pouvait que s'exagérer monstrueusement, jusqu'à tout
envahir. On peut dire que tous ces littérateurs de
l'Empire ne sont que des traducteurs, même lorsqu'ils
ont l'air d'être originaux. Quand ce n'est pas Virgile
ou Homère, c'est Milton ou le Tasse, voire Macpherson
qu'ils paraphrasent. Baour-Lormian met en vers les
poèmes d'Ossian, comme M.-J. Chénier, il traduit la
Jérusalem délivrée. La meilleure tragédie de Lemercier,
son *Agamemnon*, est une imitation libre d'Eschyle. Et la
meilleure pièce de Fontanes, celle qu'on citait comme

1. E. et J de Goncourt, *op. cit*, p. 261.
2. M Chénier, *Tableau*, etc . p. 276
3. Fontanes, qui avait fait imprimer cette traduction avec
celle de l'*Essai sur l'homme*. ne la fit pas paraître de son
vivant Sainte-Beuve déclare en avoir vu un exemplaire : *Cha-*
teaubriand et son groupe, I, p. 86.

la plus belle de ses élégies[1], le *Jour des morts dans une campagne*, est aussi une traduction libre de Gray ; autrefois il avait donné à ses débuts une traduction de l'*Essai sur l'homme* de Pope[2] Chateaubriand lui-même s'essaie à traduire Milton en vers et nous verrons tout ce qu'il y avait dans ses *Martyrs* de traductions fondues comme dans André Chénier

On va même jusqu'à traduire la prose, Chateaubriand accuse formellement Chenedollé d'avoir « maraudé[3] » chez lui en tout cas son épisode de la *Jeune Canadienne* deviendra une véritable « matière » pour les poètes contemporains depuis Millevoye jusqu'à Victor Hugo Enfin est-ce forcer les mots que de ne voir dans la *Grèce sauvée* de Fontanes que la mise en vers du *Jeune Anacharsis* [4]?

Si en effet nous passons en revue tous les genres littéraires en dehors du poème didactique ou descriptif, — nous verrons que tous subissent encore l'influence de Delille de celui qu'on a appelé le *traducteur-né*, ce sont les mêmes procédés de composition et de versification coudre bout à bout des paraphrases et réserver tous ses efforts d'invention pour de petites découvertes de style. Parceval-Grand Maison. le futur auteur de *Philippe-Auguste*, compose les *Amours épiques*, *poème en six chants*, selon la méthode de Lebrun dans ses *Veillées du Parnasse* c'est un pot-pourri d'Homère de Virgile, de Tasse, de Milton[5] En 1806 parut une

1 Note dans l'édition des *OEuvres* de Fontanes. Paris Hachette 1839. I, p 34

2 Le sujet lui plaisait tellement, que plus tard il entreprit une nouvelle traduction de l'*Essai*, qui ne parut qu'après sa mort (1822).

3. *Mémoires d'Outre-tombe*. II, p 243 (ed. Ch Crouzet Paris)

4 C'est aussi l'opinion de Sainte-Beuve (*Notice sur Fontanes*).

5 La première edition est de 1804. C'était une imitation

seconde édition « entièrement refondue, précédée d'un discours préliminaire, *augmentée de deux mille vers* et suivie de plusieurs morceaux traduits d'Homère, de Milton et d'Arioste » Ce titre se passe de commentaires; nous sommes dans le fatras épique jusqu'au cou Dans le même genre, Luce de Lancival donne un *Achille à Scyros*, où il se borne tout uniment à délayer l'*Achilléide* de Stace.

> Je m'engage d'un pas chancelant, effraye,
> Dans un sentier que Stace a ma muse a fraye.

Il paraît que Luce de Lancival avait le génie du vers latin : un poème sur la mort de Marie-Thérèse lui aurait valu tout jeune les encouragements du grand Frédéric, et l'on se rappelle que sa dernière production fut un discours latin sur le mariage de Napoléon et de Marie-Louise L'*Achille à Scyros*, c'est encore du vers latin : les pastiches, les imitations foisonnent; il y a même tels passages qui ne sont que des traductions de Stace [1]. Des coupes hardies, des descriptions scabreuses où la difficulté est ridiculement escamotée, comme ce passage où il s'agit de représenter Thétis montant sur le dos de Chiron .

> Il aborde Thétis, *sous sa main caressante,*
> *Il courbe avec respect sa croupe complaisante,*
> *Il l'invite à s'asseoir*, et, d'un pas diligent,
> Lui-même l'introduit sous son toit indigent [2].

Des alliances de mots prétentieuses se heurtant à des platitudes prosaïques, de fausses élégances, tout

de « six épisodes choisis dans les poètes épiques les plus illustres ».

1. Par exemple, au chant IV, le passage qui commence :

> Mais Achille a côte d'un thyrse, d'un collier,
> Voit briller une lance, un large bouclier,

qui est une traduction assez exacte de Stace.

2. *Achille à Scyros*, ch. I.

l'art puéril des versificateurs de collège, Luce de Lancival le possède. Et rien n'égale l'ennui qui se dégage
de ces élucubrations . c'est je ne sais quoi de morne et
de gris, traversé tout à coup par un grotesque d'autant
plus irrésistible qu'il est involontaire. La *Mort d'Hector*
finit par donner la même impression : la fausseté, la
platitude et surtout la décence .continue du style se
tournent à la longue en un grotesque formidable,
comme celui que cherchait Flaubert dans *Bouvard et
Pecuchet* [1].

La *Grece sauvee* de Fontanes mérite plus d'égards. Et
cependant, s'il y a quelque nouveauté, elle n'est que
dans le détail. Rien de plus classique pour l'inspiration.

Il est juste de se souvenir d'ailleurs que l'ouvrage
nous est parvenu inachevé et que les fragments que
nous en avons n'ont paru qu'après la mort de l'auteur.
Mais toutes les circonstances atténuantes ne le ren-
draient pas beaucoup meilleur. C'est toujours l'épopée
suivant la formule consacrée — avec récit rétrospectif,
épisode amoureux, courses de chars et descente aux
enfers Où Fontanes est vraiment neuf, c'est en général
dans ses descriptions dont la couleur, encore conventionnelle, est plus exacte que celle de ses devanciers.
On sent que l'abbé Barthélemy et peut-être André
Chénier ont passé par là [2]. Voici des vers que celui-ci
n'aurait pas désavoués :

1. Pour faire sentir le grotesque du personnage, il suffit de
donner la liste de quelques-unes de ses œuvres : *Hormisdas*,
tragedie en 3 actes, 1794. — *Ode a S Exc M. N. J. Schimmel-
penninck*, grand pensionnaire de la Republique Batave, 1805.
— *Epitre à Clarisse sur les dangers de la coquetterie*, suivie de
l'*Epitre à l'ombre de Caroline*, 1802 — *Ode sur le Rob anti-
syphilitique* du citoyen B Lafecteur, 1802 - *De pace carmen*,
Parisiis, 1784. (Cf. Quérard)

2. On sait que les manuscrits d'André Chénier furent communiqués a Fontanes et a Joubert. Cf. Becq de Fouquières,
Poesies d'André Chénier, edit. de 1872, appendice, bibliographie de ses œuvres, LVI.

22

On dit que Jason tout couvert de poussière,
Premier des laboureurs, avec toi fut heureux :
La hauteur des epis vous deroba tous deux,
Et Plutus, qui se plaît dans les cites superbes
Naquit de vos amours sur un trône de gerbes [1].

Il recherche la comparaison homérique; il a un sentiment déjà vif de la beauté des mythes religieux de
l'ancienne Grèce [2] Surtout il y a chez lui une veine de
lyrisme [3] qui ne se rencontre ni dans l'épopée antique,
ni dans l'épopée classique, et qui annonce la littérature nouvelle.

Mais ce qui manque le plus, comme chez Delille et
tous ces derniers classiques c'est l unité de composition On sent que l'œuvre de Fontanes eût été faite
de pièces et de morceaux. A ce titre elle est extrêmement significative et c'est pourquoi nous y insistons.
La maladie dont est atteinte toute cette littérature de
décadence s'y trahit par les mêmes symptômes que
chez tous les contemporains, aussi bien André Chénier
que Delille Et c'est le vice du classicisme finissant :
la manie du pastiche, du centon, et finalement la traduction Virgile est mis à contribution pour la description des jeux. Virgile et Dante [4] pour la descente
aux enfers, l'abbé Barthélemy suivi pas à pas pour
la description des mystères d'Eleusis On sent même
des réminiscences des Martyrs Elpinice semble
annoncer une copie de Velléda Mais par-dessus tout,
ce qu'il doit à Chateaubriand, c'est la manie de grouper,
de former une sorte de musée de tous les souvenirs

1. Chant VIII
2 Voir la description des mysteres d'Eleusis, même chant.
3 En particulier l'*Hymne de mort chanté par Megistias*
4 L'episode d'Hero et de Leandre est visiblement inspire
de celui de Lancelot et de Françoise de Rimini, sans parler
de la description du supplice des sophistes Il est probable
que Fontanes avait lu la traduction de l'*Enfer*, de Rivarol.

classiques. Celui-ci dans les *Martyrs*, avait marié les deux antiquités. Fontanes, dans sa *Grèce sauvée*, rapproche Eschyle et Homère, Hercule et Léonidas, Phidias et Agénor, les Gaulois et les Spartiates. On se souvient que c'était déjà le procédé de Virgile, mais chez Virgile, il semble naturel, tandis que chez Fontanes et chez Chateaubriand lui-même il est extrêmement artificiel. Il n'y a qu'une nuance qui sépare le pseudo-classique de son modèle, et cette nuance suffit : ils ne sont ni du même temps ni de la même famille.

Ce qu'il y a peut-être de plus curieux dans tous ces poèmes, c'est la bigarrure due à des emprunts multiples. Il est difficile à première vue d'indiquer dans Racine les sources, et d'ailleurs les emprunts sont choisis de manière à se fondre sans trop de peine en une même couleur. Chez ces pseudo-classiques, les emprunts sont criards et disparates : c'est Virgile accouplé à Milton, Homère à Dante ou à Chateaubriand. Rien ne révèle mieux l'impuissance et, en même temps, ce faux goût classique qu'attaquait Hugo, ce goût qui ne s'attache qu'à la forme et qui ne sent pas la disconvenance du fond dont le triomphe enfin a été la périphrase à la Delille.

Peut-être faudrait-il rattacher à ces poèmes épiques ces poèmes assez étranges de Lemercier, qui s'intitulent *Moïse*, *Homère*, *Alexandre*, l'*Atlantiade* et même la *Panhypocrisiade*[2], mais l'originalité y est beaucoup plus grande, si le moule reste classique, et l'on y sent moins, surtout dans la forme, la velléité de s'inspirer de l'antique.

---

1. Épisode de l'arrivée des Phocéens sous la conduite de Protis.

2. Voir, à ce sujet, *Essai sur la vie et les œuvres de Népomucène Lemercier* par G. Vauthier (thèse).

Nous allons d'ailleurs retrouver Lemercier dans la
tragédie Au théâtre les approches du romantisme se
font singulièrement sentir et les sujets tirés de l'histoire nationale ou de l'histoire du moyen âge deviennent de plus en plus nombreux. Cependant la vieille
forme traditionnelle se maintient. — tragédies romanesques ou tragédies officielles déguisées à l'antique,
tragédies tirées de l'histoire romaine ou de l'histoire
grecque, avec les allusions politiques obligatoires A
la première catégorie appartient le *Cyrus*, de J -M. Chénier (1805), composé pour le couronnement de l'Empereur [1], l'*Artaxerce* de Delrieu (1808), le *Venus II* de Brifaut (1814), à la seconde, le *Caïus Gracchus* du même
Chénier (1792), l'*Epicharis et Néron* (1794), le *Quintus
Fabius ou la discipline romaine* (1796), l'*Étéocle* (1800) de
Legouvé. Mais parmi toutes ces tragédies, il n'y en a
guère que deux qui aient cherché sérieusement la couleur antique [2] et qui par conséquent doivent nous intéresser   c'est l'*Agamemnon* de Lemercier (1797) et l'*Hector*
de Luce de Lancival (1809).

La première eut, paraît-il, un grand succès, les journaux en firent un très chaleureux éloge et quelque
temps après la représentation elle fut couronnée
solennellement au Champ de Mars [3]. Plus tard, quand
le romantisme eut triomphé, elle passa pour « la dernière des belles tragédies dans le goût antique [4] »

Lemercier avait voulu, sinon traduire Eschyle, du
moins donner une tragédie eschylienne [5]. Il y a médio-

1. Cf. *Mémoires* de Mme de Rémusat, II, p. 56.
2. Nous nous bornons a rappeler l'*Hippolyte* de Dorat-
Cubières-Palmezeaux (1803). qui avait eu la prétention d'imiter
Euripide et de corriger Racine.
3 Cf Vaulthier, *op. cit* , p. 11
4 Voir Notice sur Lemercier dans les *Chefs-d'œuvre tragiques
de Ducis, Chénier, Legouvé, Luce de Lancival, Lemercier*, Paris,
Didot. 1876.
5 Ernest Legouvé, cité par Vaulthier, *op. cit* , p. 71, note.

crement réussi. C'est l'éternelle tragédie classique,
avec péripéties, songes, confidents, héros déguisés, —
Égisthe, sous le nom de Plexippe, « cru prince d'Illy-
rie », ce qui amène une reconnaissance Mais, comme
les meilleures pièces des dramaturges du xviii⁰ siècle,
il faut avouer qu'elle est fort bien faite, et c'est ce
qui en explique sans doute le succès Suivant la formule, l'intérêt croît de scène en scène, les personnages
ne sont ni tout à fait bons, ni tout à fait mauvais, la
« scène à faire » arrive à point nommé Au fond rien
n'est plus lamentable que de voir Lemercier compli-
quer et mouvementer le drame si simple d'Eschyle,
d'une immobilité presque hiératique, pour arriver à
remplir ses cinq actes et donner à son public la pâture
d'émotions banales qu'il réclamait Voilà à quoi vous
amenait cette merveilleuse forme dramatique dont
Voltaire était si fier accumuler de petites ruses de
métier pour exciter une curiosité vulgaire et produire
un pathétique de mélodrame

Il ne reste presque plus rien d'Eschyle dans l'*Agamemnon* moderne : Clytemnestre a perdu sa férocité.
On ne la voit pas apparaître la hache à la main, et les
bras ensanglantés après le meurtre accompli. Au lieu
de se glorifier de son crime, elle le déteste . c'est
Egisthe qui a tout fait Agamemnon et Cassandre elle-
même sont encore adoucis plus rien de ces brutales
et terribles images [1] du vieux poète grec dans la
scène du délire prophétique. La Cassandre de Lemercier est en proie à un délire très sage et très académique .

Oui, je sens sur mon front mes cheveux se dresser .
Mon corps transit et brûle et mon âme obsedée
Ne contient plus le dieu dont elle est possedee [2]...

---

1. Par exemple : ἄπεχε τὰς βοὸς — τὸν ταῦρον, v. 1125-1126.
2. *Agamemnon*, acte IV, sc. v.

Nous voilà bien loin des exclamations haletantes, des onomatopées énergiques, des Ἔ, παπαῖ, παπαῖ, des Ἆ, ἰοὺ, ἰοὺ, qui dans Eschyle rendaient si bien la fièvre et l'angoisse de la prophétesse. Et cependant, malgré cela, malgré des réminiscences trop nombreuses de Racine[1], malgré l'étiquette classique conservée par endroits, la pièce dut paraître singulièrement antique aux contemporains[2]. Lemercier avait conservé d'Eschyle tout ce qu'il avait pu la scène de l'arrivée d'Agamemnon

> Salut, ô murs d'Argos, ô palais, ô patrie!
> O terre ou de Pelops la race fut nourrie[3]!

Il avait gardé aussi la scène des prophéties de Cassandre et dans la scène finale telle qu'il l'avait arrangée, il restait encore suffisamment de l'original, — le roi Agamemnon frappé à mort et l'apparition de Clytemnestre sortant de la chambre nuptiale, non plus avec une hache, mais avec un poignard Nous ne savons rien de la décoration ni de la couleur locale que l'auteur avait pu y mettre. Peut-être en retrouve-t-on quelque chose dans le tableau de Prud'hon, qui prouve tout au moins combien la tragédie de Lemercier avait mis le sujet à la mode.

1. En voici quelques-unes .

Egisthe hélas' ne connait rien d'affreux
Qui ne cède a l'horreur de voir briser nos nœuds (Acte IV, sc. 1)

Hélas contre le sang des tristes Pelopides
Qui t'anime aujourd'hui' (Acte IV sc 5)

2 A propos d'*Ophis*, un contemporain disait de Lemercier : « En lisant les productions de ce jeune homme, on s'aperçoit facilement qu'il doit une partie de ses succès a l'étude des grands maîtres de l'antiquité; c'est cette étude aujourd'hui si négligée qui donne a ses héros ces traits majestueux, cet air noble et ce ton de grandeur inconnus depuis longtemps a la scène française » *Etrennes de l'Institut*, p 87

3. Acte IV, sc VII.

L'*Hector* de Luce de Lanceval est très inférieur. On reste confondu quand on songe que Villemain trouvait cette tragédie « véritablement homérique » : c'est la tragédie de collège dans toute sa nudité et son ennui. Pas le moindre sentiment des situations, aucune idée de la vérité vivante ni des mœurs homériques, rien que des tirades et de misérables lieux communs habillés d'un style neutre qui n'a pour lui qu'une correction relative. Ce sont des scènes connues de l'*Iliade* découpées, cousues bout à bout et rendues dans une langue blafarde et terne. Pas même chez ce professeur de rhétorique qui prétendait s'inspirer d'Homère — pas même ce que Théophile Gautier louait dans *Une fête de Néron* [1] d'Alexandre Soumet : le fond rouge antique où se détache en noir, comme dans les vases peints, la silhouette grêle et sèche des personnages.

Cependant la pièce réussit grâce à un concours de circonstances qui nous échappe aujourd'hui. Elle reposait des *Ophis* et des *Isule et Orovèse*, des *Oscar* et des *Omasis* [2]. Sa platitude avait un faux air de simplicité. Comme aussi il n'y avait point de confidents ni d'épisode amoureux, il n'en fallut pas davantage pour faire crier à l'antique. D'ailleurs il y avait dans les tirades d'Hector une ardeur belliqueuse qui devait plaire singulièrement à cette date de 1809. C'était une sorte de *Chant du départ* à la grecque, et Napoléon déclara que c'était « une pièce de quartier général » [3]. Pour marquer son contentement à l'auteur, il lui fit donner une pension de 6 000 francs. Ajoutons enfin que, dans sa nudité, cette tragédie se mariait

1 Théophile Gautier, *Histoire du romantisme*, p. 190.

2 *Ophis* (1799), *Isule et Orovèse* (1803) sont de Lemercier. *Oscar* est d'Arnault. *Omasis* ou *Joseph en Égypte* (1807) est de Baour-Lormian.

3. Cf. Quérard (art. *Luce de Lanceval*).

assez bien au décor un peu froid et abstrait que formaient l'ameublement et la mode d'alors. On se représente volontiers *Hector* joué en petit comité à Fontainebleau, parmi les hautes boiseries toutes blanches,
les fauteuils aux pieds droits et aux dossiers carrés
et les Victoires des candélabres avec leurs robes aux
plis rigides et leurs girandoles de cristal.

Une pièce qui dut donner plus fortement encore
cette impression de l'antique, c'est la *Vestale* de Spontini (1807), dont le succès, contre toute attente, fut
prodigieux [1]. Le maëstro italien, dédaignant la
musique facile et spirituelle qui lui avait réussi
jusque-là, avait essayé de renouer la grande tradition
de Gluck, en sacrifiant tout à l'expression. Malheureusement, si vive qu'ait été la vogue de cet opéra, les
pièces à spectacle n'en furent pas évincées pour cela.
Il y eut même recrudescence de pièces et de cantates
officielles, où l'allégorie mythologique s'épanouit
comme sous Louis XIV : Spontini lui-même sacrifia à
l'idole du jour dans son *Eccelsa Gara* [2], qui fut exécutée
au Théâtre de l'Impératrice le 8 février 1806. Mais le
modèle du genre fut la *Clémence de Trajan* avec paroles
d'Esménard et musique de Lesueur et Persuis, pour
lequel on avait fait de grandes dépenses et même
construit un couloir de dégagement, tellement la
figuration était nombreuse et splendide [3].

A côté de cette musique de commande, il faut mentionner les innombrables poésies officielles que pro-
voquaient les grands événements du règne, — le couronnement, le mariage avec Marie-Louise, la naissance
du roi de Rome. Tous les poètes pensionnés payèrent

1. Cf. Adolphe Jullien, *Paris dilettante au commencement du
siècle*, p. 281.
2. Cf. *op. cit.*, p. 270.
3. Cf. *op. cit.*, p. 278.

leur école. — les Baour Lormian les Parseval-Grand'
Maison, les Luce de Lancival. Michaud composa un
XIIIe chant de l'Énéide, ou le mariage d'Énée et Lavinie,
poème allégorique à l'occasion du mariage de l'Empereur. Lemercier lui-même, qui boudait depuis longtemps, se résigna à composer un épithalame où il
célébrait allégoriquement l'union d'Hercule et
d'Hébé [1]. Si nous nous arrêtons ainsi à des œuvres
entièrement dépourvues de valeur, c'est qu'elles sont
au moins de sûrs indices de la mode littéraire du
temps. Cette vieille mythologie qui s'efforçait de
renaître s'alliait merveilleusement aux prétentions du
maître : elle faisait cortège au nouveau César et en
même temps elle n'était point dépaysée au milieu de
ces réminiscences antiques que la fantaisie de David
imposait à l'art comme à l'ameublement et au costume : le lit nuptial de Marie-Louise ou le berceau du
Roi de Rome ne pouvaient être chantés qu'en style
de Stace ou de Claudien.

Avant de quitter le genre dramatique, il faut au
moins mentionner une curieuse comédie de Lemercier *Plaute ou la Comédie latine* [2]. — et cela pour la
même raison : la pièce ne trouva pas d'imitateurs,
mais elle attesta, comme tant d'autres œuvres du
même temps, l'idée bien arrêtée chez les plus distingués d'entre les littérateurs d'alors, de renouveler
les genres par une imitation plus savante de l'antique.

Si nous descendons aux petits genres, à ce qu'on
appelait alors la « poésie fugitive », — nous tombons
dans une rimaillerie mythologique d'une fécondité
effrayante. Le Directoire rejoint la Régence pour le

---

1. Cf. Vauthier, *op. cit.*, p. 23.
2. Voir, pour l'analyse de la pièce, Vauthier, *op. cit.*, p. 113

goût des petits vers, et la mythologie a eu ses musca-
dins. C'est, par exemple, Dorat-Cubières qui versifie
le calendrier républicain :

> Germinal me verra caresser ma Lisette,
> Floréal, de bouquets orner sa collerette,
> Prairial, la mener sur de riants gazons,
> Messidor, avec elle achever mes moissons,
> Thermidor, près des eaux détacher sa ceinture,
> Fructidor, lui servir la pêche la plus mûre,
> VIN DE MIAIRE [1], enivrer ses esprits amoureux,
> Brumaire, sous un voile abriter ses cheveux,
> Frimaire, au coin du feu la proclamer Vestale,
> Nivôse, à sa blancheur offrir une rivale,
> Pluviôse, pour elle affronter les torrents, ·
> Et Ventôse, braver les sombres ouragans.

Lemercier, avec ses *Quatre Métamorphoses* (1799), paie
son tribut à la mode et dans un sujet extrèmement
licencieux, il rencontre peut-être les plus beaux vers
qu'il ait écrits [2]. Le « citoyen Gail » traduit Anacréon,
Tissot retraduit les *Baisers* de Jean Second, déjà traduits par Dorat. Mais le plus célèbre et le plus lu de
tous est Evariste Parny, l'auteur de la *Guerre des Dieux*.
Il avait débuté sous l'ancien régime par des *Chansons
madécasses*, traduites en français (toujours la traduction!), et des *Poésies érotiques* (1778). Il continue par
ses *Déguisements de Vénus*, « tableaux imités des Grecs »
(1805), et par le *Voyage de Céline* (1808). Sous l'empire, il
entre décidément dans la gloire. Il passe pour le premier de nos élégiaques et il est entendu qu'il est « le
Tibulle français ». A sa mort, Lamartine le pleure dans
une élégie lue à l'Académie de Mâcon [3], après l'avoir
copieusement imité dans de nombreuses pièces de
jeunesse.

Une telle réputation est une énigme pour nous. Ces

1. Il y a là un calembour que j'avoue ne pas comprendre.
2. Voir spécialement, au chant II, le *cortège de Bacchus*.
3. *Correspondance* de Lamartine, I, p. 246.

vers érotiques, qui ont fait les délices de toute une
génération nous paraissent le plus insupportable
bavardage On y cherche Tibulle et la poésie antique
et l'on n'y trouve, avec une polissonnerie niaise, que
les oripeaux mythologiques les plus démodés

Parmi ces petits poètes, il en est un dont la critique
a toujours parlé avec une certaine indulgence affec-
tueuse c'est Millevoye le poète poitrinaire, l'auteur
de la *Chute des feuilles*, et ainsi le peu de talent qu'il
avait eu a été singulièrement exagéré A part une sentimentalité pleurnicheuse qui s'épanche dans ses élégies il est impossible de lui découvrir une originalité
quelconque Comme tous les autres, c'est un versificateur et un traducteur. Ce fut un nourrisson académique composant religieusement pour tous les concours avec Victorin Fabre, un autre poète lauréat,
et remportant toujours au moins un accessit [1] Il fait
des vers sur tous les sujets dans le genre troubadour,
il écrit *Emma et Eginhard*, *Charlemagne à Paue* et un certain nombre de romances, il ne néglige pas non plus
le genre ossianesque et il rime la ballade d'Egill
« royal espoir de la Scandinavie [2] » Mais il semble
s'être fait une spécialité du genre antiquisant On a de
lui un livre entier où il pille effrontément André Chénier, dont il avait en main les manuscrits . le *Combat
d Homere et d'Hesiode*, *La jeune epouse*, où l'on trouve des
refrains comme ceux-ci pastiches de *La jeune Tarentine*

Vierges, filles des mers, jeunes oceanides
Ecartez le soleil de vos grottes humides

Puis c'est *Stésichore*, *Homere mendiant* (imité de
l'*Aveugle* d André Chénier), les *Adieux d'Helene*, le *Départ
d'Eschyle*, la *Nereide*, les *Derniers moments de Virgile*

1 Voir la notice de Pongerville, en tête des *Poésies de Millevoye*, edit. Charpentier
2. Cf. *Poésies* de Millevoye, p. 293.

Becq de Fouquières a déjà fait voir tout ce que
Millevoye a dû à Chénier alors inconnu [1]. Il lui prend
des expressions et des vers presque entiers, mais
comme le procédé est différent! Bien qu'il ait traduit
les *Bucoliques* de Virgile et mis en vers quelques ode-
lettes d'Anacréon, il n'a pas, comme son modèle, la
familiarité et la connaissance approfondie des poètes
anciens; il n'en a pas surtout l'intuition : son antiquité
n'est qu'un placage de Chénier appliqué sur des sujets
antiques.

Et voilà à quoi aboutit l'effort le plus considérable
de toute cette littérature : d'une part, chez les plus
sérieux et les mieux doués, des paraphrases ou des
traductions ; chez les autres, — descriptifs ou poètes
légers, — une sorte de retour atavique au bavardage,
et au prosaïsme de nos faiseurs d'épopées du moyen
âge, avec un assaisonnement de grivoiserie, de sensiblerie ridicule ou de mythologie surannée.

III

Un pourtant est parvenu à fixer ce mirage antique
qui flottait alors devant les imaginations; mais celui-là
est très grand, d'autant plus grand qu'il était seul de
son espèce et de sa taille : les *Martyrs* de Chateaubriand peuvent être considérés comme la plus parfaite
expression de ce qu'on a appelé depuis le *style Empire*.
C'est le dernier fruit d'une littérature épuisée, c'est la
fin d'une tradition, et il faut avouer que, grâce aux
Martyrs, la tradition classique s'est fermée glorieuse-
ment.

1. Becq de Fouquières, *Poésies* d'André Chénier, édit. de
1872 (Bibliographie de ses œuvres, LVII).

Je sais bien que l'on y cherche et que l'on y voit généralement tout autre chose. Cela vient de ce que l'on néglige les intentions et les doctrines de l'auteur lui-même pour ne retenir que ce qu'il y a de plus ou moins romantique dans son livre : cela tient surtout à la complexité du caractère de Chateaubriand, laquelle est très propre à induire en erreur sur sa véritable physionomie littéraire.

Chateaubriand, comme Lamartine, est dans son fond un lyrique, c'est-à-dire un génie absolument spontané et indépendant, ni classique ni romantique : il est hors cadre, il n'appartient à aucune école. Ce lyrisme, il est fait de toutes les aspirations puissantes et vagues, de tous les emportements du Barbare, et il a trouvé tout naturellement sa forme dans la poésie ossianesque. *Atala* et les *Natchez* ont exprimé tout cela : c'est ce qu'il y a dans l'œuvre de Chateaubriand, de plus primitif et de plus personnel. S'il n'eût jamais écrit que pour lui, s'il ne s'était pas cru obligé de conquérir une place dans le monde par son talent d'écrivain, il n'aurait sans doute jamais connu d'autre note que celle-là. Mais il a voulu être un homme de lettres et il a pris la livrée littéraire de son temps.

Tout jeune il vit dans la société des Parny, des Chamfort des Fontanes. Il visite le vieux poète Lebrun et n'aspire qu'à se faire imprimer dans le *Mercure* ou l'*Almanach des Muses* : ses vers sont dans le goût classique décadent le plus pur[1] et, comme dit Sainte-Beuve, ils auraient pu être signés Berquin ou Léonard. Plus tard à Londres son amitié se resserre avec Fontanes. Il ne faut pas sans doute exagérer l'influence de ces liaisons, mais toujours est-il que Cha-

---

[1]. Il a inséré une idylle, l'*Amour des champs*, dans l'*Almanach des Muses* de 1790.

teaubriand s'est ressenti toute sa vie d'avoir eu pour
contemporains les admirateurs de Delille et de Thomas.
Il pourra bien parler d'eux très légèrement dans ses
Mémoires d'outre-tombe, le débutant de 1802 n'en usait
pas ainsi avec « M. Delille [1] » ou « M. de La Harpe [2] ». —
En dehors des contemporains, ses admirations vont aux
œuvres les plus classiques : il estime *la Henriade*, dont
il invoque encore l'exemple à propos des *Martyrs* [3].
Il est entendu qu'*Athalie* est le chef-d'œuvre de l'esprit
humain. Parmi les étrangers, il ne connaît pas Shakespeare, ou tout au moins il n'en dit rien : ceux qu'il
vante, c'est le Tasse, c'est Milton, c'est Klopstock, toutes
réputations faites depuis longtemps et consacrées par
le goût classique du xviiie siècle. Il parle de Dante,
mais après Rivarol, et l'on sent bien qu'il trouve
Milton très supérieur [4].

Ceci serait encore peu de chose : il faut voir les
déclarations de ses préfaces : « Je ne veux rien changer
ni rien innover en littérature; j'adore les anciens, je
les regarde comme nos maîtres; *j'adopte entièrement les
principes posés par Aristote, Horace et Boileau*; l'*Iliade*
me semble être le plus grand ouvrage de l'imagination des hommes, l'*Odyssée* me paraît attachante par les
mœurs, l'*Énéide* inimitable par le style, mais je dis
que le *Paradis perdu* est aussi une œuvre sublime, que
la *Jérusalem* est un poème enchanteur, et la *Henriade*
un modèle de narration et d'élégance. » Plus loin : « Il

---

1. Voir l'éloge qu'il fait, dans le *Génie du christianisme*, de
« la poésie descriptive où M. Delille a excellé », celui de La
Harpe dans la Préface des *Martyrs*. Il en parle même en
termes fort honorables, malgré les restrictions, encore dans
les *Mémoires d'outre-tombe*, t. II, p. 299.
2. Voir *Génie du christianisme*, 2e partie, liv. I, ch. v.
3. Voir l'*Examen des Martyrs*.
4. Il traite le poème de Dante de « production bizarre »
(*Génie du christianisme*) et, détail significatif, dans sa descrip-

y a en littérature des principes immuables et d'autres
qui n'ont pas la même certitude : la règle des trois
unités, par exemple, est de tous les temps et de tous les
pays, parce qu'elle est fondée sur la nature et qu'elle
produit la plus grande perfection possible [1] ». – C'est le
crédo littéraire de La Harpe et de Geoffroy, ni plus ni
moins.

Il faut d'ailleurs ajouter que Chateaubriand, soit
parti pris, soit préjugé de caste, est un conservateur
en littérature comme en politique il y va de l'honneur
de la monarchie de ne pas toucher à l'héritage intel-
lectuel du siècle de Louis XIV : mais surtout, et c'est
ce qui explique peut-être qu'il ait subi si facilement
la discipline classique, — il n'est pas un artiste de race,
c'est un grand seigneur égaré dans la littérature. De
même que Lamartine toujours, il aimera à se représenter comme un simple amateur qui a daigné écrire
quelques belles phrases par plaisir. Dans ces conditions, il ne s'embarrasse pas des querelles d'école, il
accepte les formes reçues. que lui importe? Cela a-t-il
un intérêt, sinon pour les pédants? Le goût est classique sous l'Empire, soyons donc classique pour la
forme, quitte à nous moquer des règles. Il ne faut
pas creuser bien profondément Chateaubriand pour
s'apercevoir qu'il n'a jamais pris au sérieux son
métier d'écrivain. Avec cela une pointe de charlatanisme et de rhétorique un peu vaine. Il a toujours
l'air de vous dire, comme Fénelon, même lorsqu'il
paraît vouloir convaincre sur des sujets essentiels :
« Croyez-moi si vous voulez, mais avouez que cela est
bien joliment dit ».

Au fond, Chateaubriand, quand il est lui-même,

tion de l'Enfer, il n'a trouvé que peu de chose à lui emprunter
(cf *Martyrs,* liv. III).
1. *Examen des Martyrs.*

n'obéit qu'à son sentiment : c'est ce qui fait la supériorité et aussi l'insuffisance de sa critique[1]. Chaque fois que son jugement n'est pas faussé par l'esprit de système, il sent bien plus vivement la beauté antique que n'importe lequel de ses contemporains. Ce qu'il y a de bon dans son fameux parallèle de Virgile et de Racine vient de là; mais ce ne sont que des impressions très courtes, des *rencontres* de lettré qui lit sans approfondir. Quand il tombe juste, il est excellent; sinon, il trouve, par exemple, de ces rapprochements étranges comme la comparaison d'*Esther* et de la seconde églogue de Virgile.

Dans les *Martyrs*, le sentiment, ou le démon intérieur ne suffisait pas. Il voulait construire une grande machine épique qui servît en quelque sorte de preuve à l'appui pour son *Génie du Christianisme*. Ici le classique reparaît, un classique très arriéré, comme on l'était de son temps, après la réaction de La Harpe et de Geoffroy contre les innovations du xviiie siècle. Et ainsi il a composé le dernier poème épique suivant la formule du P. Le Bossut, — la dernière récidive du *Télémaque*. Sa seule témérité, — et elle n'était qu'apparente, comme il l'a bien fait voir, — c'était cette prétention d'écrire un poème épique en prose. Il se justifie par un passage d'Aristote qu'il interprète à sa façon; il se réclame de Fénelon, il allègue le jugement de Boileau. Enfin il avait eu de nombreux précurseurs, comme Marmontel dans ses *Incas*, Bitaubé dans son *Joseph*, ou plus récemment Mme Cottin dans sa *Prise de Jéricho*.

Il le disait encore, faire une épopée chrétienne n'était ni une hardiesse ni une nouveauté, et il citait les

1. Voir à ce sujet un article de Schérer, *Études sur la littérature contemporaine*, I, p. 132.

exemples classiques du Tasse et de Milton Son enthousiasme pour la Bible et l'Évangile n'avait rien non
plus qui dût surprendre. La *Mort d'Abel* de Gessner, la
Messiade de Klopstock avaient depuis longtemps fait
oublier les inepties de Voltaire sur l'Ancien et le Nouveau Testament. La Harpe avait écrit « sur l'esprit des
livres saints et le style des prophètes ». On avait lu le
livre de Lowth : *De sacra poesi Hebræorum* [1] et nous
avons vu les primitifs s'éprendre de la *Bible* et de la
personne de Jésus. La seule nouveauté qu'il y eût
dans les *Martyrs*, c'était la prétention de l'auteur d'hu-
milier en quelque sorte la poésie profane devant la
poésie sacrée, ce qui donnait à son livre un faux air de
pamphlet. Il devenait une œuvre de coterie, et c'était
dommage en vérité, car l'idée était belle et féconde.

Mais, à part cela, Chateaubriand restait strictement
dans les limites de la tradition et acceptait le joug de
toutes les poétiques. Il voulait donc faire une épopée,
— cette fameuse épopée qui manquait toujours
à la France. Il voulait « peindre les mœurs homériques et les scènes tranquilles de l'*Odyssée* au milieu
des scènes sanglantes des persécutions [2], unir et
comparer les deux antiquités, car « il n'est que deux
belles sortes de noms et de souvenirs dans l'histoire,
ceux des Israélites et des Pélasges [3] ». Pour cela, il
s'est donné infiniment de peine : il a dépouillé des
piles d'in-folio [4]; il a consulté des gens spéciaux,
Fontanes pour le style, Boissonade pour ses imitations des poètes grecs [5]. il a entrepris un long voyage
en Grèce et en Orient. Et, malgré cela, il n'a pas

1. Roucher le cite dans les notes de ses *Mois*.
2. *Examen des Martyrs*.
3. *Génie du Christianisme*, 2ᵉ partie, liv. I
4 Voir ce qu'il en dit dans la Préface des *Martyrs*.
5. Cf. Boissonnade, *op. cit.* (notice historique de Colincamp),
p. 66.

réussi : il n'a pas réussi parce qu'il a été dominé constamment par la raison et la tradition classiques.

Nous mettons à part sa thèse sur la supériorité de
la poésie chrétienne qui, dans le *Génie du Christianisme*, l'avait déjà empêché de comprendre certains
côtés de l'âme et du génie antiques. Ce qu'il y a de
plus grave, c'est qu'il comprend la mythologie païenne
comme Boileau. Il en est toujours aux « aimables fictions de l'*Art poétique* » · « O riante divinité de la Fable,
toi qui n'as pu faire du malheur même et de la mort
une chose sérieuse, viens, *Muse des mensonges*, viens
lutter avec la *Muse des vérités* [1] ». La grande idée panthéistique de la mythologie grecque lui échappe. Il n'y
croit même pas comme André Chénier, avec une foi
et une imagination d'artiste. Ses dieux sont des divinités d'opéra. Il représente quelque part Satan essayant de ranimer les vieux cultes morts · « Il porte
l'étincelle fatale dans les temples, rallume les feux
éteints sur les autels des idoles aussitôt Pallas
remue sa lance, Bacchus agite son thyrse, Apollon
tend son arc, l'Amour secoue son flambeau ; les vieux
Pénates d'Énée prononcent des paroles mystérieuses
et les Dieux d'Ilion prophétisent au Capitole [2] » C'est
exactement ce qu'il a fait.

Notons que cette conception étroite et toute classique du paganisme a déteint sur sa mythologie
chrétienne on peut même dire que celle-ci est, chez
lui, très inférieure à l'autre et qu'elle est souvent ridicule [3] L'odieuse statuaire religieuse d'aujourd'hui est
sortie toute vive des *Martyrs*.

1. *Les Martyrs*, liv. I (Invocation).
2. *Les Martyrs*, liv. III.
3 C'est ce que Hoffman avait déjà remarqué · « *Les Martyrs*
plairont beaucoup aux philosophes et aux amateurs de la
mythologie païenne à qui M. de Chateaubriand a donné sans

D'autre part, il a ordonné le plan de son poème selon les règles reçues, et dans son *Examen* il s'évertue à démontrer qu'il n'a pas manqué aux prescriptions d'Aristote : récit rétrospectif, épisode amoureux, description des Enfers, bouclier prophétique, on trouve tout cela chez lui : il n'a manqué à aucune des conventions du genre.

Mais Chateaubriand n'est pas seulement un classique, il est un classique de décadence Il arrive au terme d'une longue période de culture et il est comme écrasé par la masse des œuvres et des souvenirs, ce que tous ces dilettantes, ces collectionneurs, ces paraphraseurs et ces traducteurs que nous avons passés en revue avaient fait en petit, il l'a tenté en grand : fondre dans un même poème toutes les grandes œuvres antiques; y amalgamer tous les cultes, toutes les traditions, toutes les légendes et toutes les histoires, élever une sorte de musée d'Alexandrie de la double antiquité et donner pour âme à ce grand corps la pensée religieuse moderne, c'est ce qu'il a voulu faire dans ses *Martyrs*. Voilà le suprême aboutissement de l'idée antiquisante du xviiie siècle C'est la théorie d'André Chénier avec toutes ses séductions et tous ses défauts.

Je crois qu'il ne faut pas exagérer l'influence de celui-ci sur Chateaubriand, bien qu'il ait connu de bonne heure et dès le *Génie du Christianisme* ses principales œuvres. Ils n'avaient pas le même tempérament, et Chateaubriand était assez riche de son propre fonds, il avait une intelligence suffisamment éveillée de la beauté antique, pour se passer d'être averti par un autre. Et cependant l'analogie des procédés est frappante.

le vouloir une si grande supériorité » Cité par Sainte-Beuve, *op. cit.*, II, p. 61.

On a prononcé le mot de mosaïque [1] dès l'apparition des *Martyrs*. Rien n'est plus juste Le commentaire lui-même dont chaque livre est accompagné ne
donne qu'une idée très insuffisante des emprunts et
des *arrangements* de l'auteur. Toute la bibliothèque
gréco-latine y passe, d'Homère à Ammien Marcellin.
Les morceaux lyriques eux-mêmes sont tous plus ou
moins des centons [2] Mais ce n'est pas seulement la
littérature, c'est l'érudition classique tout entière
qu'il a fait entrer dans ses *Martyrs* Montfaucon,
Ducange, Pelloutier, Tillemont, Fleury, Peutinger,
l'archéologie et l histoire sacrée et profane, la linguistique et la géographie. Avec cela, comme chez André
Chénier, confusion de toutes les époques Homère
coudoyant Jamblique et Porphyre [3] Ces perpétuelles
réminiscences homériques sont même ce qu'il y a de
plus désobligeant Démodocus l'homéride, avec son
perpétuel bavardage épico-mythologique, est le grotesque du poème sans que Chateaubriand l'ait voulu.
Enfin, nul souci en somme de la vérité historique ni
de la vérité humaine. Le fond ne compte pas, au
rebours des vrais classiques. C'est ce que Flaubert
disait fort justement à Sainte-Beuve quand il soute-
nait que Chateaubriand avait fait des « martyrs typi-
ques [4] », c'est-à-dire d'après une idée préconçue Il a
eu beau voyager et feuilleter de gros livres, son siège
était fait d'avance. Il n'a vu que les décors des pays
et des ruines, il n'a songé qu'aux *effets* à tirer des

1. Voir l'*Examen des Martyrs* (Objections littéraires)
2. Nous voulons parler de morceaux comme l'*Hymne à Diane*
(Ier livre), dont Chateaubriand a véritablement abusé.
3 Cette critique lui fut adressée, dès la publication des
Martyrs, par Benjamin Constant (*Mercure* du 31 mai 1817), cité
par Sainte-Beuve, *op. cit.*, II, p 5
4 *Correspondance* de Flaubert, 2e série, p. 23 (à propos de
Salammbô).

textes. Des notes de voyage une masse énorme de fragments ajustés, voilà ce qu'il y a au fond des *Martyrs*. Mais l'imagination de Chateaubriand fait reluire et flamboyer tout cela : c'est un feu d'artifice tiré sur l'eau, — le bouquet final de la littérature classique.

Ajoutons que non plus que Chénier Chateaubriand n'a pu se soustraire à l'influence du milieu. Son antique porte très fortement la marque du style empire. Il l'a même élevé à la perfection. Ce souffle de Renaissance cette espèce de joie païenne qui animait les pastiches de l'auteur de *l'Aveugle*, tout cela est absent de l'œuvre de Chateaubriand. Ses descriptions antiques, comme sa mythologie, ont je ne sais quoi de raide, d'apprêté, de pompeux et de théâtral. Même le goût ossianesque y pénètre. Cymodocée y apparaît enveloppée de clair de lune comme l'Endymion de Girodet.

Et cependant, malgré tous ces défauts, malgré le vice fondamental de la composition les *Martyrs* restent une œuvre aussi haute qu'elle est bizarre. Ce n'est pas précisément l'imagination qui éblouit. L'imagination de Chateaubriand est de second ordre. Elle n'est pas créatrice comme celle de Hugo, elle reflète, elle ajuste et elle amplifie. Mais c'est la mélodie des phrases qui captive, ou plutôt c'est l'âme même du poète. On l'entend chanter dans la musique des mots avec cette infinie tristesse qui s'exhale même parmi les glorieux paysages de la Messénie. Il en est de ces phrases comme des proses liturgiques dont le souvenir obsédait Renan « Tu ne peux t'imaginer le charme que les magiciens barbares ont mis dans ces vers [1]... » Le grand lyrique se retrouve à travers tout

1. Renan, *Prière sur l'Acropole*

le fatras de son poème. Pourquoi faut-il qu'il ait été comme étouffé par une théorie et une discipline? Lui-même s'en rendait bien compte plus tard dans ses *Mémoires d'outre-tombe*, lorsqu'il écrivait : « Mon poème se ressent des lieux qu'il a fréquentés : le classique y domine le romantique [1] »

Il faut en dire autant de l'époque tout entière, en dépit de toutes ses disparates. Mme de Staël elle-même, si peu faite pour comprendre l'antique, donne pour cadre à un roman sentimental le paysage des ruines romaines et du golfe de Naples : sa Corinne apparaît traînée sur un char antique, dans le costume de la Sibylle du Dominiquin. Qu'on ajoute à cela le prestige exercé par Talma sur toute une autre partie de la littérature, ce semblant de vie dont il savait animer les tragédies mort-nées de son temps, ou cette flamme nouvelle qu'il faisait passer dans celles de l'ancien répertoire. Notons que son art est le même que celui de Chateaubriand, c'était déjà celui de Lekain : un accent profondément tragique, je ne sais quel lyrisme un peu déclamatoire de la voix et du geste, et avec cela de grandes attitudes : un costume strictement copié de l'antique, une véritable manie de couleur locale. N'est-ce pas lui qui définissait la tragédie : « un cours d'histoire vivante [2] »? Il était lié avec des artistes et des antiquaires. Sa maison était un véritable musée : « La grande galerie… n'était remplie que de meubles dessinés d'après l'antique, de yatagans turcs, de flèches indiennes, de casques gaulois, de poignards grecs, le tout suspendu aux murs en trophées [3] ». Déjà en 1791 son costume dans le rôle

---

1 *Mémoires d'outre-tombe*, II, p. 336.

2. Voir à ce propos la curieuse brochure de Talma intitulée : *Réflexions de Talma sur Lekain et l'art théâtral* Paris, Aug. Fontaine, 1856.

3. Adolphe Jullien, *Histoire du costume au théâtre*, p. 314.

de Titus avait si vivement frappé le public que la
mode s'en empara les jeunes gens se coiffèrent *a la
Titus* Mais, comme nous l'avons déjà dit c'était s'éloigner de plus en plus de l'esprit de l'art classique véritable · malgré la plastique des gestes et l'exactitude des
costumes, la tragédie n'était plus qu'un corps sans
âme [1] Comme dans la littérature d'alors, le fond ne
comptait plus, ou plutôt c'était le lyrisme romantique
qui essayait de s'y substituer Et ainsi Talma complète
le groupe de David et de Chateaubriand, — sorte de
trinité de l'art impérial sous le masque antique, c'est
déjà l'âme moderne qu'il exprime

En somme, quand on essaie de se représenter à distance l'art de cette époque, les grandes figures qui
émergent et qui durent s'imposer aussi à l'imagination des contemporains, ce sont celles de cette parade
gréco-romaine qui, sous l'Empire occupe tout le
devant de la scène · c'est Corinne au cap Misène, —
Cymodocée à la fenêtre de sa prison, chantant « Légers
vaisseaux de l'Ausonie » — c'est le Léonidas aux Thermopyles, le Romulus et le Tatius des *Sabines* et —
dominant tout — le profil romain de l'Imperator
revêtu de la dalmatique et le laurier au front, tel que
David l'a peint dans le tableau du *Couronnement*.

1 Goethe, lors de l'entrevue d'Erfurt, en avait été très vivement frappé « Si l'on analyse le talent de Talma, on y trouvera l'âme moderne tout entière tous ses effets tendaient à
exprimer ce qu'il y a de plus intime dans l'humanité . Qu'on
lise comment il travaillait à s'identifier avec un *Tibère*, et on
reconnaîtra dans son âme cette recherche de la douleur et
des émotions pénibles qui caractérise le romantisme On vit
ainsi disparaître peu à peu de la scène l'héroïsme vigoureux
tel qu'il se montre dans les luttes républicaines que peint
Corneille, dans les douleurs royales que peint Racine . »
Entretiens avec Eckermann

IV

Cependant, quand on écarte cette représentation officielle, on se trouve en présence du monde le plus mêlé et le plus bariolé · c'est le chaos de l'Empire lui-même On peut dire que tout ce qui va devenir le romantisme est alors dans l'air il n'y a pas une idée, pas une nuance de sentiment développée plus tard par l'école de Victor Hugo qui n'ait été connue ou devinée de la génération antérieure.

Sourdement le xviiie siècle continue son œuvre d'émancipation . il y a bien un arrêt du mouvement cosmopolite [1], on étudie et on traduit moins sous l'Empire les œuvres anglaises ou allemandes et en général les littératures étrangères Mais il ne faut pas oublier que sous le Directoire ç'avait été justement le contraire et que ce souvenir des œuvres vulgarisées ou traduites était toujours vivant Même c'est en plein Empire que commence à paraître l'*Histoire littéraire de l'Italie* par Ginguené (1811), que Mme de Staël publie son *Allemagne* (1813), que le *Cours de littérature drama-tique* de Guillaume de Schlegel est traduit (1804), que Creuzé de Lesser paraphrase en vers français le *Romancero* (1814)

En revanche la littérature nationale est beaucoup plus étudiée et on commence à la connaître dans le grand public. Pour ne rien dire des travaux de pure érudition, comme ceux de Raynouard sur la poésie des Troubadours [2] tout le monde avait pu entendre à l'Athénée les leçons de M J Chénier sur les fabliaux et

1. Voir Texte . *J -J. Rousseau et les origines du cosmopoli-tisme.* p 407 et suiv.
2. Le *Choix des poesies originales des troubadours* de Ray-nouard commença a paraitre en 1816.

les romans de chevalerie de Louis VII à François Ier. On pouvait encore consulter les ouvrages de Legrand d'Aussy et de Lacurne de Sainte-Palaye Mais il ne sembla pas que la littérature de l'Empire en ait beaucoup profité On préfère continuer la tradition moyen âgeuse du XVIIIe siècle, telle que Mlle de Lussan l'avait inaugurée avec ses *Anecdotes sur la cour de Philippe-Auguste* (1718) Fontanes lui-même, le classique Fontanes écrit *le Vieux Château*, tout plein de ce pseudomoyen âge, qui va décidément triompher dans la poésie impériale

> Un troubadour paraît, ô transports enchanteurs!
> On l'entoure, à sa harpe il suspend tous les cœurs
> Le silence attentif et l'écoute et l'admire
> Tout bas à ses accents s'attendrit et soupire
> La fille des barons, des nobles châtelains;
> Le rapide fuseau s'arrête dans ses mains
> Il tombe, elle est charmée: un désir qu'elle ignore
> S'ouvre, à l'aide du chant son âme vierge encore.
> Le troubadour ému l'entend plus d'une fois
> Gémir, redemander d'une tremblante voix
> Les noms de ces héros, fiers de leur doux servage.
> Raoul et Gabriel, et l'amoureux breuvage
> Dont Yseult et Tristan s'enivrèrent jadis.
> L'inconstant Galaor, le fidèle Amadis

Millevoye donne dans le même goût, toute une série de ballades et de romances dont Hugo certainement se souviendra plus tard .

> Déjà le son de la guitare
> Se mêle au chant du menestrel.
> Déjà le temple se prépare.
> Les deux époux vont à l'autel.
>
> Le page, que l'amour possède
> Disait à part Je voudrais bien
> Revenir à l'aide
> Du premier baron chrétien [1]

---

1. Poésies de Millevoye : *Le premier baron chrétien*, p 302

Le même Millevoye compose un *Charlemagne à Pavie*,
Lucien Bonaparte un *Charlemagne ou l'Église sauvée*,
« poèmes en xxiv chants ». Vanderbourg avait fait
mieux : il avait donné une idée de la langue du moyen
âge dans son pastiche si ingénieux et si savant des
Poésies de Clotilde de Surville [1]. Mais le grand spécialiste
dans le genre troubadour, ce fut Creuzé de Lesser, avec
ses *Chevaliers de la Table-Ronde*, et son *Amadis des Gaules*.

La *Gaule poétique* (1813) de Marchangy ne fait qu'attester cet engouement en faveur de la chevalerie. « Notre
but, disait-il, est d'extraire enfin du moyen âge, comme
d'une mine féconde et trop peu connue, des trésors
qu'apprécieront également le poète, l'annaliste, le
législateur, l'archéologue [2]. » En même temps il indi-
quait des sujets de poèmes nationaux, *Clovis*, par
exemple. Lamartine [3], qui avait lu Marchangy, écouta
le conseil et se mit à rimer une épopée sur « le fondateur de la monarchie française ».

D'autre part, on commençait à se prendre d'une
belle passion pour l'art gothique. On n'avait pas
attendu pour cela les pages de Chateaubriand dans
son *Génie du Christianisme* : c'était un goût qui, comme
celui de la chevalerie, remontait au xviiie siècle, au
temps où l'on copiait les jardins anglais avec leurs
ruines, manoirs, donjons ou abbayes. Sous le Directoire, les romans d'Anne Radcliffe avaient entretenu
cette mode, et voici maintenant que Lenoir, au musée
des Petits-Augustins, préparait les premières données
de l'archéologie du moyen âge en rassemblant tous les
débris qui avaient échappé au vandalisme révolution-

---

1. *Poésies de Marguerite-Éléonore Clotilde de Vallon-Chalys,
depuis M*me *de Surville, poète français du XVe siècle*, publiées
par Ch. Vanderbourg, Paris, an XI (1803)
2. *La Gaule poétique*, 1er récit.
3. Voir notre chapitre ix.

naire. Nodier et Taylor, en attendant de Caumont, commençaient à s'initier à cette architecture gothique[1] que l'on connaissait encore si mal et dont ils allaient répandre le culte parmi les jeunes romantiques.

Au théâtre les sujets nationaux sont de plus en plus en faveur; mais ce qu'il faut y noter surtout. c'est une évolution très marquée dans le sens de l'histoire et de la couleur locale Dans les *Vénitiens* d'Arnaud, qui sont pourtant de 1798, il y a des indications relatives au costume ou à la décoration[2] qui sont aussi précises et aussi développées que dans n'importe quel drame romantique Notons enfin que l'unité de lieu est violée presque à chaque acte. Et voilà une tragédie déjà toute romantique d'allure qui suivait à un an de distance

---

1. *Le voyage pittoresque et romantique de l'ancienne France,* par Nodier, avec la collaboration de Taylor et Caillaux, parut en 1820

2 « Le costume du doge est une tunique de velours rouge par-dessus laquelle il porte un ample manteau d'étoffe d'or, a manches très larges et orné d'un ample collet d'hermine; sa coiffure est un bonnet de forme particulière, connu sous le nom de corne ducale Les inquisiteurs portent simplement une robe noire à larges manches sur une tunique violette tombant à peu près à mi-jambe. Ils sont décorés de l'étole d'or, large bande d'étoffe d'or fixée sur l'épaule gauche par un bouton et qui pend librement devant et derrière. » Voici maintenant pour la décoration :

« Acte I. — Le théâtre représente la salle du grand conseil dans le palais de Saint-Marc

« Acte II. — Le théâtre représente un appartement du palais de Contarini.

« Acte IV. — Le théâtre représente une chapelle particulière du palais de Contarini L'autel est à droite, la porte d'entrée à gauche. En face une porte ouverte laisse apercevoir une salle dont les fenêtres donnent sur le palais de l'ambassadeur d'Espagne. La scène est éclairée par une lampe.

« Acte V. — Le théâtre représente le lieu d'assemblée du conseil des Trois. Des sièges noirs sont préparés pour les inquisiteurs sur une estrade tendue de noir. Le greffier est placé au-dessous d'eux. devant une table. L'accusé se tient debout. La chambre est peu profonde et sombre sans être obscure. Un voile noir ferme le fond du théâtre. »

l'*Agamemnon* de Népomucène Lemercier. Que serait-ce, si nous passions au *Christophe Colomb* ou au *Pinto* de celui-ci?

D'autre part la littérature catholicisante a trouvé sa forme définitive dans les *Martyrs* de Chateaubriand où elle se mêle à de perpétuels pastiches de l'antique. La poésie avec Millevoye et Fontanes commence à s'emparer des sujets religieux. La mélancolie, en honneur depuis les *Nuits* d'Young, est déjà bien usée [1]. La littérature personnelle est à son apogée depuis *René* et on a lu *Werther* avec fureur. Le genre « poitrinaire » a son chef-d'œuvre dans la *Chute des feuilles*, le genre « macabre » dans *Lord Ruthwen ou les vampires* [2], le genre « fantastique » dans *Smarra*. Il n'est pas enfin jusqu'à ces vastes poèmes symboliques, comme *Ahasvérus* ou la *Chute d'un ange*, qui n'aient été alors ébauchés, et avec la même prétention d'épuiser la réalité totale, de fondre dans une seule œuvre toutes les religions, toutes les histoires et toutes les philosophies : c'est l'*Atlantiade* ou la *Panhypocrisiade* [3] de Lemercier, sans parler d'œuvres inachevées, comme

---

1. Chénier lui-même, ce païen, a célébré la Mélancolie :

> Douce mélancolie, aimable mensongère...
> Élégie II, 76 et suiv.

2. *Lord Ruthwen* est de 1820, mais, comme nous l'avons déjà dit, il doit être considéré comme une des dernières productions d'un genre qui a eu toute sa vogue sous le Directoire; quant à *Smarra* (1821), il porte fortement la marque du style impérial. Nodier nous dit lui-même dans sa préface : « Sauf quelques phrases de transition, tout appartient à Homère, à Théocrite, à Virgile, à Catulle, à Stace, à Lucrèce, à Dante, à Shakespeare... Le défaut criant de *Smarra* (cauchemar) était donc de paraître ce qu'il est réellement, *une étude, un centon, un pastiche des classiques.* »

3. L'*Atlantiade* est de 1812, la *Panhypocrisiade* de 1819. Il faut dire la même chose de cette dernière scène que des deux romans de Nodier.

cette étrange épopée de Grainville, *Le dernier homme*,
dont Nodier nous a gardé le souvenir [1].

Ce qu'il y a de plus bizarre, c'est que ces élucubrations à tendances ultra-romantiques sont contemporaines des œuvres les plus étroitement classiques . *Le
peintre de Salzbourg* de Nodier paraît la même année
que *Socrate au temple d'Aglaure* de Raynouard (1803), la
Conversation de l'abbé Delille put rencontrer dans la
boutique du libraire les *Chevaliers de la Table-Ronde*
de Creuzé de Lesser (1812) c'est l'anarchie à son
comble le goût ne sait où se prendre, il est hésitant
et dévoyé, on s'imagine renouveler l'art en le gorgeant
des matières les plus hétéroclites et les plus étran
gères à la tradition classique On est à la fois « troubadour » et « pompier » et le plus parfait symbole de
l'art impérial, c'est cette Corinne de Mᵐᵉ de Staël qui
se montre sur un char antique, en costume de Sibylle,
avec un châle de l'Inde roulé en turban autour de la
tête.

Cette impression de bariolage et de goût faux et criard
tient bien moins à la diversité des matières qu'à la contradiction qu'il y avait entre la vieille forme classique
toujours en vigueur et des sujets qui y répugnaient
naturellement. On chantait Amadis et Roland dans
le style de la *Pucelle* Chateaubriand panachait son
poème chrétien de comparaisons homériques On était
déjà romantique dans l'âme et l'on pensait et l'on s'exprimait comme Voltaire : La rénovation de l'art ne sera
donc pas autre chose que l'avènement d'une forme et
d'une discipline nouvelles · autrement on pourrait dire
dès maintenant que le romantisme existe déjà tout
entier.

1. Nodier, *Souvenirs de la Révolution.* p 366.

CHAPITRE IX

la Pléiade. — Le romantisme est d'abord une rénovation de la langue et du vers. — Enthousiasme des romantiques pour l'art de la Renaissance, — l'architecture, les peintres-décorateurs, les romanciers et les poètes. — L'influence de la Renaissance française et méridionale beaucoup plus forte que celle du moyen âge et des littératures germaniques. — Le romantisme apparaît d'abord comme une Renaissance de la Renaissance.

IV. Définition du romantisme proprement dit. — Rupture avec la tradition classique. — Originalité de la *Préface de Cromwell.* — L'Art égal à la Vie. — L'art, non plus que la nature, n'est pas fait *pour* l'homme. — Conséquences de l'esthétique nouvelle.

I

On peut croire Hugo sur parole, lorsqu'en 1820, à propos des *Méditations* de Lamartine, il écrivait qu'il n'y a que des « différences assez insignifiantes[1] » entre classiques et romantiques. A cette date et même encore quelques années plus tard, il est difficile de distinguer rigoureusement les deux écoles. Cette qualification même de *romantiques,* que l'on donnait aux jeunes, n'était pas de leur invention et elle n'était pas nouvelle. Depuis la seconde moitié du xviiie siècle, le mot était d'un usage courant et, quelques années auparavant, Mme de Staël, dans son livre *De l'Allemagne,* avait essayé, quoique d'une façon assez vague, d'en fixer le sens. Mais il faut remarquer que Mme de Staël ne se préoccupait que des grands classiques allemands[2]. Il en est de même dans l'*Anti-romantique* de Saint-Chamans, qui était une réponse à l'*Allemagne* et au -

---

1. V. Hugo, *Littérature et philosophie mêlées*, t. I, p. 92.
2. Noter que Mme de Staël ignore à peu près le romantisme allemand. Il en sera de même de l'école de Hugo qui en restera toujours à Gœthe et à Schiller.

Cours de littérature dramatique de Schlegel [1]. — D'autre part, quand on rapproche les premiers essais des romantiques de la littérature classique antérieure ou contemporaine on est frappé des ressemblances. Les *Odes* de Hugo ne diffèrent en rien, comme conception et comme développement, de celles de Lebrun ou des lyriques du XVIIIe siècle [2]. A la rigueur, si l'on veut distinguer, voici à quoi se réduisent les différences : d'abord les romantiques sont royalistes, tandis que les classiques sont libéraux . « La littérature actuelle, disait l'auteur des *Odes*,. . est l'expression anticipée de la société *religieuse et monarchique*, qui sortira sans doute du milieu de tant de débris, de tant de ruines récentes [3] ». — De là une tendance à glorifier de préférence les héros de l'ancienne monarchie, à choisir des sujets dans l'histoire de la légende du moyen âge. Mais c'était encore le pseudo-moyen âge du temps de l'Empire, le moyen âge troubadour de Millevoye et de Marchangy [4] Il n'y avait en plus que les convictions royalistes et religieuses Sans doute on aspirait à tout autre chose,

1. Saint-Chamans disait . « Les ouvrages réguliers, où l'on suit les lois établies, voila le *genre classique*; les ouvrages irréguliers, où l'on ne reconnaît aucune loi, voila le *genre romantique*. » — Et c'était la littérature allemande, dont il faisait le type de la littérature romantique. — Voir chapitre 1er, *l'Anti-romantique*, Paris, Lenormand, 1816.

2. Comparer par exemple les odes politiques de Hugo à celles de Fontanes *Ode sur la mort du duc d'Enghien*, — *Ode sur l'enlèvement du pape.*

3 Hugo appartenait d'ailleurs à la Société royale des bonnes lettres, recrutée dans le parti *ultra* et qui n'était au fond qu'une société de propagande monarchiste Cf. Biré, *V. Hugo avant 1830*, p. 239

4. Saint-Chamans parlant de la *nouvelle école* (?) disait : « Quant à leur précepte d'employer la chevalerie, les héros du moyen âge, l'histoire nationale, comme plus intéressants que ceux de l'antiquité, *nous sommes d'accord là-dessus* ». (*Op. cit.*, p 400) On voit donc que classiques et romantiques s'entendent pour célébrer le moyen âge.

les idées et les sentiments qui travaillaient depuis si longtemps les esprits voulaient éclore; mais rien de tout cela n'était encore venu. De sorte que l'on comprend l'embarras des romantiques pour se définir eux-mêmes. En réalité, ils tenaient à l'ancienne école littéraire par des liens de toute espèce : éducation, admirations de jeunesse, relations même. C'est seulement la *Préface de Cromwell* et *Hernani* qui consommeront la rupture · jusqu'à cette date approximative de 1830, ils sont encore plus ou moins sous l'influence de la tradition classique.

Notons d'abord que leur entrée au collège coïncide avec le relèvement des études latines dans l'Université impériale : les Vigny, les Hugo, les Sainte-Beuve, les Musset sont tous élèves de l'Université. Lamartine, au collège de Belley, retrouve la vieille discipline classique des Jésuites et se fait remarquer comme un excellent élève[1]. Vigny, outre le latin, dut apprendre du grec au lycée, puisqu'il s'amusait à traduire Homère en anglais, comparant ensuite sa traduction à celle de Pope[2] : il aime d'ailleurs mettre des épigraphes grecques en tête de ses premières pièces et — ce qui n'était pas ordinaire — des épigraphes d'Eschyle[3]. Quant à Hugo, il savait assez bien le latin pour s'éprendre de Virgile et de Tacite, deux admirations qu'il conservera toute sa vie[4]. Il emporte de la pension Cordier des traductions de Virgile, d'Horace, de Lucain, d'Ausone et de Mar-

---

1. Cf. Lamartine, *Mémoires inédits*, p. 116
2. *Journal d'un poète*, p. 237.
3. Voir les épigraphes de la *Somnambule* et de la *Dryade*. Il est vrai que ces épigraphes sont très incorrectes.
4. « Il n'y a guère que V. Hugo avec qui je peux causer de ce qui m'intéresse. Avant-hier il m'a cité par cœur du Boileau et du Tacite... » *Correspondance de G. Flaubert*, 4° série, p. 208 (Lettre du 2 décembre 1874).

24

tial [1]. Plus tard, il publiera dans le *Conservateur littéraire* quelques-uns de ces exercices d'écolier . la traduction en vers du *Vieillard du Galèse*, de l'épisode
d'Achéménide, de celui de Cacus et de la description
de l'antre des Cyclopes [2]. Sainte-Beuve se plaignit plus
tard de la faiblesse des études dans les collèges de son
temps [3], et il déplora pour lui, comme pour tous ceux
de sa génération, les lacunes de l'éducation première.
Évidemment c'était toujours le vieil humanisme avec
ses amplifications de rhétorique; mais tous en profi-
tèrent autant qu'ils le purent et lui spécialement. Ce
fut évidemment celui de tous les romantiques qui con-
serva le plus profondément l'empreinte du collège.
Des pièces de vers latins de lui figurèrent longtemps
dans les recueils destinés aux classes [4]; et, dans ses
poésies, on trouve encore des imitations d'Ovide, de
Stace, de Bion et de Moschus [5], sans parler de ses
nombreuses épigraphes empruntées aux classiques
latins. Musset, lui aussi, se distingue par ses succès
scolaires ayant fait ses études régulièrement — en
bon élève — il obtint, au concours général, un second
prix de dissertation latine [6]. Et d'ailleurs son goût
persistant pour Horace [7], pour les petits vers du
XVIIIe siècle, sa versification souvent voisine de la prose
comme celle de Voltaire, tout cela prouve combien le
fond était classique chez lui.

Mais si importante que soit cette première culture,

---

1. Cf. *V. Hugo raconté par un témoin de sa vie*. I, p. 277.
2 Cf *Bire, o). cit.*, p. 86
3. Cf. *OEuvres choisies de Ronsard* (2e préface).
4 Voir dans le recueil autrefois classique de Pierrot-
Deseilligny
5 Cf. *Poesies complètes*, p 181 et suiv.
6 Cf. *Biographie par P. de Musset*, p. 73.
7 Deux imitations d'Horace figurent encore dans ses *Poésies
nouvelles*. p. 112 et 114.

l'influence des premiers milieux littéraires traversés est encore plus durable ; jusque dans les derniers vers de Lamartine, on sentira l'admirateur de Parny et le poète provincial auteur d'épîtres « badines », et d'interminables poèmes épiques. — Pareillement, dans *l'Homme qui rit* et dans *les Travailleurs de la mer*, on retrouvera l'auteur de *Han d'Islande* et le lecteur avide des romans « fantastiques » du Directoire et de l'Empire [1]. — Veut-on savoir quelles sont les prédilections de Lamartine jusqu'à la veille des *Méditations*? — Chateaubriand sans doute et Mme de Staël, qu'il lit passionnément comme tous les jeunes gens d'alors, — Ossian, *Paul et Virginie*, dont il se souviendra dans *Jocelyn* [2] et qu'il aimera toujours : sentimental, élégiaque et romanesque, avec une nuance de fadeur et de gaucherie provinciale — tel est bien son vrai fond. Mais à côté de ces admirations sincères et spontanées, il en a d'autres que lui impose le goût du temps, d'abord Homère qu'il ne peut pas lire dans le texte, mais qui lui donne l'envie d'apprendre le grec. Pendant ses longues années de désœuvrement à Milly, il essaie même de s'y mettre, il songe à prendre un professeur de grec : « Je viens d'acheter un Homère · oh ! quand le lirai-je ? Je ne pense plus qu'au grec. Voilà mon but pendant deux ans au moins [3] » Malheureusement il en fut de ce beau projet comme de beaucoup d'autres : Lamartine était trop paresseux pour l'entreprendre sérieusement. Ce désir de compléter son éducation classique ne sera jamais qu'une velléité arrêtée tout

1. On sait que Mme Hugo était grande lectrice de romans et qu'elle partageait ses lectures avec ses fils. Cf Bire, *op. cit.*

2. Il écrivait à propos de *Jocelyn* · « J'entends dire et j'aime à croire et crois avec certitude qu'alors ce sera populaire comme *Paul et Virginie* en grand et en vers ». *Correspondance*, III, p. 389.

3. *Correspondance*, I, p. 102.

de suite par sa nonchalance et tournant en regrets et
en lamentations · « Que n'ai je une bibliothèque, où je
puisse au moins trouver un Homère, un Cicéron, un
Ovide complet, un Plaute, un Térence, un Lucrèce,
que sais-je?[1] » — En revanche, comme on lui a appris
passablement de latin au collège, il se donne l'air
d'aimer Horace, il le cite à tout propos dans ses lettres
comme un humaniste de l'ancien temps Il parle souvent de Tibulle et de Properce, alors très à la mode.
Mais il est infiniment probable qu'il les lisait dans des
traductions[2]. Pour la littérature française ses auteurs
favoris, c'est Voltaire dans Zaïre et ses contes en vers[3],
Bertin, Parny. Gilbert[4], Gresset Il fait un grand éloge
des poésies de Clotilde de Surville, il admire Mᵐᵉ Cottin[5].
Son grand critique, c'est La Harpe, qu'il juge d'abord
un peu sévèrement, mais il se ravise et il écrit à son
ami de Virieu : « La Harpe est sur ma table, il m'encourage, il me retient, il me rend sage malgré moi.
*Plus j'avance, plus je l'estime, ce La Harpe Comme c'est bien
pensé, bien raisonné, bien écrit, sans pointes. sans affectation,
sans mignardise. C'est un bon maître en littérature,* comme
Montaigne en philosophie[6] » Il pratiquait sans doute
aussi les littératures étrangères Il lit même à l'Académie de Mâcon une dissertation sur ce sujet alors
dans toute sa nouveauté[7] (1811). Mais ses admirations ne

1. *Correspondance*, I, p 63.
2. Il écrivait en effet : « Tibulle, Virgile, Properce, Pindare...
sont avec l'Arioste et Pope sur ma table » (*Correspondance*, I,
p 81) — Voit-on Lamartine lisant Pindare dans le texte! Il
devait en être de même sans doute de Tibulle et de Properce,
dont les obscurités rendent la lecture si difficile.
3. *Correspondance*, I, p 81.
4 Pour toutes ces admirations de jeunesse, voir le livre de
M. Reyssie *La jeunesse de Lamartine*, Paris, Hachette, 1892,
p 105 et suiv
5 *Correspondance*. I, p 42.
6. *Ibid.*, I, p 144
7. Cf. Reyssié, op cit, p 130

sont pas neuves : ce sont les classiques étrangers déjà
consacrés par le xviiiᵉ siècle ; c'est le Tasse et l'Arioste,
c'est Pope, Dryden, Milton, Young, Fielding et Richardson ; Byron et Shakespeare ne viendront que plus
tard, et encore il parlera de traduire celui-ci dans la
langue de Racine, ce qui n'offre pas un grand sens [1]. —
Hugo, avec un goût infiniment plus sûr et une érudition
littéraire autrement complète, en est à peu près au
même point. Il faudrait pouvoir consulter tous les
articles qu'il a donnés au *Conservateur littéraire* de 1819
à 1821 [2] Mais il en a reproduit quelques-uns dans *Littérature et philosophie mêlées* et, si remaniés qu'ils soient,
il est encore possible d'y retrouver un Hugo classique,
en tout cas très différent de celui qu'on connaît. On
voit déjà qu'il est content d'étaler son érudition, ce
qui deviendra une de ses manies. Il juge avec indulgence une traduction d'Homère, qu'il compare aux traductions précédentes, et gravement il engage l'auteur
à proscrire « ces faux ornements que réprouvent également le goût français et la gravité sévère de la muse
grecque [3] » ; ce sont les expressions mêmes de la critique traditionnelle · rien de plus sage et de plus
mesuré. Il a des éloges pour l'abbé Delille, auquel il
consacre un article : il célèbre «l'élégance et l'harmonie
de son style » ; à propos de sa traduction du *Paradis
perdu*, il le loue « d'avoir changé le sauvage mécontentement qu'Adam témoigne à Ève, dans Milton, en
une tendre commisération », et il ajoute · « Cette idée
heureuse prouve que Delille connaissait parfaitement

---

1 « Il faut du Shakespeare écrit par Racine. » *Correspon--
dance*, I, p. 319
2. Les collections complètes en sont devenues extrêmement
rares et, pour la plupart de nos citations, nous avons dû nous
référer aux extraits qu'en donne M. Biré dans *V. Hugo avant
1830*
3. Cf. Biré, *op. cit.*, p. 182.

les délicatesses de la Muse française[1] ». N'est-ce pas
du La Harpe tout pur? — Ailleurs il juge Schiller et
Shakespeare d'après la poétique de Voltaire . « Leurs
pièces, dit-il, ne diffèrent des pièces de Corneille et de
Racine, qu'en ce qu'elles sont plus défectueuses. C'est
pour cela qu'on est obligé d'y employer plus de pompe
scénique. La tragédie française méprise ces accessoires,
parce qu'elle marche droit au cœur et que le cœur
hait les distractions[2]. » Chose plus étrange encore
chez le futur réformateur de la langue et de la versification, il blâme les nouveautés d'André Chénier et, tout
comme un Népomucène Lemercier, il lui reproche de
manquer de goût et de correction. Il n'admet pas
davantage que la critique classique « ce style incorrect
et parfois barbare, ces idées vagues, incohérentes, ..
cette manie de mutiler la phrase et, pour ainsi dire,
de la tailler à la grecque; les mots dérivés des langues
anciennes, employés dans toute l'étendue de leur
acception maternelle, des coupes bizarres, etc [3] ». Il
condamne chez un autre « ces fréquents enjambements qui détruisent souvent toute l'harmonie d'une
période[4] » Enfin, dans la préface des *Nouvelles Odes*,
il ajoutait encore en note, afin que nul ne s'y méprît .
« S'il est utile et parfois nécessaire de rajeunir quelques
tournures usées, de renouveler quelques vieilles expressions et peut-être d'essayer encore d'embellir notre
versification par la plénitude du mètre et la pureté de
la rime, on ne saurait trop répéter que là doit s'arrêter
l'esprit de perfectionnement. *Toute innovation contraire
à la nature de notre poésie et au génie de notre langue doit
être signalée comme un attentat aux premiers principes du*

1. Biré. op cit , p. 209
2 Biré, op cit , p. 209.
3 *Littérature et philosophie mêlées*, I, p 92
4. Biré, op cit., p 210.

goût » Nous voilà bien loin de la *Préface de Cromwell*[1] et des audaces d'*Hernani*.

Pour expliquer cette tournure d'esprit, ce n'est pas assez du prestige éphémère de certaines œuvres : il faut tenir compte aussi des fréquentations et des amitiés des jeunes romantiques. Dans le salon de M. Deschamps, le père d'Émile et d'Antony ils rencontraient les poètes de l'école impériale, et, entre autres, Parceval-Grand Maison l'auteur de *Philippe-Auguste* Longtemps après, Émile Deschamps s'en souvenait encore :

> Sommet, Alfred, Victor, Parceval vous enfin,
> Qui, dans ces jours heureux, *vous tenez par la main,*
> Rappelez-vous comment au fauteuil de mon père
> Vous veniez, le matin, sur les pas de mon frère,
> Du feu de poésie échauffer ses vieux ans,
> Et sous les fleurs de mai cacher ses cheveux blancs
> Les plus jeunes vantaient Byron et Lamartine,
> Et frémissaient d'amour à leur muse divine;
> Les autres, avant eux, amis de la maison,
> Calmaient cette chaleur par leur froide raison
> Et savaient chaque jour tirer de leur mémoire
> *Sur Voltaire et Lekain quelque nouvelle histoire,*
> *Et le cœur tout ému d'un innocent plaisir*
> *Avec les jeunes gens se sentaient rajeunir* [2]

À la Société royale des bonnes lettres Hugo se rencontrait avec des classiques comme Brifaut, Auger, Désaugier, Fontanes, Dureau de la Malle, Dussault. À la séance du 10 décembre 1822, l'académicien Roger prononça un discours enthousiaste où il célébrait en ces termes le jeune auteur des *Odes* : « Je vois enfin, ou plutôt messieurs, vous allez entendre tout à l'heure ce jeune lyrique, dont les premiers accords respirent

---

1 Il convient d'ailleurs d'ajouter que Hugo a été constamment fidèle à ces principes, mais il est trop évident que les déclarations qui précèdent ont été écrites sous l'influence du goût classique : plus tard il les entendra dans un tout autre sens

2 Cité par Sainte-Beuve, *Portraits contemporains*

une si heureuse audace et qui a peint la chute des plus célèbres tyrans du monde en traits aussi profonds, aussi terribles que la catastrophe elle-même ¹ ».

Ce qu'il y a peut-être de plus surprenant, c'est de voir Baour-Lormian protéger cette jeunesse Il régalait en partie fine Soumet, Victor Hugo, Émile Deschamps, Latouche et Vigny . « Il avait accueilli avec enchantement mes premiers poèmes, dit celui-ci Il *m'aimait* et je fus assez léger pour n'y plus retourner, entraîné par la camaraderie et parce que mes amis Hugo, Émile s'étaient brouillés avec lui pendant que j'étais à mon régiment ². » — Enfin dans le premier Cénacle lui-même, il y avait des hommes qui appartenaient par leurs débuts et par leurs goûts à la génération antérieure, comme Alexandre Soumet, Charles Nodier et surtout Chênedollé. Il est à noter d'ailleurs que le maître et l'inspirateur de ce premier Cénacle n'était point Victor Hugo mais Charles Nodier ¹

D'après cela, rien n'est plus naturel que de voir ces jeunes gens débuter par des pièces toutes classiques d'inspiration, — sinon toujours de forme Rappellerons-nous les innombrables petits vers que Lamartine a rimaillés à Milly et qu'il voulait réunir en un volume ⁴ C'est l'insupportable bavardage des petits poètes du xviiie siècle, avec leurs plates polissonneries et leur sentimentalité niaise Encore en 1815, il compose une élégie sur la mort de Parny :

Parny n'est plus : la Parque courroucée
Vient de trancher la trame de ses jours

1 Cf. Biré, *op. cit* , p 241.
2 D'après le passage de Vigny, auquel nous devons cette anecdote, ceci se passait vers 1822. Il écrit en effet dans son *journal*, à la date du 4 février 1842 : « Il y avait vingt ans que je ne l'avais vu... »
3 Cf. Biré, *op. cit* , 327
4 Cf. *Corresp.*, I, p. 264.

Et sous la pierre insensible et glacée
Dort a jamais le chantre des amours [1]

Plus tard il rêve d'un poëme épique sur Clovis, — sujet indiqué par Marchangy dans sa *Gaule poétique* : « Jusqu'à trente ans je donnerais des tragédies et si Dieu me donnait la vie et la santé, de trente à quarante ans, j'enfanterais *Clovis* [2] ». En effet, il fait des plans de tragédies une *Zoraide*, un *Brunehaut et Meroree*, un *César ou la veille de Pharsale* : dont la plupart restèrent à l'état de projet Il vient à bout d'une *Médée* et d'un *Saül* qui eut l'honneur d'être lu à Talma [4] et dont il donna plus tard des fragments à la suite des *Harmonies* Entre temps, après avoir songé à se faire couronner par l'Athénée de Vaucluse [5], il avait envoyé à l'Académie des Jeux Floraux une pièce dans le plus pur goût classique sur le *Rétablissement de la Statue de Henri IV* « Cela, dit-il, commence par une longue comparaison à la manière homérique [6] .

Quand la lance d'Achille après tant de batailles,
De la ville d'Hector eut forcé les murailles,
Et ravi des Troyens le saint Palladium,
Le nautonier voguant sur les flots du Bosphore
    De ses yeux cherchant encore
Le palais de Priam et les tours d'Ilium [7] »

On juge d'après cela du reste

1. Cette pièce n'a pas été publiée dans les œuvres de Lamartine on la trouve dans la *Correspondance*, I. p 246.
2 *Ibid*, I, p 301. Des fragments de *Clovis* ont paru dans les *Nouvelles Méditations* et dans les *Poésies inédites*
3 Pour *Médée* cf. *Corresp* I p 297. Elle a été publiée en entier dans les *Poésies inédites* Pour *Zoraide*, cf *ibid* : pour *Brunehaut et Meroree*, cf p. 224 Quant à *César*, c'aurait été une tragédie à allusions politiques suivant la formule de Voltaire : cf *Corresp* I. p 313.
4 Cf *Corresp*. I. p 344
5 *Corresp*. I. p 163
6 *Ibid.*, p 324
7. Il y aurait une étude spéciale à faire sur ces débuts litté-

Hugo qui prit part au même concours et dont la pièce fut couronnée écrivait, lui aussi, dans ce style. A vrai dire, sa pièce ne vaut ni plus ni moins que celle de Lamartine : ce sont les mêmes comparaisons usées, les mêmes apostrophes et les mêmes figures véhémentes qui traînaient dans l'Ode depuis Malherbe. Comme Lamartine encore, il s'essaie dans les petits genres, il compose des Satires, le Telegraphe, l'Enrôleur politique, il concourt pour les prix de l'Académie française et, dans sa pièce sur le *Bonheur de l'Étude*, il retrouve parfois les accents de Delille, comme d'ailleurs dans une autre, sur les *Avantages de l'enseignement mutuel*. Naturellement il a des tragédies en portefeuille, — *Artanène*, *Athelie*, ou *les Scandinaves* [1]. Il versifie Chateaubriand à l'exemple de Millevoye : *La Canadienne suspendant au palmier le tombeau de son nouveau-né*. — Et nous ne parlons pas de tout ce qu'il y avait encore de classique, pour ne pas dire de suranné, dans ses *Odes*, aussi bien que dans les *Méditations* de Lamartine. Il est à noter que, dans ses épigraphes, c'est le goût classique qui domine pour deux de Shakespeare, on en trouve un grand nombre d'Homère, de Stace, d'Ovide, de Juvénal, d'Horace, de Tacite, de Virgile surtout. Même, dans les *Ballades*, à part certaines prouesses de versification, — comme le *Pas d'armes du roi Jean*, — on retrouve ce pseudo-moyen âge que le XVIIIe siècle et la littérature de l'Empire avaient mis à la mode. — Que serait-ce si des maîtres du roman-

---

tures de Lamartine. On y verrait par exemple ce que certaines pages des *Méditations* ont dû à Young. Un des echantillons les plus significatifs est une *Epître sur les sepultures* (*Corresp*, I, p 211) lue à l'Académie de Mâcon en 1813 et qui n'a jamais ete reproduite Amar, dans le *Journal des Debats*, signala cette influence anglaise quand les *Méditations* parurent

1 Cf *Victor Hugo raconté par un témoin de sa vie*. Pour toutes ces œuvres de jeunesse, voir Bire. *op. cit*, *passim*.

tisme nous passions aux amis ou aux disciples pru-
dents? Les Soumet, les Guiraud, les Pichald continuent
à faire des tragédies, dont les audaces romantiques ne
sont guère plus hardies que celles des poètes de l'Empire. Le *Léonidas* de Pichald joué par Talma fut un
éclatant triomphe et le propre frère du futur auteur
d'*Hernani* — Eugène Hugo — avait ébauché le plan
d'un *Spartacus*, « tragédie très romantique alors, dit
Gaspard de Pons, qui serait trouvée trop classique
aujourd'hui [1] ».

Ainsi donc, si l'on excepte les convictions royalistes
et religieuses et aussi certaines innovations de style
encore très timides et dont nous reparlerons. les
romantiques, vers cette date de 1825. se distinguent
malaisément des classiques [2]. Les sujets moyen âge
ou fantastiques qu'ils traitaient étaient exploités
depuis longtemps. Il est vrai qu'ils affichaient une
prédilection de plus en plus exclusive pour ces sujets,
et c'était en cela, semble-t-il, que consistait tout leur
romantisme. Mais en même temps ils subissaient
l'influence d'André Chénier, et chose bizarre, — ce

1. Cf. Biré, *op. cit*, p. 274.
2. C'est ce royalisme qui semble avoir le plus frappé Stendhal dans la jeune école . « L'*Edinburgh Review* s'est comple-
tement trompée en faisant de M. de Lamartine le poete du
parti *ultra*. Ce parti si habilement dirigé par M. de Frayssinous
cherche à adopter toutes les gloires. Il a procuré a M. de Lamartine neuf éditions de ses poésies; mais le véritable poète du
parti, c'est M. Hugo. » (*Corresp. inédite de Stendhal*, I, p 221.)
Hoffmann, dans un article des *Débats*, convenait qu'il n'existait
de différence entre les genres classique et romantique que
dans le style. Sur quoi Hugo répliquait. « J'ai eu l'honneur
de vous prouver que les locutions dans lesquelles vous décou-
vrez tout le *romantisme* ont été au moins aussi fréquemment
employées par les classiques anciens et modernes que par les
écrivains contemporains. Or, comme dans ces locutions resi-
dait spécialement votre distinction entre les deux genres,
cette distinction tombe d'elle-même. » Cf. Biré, *op. cit*, p 371.

néo-classique, plus classique que les Lemercier et les Baour-Lormian, leur était proposé pour modèle par un des leurs et risquait de les dévoyer

II

Heureusement, cette influence fut de courte durée et elle est loin d'avoir été aussi profonde qu'on le croit généralement

D'abord il y eut une légende sur André Chénier, qui tout de suite le rendit cher à la jeunesse romantique et royaliste de 1819, c'est Chateaubriand qui la commença on lisait en effet dans une note du *Génie du Christianisme* « Les écrits de ce jeune homme, ses connaissances variées, son courage, sa noble proposition à M de Malesherbes ses malheurs et sa mort, tout sert à répandre le plus vif intérêt sur sa mémoire. Il est remarquable que la France a perdu sur la fin du dernier siècle trois beaux talents à leur aurore : Malfilâtre, Gilbert et André Chénier, les deux premiers sont morts de misère, le troisième a péri sur l'échafaud [1] » C'est le même Chateaubriand qui fit la fortune du mot fameux « Et pourtant j'avais quelque chose là [2] ! » — Plus tard, La Touche, dans son édition de 1819, écrivait « Ainsi périt ce jeune cygne étouffé par la main sanglante des révolutions, heureux de n'avoir élevé de culte qu'à la vérité, à la patrie, aux Muses on dit qu'en marchant au supplice il s'applaudissait de son sort Il est si beau de mourir jeune ! Il est si beau d'offrir à ses ennemis une victime sans tache et de rendre au Dieu qui vous juge une vie encore

1. Cf *Génie du Christianisme,* note sur la 2e partie. liv. III, chap. vi, à la fin du volume.
2. Note du même chapitre, au bas de la page. .

pleine d'illusions [1] ». — Ainsi donc, voilà André Chénier, — athée avec délices, suivant l'expression de Chénodollé, — transformé en un séraphique jeune homme, mourant pour son Dieu et pour son Roi Il devenait le frère des victimes innocentes chantées par V. Hugo, dans ses *Odes*, Mme de Sombreuil, les Vierges de Verdun, le petit roi Louis XVII. On conçoit que les romantiques, qui en étaient encore à la phase royaliste et religieuse, se soient enthousiasmés pour ses vers. En même temps que sa poésie devenait un argument contre la littérature impériale survivante, sa mort était un crime de la Révolution. On le dit bien haut et on l'imita avec empressement. Pour le *Jeune malade* surtout, ce fut une fureur : on vit paraître la *Jeune malade*, la *Sœur malade*, la *Jeune fille malade*, la *Mère mourante* Toutes ces élucubrations se succédaient dans la *Muse française*, jusqu'à ce qu'un jour, une note de rédacteurs dût prévenir que « l'exploitation des agonies était interdite pour longtemps au commerce poétique [2] » Ce culte d'André Chénier était si bien la marque de l'école, qu'en 1825 Baour-Lormian, définitivement brouillé avec les romantiques, s'écriait pompeusement dans le *Canon d'alarme* :

Nous, nous datons d'Homère et vous d'André Chenier.

Sainte-Beuve, deux années après, donnait raison à Baour, dans ses articles du *Globe* sur la poésie française du xvie siècle . il faisait dater d'André Chénier la réforme poétique et présentait Hugo comme son continuateur : « Ce qu'André Chénier avait rénové et innové dans les vers, notre jeune contemporain l'a rénové

---

1. Est-il nécessaire de faire remarquer combien de la Touche arrangeait son recit, sans cependant rien affirmer?
2. Cité par Demogeot, *Histoire de la litterature française*.

et innové dans la strophe, il a été et il est harmoniste
et architecte en poésie [1] ». — Dans ses *Œuvres choisies
de Ronsard*, qui sont de la même époque et qui firent
suite au volume où il avait réuni ses articles, il rapprochait le nom de Chénier de celui de Lamartine et
de V Hugo et semblait confondre leurs procédés.
Enfin, l'année suivante (1829) non seulement il imitait
sa versification dans les poésies de *Joseph Delorme*, mais
dans les *Pensées* il donnait expressément les romantiques comme les successeurs d'André Chénier [2].

Pourtant il est à remarquer que les chefs de la nouvelle école étaient loin de partager cette admiration .
Lamartine — Sainte-Beuve le reconnaît lui-même —
n'aimait pas André Chénier [3]. A propos d'une de ses
pièces, qui semblerait pourtant en être imitée, *la Fille
du pêcheur*, il a soin de nous avertir en note qu'il ne
doit rien à l auteur de *l'Aveugle* · « On y retrouvera,
dit-il, à travers les réminiscences grecques de Théocrite et d'Anacréon, *quelque pressentiment d'André Chénier* ». Et il affirme que la pièce a été composée en
Italie, lors de son premier séjour à Ischia [4]. Hugo —
nous l'avons vu — jugeait assez sévèrement Chénier
dans un de ses articles de début et d'ailleurs il
n'admet aucune innovation prosodique avant sa liaison
avec Sainte-Beuve [5] (fin de 1827). Vigny, tout en con-
sacrant dans *Stello* la légende d'André, attribue à ses
Poèmes antiques une date antérieure à l'édition de
Latouche, — *La Dryade*, 1815, — *Symétha*, 1817, — *le
Bain d'une dame romaine*, 1817. — Seul la *Somnambule* est

1. Cf. *Tableau de la poesie française au XVIᵉ siècle*, p 387.
2. *Poesies completes*, de Sainte-Beuve; *Pensées*, de Joseph Delorme (*passim*)
3 *Ibid*, p 146
4 Commentaire de *la Fille du pêcheur* (cf. *Recueillements
poétiques*).
5 Cf. Bire, *op. cit.*, p 460

daté de 1819 Il déclare dans sa préface de 1837 : « Ces poèmes portent chacun leur date Cette date peut être à la fois un titre pour tous et une excuse pour plusieurs; car, dans cette route d'innovations, l'auteur se mit en marche bien jeune, mais le premier ».

Qu'y a-t-il de vrai dans tout cela? Le seul Sainte-Beuve aurait-il inventé cette descendance d'André Chénier et l'aurait-il maintenue plus tard [1], afin d'être désagréable aux chefs du romantisme avec qui il s'était brouillé? Ceux-ci, par amour-propre, auraient-ils tenu à garder le silence sur les services qu'ils en avaient reçus?

Pour ce qui est de Lamartine, il est incontestable que l'influence de Chénier est très difficile à reconnaître dans ses premiers vers D'abord, dans sa correspondance de 1819, il n'en parle pas, tout plongé qu'il est dans son *Clovis* et dans son *Saül*, — deux poèmes aussi éloignés que possible du style et de l'inspiration antiquisante de Chénier Et dans le premier recueil des *Méditations*, il n'y a pas une pièce qui puisse autoriser seulement à soupçonner qu'il l'ait lu Les *Nouvelles Méditations* apportent, il est vrai, une élégie antique, intitulée *Sapho*, mais le commentaire de Lamartine la fait remonter jusqu'à 1816 [2] D'autre part, on n'y trouve aucun des procédés chers à l'auteur de l'*Invention* et préconisés par Sainte-Beuve; tout au plus le refrain .

Chantez, chantez un hymne ô vierges de Lesbos .
Pleurez, pleurez ma honte, ô vierges de Lesbos...

1. Encore en 1844, dans l'*Epître à M. Villemain*, il rattachait à André Chénier, Lamartine, Hugo et Vigny. — Théophile Gautier, suivant la première tradition romantique, rattache, lui aussi, l'école moderne à André Chénier (cf. *Rapport sur les progrès de la poésie depuis 1830*).
2 Commentaire de *Sapho* (cf *Nouvelles Méditations*)

rappelle-t-il la *Jeune Tarentine* déjà publiée par M. J.
Chénier [1], mais dont rien ne prouve que Lamartine ait
eu connaissance. Il est plus vraisemblable de supposer
ici une vague réminiscence de Millevoye, qui a fréquemment employé ces refrains. En tous cas, ce serait
peu de chose . la pièce tout entière a plutôt la couleur
du pur XVIIIe siècle, comme le dit Lamartine, dans
son commentaire c'est une *heroïde* [2] bien plus qu'une
élégie dans le goût de Chénier et de la jeune école
hellénisante

Pourtant il y a deux pièces qui sont embarras-
santes d'abord cette élégie dont nous avons parlé
tout à l heure, — *la Fille du pécheur*, — puis un « fragment d'églogue marine », *le Pasteur et le Pécheur*,
insérée en 1849 dans les *Méditations poétiques*.

Pour la première il me paraît incontestable qu'elle
est antidatée Lamartine — je ne sais pour quelle
raison — voudrait faire croire qu'elle a été écrite en
Italie au temps de Graziella (c'est d'ailleurs le sous-
titre qu'il lui donne), mais il suffit de comparer les
méchants petits vers qu'il écrivait à cette époque. la
duperie n'est pas possible un seul instant · des détails
familiers comme ceux-ci ne sont point du tout dans sa
manière de 1813 .

---

1 Cf. Becq de Fouquieres, *Poésies d'André Chénier* (Introduction).

2. « Un soir .. nous avions relu la strophe unique, mais
brûlante de Sapho, sorte de Venus de Milo pareille a ce debris
decouvert par M de Marcellus, qui contient plus de beaute
dans un fragment qu'il n'y en a dans tout un musée de statues intactes ; je m'enfermais et j'écrivis le commencement
grec de cette elegie ou de cette *heroïde*. » Faut-il faire remarquer la negligence de Lamartine, qui ne voit qu'une strophe
unique dans la fameuse piece de Sapho ΕΙΣ ΕΡΩΜΕΝΗΝ,
dont il reste quatre strophes intactes? — Le sujet d'ailleurs
semble lui avoir plu Trois ans plus tard, il songe a en faire
un opéra (*Corresp.*, II, p 20)

Quand, la nuit, aux lueurs de la lune, tu danses
Sur le toit aplati de ta blanche maison,
Et que ton frere, enfant, pour marquer la cadence,
Pinçant d'un ongle aigu les cordes du luton,
Fait gronder la guitare ainsi qu'un hanneton.

Ou encore :

Eplucher en automne et retourner la figue,
Que le vent de mer sale et que le soleil cuit.

Au contraire ils sont bien dans le style des *Recueil-lements* avec son mélange de réalisme maladroit, d'incorrections et de réminiscences classiques persistantes. Le commentaire d'ailleurs est extrêmement vague : on nous y parle d'imitation de Théocrite et d'Anacréon, pour Théocrite, passe encore, mais il n'y a absolument rien qui rappelle Anacréon dans le morceau, et l'on s'étonne de voir ces deux noms rapprochés Il est vrai que Lamartine n'y regardait pas de si près pour lui, Théocrite et Anacréon, c'était tout un.

Quant à la seconde pièce, *le Pasteur et le Pêcheur*, datée de 1826, on y sent davantage la phraséologie du XVIII° siècle :

... Attendaient le sommeil, ce doux prix de leurs jours..
. Deux enfants du hameau, l'un pasteur du bocage,
L'autre jeune pêcheur de l'orageuse plage.

Ainsi elle ne détone pas trop au milieu des autres pièces du recueil, mais pourquoi n'y a-t-elle été insérée qu'en 1849? Peut-être trouverons-nous la solution de ce petit problème dans un passage de la *Correspondance*. Lamartine en effet écrivait en 1838 à son ami de Virieu, au lendemain de *la Chute d'un ange* : « Je fais autre chose qui certes te plaira, ou je ne m'y connais plus c'est l'épopée populaire de la chaumière et

25

du grenier; puis viendront *les Pecheurs* que j'ajourne [1]. »
— Le titre n'est-il pas significatif et ne pourrait-on pas
voir dans les deux pièces en question deux fragments
d'un poème resté à l'état de projet et même, si l'on
veut, écrits à des intervalles assez éloignés? S'il en est
ainsi, nous voilà bien loin des débuts de Lamartine et
il faut avouer qu'il se serait avisé bien tard d'imiter
André Chénier En tout cas, pour ce qui est de *la Fille
du Pécheur*, il semble de toute évidence qu'elle est au
moins contemporaine de cette date de 1838, si elle ne
lui est pas postérieure : les raisons de style — outre
le vague du commentaire — seraient suffisantes pour
l'établir.

Mais quoi qu'il en soit, s'il y a eu influence de Chénier dans ces deux morceaux, elle est extrêmement
lointaine. Les noms de *Néaere* et de *Naeala* dans la
seconde ne prouvent pas grand'chose : ce qu'il y a de
plus frappant, c'est qu'aucun des procédés de style et
de versification tant vantés par Sainte-Beuve n'ont été
employés par Lamartine · pas d'enjambements, pas de
coupes irrégulières, rien qui rappelle les raffinements
d'expression, les « beautés » pénibles de Chénier. C'est
la grande phrase lamartinienne, ondoyante et un peu
molle. — toute d'un jet.

Nous en dirons tout autant d'un autre morceau, qui
tout d'abord pourrait appeler les soupçons : c'est la
description de la coupe et les aventures de Psyché,
dans *la Mort de Socrate*, — et c'est la seule pièce de lui
où il y ait à proprement parler de la mythologie, cette
mythologie dont Chénier abuse et que Lamartine se
flatte quelque part d avoir définitivement chassée de la
poésie. Or l'idée de la coupe est prise de Platon et,
pour le sujet, il est infiniment probable qu'il lui a été

1. *Corresp.*, III, p 467.

inspiré par le fameux groupe de Canova, *l'Amour et Psyché*, qu'il avait pu voir en Italie et dont il y avait une variante au Louvre [1], ou par le tableau non moins célebre de Gérard [2] qui devait avoir encore vers 1820 toute sa réputation. C'est la même élégance un peu grêle, la même *spiritualité*, qui, mal comprise sous le Directoire et l'Empire, était devenue la suprême distinction sous Louis XVIII. Cette antiquité transformée par le symbole, éthérée et à demi christianisée, est aussi loin que possible du paganisme robuste de Chénier. Rien non plus qui rappelle ici sa manière pour la versification ou pour le style. La phrase reste classique, racinienne dans ses grandes lignes; les détails pittoresques sont à peine indiqués et tout le charme nouveau est dans la mélodie des vers.

D'après cela, on ne voit pas bien ce que Lamartine a pu devoir à André Chénier. Dès les *Méditations*, il est trop évident que l'inspiration, chez lui, se détourne de plus en plus des sources païennes, et pour ce qui est de la « manière », on sait de reste qu'il n'en a jamais eu, étant le plus instinctif et le plus spontané des poètes. Il a bien pu s'éprendre d'une certaine antiquité homérique toute pastorale [3], ou d'une vague métaphysique platonicienne, mais ce n'était là que des impressions passagères et toutes personnelles, nullement puisées dans les textes comme chez André Chénier. Il a aimé Homère et Platon [4] d'instinct, par une affinité

---

1. Cf. Quatremère de Quincy, *Canova et ses ouvrages*, p. 119.
2. Le tableau de Gérard fut exposé au Louvre en 1797; cf. Delécluze, *op. cit.*, p. 277. Voir une pièce de Lamartine adressée a Gérard (*Psyché, Poesies inédites*), p. 213.
3. Au fond c'est Homère vu à travers le *Télémaque*.
4. Lamartine vraisemblablement n'a jamais lu Platon que dans la traduction de Cousin et sans doute il n'en a lu que les dialogues les plus connus : ses conversations avec son ami de Fréminville, qu'il appelle « son maître en Platon » (cf. Reyssié,

assez lointaine de génie, mais il n'a jamais eu la curiosité de les connaître intimement et encore moins le
désir de les imiter de parti pris.

Hugo, malgré son amitié avec Sainte-Beuve, paraît
avoir été tout aussi indépendant de l'influence de Chénier et de son école. Certainement il l'a lu de plus
près : les épigraphes de ses *Odes* en font foi, mais elles
sont empruntées aux pièces les plus classiques du
recueil de Latouche [1]. D'autre part les pièces antiquisantes, — le *Repas libre*, le *Chant de l'arene*, le *Chant du
cirque*, le *Chant de fête de Neron*, révèlent bien plutôt
l'imitation des *Martyrs* que celle de l'*Aveugle* ou du *Mendiant* : c'est une antiquité de pacotille, qui vise à la
couleur locale et qui se contente d'oripeaux pittoresques pris au hasard des lectures et non, comme
chez André Chénier, l'inspiration et la forme antiques
étudiées patiemment à même les textes et reproduites
par sympathie d'imagination et de tempérament.
Encore faut-il faire exception pour le *Chant de fête de
Neron*, où à côté d'un pittoresque déjà original, commence à s'affirmer ce dilettantisme décoratif, qui sera
un des caractères du romantisme à sa seconde
période

Quant au style et à la versification de Chénier, Hugo,
comme Lamartine, ne leur doit *absolument* rien. Ce
moule laborieux était trop étroit, même pour leur imagination naissante Ils n'étaient pas hommes à se con-
sumer en de petites recherches d'expression, comme
celles où se complaît l'auteur de l'*Invention* Le souffle
lyrique l'image éclatante et fougueuse, — on trouve déjà
tout cela dans les *Odes* et c'était justement ce qui
manquait le plus à Chénier pour être un grand poète :

op. cit., p. 353) et surtout sa grande imagination ont fait tout
le reste.
1. Les *Iambes* et les *Elégies*.

où prendre chez lui des vers ayant l'envergure de
ceux-ci :

> Il viendra quand viendront les dernieres ténèbres ;
> Quand la source des jours tarira ses torrents,
> Qu'on verra les soleils, au fond des nuits funebres,
> *Pálir comme des yeux mourants...*
> Il viendra, quand l'orgueil et le crime et la haine
> De l'antique alliance auront enfreint le vœu ;
> Quand les peuples verront, craignant leur fin prochaine,
> Du monde decrepit se détacher la chaine,
> Les astres se heurter dans leur chemin de feu
> Et dans le ciel — ainsi qu'en des salles oisives
> Un hôte se promène attendant ses convives —
> *Passer et repasser l'ombre immense de Dieu* [1].

C'est précisément pour cela, parce que cette grande
inspiration lyrique appelait une tout autre forme que
l'alexandrin laborieux de Chénier, avec ses coupes
hasardeuses et *roulúes*, que Hugo s'est déclaré tout de
suite contre ces prétendues innovations. Par un secret
sentiment de grand harmoniste, il a compris qu'il
n'avait rien à tirer du vers ainsi désarticulé et rendu de
plus en plus voisin de la prose. Il voulait précisément le
contraire ; à l'encontre de Malherbe et des classiques
et à l'exemple de Ronsard, il voulait créer une langue
vraiment poétique. Pour cela il fallait renforcer le
rythme (que brisaient les coupes capricieuses de Chénier) et donner pour base à la mélodie un peu grêle de
l'alexandrin classique l'orchestration puissante qui
lui manquait. Exagérer le rythme par la sonorité des
syllabes, introduire des harmonies inconnues, en associant des sons jusque-là réputés incompatibles, tel est
bien le programme qu'il a suivi inconsciemment
depuis ses débuts ; des vers comme ceux ci :

> La sandale de Charlemagne,
> L'éperon de *Napoléon* [2]...

1. *L'Antechrist.*
2. *A la colonne.*

devaient faire bondir les classiques : de là vient la réputation de dureté qu'ils firent à Hugo, de même que
plus tard l'harmonie nouvelle de Wagner passa pour
un écorchement des oreilles.

Ainsi donc, la grande différence qu'il y a entre la
versification de Hugo et celle de Chénier, c'est que
celui-ci se préoccupait surtout des *coupes*, comme si
elles étaient l'essentiel du vers, tandis que Hugo se
rendait parfaitement compte que le vers est tout entier
dans le *rythme* et dans la rime qui le renforce, et qu'en
tout cas les coupes doivent être déterminées par le
rythme et non par les nécessités du sens logique. On
s'explique dès lors qu'avec un système aussi opposé,
il n'ait pas prêté grande attention aux innovations de
Chénier et même qu'il les ait condamnées Peut-être
pourrait-on alléguer qu'il s'est inspiré de lui dans les
vers brisés de *Cromwell*; mais l'influence de Népomucène Lemercier y est encore plus évidente [1], — sans
parler des exemples qu'il pouvait trouver dans les
poètes classiques du xviie siècle, Molière ou Corneille,
qu'il semble avoir beaucoup pratiqués alors. Ajoutons
enfin que Chénier ne paraît pas l'avoir beaucoup
préoccupé. Il ne le cite dans aucune de ses préfaces,
— pas même dans celle de *Cromwell*.

Il n'en est pas de même de Vigny et de Musset, dont
le tempérament poétique avait plus de ressemblance
avec celui d'André Chénier, — « Vigny soigneux et
fin », comme dit Sainte-Beuve, et Musset si habile au
pastiche. Il importe pourtant de rappeler que Vigny,
dans les éditions nouvelles de ses *Poèmes antiques*, leur
a assigné une date antérieure à l'édition de Latouche,
ou strictement contemporaine, — comme pour prévenir tout soupçon d'imitation Mais Sainte-Beuve a

---

1 Cf. Biré, *op. cit*, p 444.

insinué qu'il avait changé les dates à dessein [1]. D'autres acceptant les dates de Vigny croient à une influence indirecte de Millevoye, qui, comme on sait, était tout plein d'André Chénier : outre des poèmes dans le goût antiquisant, il a écrit des poèmes bibliques, qui auraient pu servir de modèle à *Suzanne au bain* et à *La Femme adultère*.

Mais ce qu'il y a de plus frappant dans les *Poèmes antiques* de Vigny, ce n'est pas seulement l'analogie des sujets avec ceux d'André Chénier, ce sont les ressemblances très intimes de la versification et du style. Millevoye n'a rien qui en approche Le vers, chez lui, est de coupe régulière et il a conservé l'allure flasque de l'alexandrin de Delille. Quant au style, c'est un ramassis d'expressions banales entremêlées de réminiscences de Chénier, qu'il énerve et qu'il décolore. Chez Vigny au contraire. s'il n'y a pas eu imitation. il faut avouer que la ressemblance tient du prodige [2]. On retrouve même les expressions de Chénier :

Car la vierge enfantine *auprès des matelots*
Admirait et la rame et l'écume *des flots*. (*Symétha*.)

. . . . . Étonnée et *loin des matelots*,
Elle tombe, elle crie, elle est *au sein des flots*.
                    (*La jeune Tarentine*.)

Venez, ô venez voir *comme Glycère est belle!* (*La Dryade*.)
Et me suivant des yeux disent : « *Comme elle est belle!* »
                    (*Chromis*.)

Et la *pêche* au duvet de *pourpre* colore... (*La Dryade*.)
Vois la *pourpre* des fleurs dont le *pêcher* se pare.
                    (*Le Chevrier*.)

---

1. Sainte-Beuve, *Nouveaux lundis*, VI, p. 404.
2. Les contemporains eux-mêmes croyaient a cette imitation, comme le prouve ce fragment de lettre de Soumet a J de Resseguier « J'ai entendu des vers ravissants d'un jeune homme nommé Alfred de Vigny ; c'est une élégie intitulée *la* (sic) *Somnambule* et *inspirée par André Chénier.* » Cité par Biré, *op. cit.*, p. 153.

Ailleurs c'est le tour qui est reproduit .

> Ida, lorsque j'entends *ta voix, ta jeune voix.* (*La Dryade.*)
> *Ces mains, ces vieilles mains* orneront ta statue.
> > (*Le jeune Malade.*)

Plus tard encore, il aura des coupes qui rappelleront celles de Chénier :

> . . . . . Elle jouait en marchant, toute belle,
> Toute blonde, amoureuse et fière; ‖ et c'est ainsi
> Qu'ils allèrent a pied jusqu'a Montmorency.
> > (*Les amants de Montmorency.*)

> Muses, vous savez tout, ô deesses, ‖ et nous
> Mortels, ne savons rien qui ne vienne de vous
> > (*L'Aveugle.*)

Il aura enfin un procédé déjà très employé par Chénier et qu'il développera, — celui des comparaisons continuées commençant par *ainsi* ou *quand* :

> Ainsi, quand de l'Euxin la déesse étonnée.. (*Hermès.*)
> Quand Junon, sur l'Ida, plut au maitre du monde. .
> > (*L'Art d'aimer.*)

> Ainsi le grand vieillard, en images hardies,
> Deployait le tissu des saintes melodies (*L'Aveugle.*)

> Quand l'ardente saison fait aimer les ruisseaux...
> > (*L'Art d'aimer.*)

Vigny dira :

> Ainsi dans les forêts de la Louisiane .. (*Eloa*)
> Quand la vive hirondelle est enfin reveillee...
> > (*La Dryade.*)

Il emploie aussi, comme Chénier, les apostrophes et les interrogations, dont Musset abusera dans *Rolla.* C'est un moyen de forcer l'attention, surtout au début d'une pièce .

> Vois-tu ce vieux tronc d'arbre aux immenses racines?
> > (*La Dryade.*)
> Déja, mon jeune epoux ? Quoi ? l'aube parait-elle?
> > (*Le Somnambule.*)

André Chénier avait écrit .

> Qui? moi? moi de Phœbus te dicter les leçons? (*Elégies*.)
> Pourquoi, belle Chryse, t'abandonnant aux voiles,
> T'éloigner de nos bords sur la foi des etoiles? (*Chryse.*)

Tout cela va se retrouver dans Musset qui, lui du moins, n'a pas essayé de cacher ses emprunts à Chénier encore en 1840 il compose une pièce sur un vers de lui

> Un vers d'André Chénier chantait dans ma mémoire [1].

D'autre part nous savons, par Sainte-Beuve, qu'il avait commencé par l'imiter. Parlant d'une première entrevue, où Musset lui avait lu de ses vers, Sainte-Beuve ajoute « Il m'en récita de charmants, un peu dans le goût d André Chénier [2] » Son frère nous a conservé d'ailleurs un fragment de ces premiers essais .

> Il vint pres des figuiers une vierge d'Athenes,
> Douce et blanche, puiser l'eau pure des fontaines
> — De marbre pour les bras, d'ebene pour les yeux —
> Son pere est Noemon de Crete aime des dieux,
> Elle, faible et revant, mit l'amphore sculptee
> Sous les lions d'airain peres de l'eau vantee
> Et feconds en cristal sonore et turbulent [3].

Par-ci, par-là, on rencontre des réminiscences de Chénier, attestant une lecture attentive

> *Adieu!* ta blanche main sur le clavier d'ivoire
> Durant les nuits d'ete *ne voltigera plus* (*Lucie*)
> *Adieu*, mon Clinias, moi, celle qui te plus,
> Moi, celle qui t'aimais, *tu ne me verras plus!* (*Néère*)
>
> . . . . . . *Pleure, fille adorée* (*Lucie.*)
> Pleure, pleure, c'est moi! *pleure, fille adorée*
>   (*Chénier*, p 62, v. 11)

---

1. Cf *Nouvelles poesies*, *Une soirée perdue*
2. *Souvenirs et indiscretions* (Ma biographie), p. 37.
3. Voir Paul de Musset, *Biographie d'Alfred de Musset*, p. 77

Vos yeux sont transparents comme *l'ambre fluide*
Au bord du Niemen. . . . . . .
(A quoi rêvent les jeunes filles.)

Ainsi des hauts sapins de la Finlande humide
De *l'ambre*, enfant du ciel, distille *l'or fluide* [1]...
(L'Invention.)

Mais il faut noter que, sauf dans ses premiers vers,
dans les *Contes d'Espagne et d'Italie*, dans les *Marrons du
feu*, dans *Mardoche*, — Musset n'a pas admis les innovations prosodiques de Chénier. Il est revenu de bonne
heure à l'alexandrin classique avec les rimes faibles
et l'allure un peu prosaïque du vers de Voltaire. En
revanche, la rhétorique de Chénier déjà développée
par Vigny, il la reprend et l'exagère · On ne dira
jamais assez tout ce que Musset a dû à Vigny [2], —

1 Il faut rapprocher le passage tout entier ·

. Et sa chute souvent rencontre dans les airs
Quelque insecte volant qu'il porte au fond des mers
De la Baltique enfin les vagues orageuses
Roulent et vont jeter ces larmes précieuses
Ou la fière Vistule en de nobles coteaux
Et le froid Niemen expirent dans les eaux

2. Par exemple *Dolorida* a servi de modèle aux *Contes
d'Espagne et d'Italie*. *Les amants de Montmorency*, c'est le
sujet même de *Rolla* :

Or c'était pour mourir qu'ils étaient venus la
Et Dieu? — Tel est le siècle, ils n'en parlèrent pas

Mais il faudrait étudier en détail le style des deux poètes
pour se rendre compte de toutes les imitations de Musset :

Est-ce sur de la neige ou sur une statue
Que cette lampe d'or dans l'ombre suspendue ' (*Rolla*)
Est-ce la volupté qui, par ses doux mystères,
Furtive a rallume ces lampes solitaires? (*Dolorida*)
Candeur des premiers jours, qu'êtes-vous devenus ' (*Lucie*)
D'où venez-vous, pudeur, noble crainte ô mystère ' (*L'loa*)

Mais Musset ne doit pas qu'a Vigny : croirait-on que le fameux
passage

Pâle etoile du soir, messagère lointaine .

expressions, tours de phrase, sujets de poème. Le procédé un peu artificiel des interrogations inattendues, des apostrophes brusques, marquant le commencement ou la reprise d'un développement, — il en a fixé la forme dans son *Rolla*. Mais tout cela est trop connu pour que nous insistions. Il suffit que nous indiquions l'influence de Chénier, soit directe, soit indirecte, par l'intermédiaire de Vigny.

Chez Sainte-Beuve, cette influence est encore plus évidente, — et rien n'est plus naturel, puisque c'est lui qui a imaginé de rattacher l'École nouvelle à André Chénier et qui a formulé la théorie du romantisme ainsi conçu. Remarquons d'abord que, de tous les jeunes gens du Cénacle, il était certainement le mieux fait pour le comprendre et l'aimer. Il y avait entre eux sympathie de cœur et de talent. Le goût de la poésie macabre et des curiosités maladives ou malsaines, voilà à quoi se réduit le romantisme de Sainte-Beuve, et l'on sait que s'il n'y renonça jamais complètement, il se complut de bonne heure à n'y voir qu'une folie de jeunesse. Il essaya encore de se composer une sorte d'originalité du sentiment de son impuissance et d'une pitié un peu amère pour les existences manquées et souffreteuses. Mais cela même, il pouvait le garder sans renier son vrai fond, qui était classique. Il était classique à la façon d'André Chénier, avec la foi rationaliste du XVIIIe siècle en moins et au contraire, en toutes choses, un dilettantisme sceptique,

est emprunté presque textuellement à M.-J. Chénier?

    Étoile de la nuit dont la tête brillante
    Sort du nuage épais qui rembrunit les cieux,
    Astre qui parcourant sa route étincelante
    Imprime sur l'azur tes pas silencieux,
        Que regardes-tu dans la plaine?

Cf. *OEuvres complètes* de Chénier, t. I (Chants imités d'Ossian, *les Chants de Selma*).

qui rappelle Montaigne. Comme Chénier, il a de bonne heure la manie de la petite érudition, la passion de la scolie et du bouquin [1]. C'était un alexandrin qui devait finir bibliothécaire il le fut à la Mazarine, il fut même bibliophile, collectionneur d'éditions rares ou illustres Il couvait en lui un philologue à la Boissonade, s'empressant autour de vétilles laborieuses et d'auteurs minuscules. Comme Chénier encore, il aimait le grec. Il annotait de sa main un exemplaire d'Homère [2], lisait et relisait l'*Anthologie*, où il trouvait de quoi repaître sa manie de l'infiniment petit [3]. Il prenait même un professeur de grec [4], ne manquait pas une occasion d'affirmer sa compétence dans la matière, qu'il s'agît d'Apollonius de Rhodes, de Théocrite ou d'Euphorion de Chalcis [5], et, chose importante à noter, son goût allait de préférence aux alexandrins comme celui d'André Chénier.

Avec cela, — comme Chénier toujours, — le rêve d'une existence paisible et retirée, de la petite maison à la campagne, « du ruisseau qui murmure » et du « frais ombrage », et les livres soigneusement triés, le

---

1. Cette passion de bibliophile se développa surtout pendant les dernieres annees de sa vie, *Souvenirs et indiscrétions* (Ma biographie).

2. Voir *op. cit.*, p. 172 (Notice par Jules Troubat). — A partir de 1840, il est loge a l'Institut comme bibliothecaire : « Dès lors, je me trouvais riche ou tres à l'aise pour la première fois de ma vie. Je me remis a l'étude, *je rappris le grec.* » (*Op. cit.*, p. 172)

3. Barbey d'Aurevilly lui appliquait le vers de La Fontaine :

La moindre taupinée à ses yeux etait mont

(Cf. *Les OEuvres et les Hommes.*)

4 *Souvenirs et indiscrétions*, p. 139 et suiv

5. Article sur Apollonius de Rhodes, *Portraits contemporains*, V, p. 359; — sur Euphorion, *ibid*, p. 445, — sur Theocrite, *Portraits littéraires*, III, p 3; — sur les pretentions de Sainte-Beuve comme philologue, voir aussi la préface de l'edition de l'*Odyssée*, par A. Pierron (*ad finem*).

cercle d'amis choisis, la servante accorte et empressée.
Tout un épicuréisme bourgeois sentant le lettré de
l'ancien temps et le vieux garçon. De là ses sympathies et même son admiration pour Horace et pour
Béranger[1].

Faut-il donc s'étonner que, — romantique à son
heure, — il ait si mal compris le romantisme et que
lui, critique, il n'ait pas su diriger ni conseiller ses
amis[2]? En réalité, il n'était pas d'avec eux et la rupture était inévitable. Ce qu'il voyait dans le romantisme, c'en était presque uniquement la sentimentalité élégiaque[3], ce qui n'était qu'un caractère très
superficiel. Qu'on ajoute à cela ces curiosités de dilettante, dont nous parlions tout à l'heure, et cette note
macabre qu'on retrouvera plus tard chez Baudelaire[4].
Mais encore une fois, c'est la nuance élégiaque qui
domine. Il n'est pas bien sûr que, dans son for intérieur, il n'ait préféré Mmes Tastu et Desbordes-Valmore
à Musset et à Lamartine lui-même. Comment, avec des
goûts comme ceux-là, aider, par exemple, Hugo à
débrouiller ce qu'il y avait de confus, mais aussi de
puissant et de fécond dans la préface de *Cromwell*? Et,
de son côté, il n'a pas lancé une seule idée vraiment
forte et neuve, vraiment riche d'avenir. Plus tard
encore, quand le classique qu'il était aura définitivement triomphé en lui, il s'établira dans le contresens
perpétuel de son temps, il fera cause commune avec
les Nisard et les Saint-Marc-Girardin, il prêchera

1. Il appelle Béranger « notre grand Béranger » (*Pensées de
Joseph Delorme*, p. 156). Voir, entre autres, l'article elogieux
qu'il lui consacre, *Nouveaux lundis*, t. I, p. 119.
2. C'est une remarque qui a déja ete faite par A. Michiels
dans son curieux livre : *Histoire des idees littéraires au
XIXᵉ siècle et de leurs origines dans les siècles antérieurs.*
3. Cf. *Pensées de Joseph Delorme*, p 154.
4. Noter d'ailleurs que Sainte-Beuve s'est montré en somme
indulgent pour les *Fleurs du mal.*

contre Hugo et Balzac. A la génialité tumultueuse et
exubérante de ces deux grands modernes, il opposera
le goût, la douceur, l'harmonie virgiliennes [1], comme
si vraiment il s'agissait de cela !

Justement pour ces raisons, parce que, sans le savoir
lui-même et dès ses débuts, il était déjà à rebours du
romantisme, ni son *Tableau de la poésie française au
XIX° siècle*, ni ses *Pensées de Joseph Delorme*, n'eurent
une action sérieuse et durable sur les contemporains,
du moins celle que Sainte-Beuve aurait voulu. Il commence par poser qu'André Chénier est le véritable
initiateur de l'école moderne, ou tout au moins qu'il y
a entre l'un et l'autre « une certaine communauté de
principes et de vues sur l'art [2] ». Ce qui est tout au
moins contestable. D'ailleurs il ne dit rien du fond, ou
si peu que rien et ne semble se préoccuper que des
questions de forme. Il est vrai qu'il écrit, dans les
Pensées, que la poésie d'André Chénier « est en quelque
sorte le paysage dont Lamartine a fait le ciel [3] ». On
ne sait trop ce que cela veut dire. Il est certain que le
vrai Lamartine, le grand poète primitif, dégagé de
toute réminiscence classique, est tout l'opposé de
Chénier. Celui qui, brisant toute forme précise, nous
introduit dans le monde immense et vague de la
musique, n'a rien à voir avec le sculpteur amoureux
de la ligne et guidé par les canons étroits de l'art
païen, ou même avec l'arrangeur de syllabes mélo-
dieuses

Mais, pour nous en tenir strictement aux questions
de forme comme Sainte-Beuve, — quelles sont donc
les nouveautés de prosodie et de style dont il fait honneur à André Chénier? — D'abord un type d'alexan-

---

1. Cf. *Étude sur Virgile*, p. 103.
2. Notes dans les *Poésies complètes*, p. 135.
3. *Pensées de Joseph Delorme*, p. 146.

drin qu'il définit ainsi : « Les vers de cette espèce sont
pleins et immenses, drus et spacieux, tout d'une venue
et tout d'un bloc jetés d'un seul et large coup de pinceau,... et quoiqu'ils semblent tenir de bien près au
talent individuel de l'artiste, on ne saurait nier qu'ils
ne se rattachent aussi à la manière et à la facture. On
en trouve très rarement de pareils dans la vieille
école, même chez Racine, et les nouveaux poètes en
offrent des exemples en foule [1]. » Il cite en exemple
des vers comme ceux-ci ·

L'or relaisait partout aux axes de tes chars (Chenier).
Car en de longs détours de chansons vagabondes .. (Id)

Sans vouloir entrer dans une discussion stérile, on
peut induire des restrictions mêmes de Sainte-Beuve,
que cette sorte de vers n'a rien de propre à Chénier et
que s'il est vrai qu'on en rencontre plus souvent chez
lui et les modernes que chez les classiques, cela tient
sans doute à la différence des genres plus qu'à la différence des écoles. Ce vers « plein » qui est de mise
dans l'épopée ou dans la poésie lyrique eût été déplacé
dans la tragédie. Je veux bien que les exemples de
Chénier surtout signalés avec cette insistance par
Sainte-Beuve aient été écoutés des romantiques. Mais
pour trouver des vers semblables, il leur suffisait
d'être de vrais poètes : la largeur du souffle appelait
tout naturellement l'envergure et l'essor du vers.

Pour ce qui est des innovations prosodiques proprement dites, nous nous en sommes déjà expliqués plus
haut. Sainte-Beuve nous dit · « Avec la rime riche, la
césure mobile et le libre enjambement elle [la jeune
école] a pourvu à tout et s'est créé un instrument à la
fois puissant et souple [2] ». — Encore une fois, c'était

1. *Pensées de Joseph Delorme*, p. 141.
2. *Ibid*, p. 136.

mettre la charrue avant les bœufs. La césure et les
enjambements doivent être déterminés par le rythme,
qui lui-même est soumis à la pensée ou à l'émotion du
poète. Une vraie réforme devait commencer par poser
la nécessité de renforcer le rythme, dont le vers français, comme la langue elle-même, est presque totalement dépourvu. Faute de cela, on courait le risque de
précipiter de plus en plus le poète dans la prose, en
négligeant de lui rappeler que la phrase logique, en
poésie, doit se confondre avec la phrase mélodique, qui,
dans tous les cas, la précède et peut-être l'engendre [1].

Enfin, dans le style de Chénier, Sainte-Beuve distingue deux procédés essentiels . « 1º Au lieu du mot
vaguement abstrait, métaphysique et sentimental,
employer le *mot propre et pittoresque*. — 2º Tout en
usant du mot propre et pittoresque, .. employer à
l'occasion et placer à propos quelques-uns de ces mots
indéfinis, inexplicables, flottants, qui laissent deviner
la pensée sous leur ampleur [2]. » La remarque est fort
juste en ce qui concerne Chénier et on ne peut lui
reprocher qu'une chose, c'est la tendance à transformer
en procédé ce qui doit être, chez le poète, purement
instinctif et d'inspiration. La recherche du mot propre
et pittoresque est d'ailleurs une opération analytique
qui convient mieux au romancier qu'au poète. Sa princi-
pale faculté, à lui, c'est l'invention de la *métaphore* ou de
l'*image*. Si Hugo semble l'avoir oublié quelquefois dans
les *Orientales*, je ne crois pas cependant que la faute
en soit à Chénier, ou à Sainte-Beuve : il y avait
l'exemple de Chateaubriand, dont l'action a été bien
autrement forte sur le Hugo des premières années, il

---

1. Il est juste de dire que Sainte-Beuve a fait lui-même cette
distinction de la phrase logique et de la phrase mélodique
(*op. cit.*, p 154); mais il ne semble pas y attribuer toute
l'importance qu'il faudrait.
2. *Pensées de Joseph Delorme*, p. 151.

y avait surtout celui des coloristes romantiques, les
Devéria les Boulanger, les Delacroix.

On ne voit donc pas ce qu'il y avait de neuf et de
fécond dans la poétique nouvelle. que Sainte-Beuve
avait extraite de l'œuvre d'André Chénier. D'autre part,
quel qu'ait été l'engouement de la première heure, il
faut singulièrement restreindre son influence   Hugo
et Lamartine y ont presque totalement échappé
Musset. qui l'imite d'abord revient de bonne heure à
l'alexandrin classique et n'en garde que certaines
formes de développement déjà employées par Vigny.
Quant à celui-ci et à Sainte-Beuve, qui semblent l'avoir
étudié de plus près. ce sont des isolés ce n'est que
beaucoup plus tard que les parnassiens s'aviseront
d'aller chercher chez eux de nouveaux procédés de
style et de versification [1].

En somme. ce que les romantiques ont dû à Chénier
se réduit à ceci d'abord il leur a offert l'idée d'un
vrai poète en un temps absolument dépourvu de
poésie. Ensuite ils ont pu se réclamer de lui pour
autoriser dans la langue et dans la prosodie des inno-

1. On se rappelle l'éloge que Leconte de Lisle a fait de Vigny
dans son discours de réception à l'Académie française Remarquons à ce propos combien les parnassiens ressemblent non
seulement à André Chénier, mais aux classiques décadents
du xviiiᵉ siècle La génération actuelle a dû répudier leur
discipline. tout comme les romantiques durent répudier celle
des classiques pour retrouver le sens de la poésie La littérature des parnassiens s'est formée sous l'influence de l'idéologie de Taine. de la sophistique et du dilettantisme de Renan,
comme celle de la fin du xviiiᵉ siècle et de l'Empire, sous
l'influence de l'idéologie des encyclopédistes et de la sophistique de Diderot et de ses émules. Pour les parnassiens.
comme pour les pseudo-classiques, l'art est avant tout une
question de forme et de style Le poète en particulier est un
fabricant d'émotions et d'images ou le metteur en vers de
formules philosophiques ou scientifiques Avec le sens du
lyrisme, ils ont perdu le grand sens poétique des choses, que
nos symbolistes s'efforcent de retrouver

vations qui cependant sont très différentes des siennes,
pour ne pas dire qu'elles leur sont diamétralement
opposées

III

Nous venons d'étudier les rapports du romantisme
avec la tradition classique du xviiie siècle, puis avec
l'école antiquisante d'André Chénier il nous reste à
voir ce qu'il a dû aux poètes de la Pléiade, et en
général à l'art de la Renaissance, — c'est-à-dire au
classicisme sous sa première forme.

Bien plus que du recueil de Latouche, on peut dire
du *Tableau de la poesie française au XVIᵉ siecle*, qu'il a
beaucoup servi au second Cénacle, quoique cependant
dans un tout autre sens que Sainte-Beuve ne l'aurait
voulu. Ce fut l'Académie française qui inspira au futur
ami de V Hugo l'idée de traiter ce sujet, en le mettant au concours pour le prix d'éloquence, en 1826 [1].
Son travail parut d'abord par articles, dans le *Globe*,
pendant l'année 1827 L'année suivante, les articles
étaient réunis en un volume, auquel faisait suite un
recueil de morceaux choisis de Ronsard L'auteur
disait dans la préface du second volume « Pour qui
se donnera la peine de rapprocher les doctrines éparses
dans ce commentaire et dans mon *Tableau de la poesie
au XVIᵉ siecle*, il en sortira toute une poétique nouvelle,
dont je suis loin d'ailleurs de me prétendre l'inventeur ». — Malgré la restriction modeste de la fin,
c'était encore un peu ambitieux et Sainte-Beuve se
trompait. Toujours est-il que l'ouvrage fut très lu des
romantiques et que l'influence en fut considérable.

Lorsqu'il était encore dans sa nouveauté, Hugo, sui

1. Preface de la 1ʳᵉ édition du *Tableau*.

vant la mode du temps, s'empressa de lui emprunter des épigraphes. On vit en tête des *Ballades* les noms de Ronsard, de Baïf, de Remi-Belleau. Mais c'eût été peu de chose, si l'exemple du chef de la Pléiade n'avait révélé au Cénacle et spécialement à Hugo, que la première tâche et la plus pressante à exécuter, c'était la réforme de la langue poétique et de la versification. Déjà en 1826, Hugo écrivait dans une préface des *Odes* : « Plus on dédaigne la rhétorique, plus il sied de respecter la grammaire. On ne doit détrôner Aristote que pour faire régner Vaugelas. » — Huit ans plus tard, la Révolution était accomplie et il se plaisait à se représenter à ses débuts comme « un pauvre jeune écrivain consciencieux, honnête et courageux, *philologue comme Dante, en même temps que poète, nourri des meilleures études classiques, lequel avait peut-être passé sa jeunesse à ne remporter dans les collèges que des prix de grammaire* [1] ». Expliquant le sens de la réforme, il ajoutait : « La langue a été retrempée à ses origines, voilà tout. Seulement, — et encore avec une réserve extrême, — on a remis en circulation un certain nombre de mots nécessaires ou utiles. Nous ne sachons pas qu'on ait fait des mots nouveaux. Or ce sont les mots nouveaux, es mots inventés, les mots faits artificiellement qui détruisent le tissu d'une langue. On s'en est gardé. Quelques mots frustes ont été refrappés au coin de leurs étymologies. D'autres tombés en banalité et détournés de leur vraie signification ont été ramassés sur le pavé et soigneusement replacés dans leur sens propre. »

Passant enfin à la versification, il disait : « Elle a été remaniée dans le vers par le mètre, dans la strophe par le rythme : *De là une harmonie toute neuve, plus riche*

1. *Littérature et philosophie mêlées* (Préface).

que l'ancienne, plus compliquee, plus profonde et qui gagne tous les jours de nouvelles octaves ». Le passage n'est peut-être pas toujours très clair. Mais quoi qu'il en soit, il est évident que Hugo, chef d'école, a très nettement compris l'importance des questions de métier en littérature, comme dans tous les autres arts. Bien plus, il a vu que ces questions devaient primer toutes les autres, si l'on voulait faire œuvre durable : « Dans tout grand écrivain, il doit y avoir un grand grammairien, comme un grand algébriste dans tout grand astronome [1] ».

Il faudrait étudier en détail l'œuvre de Hugo à partir des *Ballades* pour se rendre compte de tout ce que sa langue a dû aux poètes et aux prosateurs du xvie siècle, mais particulièrement *Notre-Dame de Paris*, où les imitations de Régnier et de Rabelais abondent : Rabelais surtout semble avoir fourni, bien que Hugo ne le cite même pas dans le passage qui nous occupe, et qu'à la poésie de Régnier il n'oppose que la prose de P. Mathieu, dont il fait un étourdissant éloge [2]. Rabelais, c'était le grand réservoir de la langue, où tout se mêlait, bon et mauvais, mots pédants et mots populaires, où il n'y avait qu'à choisir et à prendre. Théophile Gautier l'a beaucoup pratiqué [3], Balzac l'a pastiché dans ses *Contes drolatiques*. Plus tard encore, dans *William Shakespeare*, Hugo mieux avisé qu'ici le mettait au nombre des quatorze grands génies de l'humanité. Musset est tout plein de Régnier [4], à qui justement Sainte-Beuve avait consacré un article spécial, qui fut

1. *Loc. cit.*
2 Certainement Hugo n'a cité l'obscur Pierre Mathieu que pour le plaisir d'étaler son erudition · cette manie perce dès ses premiers articles.
3 Se rappeler la fin d'*Albertus*, sans parler des *Contes goguenards*
4. Voir l'*Épitre sur la Paresse*.

inséré par la suite dans son *Tableau*. Mais ce sont surtout les procédés d'enrichissement de la langue pratiqués par Ronsard, que nous retrouvons chez les
romantiques Nul doute que Hugo n'ait lu et médité ce
retentissant passage, qui était reproduit tout au long
dans les *Œuvres choisies* : « Tu practiqueras bien souvent les artisans de tous métiers, comme de marine,
vénerie, fauconnerie et principalement *les artisans du
feu*, orfèvres, fondeurs, mareschaux, minéraillers; et
de là tireras maintes belles et vives comparaisons
avecque les *noms propres* des métiers, pour enrichir ton
œuvre et le rendre plus agréable et parfaict, car tout
ainsi qu'on ne peut véritablement dire un corps
humain, beau, plaisant et accomply, s'il n'est composé
de sang, veines, artères et tendons et surtout d'une
plaisante couleur; ainsi la poésie ne peut être plaisante sans belles inventions, descriptions, comparaisons, qui sont les nerfs et la vie du livre qui veult
forcer les siècles [1] ». Dès les *Ballades*, Hugo applique
la théorie, il met à contribution les vocabulaires spéciaux.

> D'abord les *piquiers* aux pas lourds,
> Puis sous l'étendard qu'on deploie,
> Les barons en robe de soie,
> Avec leurs *mortiers* de velours [2]

A mesure que le sens de la vie et de la beauté des
mots grandira en lui, ce sera un véritable déborde-
ment de termes techniques. Dans la *Legende du beau
Pécopin*, blason, vénerie, navigation, tous les diction-
naires y passent; et ce sera encore pis dans les *Travailleurs de la mer*. Les disciples eux-mêmes, comme
Théophile Gautier, qui lisait avec assiduité des dic-
tionnaires de métier, resteront bien en deçà du maître.

1. *Œuvres choisies de Ronsard* (Préface de la *Franciade*).
2. Odes : *La Fiancee du Timbalier*.

Ronsard recommandait encore l'emploi de tous les dialectes de la langue « Outre, je l'adverty de ne faire conscience de remettre en usage les antiques vocables et principalement ceux du dialecte wallon et picard, lequel nous reste par tant de siècles l'exemplaire naïf de la langue française, j'entens de celle qui eut cours après que le latin n'eut plus d'usage en notre Gaule, et choisir les mots les plus prégnants et significatifs non seulement dudit langage, mais de toutes les provinces de France, pour servir à la poésie, lorsque tu en auras besoin [1] » Les dialectes chez nous n'existant plus qu'à l état de patois, Hugo n'a pu suivre Ronsard sur ce terrain Pourtant, dans le *Dernier jour d'un condamné* et, ensuite, dans les *Miserables*, il n'a pas reculé devant l'argot. Il allègue l'exemple d'Eugène Sué et de Balzac, plus loin celui de Plaute qui a fait parler le phénicien à deux soldats carthaginois, Molière où l'on trouve toutes sortes de patois et même du levantin [2].

Dans les procédés de versification, l'analogie et l'imitation ne sont pas moins frappantes. Comme on l'a déjà remarqué, ce n'est qu'à partir de sa liaison avec Sainte-Beuve, c'est-à-dire après la publication du *Tableau*, que Hugo devient franchement novateur en prosodie. Cependant on a trop exagéré, je crois, l'importance de certains tours de force imités de Ronsard, de Remi Belleau ou de Joachim Du Bellay [3], comme la *Chasse du Burgrave*, le *Pas d'armes du roi Jean*, la *Rime* de Sainte-Beuve, la *Ballade à la lune* d'Alfred de Musset. Ce qu'il y a d'essentiel, comme Hugo lui-même le disait, ç'a été la création de toute une variété de strophes inconnues des classiques ou tombées en

---

1 *Œuvres choisies de Ronsard* (Préface de la *Franciade*).
2 Voir les *Miserables*, 4ᵉ partie, liv. VII.
3. Le rythme de la *Chasse du Burgrave* a ete employé par J. Du Bellay, cf. Biré, *op. cit*, p. 461.

désuétude. D'après Ronsard et ses amis, Hugo et les
romantiques ont été de véritables « architectes » en
poésie Par exemple la grande strophe de douze vers a
été très probablement inspirée par la strophe des odes
pindariques de Ronsard Seulement Hugo l'a rendue
plus solide et incomparablement plus sonore en tri-
plant les rimes [1]. Mais le plus grand progrès, ç'a été
le développement de l'*harmonie* du vers et le renforce-
ment du rythme Pour cela encore, les *OEuvres choisies
de Ronsard* offraient d'abondants modèles :

> Donne que de son sang il enyvre la terre
> Et que ses compagnons. au milieu de la guerre,
> Renversez a ses pieds *haletants* et *ardents*,
> Mordent dessus le *champ* la poudre entre leurs *dents* [2].

Voilà de ces vers fortement musclés comme on les
aimait dans l'entourage de V Hugo c'était le vers de
l'avenir ébauché avec ses effets harmoniques de plus
en plus complexes et la variété de ses coupes déter
minées uniquement par le rythme et non plus, comme
chez André Chénier, par les besoins logiques de la
phrase ou la fantaisie du poète.

Ainsi donc le romantisme a été tout d'abord une
rénovation de la langue et de la prosodie accomplie
sous l'influence du classicisme archaïque du XVIᵉ siècle. On ne s'en étonnera que si l'on méconnaît l'importance des questions de forme en art De nos jours
encore, ne voyons-nous pas les symbolistes repasser
par les mêmes chemins que les romantiques et au
milieu des mêmes dénigrements et de la même malveillance inintelligente, essayer d'un instrument nouveau,

---

1. Voir en particulier l'*Ode à Monsieur David, statuaire,*
dans les *Feuilles d'Automne*, VIII, et comparer, dans les
OEuvres choisies de Ronsard, avec l'*Ode à Michel de l'Hôpital.*
2. *OEuvres choisies de Ronsard,* p. 368.

sans bien savoir encore quel nouveau chant ils apportent ?

Mais on ne doit pas s'arrêter à ces analogies tout
extérieures : cette langue regorgeante du xvı° siècle,
avec ses audaces pittoresques et ses familiarités brusques, apportait un souffle de liberté, — le même qui
emportait les romantiques. On sentait, chez les
hommes de la Pléiade, toutes les ardeurs, toutes les
espérances, toutes les grandes ambitions poétiques,
qui fermentaient autour de soi. On se remettait à les
aimer, par sympathie naturelle d'abord, puis en haine
des classiques qui les avaient décriés. A mesure qu'on
les connaissait mieux, ce n'était pas eux seulement,
c'était leur époque tout entière qu'on aimait : leur
art d'abord, — leur architecture encore toute française,
rajeunissement de l'architecture jolie et maniérée du
xvᵉ siècle. Dans ses voyages à Blois chez son père [1],
Hugo avait pu admirer le château avec « sa tour
octogone »

> Qui fait à ses huit pans hurler une gorgone [2].

Il avait visité les châteaux de la Loire, Chambord surtout qu'il appelle « l'Alhambra de la France » et dont
le délabrement lui arrachait un cri d'indignation dans
sa fameuse brochure : *Guerre aux démolisseurs* (1825).
Mais c'est particulièrement la peinture et la sculpture
de la Renaissance qu'on exaltait. Le culte des primitifs allemands de l'École de Cologne ne viendra que
plus tard dans l'entourage de Célestin Nanteuil. D'ailleurs on distinguait mal les tendances païennes et les
tendances mystiques de la renaissance italienne et les
madones de Raphaël passaient pour des chefs-d'œuvre

---

1. Le général Hugo s'était fixé aux environs de Blois, à
Saint-Lazare; cf. Biré, *op. cit.*, p. 233.
2. *Les Feuilles d'automne*, à Louis B., II.

de l'art religieux Encore en 1840, Rio, dans son
curieux livre de l'*Art chrétien*, semblait, lui aussi, autoriser la confusion Mais qu'importe? Rien de tout cela
n'était classique et c'était tout ce que l'on demandait :
« Pour nous, dit Théophile Gautier, le monde se divi-
sait en *flamboyants* et en *grisâtres*, les uns, objets de notre
amour, les autres, de notre aversion. Nous voulions
la vie, la lumière, le mouvement, l'audace de la pensée
et de l'exécution, le *retour aux belles époques de la Renaissance et de la vraie antiquité* [1]. » Gautier parle surtout
ici des peintres, mais il y avait des peintres dans le
Cénacle et c'était entre eux et les poètes un échange
perpétuel d'aperçus et d'idées Eugène Delacroix,
Louis Boulanger, Achille et Eugène Devéria ne pouvaient qu'encourager chez leurs amis le culte du
xvi⁰ siècle. La trinité des coloristes, c'était Rubens,
le Titien, Paul Véronèse. Eugène Devéria, dans sa
Naissance de Henri IV, rappelait à la fois la galerie de
Médicis et les *Noces de Cana* On se reprenait de goût
pour les ajustements fastueux comme des Vénitiens
du xvi⁰ siècle On aimait les satins, les damas, les
joyaux et « on se serait volontiers promené en robe
de brocart d'or comme un magnifique du Titien ou de
Bonifazio [2] ». On essayait au moins de donner un peu
de pittoresque à l'affreux costume moderne. Jehan du
Seigneur portait un pourpoint de velours noir « emboî-
tant exactement la poitrine et se laçant par derrière [3] ».
Eugène Devéria se drapait dans une cape à l'espagnole
et portait le feutre à la Rubens, et tout le monde connaît le « gilet rouge » de Théophile Gautier et la robe
de dominicain de Balzac On aurait voulu ramener dans
les mœurs le faste princier de la vie et l'éblouissement

1 *Histoire du romantisme*, p. 93
2. Gautier, *Histoire du romantisme*, p. 93.
3 *Ibid.*, p 32

des fêtes. Les romans d'alors sont remplis de descriptions éclatantes traversées à tout instant de réminiscences des grands peintres-décorateurs de la
Renaissance . on ne rêve plus que de lévriers cravatés
d'écarlate, de négrillons en pagnes de soie multicolore,
portant des orfèvreries qui sont des chefs-d'œuvre,
de coupes de Venise épanouies et fragiles comme des
fleurs, de courtisanes parées en princesses fabuleuses
et admirablement belles, qui conduisent d'invraisemblables orgies [1]

Ce que la littérature romantique en a retenu, c'est
le *goût du décor*, qui est beaucoup plus complexe qu'on
ne pense et qui tient au plus profond de l'âme moderne. Ce goût s'affirme avec une extraordinaire puissance chez Hugo. On nous dit même qu'il y avait chez
lui la vocation d'un peintre-décorateur du plus grand
mérite Ses dessins en font foi · « Ses moindres cro-
quis sont des indications de décor [2] ». Il faisait même
mieux : à une répétition de *Lucrece Borgia,* mécontent
d'un détail décoratif, il fit apporter de la couleur et
des pinceaux et, séance tenante, il se mit à rectifier
le contresens du peintre [3]. — Du moins on peut
dire qu'au théâtre, il est, avec Wagner, celui qui a
inventé les plus prestigieux décors : qu'on se rappelle plutôt, — à cette dernière scène de *Marion Delorme,* — le passage de la litière du cardinal; ailleurs,
les noces de Doña Sol et d'Hernani dans Saragosse

1. Cf. *Fortunio* dans les *Nouvelles* de Th Gautier, la description de l'orgie dans la *Peau de Chagrin* de Balzac.
2. Philippe Burty, *Maîtres et petits maîtres,* p 320.
3 *Loc cit* — Sur les aptitudes de Hugo, comme dessinateur,
cf. aussi Th. Gautier dans son *Histoire du romantisme,* p. 130.
— Les rubriques de Hugo sont aussi très intéressantes a
consulter : « Dans l'architecture, dans les ameublements, dans
les vêtements, le goût de la Renaissance — Le Roi, comme
l'a peint Titien. — Triboulet, dans son costume de fou, comme
l'a peint Bonifazio. » (*Le Roi s'amuse.*)

illuminée· et surtout, au premier acte du *Roi s'amuse*,
cette vision de la cour de François Ier, qui semble une
transposition de Rubens ou de Paul Véronèse. — Dans
ses vers et dans ses romans, le décor se retrouve avec
la même largeur et la même maîtrise. Il y aurait bien
des passages à citer dans ses premiers recueils; mais
qui ne se souvient de ces vers de la *Legende des siècles* :

> On voit un grand palais, comme au fond d'une gloire,
> Un parc, de clairs viviers où les biches vont boire
> Et des paons étoiles sous les bois chevelus [1].

Ou encore de *Ruth et Booz*, la « faucille d'or dans le
champ des étoiles »[?] — Plus tard Flaubert, spécialement dans *Salammbô*, ne fera qu'hériter du maître lorsqu'il écrira ses grandes pages décoratives

En même temps que l'art plastique du xvie siècle,
les romantiques en ont étudié aussi passionnément
l'art littéraire Par delà les poètes de la Pléiade, qui
n'ont de commun avec eux que la fougue de jeunesse
et l'ardeur d'ambition. mais qui se précipitent sous la
discipline classique, ils sont allés d'instinct aux maîtres étrangers qui ont le plus fortement exprimé le
reve de cette grande époque : Shakespeare d'abord,
que Hugo comprenait encore très mal en 1820 [2], mais
qu'il put voir représenter sept ans plus tard à l'Odéon
par une troupe anglaise [3]. — puis Dante, qu'Antony
Deschamps traduisait en vers en 1829, — Gœthe tout
plein lui aussi de cet esprit paien de la Renaissance,
— les espagnols malheureusement trop mal connus [4],

---

1. *La Rose de l'Infante*
2. Voir plus haut
3. Cf. Bire, *op cit.*, p. 437.
4. Cf. Morel-Fatio, *Études sur l'Espagne*, I, p. 78 — Il convient cependant de rappeler que G. de Schlegel, dans son
Cours de littérature dramatique avait un des premiers appelé
l'attention sur le théâtre espagnol Rien n'empêche d'ailleurs
de supposer que Hugo, qui savait assez bien la langue, avait lu

mais pour qui les romantiques eurent toujours un
culte c'est là certainement ce qu'il y eut de plus
solide dans leurs admirations, en tout cas de plus
caractéristique. Ils purent en avoir d'autres, mais qui
ne furent que des fantaisies ou qui ne répondaient
qu'à des besoins factices ou éphémères On peut dire
qu'en général l'influence de l'esprit germanique a été
très faible sur le romantisme. De Byron lui-même, ce
qu'on admira le plus, ce fut l'instinct de révolte et
d'indépendance, les allures cavalières, l'exotisme et la
couleur locale, — tout ce qu'on cherchait chez les
maîtres du xvie siècle N'est-il pas digne de remarque
aussi que, sur dix drames que Hugo nous a laissés,
six empruntent leur sujet à l'époque de la Renaissance?

C'est qu'au fond on se sentait de même famille, qu'on
avait le même but et le même désir : « Les générations
actuelles, disait plus tard un survivant de ces temps
héroïques, doivent se figurer difficilement l'effervescence des esprits à cette époque; il s'opérait un mouvement pareil à celui de la Renaissance. Une sève de
vie nouvelle circulait impétueusement. Tout germait,
tout bourgeonnait, tout éclatait à la fois. Des par-
fums vertigineux se dégageaient des fleurs; l air grisait,
on était fou de lyrisme et d'art. Il semblait qu'on vînt
de retrouver le grand secret perdu, et cela était vrai,
on avait retrouvé la poésie [1]. »

S'il en est ainsi, on voit de quelle importance fut
pour le romantisme le *Tableau de la poésie française au*
XVIe siècle de Sainte-Beuve. Evidemment il ne créa pas

dans le texte Calderon et Lope de Vega. — Son frère Abel
publia en 1822 des *Romances historiques*, traduction du
Romancero, dont il se servit pour les *Orientales*. En 1825,
paraissait le *Théâtre de Clara Gazul*, la fameuse mystification
de Mérimée

1. Théophile Gautier, *Histoire du romantisme*, p 2

ce mouvement, mais il l'accéléra sans le savoir. Par la
force des choses, celui-ci s'émancipa tout de suite, il
déborda hors du cadre que Sainte-Beuve semblait vouloir lui tracer, jusqu'à ce que Sainte-Beuve lui-même
s'y perdît et ne comprît plus.

Et ainsi, à prendre la définition dans un sens très
large, le romantisme français apparaît d'abord comme
une renaissance de la Renaissance

IV

Nous avons dépassé maintenant les limites extrêmes
du classicisme et même nous avons déjà vu le romantisme s'y opposer en s'affirmant Il nous reste à
définir celui-ci, afin de préciser les différences et surtout, après que nous avons raconté la faiblesse et la
décrépitude de l'ancienne école, pour justifier le
triomphe d'une esthétique nouvelle.

Qu'est-ce donc que le romantisme? — Personne ne
songe plus, dieu merci! à y voir la restauration d'un
moyen âge et d'un catholicisme artificiels. A ce compte
les poètes de l'Empire seraient nos vrais romantiques.
Ce n'est pas non plus l'avènement de la mélancolie ou
du rêve dans la littérature et spécialement dans la
poésie Jean-Jacques et Chateaubriand seraient alors
les deux plus grands noms de l'école. Et ce n'est pas
davantage le triomphe de la littérature personnelle,
une sorte de perversion de tous les genres littéraires
par l'envahissement du *moi* en ce sens, le *Candide* de
Voltaire et en général toutes les tragédies philosophiques du xviiie siècle seraient aussi romantiques que
Ruy-Blas ou *Hernani*. Le romantisme n'a fait que
défendre les droits de l'artiste et surtout le plus
imprescriptible de tous, celui d'affirmer l'individualité

de son talent dans une œuvre, sans tenir compte des
poétiques ou des rhétoriques. — Aussi bien nous
avons déjà montré ailleurs que tous les sentiments et
toutes les idées dont on fait d'ordinaire honneur à
l'école nouvelle, avaient été exploités auparavant par
l'école classique et que même vers 1820, il y avait déjà
une bonne part de cette matière qui était caduque et
décrépite Le romantisme ne serait donc qu'un vain
mot, une arbitraire distinction d'école, s'il ne signifiait
autre chose qu'un renouvellement de la *matière* littéraire Il a dû être la création d'une forme nouvelle,
entraînant une révolution véritable dans la façon de
penser et de sentir de toute une génération.

Il a d'abord été, nous l'avons vu, une rénovation de
la langue et de la prosodie · c'était le point de départ
nécessaire, c'était par là qu'il fallait commencer Le
plus urgent besoin était de renouveler les moyens
d'expression de l'art; mais ce travail n'était que
l'indice de toute une révolution intérieure des esprits,
qui allait bientôt éclater.

V. Hugo écrivait dans la préface d'*Hernani* : « Le
romantisme, c'est le libéralisme dans l'art ». — Que
voulait-il dire par là, lui qui jusque-là avait répudié
presque comme injurieuse, cette qualification de
romantique? — Évidemment sa pensée s'était mûrie .
le romantisme de 1830 voulait être tout autre chose
que le romantisme bâtard et caduc de 1820. — Nous
trouverons la réponse dans cette préface de *Cromwell*,
qu'il est encore de mode de dénigrer, mais qui n'en
est pas moins un admirable morceau de prose et surtout un manifeste plein d'idées fécondes et gros d'avenir Il ne faut pas y chercher une exposition rigoureuse
de principes bien analysés. Les poètes ont une façon
à eux de faire de la critique ou de l'érudition, — et on
l'oublie trop facilement. Hugo ne voyait dans les faits

que des symboles des idées et il devait tenir les idées
pour plus vraies que les faits Il serait donc puéril de
le chicaner sur ses inexactitudes historiques [1], s'il a
eu dans cette préface de *Cromwell* des intuitions vraiment puissantes et divinatrices, s'il y a non seulement
exprimé avec le plus de force, mais nettement pressenti
l'orientation nouvelle de l'art.

Déjà, en 1826, il disait dans la préface des *Odes et
Ballades* « La pensée est une terre vierge et féconde,
dont les productions veulent croître librement et pour
ainsi dire au hasard, sans se classer, sans s'aligner en
plates-bandes, comme les bosquets dans les jardins
classiques de Le Nôtre, ou comme les fleurs du langage, dans les traités de rhétorique » — Ce qu'il
entend par cette liberté, il l'explique l'année suivante
dans la préface de *Cromwell*. La théorie des trois âges
poétiques, qu'il y développe longuement — outre ce
qu'elle contient de juste et de profond, — a surtout
pour raison d'être d'amener et de justifier la théorie des
littératures modernes L'art païen avait pour tendance
dominante de réduire la Beauté à un type purement
humain qui laissait en dehors de l'art tout ce qui
froisse notre sensibilité ou nos préjugés, tout ce qui
dépasse les prises de la conscience gouvernée par le
principe de raison. L'art moderne au contraire remet
l'homme à sa place dans la création . instruit par les
dogmes essentiels des religions, comme par l'analyse
scientifique, il professe que celui-ci ne doit pas être la
mesure des choses, qu'à côté de lui, au-dessus, ou au-

1. Au fond, ce ne sont point des inexactitudes, il suffit de
se donner la peine d'entrer dans la pensée de Hugo pour
lever d'apparentes contradictions L'article publié dans le
Globe, par Ch. de Rémusat, sur la préface de *Cromwell* donne
une idée de toutes les objections qu'on a faites depuis au
manifeste de Hugo Elles sont toutes à côté de la question.
(Cf. Ch. de Rémusat, *Mélanges*, I, p 249.)

dessous de lui, il y a une foule de *vies*, qui sollicitent
la curiosité du savant ou la sympathie de l'artiste.
De même que la nature n'est pas faite *pour* nous, suivant le vieux préjugé anthropomorphique, de même
l'art qui l'exprime ne doit pas s'enquérir de l'homme,
de ce qu'il désire, de ce qu'il pense, de ce qu'il aime,
ou de ce qu'il n'aime pas. c'est à l'homme à monter
jusqu'à l'art, ce n'est pas à Dieu à descendre. — Ici,
Hugo, suivant un procédé qui lui est déjà familier,
résume la réalité totale en une vaste antithèse, — le
beau et le *laid* : le beau, c'est-à-dire tout ce qui est
conforme au sentiment ou à la pensée de l'homme, ou
même, — il faut bien le dire, — à ses préjugés ; le laid,
tout ce qui, dans la nature, nous heurte, nous froisse,
ou nous dépasse : « La Muse moderne, dit-il, sentira
que tout dans la création n'est pas *humainement beau*,
que le laid y existe à côté du beau, le difforme près
du gracieux, le grotesque au revers du sublime. le
mal avec le bien. l'ombre avec la lumière. *Elle se deman-
dera si la raison étroite et relative de l'artiste doit avoir
gain de cause sur la raison infinie, absolue du créateur ;* si
c'est à l'homme à rectifier Dieu ; si une nature mutilée
en sera plus belle . » Il insistait en conséquence sur
la place importante que doit occuper et qu'occupe
effectivement, dans l'art moderne, ce que les classiques
appellent le *laid*, et qui n'est autre chose que la vie se
manifestant sous des formes hostiles à nos systèmes
ou à notre égoïsme. Il concluait : « *Le laid est un détail
d'un grand ensemble qui nous échappe et qui s'harmonise
non pas avec l'homme, mais avec la création tout entière* ».

La conclusion dernière de tout cela, c'est que « tout
est sujet, tout relève de l'art, tout a droit de cité en
poésie[1] ». — *L'Art égal à la Vie,* voilà le principe fonda-

---

1. Préface des *Orientales*.

mental de l'esthétique romantique. Dès lors on comprend la définition de la préface d'*Hernani* : le romantisme, c'est la liberté dans l'art. En effet, si c'est la Vie tout entière qui s'offre à l'artiste, s'il n'y a plus de sujets défendus, il n'y a plus davantage de règles ni de formes consacrées, puisqu'elles sont toutes qu'elles le veuillent ou non, une limitation de la réalité. Il n'y a plus que l'artiste en face des choses, qui s'efforce, en toute conscience et selon son tempérament, d'harmoniser ses moyens finis avec leur infinité C'était l'antipode du classicisme français du xvii° siècle, et en même temps un retour à l'esthétique puissante et enthousiaste des grands créateurs de la Renaissance. Se replonger aux sources de la Vie, en faire sentir le grouillement multiforme, à côté de son épanouissement en des types uniques de beauté, tel apparaissait l idéal On se retrouvait en communion d'âme avec ces artistes laïques du xiii° siècle qui faisaient serpenter autour des chapiteaux des colonnes, comme à la cathédrale de Reims la flore et la faune de la terre natale, en y mêlant des bêtes fantastiques[1] avec ce Dante, qui, dans sa *Divine Comédie* semblait avoir épuisé tous les types du réel depuis la bestialité humaine jusqu'à la nature angélique et ne s'arrêtait que devant l'incompréhensible mystère; avec ce Raphael lui-même, qui, dans ses fresques, donnait pour cadre à de nobles figures, des rinceaux étranges et touffus, où des légumes vulgaires se mariaient à des fleurs et à des fruits[2]

C'était encore le triomphe et la glorification de ce qu'il y a de plus primitif en nous, de plus voisin de la nature De là ce culte des romantiques pour l'Enfant,

1 Cf Viollet-Leduc. *Dictionnaire d architecture* (art. Sculpture).

2 Par exemple, dans les fresques de la *Fornarina*.

la Jeunesse, le Peuple, qui est aussi un enfant. Ce que
Hugo voyait dans le peuple, c'était en même temps que
le grand réservoir des énergies vitales des races, la
source mystérieuse où s'élabore l'histoire [1] et d'où
découle toute poésie. Et ce qu'il voyait dans la Jeunesse, c'était le don d'enthousiasme, l'appétit des
grandes choses et des émotions fortes, l'impatience de
la règle, — tout ce qui s'oppose à la médiocrité distinguée, impuissante et lettrée. Le romantisme, comme
tous les grands mouvements d'art, a été conduit par
des jeunes gens

L'Art égal à la Vie, — cette formule renferme toutes
les innovations et tous les aspects du romantisme. Le
sens historique en devait jaillir, comme aussi la constitution du drame. Puisque tout est beau, puisque tout
est sujet pour l'art et puisque son domaine est
immense, il faut essayer de tout comprendre, époques
et peuples, et il faut trouver pour rendre tout cela des
formes de plus en plus complexes, de plus en plus
larges et de plus en plus libres.

Il s'en faut sans doute que les romantiques aient
appliqué rigoureusement — et surtout en connaissance
de cause, — ce vaste programme. Ils ont eu leurs pon-
cifs comme les classiques et, à un moment donné, il a
fallu les rappeler à cette nature, dont ils avaient
montré le chemin. Ils ont aussi fait trop de concessions
à leurs adversaires. Au théâtre, ils ont gardé la vieille
forme dramatique du xviiie siècle, extérieurement
modifiée. Le drame de Hugo n'est au fond que la tragédie de Voltaire. Et malgré leur désir de séparer de
plus en plus la poésie de la prose, ils ont même été
plus timides que Ronsard dans leur rhétorique. Sous

1. Se rappeler le très beau passage sur le peuple, dans
Hernani (Monologue de Charles-Quint).

les hautes couleurs de leur phrase, on retrouve la
période oratoire de Malherbe Leur versification elle-
même, rendue plus étroite encore par les parnassiens[1],
n'a su reconquérir presque aucune des libertés de la
Pléiade Leur œuvre a donc besoin d'être continuée.
Mais ils avaient fait l'essentiel, — Hugo principalement,
— ce Hugo qu'une critique mesquine et injurieuse
s'est plu à représenter comme un rhéteur vide d'idées
et toujours à la remorque d'autrui Mieux que cela, ils
ont laissé leurs œuvres L'œuvre lyrique de Hugo, la
Comédie humaine de Balzac sont jusqu'ici les plus hauts
sommets de notre littérature Dans tous les cas, on ne
pouvait imaginer une rupture plus complète avec le
passé.

1. Cf. Clair Tisseur, *Modestes observations sur l'art de ver-
sifier*, p. 1 et suiv.

CONCLUSION

Nous avons vu le mouvement antiquisant parti de
Jean-Jacques Rousseau, se prolonger avec le classicisme lui-même jusqu'aux premières années du romantisme. Il a laissé sa trace dans l'érudition comme au
théâtre, comme dans la poésie didactique, comme dans
l'art sous toutes ses formes. C'est avec Gluck, Chénier
et David qu'il prend véritablement conscience de lui-
même. Il atteint sa plus grande ferveur entre 1775
et 1789. Les principales œuvres qu'il ait produites sont
le *Recueil d'antiquités* de Caylus, le *Voyage du jeune Anacharsis*, les *Odes pindariques* de Lebrun, les pastiches
antiques d'André Chénier, l'*Iphigénie* de Gluck, les
illustrations de l'histoire grecque et romaine de David,
les *Martyrs* de Chateaubriand ; à un degré inférieur,
l'*OEdipe chez Admète* de Ducis, le poème des *Jardins* de
Delille, les *Saisons* de Saint-Lambert, les *Mois* de
Roucher, la *Grèce sauvée* de Fontanes et l'*Agamemnon*
de Népomucène Lemercier.

S'il a échoué, c'est moins parce que des idées de
provenance étrangère lui disputaient le terrain, que par
sa propre impuissance. Pour qu'un retour à l'antique
fût vraiment fécond, il aurait fallu briser la discipline

classique, et rejeter définitivement le principe de
l'imitation et le principe d'autorité, qui en est le fondement. Les littérateurs et les artistes de cette époque
ne le firent pas, et ainsi ils ont contribué à égarer les
novateurs romantiques sur le vrai sens de leur propre
réforme. Ils les ont inclinés à croire que le culte de
l'antiquité était seul responsable des œuvres pseudo-
classiques et, par contre-coup, ils ont rejeté un grand
nombre d'entre eux vers l'imitation des littératures
septentrionales. Cette erreur des romantiques n'alla
pas cependant sans quelque bien. Peut-être même
pourrait-on dire que, dans l'intérêt de la rénovation
de l'art, ce fut un mal nécessaire. Les Français en sortant de soi, se rendirent compte de l'immensité du
domaine de l'art et de la nécessité d'y égaler leurs
moyens. C'est l'éternel service que nous rendront
toujours les littératures germaniques : l'esprit latin
a une tendance à simplifier l'objet de l'art, comme
celui de la pensée, à en faire quelque chose de trop
humain. Chaque fois qu'il s'appauvrit, il faut une nouvelle invasion des Barbares du Nord, pour lui rendre
le sens de la complexité des choses, élargir et surtout
enrichir sa conception de la vie. Mais les principaux
d'entre les romantiques, et principalement Hugo,
s'aperçurent bien vite que l'exaltation des littératures
étrangères deviendrait à son tour un danger. Ils virent
que l'essentiel était de faire ce que font tous les réfor-
mateurs, — d'abolir la Loi devenue oppressive et inutile, de briser le mensonge des formes consacrées et
de replacer l'artiste devant la Vie.

Faut-il conclure de tout cela que l'art antique,
comme instrument de culture et comme idéal, est à
jamais condamné? — Ce qui est certain, c'est qu'il y
a toute une antiquité, que le romantisme a détruite et
qui est bien morte pour nous, — celle des rhéteurs et

des esthéticiens classiques. Mais il y en a une autre
qui est immortelle, celle qu'ont adorée les plus
grands d'entre les modernes depuis Dante jusqu'à
Gœthe. L'âme du vieux monde gréco romain est toujours en nous. Malgré l'impiété de leurs fils. les
ancêtres ne se laissent renier que des lèvres. En attendant comme une espérance presque chimérique un
bouleversement général, une fusion complète des
peuples, certaines tendances héréditaires persisteront
certainement dans les principaux groupes ethniques.
D'abord chez les races latines et principalement chez
nous autres, cette idée de la Culture comme Idéal et de
la réalisation harmonieuse et complète du type Humanité, qui a été le facteur le plus énergique de la Renaissance et le rêve de la génération encyclopédique.
Ensuite, cette autre tendance, qui est peut être l'unique
aristocratie de ces races et qui consiste à ne point
séparer l'art de la pensée Et par là il ne faut point
entendre la tyrannie d'une forme canonique, extérieure à la pensée elle-même, mais cet instinct qui nous
pousse à l'*achevement* de l'Idée, quelles que soient les
séductions du songe intérieur. Par là l'esprit latin con-
tinuera sans doute à s'opposer au tempérament du barbare avec son souci excessif de l'utile, avec sa froide
et étroite moralité, avec les explosions farouches et
dévastatrices de son sentiment. L'art apparaîtra comme
le plus parfait symbole du lien social, lui qui dépouille
la vision individuelle de ce qu'elle contient d'égoïsme,
de germes de discorde et de contradiction. Ce sera
toujours, sous une forme idéale, cette catholicité
romaine, cette *pax romana*, dont les peuples obscurément cherchent de plus en plus à refaire une réalité.

Peut-être même faut-il affirmer davantage et croire
avec les plus purs génies classiques, qu'il n'y a eu
qu'une révélation de la Vérité et de la Beauté. Ainsi

s'expliquerait l'éternelle séduction de l'art antique et
des rivages méditerranéens. Quand un Gœthe, un
Shelley, un Lamartine se font italiens par le cœur,
sans doutent ils obéissent encore à l'irrésistible instinct des migrations qui poussait leurs ancêtres barbares vers le soleil et la joie; et quand ils reprennent
les vieux mythes des Hellènes, c'est aussi qu'ils y recon-
naissent les plus beaux vases de poésie où se soit
déposée la pure substance du monde D'ailleurs la tradition n'a jamais été brisée D'un bout à l'autre de
l'histoire éclate la *continuité romaine* la Basilique se
retrouve dans la Cathédrale Virgile a conduit Dante
L'âme païenne a visité Shakespeare. L'Idée platonicienne illumine parfois la lourde dialectique de Schel-
ling. Ce sont les règles de l'antique sagesse qui gouvernent nos civilisations

On recommence à comprendre aujourd'hui qu'il n'y
a qu'à élargir la cité antique pour y faire tenir la
pensée moderne tout entière. Le temps est passé des
Prières sur l'Acropole, comme aussi des pastiches puérils
où la lettre étouffait l'esprit. On ne copiera plus la tête
d'Athéna, mais on ne se lamentera plus sur l'étroitesse
de son front. L'art s'égalera vraiment à l'univers, et il
reconquerra sa dignité en revenant au dogme essentiel des religions antiques, qui est de croire à l'unité
et à la divinité des choses. Il dessinera pieusement
leurs formes, comme étant les plus parfaits symboles
de la Beauté ; et il en reproduira la liaison et le rythme,
parce que cette cohérence est une image de l'éternel. Il
s'attachera fortement à cette réalité, parce qu'en dehors
d'elle tout n'est que chimère et que songe. Ainsi tous
les êtres, chacun à son rang, pourront prétendre à se
réaliser dans l'art, et ainsi s'abolira l'ancien conflit des
éthiques et des esthétiques, l'art et la morale ne se
proposant point autre chose que de réaliser Dieu.

L'esprit héroïque de la Renaissance revivra, à la fois mystique et païen, idéal et charnel. On comprendra l'innocent amour d'un Jésus ou d'un François d'Assise pour toutes les choses créées et leurs angéliques mansuétudes pour toutes les faiblesses. Le libre développement de l'individu dans le sens du divin redeviendra l'idéal et la vocation de tous.

Ainsi encore disparaîtront comme de mauvais rêves toutes les erreurs du passé. Le goût des résurrections historiques où se complut trop souvent le romantisme, comme le culte idolâtre des naturalistes pour les réalités les plus fragiles, ils omirent d'y chercher la Vie. Le pessimisme et le dilettantisme dont nous sortons à peine, ne seront que de coupables erreurs attestant un affaissement passager de la volonté, une lassitude de l'intelligence de la race. Enfin, loin de chasser les Barbares, qui viennent à nous les mains pleines de grossiers trésors, on les accueillera avec douceur, on les fera entrer dans la cité antique, mais on les purifiera d'abord et on les initiera au Dieu unique, puisqu'il n'y a qu'une Vérité et qu'une Beauté.

FIN

TABLE DES CHAPITRES

Coulommiers — Imp. Paul BRODARD — 307 97

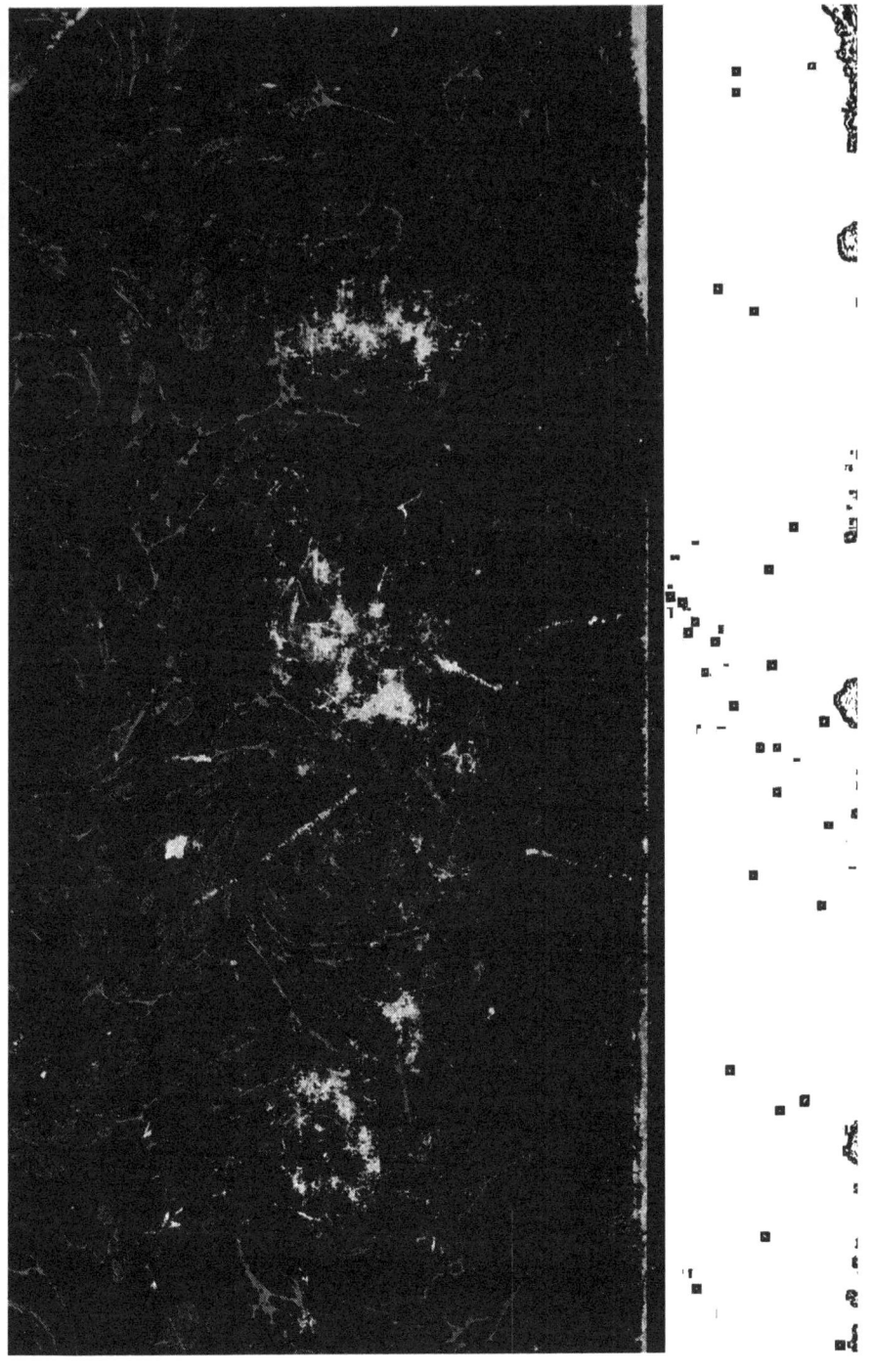

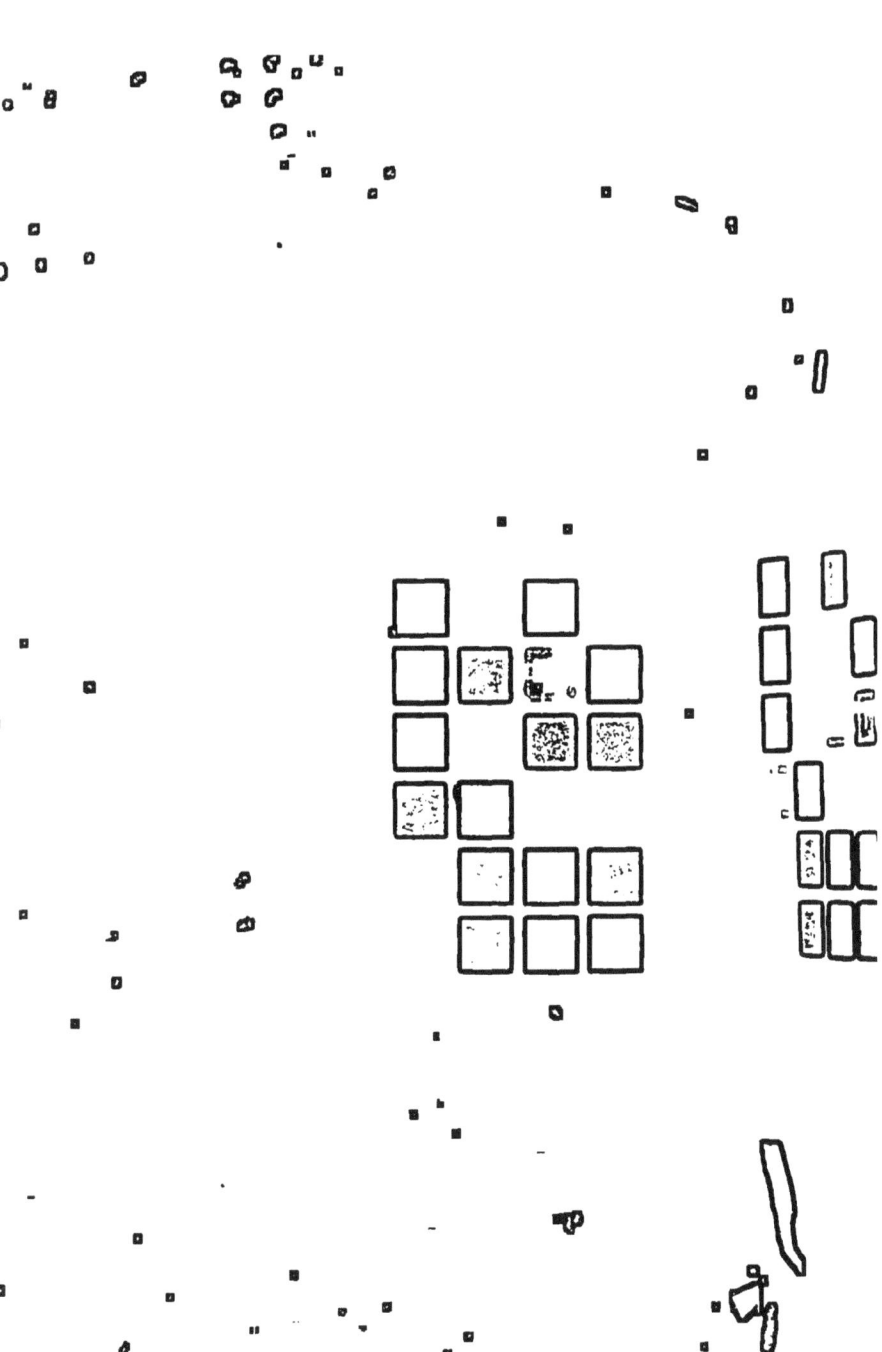

Lightning Source UK Ltd.
Milton Keynes UK
UKHW021844281220
376048UK00003B/130